普通高等学校少数民族预科教育系列教材

新编八桂乡情

主　编　陆广文
副主编　蒋远鸾

北京理工大学出版社
BEIJING INSTITUTE OF TECHNOLOGY PRESS

内 容 简 介

本书是广西民族大学根据为该校民族预科班开设的一门基础课程"八桂乡情"而编写的教材,包括主体讲授部分和辅助学生自学部分,共八章。本书介绍了广西的地理、行政区划与人口、主要城市、世居民族、资源开发、重大史实的概况,展示了当地的新发展;设桂籍与寓桂名人和乡情拓展二章,利于开阔学生视野,提高学生自学能力。全书彰显区域历史文化的积淀,反映新成果,具有民族性、兼顾国际性,且全书设计难易适中、通俗易懂、可读性强。

全书语言流畅,结构清晰,图片精美,体例规范,内容完整。既可以作为各级高校预科学生的教材,也可以作为有兴趣了解广西的各类人士的参考读物。

版权专有　侵权必究

图书在版编目(CIP)数据

新编八桂乡情 / 陆广文主编. --北京:北京理工大学出版社,2021.8

ISBN 978-7-5763-0220-2

Ⅰ.①新… Ⅱ.①陆… Ⅲ.①广西-概况-高等学校-教材 Ⅳ.①K926.7

中国版本图书馆 CIP 数据核字(2021)第 172065 号

出版发行 / 北京理工大学出版社有限责任公司		
社　　址 / 北京市海淀区中关村南大街 5 号		
邮　　编 / 100081		
电　　话 / (010)68914775(总编室)		
(010)82562903(教材售后服务热线)		
(010)68944723(其他图书服务热线)		
网　　址 / http://www.bitpress.com.cn		
经　　销 / 全国各地新华书店		
印　　刷 / 三河市天利华印刷装订有限公司		
开　　本 / 787 毫米×1092 毫米　1/16		
印　　张 / 17.5		责任编辑 / 江　立
彩　　插 / 14		文案编辑 / 李　硕
字　　数 / 452 千字		责任校对 / 刘亚男
版　　次 / 2021 年 8 月第 1 版　2021 年 8 月第 1 次印刷		责任印制 / 李志强
定　　价 / 49.80 元		

图书出现印装质量问题,请拨打售后服务热线,本社负责调换

1　丰富的物产

八角树

百色象牙芒

板栗

崇左澳洲坚果

博白空心菜

火龙果树

荔浦芋头

金花茶

降香黄檀板材

广西桂皮

恭城月柿

1　丰富的物产

罗汉果

融安金橘

田林八渡笋

武鸣沃柑

资源红提

北海彩色珍珠

梧州人工宝石

钦州坭兴陶-硕果

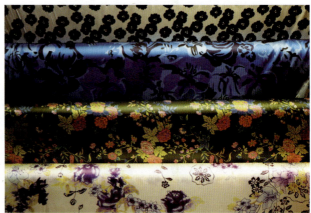
广西产真丝面料

壮锦

上林渡河公绣品

1　丰富的物产

广西铜鼓

广西绣球

龙胜凤鸡公鸡　　　龙胜凤鸡母鸡

龙胜凤鸡

德保矮马

环江菜牛

陆川猪

马山黑山羊

天峨六画山鸡

右江鹅

壮乡黑猪

2　罕见的物种

白头叶猴

中华秋沙鸭（鹿寨）

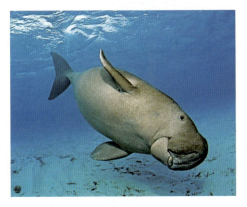

儒艮

猫儿山小鲵（国家一级保护动物）

中华白海豚

3 令人惊叹的美景

八角寨丹霞地貌

巴马百鸟岩

巴马命河

巴马水晶宫

百色澄碧湖

北海银滩

3 令人惊叹的美景

布柳河

大新德天瀑布

东兴市金滩

桂林象鼻山

漓江风光

凤山三门海景区

桂林夜景

河池小三峡

黄姚古镇

靖西鹅泉

乐业天坑

钦州三娘湾

3 令人惊叹的美景

龙州左江

猫儿山

弄岗自然保护区

阳朔世外桃源景区

涠洲岛海蚀

上林大龙湖

南宁凤凰湖上白鹭飞

4 多彩的民族

唱山歌的侗族女子

嬉戏中的灌阳瑶族女子

采茶山龙胜壮族女子

隆林仡佬族长者弹奏月琴

出席人民代表大会的壮族女代表们

金秀六巷花篮瑶族村民生活照

4　多彩的民族

南丹白裤瑶族女子生活照

那坡黑衣壮族村民生活照

上思瑶族妇女生活照

苗族芦笙演奏

侗族多耶节盛况

汉族彩调剧照

京族独弦琴弹奏表演

龙州金龙天琴表演

毛南族艺人编织花竹帽

融水苗族斗马节盛况

融水杆洞苗族百鸟衣节盛况

三江程阳风雨桥

4　多彩的民族

贺州客家围屋

三江独峒侗族村寨

广西典型苗寨建筑

三江颐和鼓楼

壮族干栏建筑

5 悠久的历史

百色手斧

东汉刻花三羊陶盆（贵港出土）

贵港出土汉大铜马

桂林西山石刻

宁明花山壁画

西汉翔鹭纹铜鼓（国宝级，贵港出土）

5　悠久的历史

西汉铜凤灯（合浦县出土）

桂林市三元及第门

昆仑关

友谊关

灵渠

凭祥金鸡山炮台炮筒和炮座

恭城文庙　　　　　　　　镇宁炮台

冯子材故居（钦州）　　　　钦州刘永福故居

柳州市柳宗元衣冠墓　　　　李济深故居

5　悠久的历史

红军长征湘江战役纪念馆

百色红七军军部旧址

百色起义纪念馆

南宁南湖纪念李明瑞、韦拔群雕像

左江斜塔

6　美味的食物

三江侗家油茶

梧州纸包鸡

巴马烤香猪

桂林米粉

荔浦芋扣肉

横州市鱼生

6　美味的食物

梧州冰泉豆浆

梧州龟苓膏

柳州螺蛳粉

全州醋血鸭

壮族五色糯米饭

壮家龙棒

7　腾飞的八桂

大藤峡水利工程

防城港核电站

防城港港口

贵港港口

广西民族大学新校区

荔浦至玉林高速路

凭祥综合保税区

7　腾飞的八桂

东兴口岸

东盟留学生在八桂调研学习

柳州宝骏小轿车

柳工挖掘机

玉柴车间

南宁动车停放点

铁山港进港铁路专线列车

8. 生态宜居的乡村

龙脊金坑梯田

恭城红岩村柿子楼

全州县才湾镇珠塘铺村

坛洛定力坡乡村别墅

凌云茶山

前 言

本书终于与读者见面了。这是高等学校民族预科教育改革发展的结果。广西高校民族预科生来自全区各县市区，来自各兄弟少数民族，他们都是少数民族村寨飞出来的"金凤凰"，是家乡未来建设发展的栋梁。他们带着父老乡亲的嘱咐，满怀求知的欲望，迈进了梦寐以求的大学校园。经过大学民族预科的基础性学习和本科的专业学习，他们大多将服务于家乡，效力于八桂大地，投身到火热的新时代中国特色社会主义现代化建设中。

要建设家乡，服务家乡，首先要了解家乡、认识家乡。了解家乡自然环境、资源的优势与缺陷，悠久的历史、灿烂的文化，世代居住于此、情同手足的兄弟民族，先辈走过的革命斗争历程，以及改革开放后，尤其是党的十八大以来家乡取得的巨大新发展新变化新成就等。这样，一方面可以培养并增进热爱家乡的情感，进而树立起坚定的爱国主义精神，另一方面也可以从这种了解认识中看到家乡的优势和劣势、有利条件和不利因素，增强使命感和社会责任感，从而更加发奋学习。同时，了解家乡、认识家乡的过程，也是学生走出课堂，接触社会、了解社会、认识社会、探究社会，进而参与社会实践的过程，在此过程中，学生学到的不仅是有限的课堂教学内容，还有课堂之外丰富多彩的知识，培养创新精神和提高实践能力的目标也能更好地实现。我们希望学生能运用所学的知识，结合所在市县乡镇村寨，思考并解决在现有的基础、条件下如何抢抓机遇，创造条件，想方设法，扬长避短，让家乡尽快地得到更好发展的现实问题，学以致用，用而欲学，学而愈用。

正是基于这样的认识，多年来，我们一直在广西高校民族预科生中开设"八桂乡情"这门课程。2000年年底，由陆广文同志负责策划并拟定了教材《八桂乡情讲座》的编写大纲，然后交由承担任务的同志按大纲分章撰写出初稿（第一章、第三章、第五章由陆广文同志撰写，第二章、第四章由蒋远鸾同志撰写），供广西高校民族预科生使用。经2002级、2003级学生使用，陆广文同志在对初稿进行全面修改补充的同时，又新撰写第六章、第七章内容，收集整理制作附录中的图片，最后对全书进行通审定稿。2004年是书乃成，名为《八桂乡情知识读本》。

时过境迁，21世纪初，一年一度的中国东盟博览会开始在广西首府南宁举行，广西北部湾经济区开放开发纳入国家发展战略，《国务院关于进一步促进广西经济社会发展的若干意见》批准实施，中国东盟自由贸易区建成。广西地方党委、政府积极谋划，适时推出重大举措，加快了广西经济社会各项事业发展，并取得显著成效。因此，为适应教学的需要，

2011年年底开始，我们将原书内容进行更新修改补充，新增广西与东南亚各国一章，反映中国东盟合作共赢成果，附录中的图片也进行了适当增删调整，于2013年年初如期出版。

党的十八大以来，国家改革开放进一步加快，属沿海省区、西部省区、边疆地区、民族地区、革命老区的广西，得到国家诸如扩大重点开发开放试验区、增设升级保税区、赋予三大战略定位、设立中国（广西）自由贸易区以及西部陆海新通道、建设面向东盟的金融开放门户、珠江—西江经济带、左右江革命老区振兴升格国家战略等重要政策的大力支持，乘势而上，主动加快开放开发发展的步伐，积极推动"南向、北联、东融、西合"，扩大招商引资，强化基础设施建设，推进现代特色农业高质量发展，各方面有了巨大的新变化。为反映取得的新发展、新成就，吸收学界新成果，让学生认知的广西与新时代同进，我们编撰了这本《新编八桂乡情》。每一章后面设有课后思考复习题；部分知识点配了相应的图片，便于记忆和理解。

本书除供高等学校民族预科生使用外，还可作为各级学校进行广西乡情教育的参考书。对广西乡情缺乏了解而又有解渴之意的社会各界人士，该书亦能献微薄之力。本书在编撰过程中，参考了许多有关的书籍、论文等资料，谨对作者致以衷心的感谢。同时，对广西民族大学预科教育学院领导的极大鼓励与支持，表示诚挚的谢意。

此书的出版，北京理工大学出版社的编辑同志提出了宝贵的意见，付出了辛勤汗水，谨致以衷心的谢意。

由于编者水平及经验有限，本书不足之处在所难免，切望读者不吝赐教。

本书编写组
2021年6月

目 录

第一章 八桂概况 ··· (1)
 一、自然概况 ··· (1)
 二、远古人文遗迹 ··· (11)
 三、广西行政区划古今谈 ··· (16)
 四、广西历代人口和现状人口 ·· (22)
 五、广西主要城市简况 ·· (28)
 六、广西的明天会更好 ·· (37)

第二章 广西各兄弟民族与民族区域自治制度的实施 ····················· (47)
 一、广西各兄弟民族概况 ··· (47)
 二、民族区域自治制度在广西的实施 ······································ (73)

第三章 八桂优势资源与科学合理开发利用 ·································· (81)
 一、土地资源的开发与保护 ··· (81)
 二、水力资源的开发与充分利用 ·· (84)
 三、扬长补短开发利用矿产资源 ·· (88)
 四、丰富的旅游资源有待大力开发充分利用 ······························· (92)
 五、利用沿海优势，合理开发海洋资源 ··································· (101)
 六、保护、开发、利用丰富的动植物资源 ································· (104)
 七、利用优越的气候资源，发展农林牧副渔业 ··························· (116)

第四章 八桂儿女历史功绩彪炳千秋 ··· (127)
 一、古代广西人民的各种斗争活动 ··· (127)
 二、近现代广西儿女的反帝反封建斗争 ···································· (135)
 三、当代广西军民的斗争 ·· (154)

第五章 八桂改革开放发展新成就回眸 ······································· (158)
 一、由西南出海大通道到连接多区域的国际大通道的构建 ·············· (158)
 二、八桂经济新发展概述 ·· (179)
 三、"两区一带"区域发展战略的实施 ···································· (203)

  四、广西经济开发区（高新区、工业园区）的建设 …………………… (205)
  五、各项社会事业的全面发展 ……………………………………………… (208)

第六章 广西与东南亚各国 ……………………………………………… (221)
  一、东南亚各国概要 ………………………………………………………… (221)
  二、东盟 ……………………………………………………………………… (224)
  三、中国—东盟自由贸易区与广西 ………………………………………… (225)

第七章 历代八桂名人与古今他乡来客 ……………………………… (229)
  一、历代八桂名人 …………………………………………………………… (229)
  二、古今他乡来客 …………………………………………………………… (233)

第八章 八桂乡情拓展篇 ……………………………………………… (238)

  参考文献 ……………………………………………………………………… (277)

第一章 八桂概况

一、自然概况

(一) 多维度的地理位置

广西壮族自治区位于祖国南部边疆,东连广东,西连云南,东北接湖南,西北邻贵州,南临北部湾,与海南隔海相望,其西南地区与越南社会主义共和国接壤。

广西西起东经104°28′的百色市西林县马蚌镇清水江村,东至东经112°04′的贺州市八步区南乡镇金沙村,两地直线距离770千米;南始北纬20°54′的北海市涠洲镇斜阳岛,北至北纬26°24′的桂林市全州县大西江镇炎井村,两地直线距离约610千米,北回归线经过中部地域。行政区域总面积为23.76万平方千米,占全国总面积的2.5%,居第9位。

〇首府南宁周边地级市:来宾市、贵港市、钦州市、防城港市、崇左市、百色市、河池市。地处三省区接合部的地级市:柳州市、贺州市、百色市。地处三省区接合部的县市区:三江侗族自治县、八步区、西林县。地处三省区接合部的乡镇:三江侗族自治县独峒乡、八步区桂岭镇、西林县马蚌镇。

(二) 地势、地貌、主要山系

1. 地势、地貌

地势是指地表高低起伏的状态。广西总的地势是西北高、东南低,即从云贵高原的边缘向东南逐渐降低。全区四周基本被山地高原围绕,中部平原、丘陵、盆地交错,有广西盆地之称。受广西"山"字形构造的分隔,盆地内部出现了大盆地套小盆地的现象。盆地边缘有主要裂口,如东北部的湘桂走廊,东部的潇贺古道,东南部、南部的沿江谷地,这是气流运行通道和交通要道。受地势的影响,广西绝大部分河流也呈树枝状向东南流注,经梧州市从广东出南海。

地貌是地表各种形态的总称。广西的地貌类型多种多样,大致可以分为台地、平原、丘陵、山地等几种。

台地(海拔250米以下,相对高度不到50米),面积2.16万平方千米,占广西总面积的9.13%,分布在山地边缘、山地间,河岸海岸隆起处。由低海拔台地构成,主要分布在桂东和桂南,占广西低海拔台地的79.54%,而桂西低海拔台地占比不到5%。台地是地面平坦、土层深厚、面积较大的低平地貌类型,适宜发展农业和林果业,潜力较大,有待进一步充分利用。

平原，面积3.39万平方千米，占广西总面积的14.33%，零散分布在各大小河流沿岸、山间盆地、河口三角洲和滨海等地；其中，低海拔平原面积最大，连片集中分布在桂东、桂南、桂西等；中海拔平原面积次之，分布在桂西。平原以冲积平原和溶蚀侵蚀平原为主。浔江平原是广西最大的冲积平原，面积达629平方千米。郁江平原、右江盆地、南宁盆地、灵川平原、南流江三角洲、玉林盆地、钦江平原、贺江平原、北流江平原等均属重要的冲积平原。冲积平原地势平坦、土层深厚、土地肥沃、光热充足、水利条件好，耕作方便，为稳产高产农田地区，是广西最重要的粮食和经济作物生产基地。溶蚀侵蚀平原以漓江平原、宜州平原、来宾平原、桂中平原为主，它们也是农业生产的重要基地。

丘陵，面积3.43万平方千米，占广西总面积的14.49%，在山脉前缘或谷地、盆地边缘、河流两岸均有分布；其中低海拔丘陵面积最大，超过80%的低海拔丘陵分布在桂东、桂南和桂西；中海拔丘陵面积最小，分布在桂西。丘陵是广西经济作物的重要生产基地。丘陵种类多，以砂页岩为主，是经济林、用材林和水果种植的主要基地；变质岩类丘陵或土肥或矿物质多；花岗岩类丘陵土层疏松，如一旦失去植物保护，易引起水土流失，形成千沟万壑的侵蚀地貌；红色岩丘陵面积虽少，但其基岩裸露或土层极薄，岩层水平排列，经水流侵蚀后，易形成"横看成岭侧成峰"的丹霞景观，旅游价值极高。

山地是广西最主要的地貌类型，面积14.68万平方千米，占广西总面积的62.05%，主要分布在四周边缘和中部。其中，低海拔（1 000米以下）山地面积最大，主要分布在桂西、桂东、桂北和桂中等；中海拔（1 000～3 500米）山地主要分布在桂西和桂北。海拔稍高的山地，交通不便，农耕条件差，但生物资源、水能资源、矿产资源较丰富，是广西最重要的水源林和用材林基地，对于发展水电、矿产、林牧业多种经营来说潜力较大；海拔稍低的山地，光、热、水土条件不错，适宜农林业发展，其山岭错杂，山谷盘绕，是建湖筑库的理想场所，能为平原灌溉提供充足水源。

2. 主要山系

广西的山系集中在边缘地区和中部地区，从走向看，主要分为东北向和西北向两大类。按地质学家李四光的说法，广西山系分布还呈弧状特色。

东北向的山脉从东到西有如下几列，即萌渚岭—大桂山—云开大山，都庞岭—大容山—六万大山，越城岭—海洋山—架桥岭—大瑶山—莲花山—十万大山，大南山—猫儿山—天平山，大苗山。其中，云开大山位于桂粤之间，花岗岩资源丰富，所产松脂、玉桂、八角名闻区内外，并大量出口。海洋山位于兴安、灌阳两县交界处，是广西最重要的白果（银杏树果实）产区。十万大山是广西重要的八角、玉桂生产基地，我国特有树种桐棉松就产于山北的宁明县。猫儿山位于兴安和资源两县交界处，海拔2 141米，是广西第一高峰，也是华南第一高峰，还是资江、漓江、浔江的发源地。陆定一题碑赞誉猫儿山有"泰山之雄、华山之险、庐山之幽、峨眉之秀"。大苗山是广西最大的杉木、毛竹生产基地。

西北向的山脉从西到东依次为：六韶山—大青山—公母山，岑王老山，青龙山，东风岭—都阳山—大明山，凤凰山，九万大山。其中，都阳山跨东兰、巴马、凤山、都安四县，是广西最大的连片岩溶石山，地下河发达，广西两大地下河系均分布于此。大明山位于上林、武鸣、马山、宾阳四县区交界，素有"广西庐山"之称，其"春之岚、夏之瀑、秋之云、冬之雪"的景观闻名区内外，尤其是在冬季上山观冰赏雪，领略"北国风光"。九万大山，是广西最古老的山脉，有广西开山鼻祖之称。

此外，广西还有东西走向山脉，如金钟山、西大明山、四方岭和镇龙山。

(三) 河流水系

1. 概况

广西地表河流众多，据统计，流域面积在50平方千米以上的河流有937条，流域面积在1000平方千米以上的有69条。流域面积在50平方千米以上的河流总长度达34 000千米，河网密度为0.144千米/平方千米。此外，广西喀斯特地形分布广，穿山连洞的地下河发育较好，光是枯水期流量就达到0.1立方米/秒以上，长度超过10千米的地下河就有28条。

广西河流的特征为：山地型多，平原型少；流向与地质构造线一致；水量丰富，季节变化大；水流湍急，落差较大；河岸高，多弯曲，多峡谷和险滩；河流含沙量少；岩溶地区地下伏流普遍发育。

广西地表河流分属珠江流域西江水系、长江流域洞庭湖水系、桂南独流入海水系、百都河水系等四大水系，以西江水系为主。西江水系是广西的主要河流水系，流域面积为20.2万平方千米，占全区总面积的86%，其干流在广西境内长1 780千米，注入干流的支流共784条。西江干流主源是南盘江，发源于云南省沾益区马雄山，流至黔桂边境与来自贵州的北盘江汇合后称红水河，至象州纳北来的柳江汇合后称黔江，切割大瑶山，形成有名的大藤峡，至桂平与南来的郁江汇合后称浔江，至梧州与北来的桂江汇合后称西江。梧州不仅要容纳来自广西的水，还要容纳云贵地区甚至越南流来的水，因此洪涝时有发生，已完工的长洲水利枢纽工程有利于缓解这一问题。属于长江流域洞庭湖水系的河流有30条，流域面积8 282平方千米，其中，湘江和资江流域面积较大。属于滨海流域的桂南沿海诸河，共有123条，均独流入海，流域面积为24 111平方千米，以南流江、钦江为主。百都河流入越南红河水系。

2. 主要河流

红水河：西江水系的干流，因其上游的南盘江和北盘江所流经的红、黄土壤地区，以前植被多被破坏，水土流失严重，河水含沙量大，呈赭红色，故称其名。它流经乐业、天峨、南丹、东兰、大化、都安、马山、忻城、合山、来宾、象州、武宣等县市区。境内主要支流右岸有布柳河，左岸有刁江。全长638千米，水流量较大，总落差达756.5米。水能资源蕴藏极丰富，可开发水能资源的装机容量超过1 000万千瓦，是我国水力资源的"富矿"。

郁江：西江水系的最大支流，全长418千米。发源于云南广南县境内，上源为驮娘江，流经西林、田林，接剥隘河，从百色市起称右江，过田阳、田东、平果、隆安，到南宁市西部宋村汇左江后称邕江，经邕宁至横州市（2021年2月3日，经国务院批准，横县撤县设县级横州市）峦城镇汇东班江后称郁江，过贵港市，至桂平与黔江汇合止。郁江水流量大，航运便利。

柳江：西江水系的第二大支流，干流全长724千米。发源于贵州独山县境内，过三江，经融安、融水、柳城、柳江等县区，盘绕柳州市，进鹿寨，南流至象州与红水河汇合。其上游各县盛产杉木、毛竹。

桂江：西江水系的重要支流，干流全长426千米，发源于猫儿山，经兴安、过灵川、桂林市、阳朔、平乐（汇荔浦河称桂江）、昭平、苍梧，至梧州汇浔江止。桂江所流经地区植被繁茂，表土流失较少，是广西含沙量少的河流。其上游为百里画廊漓江，下游河段山高水急，水流量大，水资源丰富，可建大坝进行梯级电力开发。

坡心、坡月地下河：流经桂西的凤山和巴马两县。其中，坡心河经凤山39.5千米，坡月河过巴马31.5千米，枯水流量共约8 156升/秒，是广西枯水期流量最大的地下河。

布泉地下河：流经天等、隆安等县，面积达1 646平方千米，是广西汇水面积最大的地下河。

百朗地下河：流经乐业县，干流长达64.2千米，是广西主干流最长的地下河。

此外，还有位于都安瑶族自治县地苏镇境内的地苏地下河，出水口位于武鸣区灵水湖的灵水地下河，经忻城县数个乡镇的古蓬地下河，出水口在凌云县水源洞的水源洞地下河。

(四) 海湾、滩涂、浅海、岛屿、湖泊水库

广西南临北部湾，是我国唯一沿海的少数民族自治区。北部湾面积约13万平方千米，平均水深38米，海底地势西北高、东南低，最深处位于海南岛西南近海，有90多米。广西管辖北部湾海域面积约4万平方千米。

广西大陆海岸线东起合浦县洗米河口（英罗港），西至中越边界的北仑河河口（竹山港），全长1 628.6千米。沿海滩涂面积有1 000多平方千米，浅海（20米）面积有6 000多平方千米。沿海大小岛屿646个，岛屿海岸线长600多千米，面积共有84平方千米。

北海市所辖涠洲岛和斜阳岛，由火山岩浆喷发堆积而成，素有"大小蓬莱"之称。涠洲岛是广西第一大岛，是我国最大、最年轻的火山岛，面积约25平方千米，呈拱手状。岛上海蚀地貌奇丽，浅海珊瑚百态，逢春秋季，候鸟成群。2004年1月，涠洲岛被批准为火山国家地质公园；2005年10月，被国家地理杂志评为"中国最美海岛"第二名。斜阳岛面积约2平方千米，是广西纬度最低的地方。明代戏剧家汤显祖曾到此一游，留下"日射涠洲郭，风斜别岛洋"的佳句。钦州湾上的麻蓝岛，形似牛轭，登岛上小山可尽览近海美景。岛西北面有金黄色沙滩，东面是壮观的红树林，西南面礁石群令人目不暇接。"京族三岛"位于东兴市江平镇，指京族同胞聚居的山心、万尾、巫头三个小岛。岛上四季气候宜人，冬无严寒，夏无酷暑，植物常年葱绿，自然环境优美。中华人民共和国成立后，通过筑堤，三岛同其他地区联结起来，生产和生活条件明显改善。改革开放以来，通过海水养殖，做边贸，兴旅游，三岛居民迅速富裕，楼房随处可见，小汽车开进了渔家。

目前，广西共有水库4 556座，总库容717.99亿立方米；其中，总库容超过1亿立方米的大型水库有61座，总库容超过1 000万立方米、不足1亿立方米的中型水库有231座，比南宁市南湖大的小型水库有4 264座。众多的湖库分布广西各地市县区，且离城市、集镇不远，既灌溉了农田，又起到调节气候的作用。

星岛湖（洪潮江水库），位于北海市合浦县，距县城23千米，库容量7亿多立方米，水域面积1亿多平方千米，库中隐现着星罗棋布的小岛，故名星岛湖（千岛湖）。湖山中有水，水中有山，山环水绕，山水相依，构成一幅幅美丽的画卷。湖上的"水浒城"，足让人体验一次"好汉瘾"。

青狮潭水库，位于桂林市灵川县境内，距市中心30千米，是漓江上游的最大水利工程。库容量为6亿立方米，水库面积为30平方千米，担负着桂林市防洪和附近县的农业灌溉，

以及向漓江补水的重要任务，创造十分巨大的社会、经济、环境效益。松竹叠翠，气候宜人，风光绮丽，空气清新，堪称桂林的"西湖"。

凤凰湖，俗称大王滩，距离南宁市30多千米，由外湖、里湖和数不清的分支湖组成，南北长8千米，东西宽9千米，库水面积约5平方千米，是南宁市民休闲度假的好去处。

更望湖，又称变脸湖，位于广西南宁隆安布泉乡，上湖段以平地为主，中湖段以土丘为主，下湖段以石林为主。该湖是一个季节性天然湖，雨季的天湖、春季的麦场、秋季的牧场，各有特色。

此外，还有天峨县龙滩水库、隆林各族自治县天生桥水库、柳州市的大龙潭，百色市的澄碧湖（库容量达11.3亿立方米），横州市的西津水库，贵港的达开水库（库容量达4亿立方米）、东湖和武思江水库，武鸣区的灵水湖，靖西市的渠阳湖，巴马瑶族自治县的赐福湖，兴安县的灵湖，全州县的天湖，永福县的板峡湖，上林县的大龙湖，富川瑶族自治县龟石水库，玉林寒山水库，桂林的溶湖和杉湖，陆川县龙珠湖，平南县六陈水库，上思县那板水库（库容量达8.3亿立方米），南宁市城区南部与上思县交界的凤亭河水库，南宁西郊天泡水库等。

（五）暖热多雨的气候

广西地处低纬度地区，北回归线横跨其中部，穿过那坡—上林—兴宾—桂平—苍梧一线，南临北部湾，背靠祖国大西南，深受海洋暖湿气流影响，属典型亚热带季风气候，总体暖热多雨。

1. 气温高

全区年均气温高，为17℃~22℃。其中，左、右江河谷及北纬22°线以南的地区年平均气温在22℃以上，涠洲岛高达23℃，是广西年平均气温最高的地区。桂北的资源县，年平均气温仅16.3℃，是广西年平均气温最低的县。

各地月平均气温最低是一月，为5.5℃~15.2℃。自贺州—昭平—象州—鹿寨—环江—天峨—隆林一线以南，1月平均气温在10℃以上，这表明广西大部分地方是温暖的。其中，涠洲岛最暖，一月气温达15.2℃；而资源为5.5℃，是最冷的。月平均温度最高在7月，在28℃以上，其中武宣最高达29℃，乐业最低也有23.2℃。

极端高温于1958年4月23日在百色测出，达42.5℃，同地域的平果、广西田林同年也出现过40℃以上的高温。右江河谷有广西第一火炉之称。左江河谷和邕江河谷也出现过40℃高温，作为八桂第二火炉名不虚传。1963年1月14日资源县出现8.4℃低温，是广西有记录以来的最低气温。南宁市于1955年出现最低气温-2.1℃，实属罕见。

2. 夏长冬短，无霜期长，热量丰富。

根据科学家划分季节的方法，以五天为一候，每候进行温度平均，以候平均气温10℃和22℃为划分季节的标准，凡候平均气温稳定在10℃以下的时期定为冬季，候平均气温稳定在22℃以上的时期定为夏季，介于10℃~22℃的时期定为春季或秋季。广西以梧州—平南—武宣—忻城—都安—巴马—凌云—田林一线为分界线，线以南地区长夏无冬，春秋相连，夏季时间长达180天到220天，全年有霜日在5天以下，南部沿海终年无霜。线以北地区冬长也仅1~3个月，有霜日5~15天，部分地区偶有飘雪。各地热量丰富，大部分地区日平均气温高于或等于10℃的积温在6 000℃以上，其持续天数有270~330天。如，南宁，附近的左、右江河谷积温高达 7 500℃；涠洲岛积温达 8 305℃，热量最丰富。即使桂北和高寒山区积温也有 5 000℃ ~ 6 000℃，持续 240 ~ 260 天。热量最少的乐业县的积温也有 4 975℃，持续 253 天。

3. 雨水充沛，夏湿冬干，雨热同季

受来自太平洋东南季风和印度洋西南季风影响，广西雨水充沛，年均降水量在 1 500 毫米以上，较全国、全世界年均降水量都多一倍以上。雨量分布的特点是南北多中部少，东部多西部少。三个多雨区即东兴至钦州一带、大瑶山东侧昭平等县、永福及其以北各县市，分属桂南、桂东、桂北区域，东兴市年降水量达 3 828 毫米，为广西降水量之最。相对少雨的左江河谷、右江河谷年降水量也有 1 100 多毫米。

广西降水量季节变化大，夏春秋冬降水量依次递减，每年 4 月至 9 月是降水量集中的时期，占全年降水量的 80%，其中，6 月和 8 月最多，分别为 266 毫米和 238 毫米；其余 6 个月仅占 20%，其中，12 月和 1 月最少，仅分别为 35 毫米和 37 毫米，夏湿冬干明显。而且，雨水集中期正是气温较高的时候，雨热同季突出。

4. 东西南北中气候差异明显

由于各地所处地理位置等因素影响，广西气候差异突出。桂东雨水充沛，昭平及其周围是八桂多雨区之一，气候湿润；桂东南受风暴影响，降水量多，气温高，寒霜少见；桂南沿海区气温较高，夏长冬短，或长年无冬，降水量最多；桂西南部分地区降水量偏少，且集中于夏季，夏热冬暖；桂北、桂西北部分地区降水量偏少，年平均气温较低；桂东北夏热冬冷，四季分明，春雨早且多，雨量丰富，其中，恭城瑶族自治县获全国首个气候宜居县；桂中降水量少，夏热冬暖，时有干旱。

（六）环境现状与环境保护

1. 大气环境

大气是自然环境的重要组成部分，与人类生存息息相关。目前在广西，大气仍受到一些污染，源头主要来自工业污染、生活污染、交通污染等，主要污染物有二氧化硫（SO_2）、二氧化氮（NO_2）、可吸入颗粒物（PM10）、可入肺颗粒物（PM2.5）、臭氧（O_3）、一氧化碳（CO）。二氧化硫是无色气体，有刺激性气味。吸入的二氧化硫，主要影响呼吸道，在上呼吸道很快与水分接触，形成有强刺激作用的三氧化硫，可使呼吸系统功能受损，加重已有的呼吸系统疾病，产生一系列的症状，如气喘、气促、咳嗽等。二氧化氮是氮氧化合物的一种，在大气中浓度较高。吸入二氧化氮会对肺组织产生强烈的刺激和腐蚀作用，从而引起肺水肿。颗粒物是烟尘、粉尘的总称。由于颗粒物可以附着有毒金属、致癌物质和致病细菌等，因此其危害更大。空气中的颗粒物又可分为总悬浮颗粒物和可吸入颗粒物（PM10）、可入肺颗粒物（PM2.5）、降尘等。其中，可入肺颗粒物，能随人体呼吸作用深入肺部，产生毒害作用。

总悬浮颗粒物，指用标准大容量颗粒采集器在滤膜上收集到的颗粒物的总质量，表示为 TSP，是英文 total suspended particulate 的缩写，其粒径小于 100 微米。

可吸入颗粒物（inhalable particulate matter, IPM），有时也称 inhalable particle（简称 IP），其粒径小于 10 微米。可表示为 PM10（飘尘），易被鼻和嘴吸入。

粒径小于 2.5 微米的颗粒物，可表示为 PM2.5，因沉积于肺泡内，所以称可入肺颗粒物或细颗粒物。PM2.5 表示每立方米空气中这种颗粒的含量，这个值越高，代表空气污染越严重。

目前，国家通过公共信息平台，提供各大城市监测点的空气质量指数（含数值、质量等级），以及 PM2.5 和主要污染物的实时数据查询。

广西生态环境厅公布的《2019 年广西壮族自治区生态环境状况公报》显示，2019 年，在蓝天保卫战中，广西进一步调整优化产业结构，坚决淘汰铁合金、工业硅等落后产能，推进实施清洁能源替代工程。深化工业炉窑污染治理，完成钢铁、汽车生产等行业领域挥发性有机物自动监控系统建设试点；持续开展道路扬尘、建筑工地、柴油货车污染治理，加大农作物秸秆禁烧范围和力度。

2019 年，广西城市环境空气质量优良天数比例为 91.7%，比 2018 年上升 0.2 个百分点，其中，14 个城市环境空气质量优良天数比例范围为 84.4%~97.8%，比 2018 年变化 -2.8~3.3 个百分点。14 个城市环境空气质量综合指数范围为 3.31~4.17，全区平均值为 3.76，比 2018 年上升 0.02。城市环境空气质量综合指数排名前三位的依次是河池、北海和防城港。

2019 年，14 个城市环境空气二氧化硫（SO_2）年平均浓度范围为每立方米 7~21 微克，全区年平均浓度值为 12 微克/立方米，比 2018 年下降 7.7%。SO_2 年平均达标（二级即 60 微克/立方米）城市比例为 100%。14 个城市环境空气二氧化氮（NO_2）年平均浓度范围为每立方米 15~32 微克，全区年平均浓度值为 22 微克/立方米，与 2018 年持平。NO_2 年平均达标（二级即 40 微/克立方米）城市比例为 100%。14 个城市环境空气可吸入颗粒物（PM10）年平均浓度范围为每立方米 49~62 微克，全区年平均浓度值为 56 微克/立方米，比 2018 年下降 1.8%。PM10 年平均达标（二级即 70 微克/立方米）城市比例为 100%。14 个城市环境空气细颗粒物（PM2.5）年平均浓度范围为每立方米 28~38 微克，全区年平均浓度值为 34 微克/立方米，比 2018 年下降 2.9%。PM2.5 年平均达标（二级即 35 微克/立方米）城市比例为 100%。14 个城市环境空气一氧化碳（CO）年平均浓度范围为每立方米 1.2~1.7 毫克，全区年平均浓度值 1.4 毫克/立方米，与 2018 年持平。CO 年平均达标（二级即 4 毫克/立方米）城市比例为 100%。14 个城市环境空气臭氧（O_3）年平均浓度范围每立方米 114~157 微克，全区年平均浓度值为 140 微克/立方米，比 2018 年上升 9.4%。O_3 年平均达标（二级即 160 微克/立方米）城市比例为 100%。

据柳州市环保部门提供的资料，20 世纪 70 年代末，柳州市已经发现酸雨现象。到八九十年代，酸雨成了柳州的"常客"。从 1985 年到 1995 年，柳州市酸雨频率高达 98.5%，一度被列为国家四大酸雨区之一。1996 年，柳州市区酸雨污染仍较严重，全市降水 pH 年均值 4.61（降水 pH 值小于 5.6 即为酸雨）；酸雨频率 54.4%，与 1995 年相比下降了 30.7%。1999 年，柳州市区酸雨污染得到进一步控制，降水 pH 年均值 5.17；酸雨频率 31.0%，较 1998 年的 44.4% 降低了 13.4%。2000 年，柳州市酸雨污染治理取得历史性突破。降水 pH 年均值和酸雨出现频率分别达到有史以来的最大值和最小值，分别为 5.31 和 30%，同时，二氧化硫年、日平均浓度首次达到国家空气环境质量三级标准。2003 年，柳州市酸雨污染明显好转，降水 pH 年均值由 2002 年的 5.4 上升到 5.66；酸雨频率由 2002 年的 19.4% 下降到 15%。柳州基本摆脱了酸雨的困扰。国家领导人称赞柳州"山清水秀地干净"。

2. 水环境

水是一切生命的源泉,被称为工业的血液、农业的命脉、水电事业的动力,是不可替代的自然资源。但未经处理的工业废水、生活污水以及各种废弃物排向水体,导致水质恶化,造成了水体污染。主要污染物为化学需氧量和氨氮。

2019年,在碧水保卫战中,广西全面建立强化五级河长制、湖长制,推进江河湖库"清四乱"专项行动,河湖治理加速由"治病"向"治根"转变。统筹推进漓江、南流江、九洲江、钦江等重点流域生态保护和环境治理工程,印发农村生活污染、城镇生活污染、畜禽养殖污染治理具体指导意见。持续推进黑臭水体治理,南宁、桂林、贺州3市成为全国黑臭水体治理示范城市。2019年年底全区城市生活污水处理率达96.3%,县城污水处理率达93.9%。强化海洋环境污染防治,持续开展入海排污口清理整治工作,编制《养殖水域滩涂规划》,将养殖水域按要求划分为禁养区、限养区和适养区,合理布局和优化海水养殖活动。

2019年,97个国家及自治区级地表水水质监测断面的水质优良比例(Ⅰ~Ⅲ类水质)为92.8%,其中,国家考核的2个地表水水质监测断面水质优良比例为96.2%,丧失使用功能(劣于Ⅴ类)水体断面比例为零,排名全国第三(Ⅰ类、Ⅱ类适用于各种用途;Ⅲ类主要适用于集中式生活饮用水水源及工、农业用水;Ⅳ类除适用于农业和部分工业用水外,适当处理后可作生活饮用水;Ⅴ类不宜饮用。)。辖区内珠江水系与长江水系水质状况总体均为优;独流入海水系水质状况总体为轻度污染,独流入海水系中的钦江、南流江、九洲江和西门江年均水质为轻度污染,其余河流年均水质为优良。生态环境部公布的2019年全国地表水考核断面水环境质量状况排名中,全区有9个城市进入前30名,其中来宾(第1名)、柳州(第2名)、桂林(第4名)、河池(第6名)、贺州(第7名)、梧州(第9名)6个城市进入前10名。

2019年,广西开展监测的30多座重点水库中,除武思江水库外,其他水库达到或优于Ⅲ类水质标准,其中,龙滩、苏烟等水库水质为Ⅰ类;百色、茶山、澄碧河、达开、大化、大埔、浮石、龟石、合面狮、合浦、红花、拉浪、老山、灵东、六陈、龙潭、龙须河、罗田、那板、牛尾岭、启文河、土桥、屯六、小江、岩滩等水库水质为Ⅱ类;赤水、凤亭河、大王滩、洪潮江、平班、平龙、青狮潭、天生桥、西津等水库水质为Ⅲ类;武思江水库水质为Ⅳ类,主要超标项目为总磷。

此外,2019年,国家考核的广西38个地级城市集中式生活饮用水水源水质达到或优于Ⅲ类的比例为97.4%。

3. 声环境

广西城市受噪声污染现象日益引起人们的关注。噪声主要有:工业噪声,即机器设备运转或工艺操作过程中所产生的噪声;交通噪声,包括各类运输工具发出的噪声;建筑工地施工噪声;社会生活噪声,如鞭炮声、集贸喧哗声等。

2019年,广西城市区域昼间声环境质量总体较好。14个城市区域昼间声环境质量等级为"较好"的城市占71.4%,等级为"一般"的城市占28.6%,无等级"较差""差"的城市。与2018年相比,全区城市区域声环境质量等级为"较好"的城市占比上升14.3个百分点,等级为"一般"的城市占比下降14.3个百分点。其中,南宁、玉林、百色、贺州质量等级由"一般"变成"较好",钦州、崇左质量等级由"较好"变成"一般",其余城市等级不变。城市道路交通声环境质量整体状况与2018年相比有进一步改善。14个城市道路交通昼间声环境质量等级为"好"的城市占78.6%，等级为"较好"的城市占21.4%，无等级"一般""较差""差"的城市。与2018年相比，全区城市道路交通昼间声环境质量等级为"好"的城市上升7.2个百分点，等级为"较好"的城市下降7.2个百分点。其中，玉林、百色的质量等级由"较好"变成"好"，贵港质量等级由"好"变成"较好"，其余城市声环境质量等级不变。

由于噪声影响人体的健康，或损伤听力，或诱发疾病，干扰日常生活，影响人们睡眠、工作、学习，甚至引起意外事故发生，毁坏建筑，所以控制噪声成了城市环境保护的重要内容。例如，市区机动车喇叭禁鸣，中、高考期间噪声特别管制，禁止燃放烟花爆竹等，就是防治噪声污染的重要举措。

4. 水土流失、石漠化、地质灾害及对策

土地是人类的母亲，她为人类提供衣食住行用的原料，也给人类提供活动的场所，但由于人类不合理的垦殖利用，全球水土流失严重。在广西，由于无序的采矿挖沙、采石取土、盲目毁林增地、伐树掘根等，破坏了自然地貌植被，水土流失问题受到人们关注。水土流失在全区范围均有分布，以桂西北石灰岩地区和桂东南花岗岩地区较为严重。据2013年全国第一次水利普查公报结果显示，广西水土流失面积为5.05万平方千米（2011年），占土地总面积的21.3%，是水土流失较严重省份。2018年，广西水土流失面积为3.93万平方千米，与2011年相比，广西水土流失面积减少了1.12万平方千米，约占广西行政区面积的16.5%。水土流失类型主要为水力侵蚀，部分地区有重力侵蚀和泥石流，沿海地区有少面积的风蚀，在桂东南花岗岩地区还存在危害严重的水土流失形式——崩岗。水土流失强度大都为轻度侵蚀，轻度侵蚀面积占水土流失总面积的60.56%，中度以上侵蚀面积占到29.44%，其中，剧烈侵蚀面积为2 395.90平方千米，占水土流失总面积的6.09%，大量的生产建设活动是广西剧烈侵蚀发生的主要原因。2018年水土流失状况明显好转，充分体现了十八大以来广西生态文明建设取得的巨大成效。这与长期以来广西水土保持工作坚持保护优先、防治结合的基本方略有关。

由于水土流失和过度开垦，以及植被遭破坏，广西岩溶地区石漠化问题令人担忧。石漠化是石质荒漠化的简称，是岩溶地区土地退化的极端形式，表现为山地土壤消失，基岩裸露或砂砾堆积等现象。由于石漠化地区岩石风化成一厘米土层需要几百年的时间，一旦丧失，难以恢复，因此石漠化又被称为地球的癌症。我国是世界上石漠化最为严重的国家之一，广西又是国内八个石漠化严重的地区之一。根据统计数据，2005年，广西石漠化土地约237.91万公顷，10个市76个县（市、区）均有分布，涉及人口1 200多万人，约占广西总人口的25%。由于生态环境持续恶劣，这些地区缺水、缺土、缺粮、缺柴、缺钱。石漠化已成为广西灾害之源、贫困之根，是广西生态环境建设最难啃的"骨头"，是经济和社会发展的"绊脚石"。因此，解决广西石漠化生态问题刻不容缓。

自2008年国家启动石漠化综合治理工程以来，自治区党委、政府高度重视，历届领导多方实地调研，对症下药。林业部门尊重规律，勇于探索，逐步形成并广泛推广石漠化综合治理"六字诀"——"封"（封山育林）、"造"（造林种草）、"退"（退耕还林）、"管"（林草管护）、"沼"（沼气建设）、"补"（生态补偿）。至2011年，石漠化土地约192.21万公顷，较2005年（237.9万公顷）减少了45.7万公顷。2018年发布的监测结果显示，2016年石漠化土地约153.29万公顷，与2005年首次发布的数字相比，广西石漠化面积累计净减少84多万公顷，石漠化治理取得了明显的成效，石漠化土地面积减少率位居全国第一。这是认真践行"绿水青山就是金山银山"理念，将石漠化治理作为生态建设的重要考核指标，采取综合措施，加大资金投入的结果。

2019年，广西植被生态质量和植被生态改善程度均居全国前列，植被生态质量状态为正常、较好和好的区域占全区总面积的98.3%，比2018年上升0.7个百分点，为2000年以来的最好水平，"广西生态优势金不换"这张名片越来越亮。桂东大桂山、大瑶山，桂南十万大山，桂西北凤凰山、都阳山等区域植被生态质量最好；桂东北、桂中等区域植被生态质量稍差。14个设区市中，百色、河池、防城港植被生态质量位居前三；钦州、南宁、来宾植被生态改善程度位居前三。

5. 地质灾害

2019年，全区共发生地质灾害386起，其中，滑坡195起，崩塌133起，泥石流18起，地面塌陷40起。灾害造成27人死亡，15人受伤，直接经济损失达13 254.86万元。与2018年相比，灾害发生数增加256起，死亡人数增加17人，受伤人数增加6人，直接经济损失增加11 075.99万元。强降雨是突发性地质灾害最主要的诱发因素。

总之，生态环境的治理，关系人民群众的生产、生活和人身安全，必须采取综合治理措施才有出路。首先，要依法依规对各种导致水土流失、石漠化的行为进行制止。其次，通过各种途径，恢复良好的生态环境，这是根治之本。继续强化封山育林，做好人工造林，退耕还林、还草、还竹、还药，砌墙保土，推广沼气，建地头水渠等，把森林植被覆盖恢复起来。最后，将发展石山生态和发展经济结合起来，既重视生态效益，也要考虑经济效益。如巴马一些地方在山脚至山腰种竹子和任豆树，房前屋后、山边地角种香椿、桃李，乱石旮旯种植剑麻；百色市石山区，种植肥牛树、核桃，种金银花，地头水渠周围种竹子和果木等，获得生态环境持续改善的良好效果。

6. 垃圾分类与环境保护

人类在利用地球上的自然资源的同时也排放出大量的污染物，对生态环境造成了严重的破坏，使地球变成一个"垃圾球"。为了保护我们赖以生存的地球，让我们的家园更加美丽，人们必须分类回收垃圾。

我国明确指出要实行垃圾分类。垃圾分类关系广大人民群众生活环境，关系节约使用资源，是社会文明水平的一个重要体现。要加强分类投放、分类收集、分类运输、分类处理的垃圾处理系统，形成以法治为基础，政府推动、全民参与、城乡统筹、因地制宜的垃圾分类制度，努力提高垃圾分类制度的覆盖范围。

2019年7月1日，上海市实行了史上最严格的垃圾分类制度。广西首府南宁市等地级市，也开始落实垃圾分类工作，最初把垃圾分为四大类，即可回收物、有害垃圾、易腐垃圾、其他垃圾。后来又把垃圾分为可回收物（废纸、塑料、玻璃、金属、布料等）、有害垃圾（废电池、过期药物、废弃家用化学品、灯管、针剂、废胶片相底等）、厨余垃圾（剩余饭菜、果皮蛋壳、茶渣、盆栽落叶等）、其他垃圾（快餐盒、一次性筷子、烟头、砖瓦陶器碎片、渣土、用过的纸巾、纸尿裤等）。因此，我们要强化垃圾分类意识，树立垃圾分类从我做起的观念，践行可持续发展生活理念，把垃圾分类当成义不容辞的责任，自觉在工作、生活中学习、实行垃圾分类。

在广西横州市（旧为横县），早在2000年9月就正式启动垃圾分类实践。人们把生活垃圾分为了三类：可堆肥垃圾、不可堆肥垃圾和有毒有害垃圾。环卫站给每家发了两个不同颜色的桶，一个放剩饭剩菜等可堆肥垃圾，另一个放塑料袋、饮料瓶等不可堆肥垃圾。在时间上采取定点、定时投放和收运的方式。同时，对分不好垃圾的情况，环卫工、居委会工作人员、分类督查员轮番上阵教导；对屡教不改、拒收垃圾、乱丢乱倒等，电视对其进行曝光，依规重罚；对分得好的，每月会得到洗衣粉、肥皂、牙膏等小奖励。就这样，经过多年的努力，垃圾分类成了人们的一种习惯。如今的横州市，整个街道干净整洁，这让居民感到非常自豪和满足。横州市以坚实的事实和数据，告诉我们垃圾分类的实施在中国的城镇并非不可行。

二、远古人文遗迹

1. 巨猿的故乡

远古时期，广西具有适宜猿类、人类生存的优越环境。一是广西属岩溶地形，石灰岩居多，受地表水和地下水的侵蚀，形成了众多的岩洞；二是气候温和，雨水充足，动植物食物资源丰富。

考古工作者发现，与人类有共同祖先，近于人类的一种猿类——巨猿曾生息繁衍于广西。1956年，在柳城县社冲村的岩洞中出土了巨猿上颌骨化石，后又发掘出巨猿下颌骨和众多牙齿化石。此外，在大新县（榄圩乡）、武鸣区（甘圩乡）、巴马瑶族自治县（所略乡）、田东县（布兵镇）、江州区（板利乡、罗白乡交界）岩洞中也先后发现了巨猿牙齿化石。广西不愧为巨猿的故乡。结合广西邻省及越南已发现远古人类化石的事实，相信将来会有猿人化石的发现。

2. 八桂古人类化石出土简况（如表1-1所示）

表1-1　八桂旧石器时代古人类化石出土简况

名称	出土时间	出土地点	备注
麒麟山人	1956年	兴宾区桥巩乡	
柳江人	1958年	柳江区	东亚最早的现代人
灵山人	1960年	灵山县城郊	
荔浦人	1961年	荔浦市两江镇	
干淹人	1972年	都安瑶族自治县加贵乡	
都乐人	1975年	柳州市东南	
九头山人	1975年	柳州市东南	
九楞山人	1977年	都安瑶族自治县地苏乡	
宝积岩人	1979年	桂林市广西师大附中	伴有打制石器出土
定模洞人	1979年	田东县祥周镇	
德峨人	1979年	隆林各族自治县德峨乡	
甘前人	1980年	柳江区土博乡	
白莲洞人	1980年	柳州市西南	伴有打制石器出土

续表

名称	出土时间	出土地点	备注
古蓬人	1981 年	忻城县古蓬镇	
祥播人	1984 年	隆林各族自治县祥播乡	
宾山人	1985 年	靖西市新靖镇	
龙洞人	1988 年	隆林各族自治县者保乡	
扶绥人	2000 年	扶绥县	
么会洞人	2001 年	田东县	2 枚人类牙齿，伴有打制石器出土
江州人	2009 年	江州区	智人下颌骨

3. 百色旧石器

百色旧石器于1973年在百色市那毕乡百法村上宋屯首次被发现。到目前为止，已发现该类石器野外遗址100多处，主要分布在百色盆地的平果、田东、田阳、右江、田林等县区的右江两岸阶地上。至今共采集到的石器实物标本过5 000件，其中砍砸器居多，尖状器次之，还有超过300件珍贵手斧。石器形体硕大，制作原始粗糙。通过对与石器共存的玻璃陨石进行科学的测定，学术界公认石器年代为距今80万年。

百色旧石器的发现，证明东西方早期人类的体能和认识能力相似，没有优劣之分，从而推翻了在国际学术界统治长达半个多世纪的"莫维斯理论"，打破了西方学者长期对亚洲早期人类认识的偏见。正由于此，美国《科学》杂志刊发了百色旧石器研究的成果，并以百色手斧为该杂志的封面。国家科技部也把百色旧石器的发现和研究与纳米技术、人类基因组计划及夏商周断代工程等重大科技发现一起列入"2000年中国基础科学研究十大新闻"。

此外，旧石器还在八桂一些县市区过百处地方被发现，如柳江区思多岩、陈家岩，江州区矮洞，桂林市月牙东岩洞，宜州区岩背洞，河池市金城江附近溶洞，东兴市江平镇山坡地，梧州市西部、西南部及西江两岸。

4. 娅怀洞遗址

娅怀洞遗址位于隆安县乔建镇博浪村博浪屯大仓头山的半山腰上，是一处跨越旧石器时代和新石器时代的洞穴遗址。2014年，该遗址被发现；2015年至2017年，广西相关馆所对遗址进行连续三个年度的考古发掘，发现16 000年前的古墓葬和包括完整头骨在内的人类化石，发现16 000年前的稻类遗存（植硅体），出土数以万计的石器、骨器、蚌器及陶片等文化遗物，以及大量动植物遗存。娅怀洞遗址发掘具有非常重大的学术价值，它为研究我国南方及东南亚地区的史前文化、更新世晚期人类行为及文化的多样性提供了珍贵的资料，填补了右江流域史前文化的缺环，进一步完善了广西史前文化序列。2019年，隆安娅怀洞遗址入选国家级重点文物保护单位。

隆安县娅怀洞遗址中发现的距今16 000多年的稻类遗存，是我国目前为止发现的最早的人类使用稻的考古证据，同时也证明了壮族先民在这里繁衍生息，古老的稻作文化由此发轫。其实，早在2012年，中国科学院国家基因研究中心课题组以广西南宁市隆安县等地的野生稻为蓝本，通过基因组重测序和序列变异鉴定，从全球不同生态区域中选取的400多份普通野生水稻中，绘制出了水稻全基因组遗传变异图谱，提出了"分布于广西的普通野生稻与栽培稻的亲缘关系最近"的研究成果，表明广西（珠江流域）是水稻的驯化起源地。这一重大的研究成果，发表在了世界权威学术杂志《自然》上。研究人员还谈到广西的稻作文化对东南亚国家，尤其是越南、缅甸、泰国和柬埔寨一带影响深远。通过研究人员群体遗传学的分析，可以推断出壮族先民发现了野生稻种，并经过漫长的人工选择驯化出了粳稻，随后向北、向南逐渐扩散。进入东南亚后，在当地与野生稻种杂交，产生了籼稻。从另一个侧面也说明了，在很早以前，中国与东南亚国家就互动频繁，关系密切。

5. 甑皮岩洞穴遗址

甑皮岩洞穴遗址位于广西桂林市南郊独山西南面，于1965年发现，是距今12 000多年的新石器时代早期文化遗址。遗址留下了当年人类遗迹如火塘、灰坑、石器加工场、石料堆放处等，出土了打制石器，如砍砸器、盘状器、刮削器；磨制石器，如石斧、石锛、石矛、穿孔器等众多遗物；还有磨制的骨锥、骨针、骨镞、骨鱼镖制品和用蚌壳制成的蚌刀、蚌铲、蚌勺等器具。另外，出土的陶器（片）是目前我国发现的年代较早的陶器。同时，对遗址出土的猪骨测定得知，随着原始农业的出现，当时已开始驯养家猪。值得注意的是，遗址中发现了数十人的遗骸，葬式多为屈肢蹲葬，少为侧身屈肢葬和二次葬，表明丧葬形式已趋制度化。其中，两位中老年妇女遗骸上撒有赤铁铲粉，说明她们生前享有崇高地位，同时也表示在当时人们已有了信仰的意识。

总之，该遗址的发现在广西和华南地区占有重要的地位，具有重要的历史文化价值。

迄今为止，广西发现的新石器时代文化遗址在200处以上，分布在全区各地。除上所述，重要的新石器时代早期文化遗址还有：南宁市东郊豹子头贝丘遗址（距今一万年，出土有磨制石器斧、锛、杵、锤、钻及骨器、蚌刀，还有夹砂粗陶），桂林市庙岩、柳州市南郊的鲤鱼嘴、武鸣区瓦洞、扶绥县三官岩和敢造、灵山县滑岩、上林县白岩、兴宾区龙洞岩和岜拉洞、横州市西津等。

6. 大石铲文化

大石铲文化是桂南地区特有的以大石铲为主要特色的一种新石器时代晚期文化类型，距今约4 000年。

到目前为止，该文化类型的遗址已发现70多处，大部分分布在靠近江河湖泊的坡岗上，而以隆安县东南、南宁市西部、扶绥县北部最密集，邕宁区、武鸣区、江州区、靖西市、灵山县等也有多处。大石铲均用页岩加工磨制而成，短柄、双肩、有腰、舌刃。就腰和肩细辨可知，大石铲可分为双平肩直腰型、双平（斜）肩束腰型、双肩锯齿束腰型三种。石铲多数高25厘米、宽16厘米、厚1.5厘米左右，但小的仅高5~7厘米，宽3~4厘米，厚0.7厘米，重数为两计重，小巧精致。其中，隆安县乔建镇大龙潭遗址出土的一个大石铲，高73厘米、宽43厘米、厚3厘米，重几十斤，硕大无比。后来该县又出土了一把高77厘米、宽41厘米、厚2厘米的大石铲。石铲的大小、长短不一，从一个侧面反映了当时石器制作工艺及磨制技术已达到娴熟高超的程度。

另外，从发掘的石铲遗址看，非石料共有物较少，且石铲总体硕大，舌刃厚钝，出土时成组叠立，或直或斜，或侧或平，或围成圆圈，或排成列队，圈内有火坑，甚至刃部朝天。据此，多数学者认为大石铲一方面已从生产劳动工具脱离出来，成为一种与农业生产活动相关的祭祀品，以满足当时人们乞求风调雨顺、五谷丰登的意愿；另一方面也从侧面反映了当时原始农业的发展已达到一定的水平。

7. 晓锦原始文化遗址

晓锦文化遗址位于广西资源县延东乡晓锦村，于1996年被发现，属4 000～5 000年前的新石器时代晚期山坡遗址。发掘的炭化稻米较多，反映当时已进入农业耕作期；石纺轮的发现，表明这里的原始人已懂得纺织；石镯的发掘，说明该部落已萌发爱美的观念；大量柱洞的发现，可推知他们会建屋而居，生活相对稳定；石锯、石钻的发现，表明他们的生活内容丰富。该遗址的发现预示着资江可能是中原文化与百越文化交流的又一通道。

8. 顶狮山遗址（顶狮山文化）

顶狮山遗址位于广西邕宁区蒲庙镇新新村九碗坡自然村，于1994年被发现，距今6 000～8 000年。

该遗址现存面积5 000平方千米，至今发掘古人墓葬300多座，古人遗骸400多具，出土遗物一万多件。从出土遗物来看，遗址文化内涵覆盖了新石器时代早、中、晚三期。遗址最下层，遗物以玻璃陨石、细小石片石器、石核居多，并有少量陶器；遗址中层，螺壳堆积，石器以斧多见，骨器以锥凿为主，蚌器以有无孔蚌刀唱主角，陶器均为夹砂陶，且墓葬多，其中肢解葬为目前世界上所发现的唯一此类墓葬形式；遗址最上层，通体磨制的小石锛出土多，众多骨器中以骨锛磨制得较为精细，陶器以夹砂陶为主，兼有泥质、夹蚌、夹炭陶，此外还发现了居住柱洞。

顶狮山遗址是广西迄今发现的规模最大、内涵最丰富的贝丘遗址，其成果被学术界公认，并命名为"顶狮山文化"。这是全国第一个以广西史前文化遗址地命名的史前文化类型，1997年被评为全国十大考古新发现之一，其科学价值不逊于半坡遗址和河姆渡文化遗址等类似的史前著名遗址。

9. 百色革新桥新石器时代遗址

百色革新桥新石器时代遗址于2002年被发现挖掘，位于百色城西南郊约10千米处，距今6 000～7 000年。分布面积约5 000平方千米，已出土文化遗物30 000余件，种类有石器和陶器，另有少量动物遗骸。这些遗物中以石器为多，占出土遗物90%以上。器形丰富多样，主要有砍砸器、刮削器、切割器、研磨器、石斧、石锤、石砧等。出土石器延续了百色旧石器时代的文化特征，表明这一地区的古人类一直在这里生息、劳作，创造了一系列富有地方特色的古代文化。陶器只发现了碎片，未见完整器物，均为夹砂陶，纹饰主要为绳纹。发现大象、猴、熊、野猪、竹鼠等10多种动物的牙齿和骨骸。同时，在该遗址还发现了一处石器加工场，其规模之大，出土遗物之丰富，在广西目前新石器时代考古发掘中尚属首次，在全国也实属罕见。遗址中还出土了堪称"百色第一人"的古人遗骨，为研究华南地区古人类的体质特征，与越南、云贵等周围地区古人类的关系以及壮族史前的起源与分布提供了重要的实物资料。该遗址被列为"2002年中国十大考古新发现"之一。

此外，近年在都安红水河流域的北大岭发现了7 000年前的遗址，挖掘10 000平方千米，有数万件遗物，如石器、陶器，还有1 200平方千米的石器加工场。在隆安县丁当镇发现了6 000余年前的新石器时代贝丘遗址，出土墓葬30多座，以及石器、骨器、蚌器等文物30多件。其中，出土的螺壳主要是山螺，大块的兽骨较多，说明当时的先民还是以狩猎、采集为生。遗址中出土的30多座墓葬多为仰身屈肢葬和侧身屈肢葬，大部分有一个罕见的特征：大石压身。

10. 感驮岩遗址

感驮岩遗址位于百色市那坡县后龙山山脚，是一处跨越新石器时代（距今4 700年，第一期）和青铜时代（距今3 800～2 800年，第二期）的古文化遗址。第一期文化遗存有石器（如有肩、石锛、石斧等）、陶器（如三足罐等）、骨器（如骨锥），还有纺轮。第二期文化遗存有石器（如石锛、石凿、石矛等），骨器（如骨牙璋）等。陶器种类多，如陶簋、陶壶、陶纺轮，制作先进，磨光陶增多，装饰手法多样，其中有些陶器形制与商朝相同。还发现了制作金属器的石范等。在遗址里留有炭化稻、炭化栗。这些为研究本地区史前文化与周边地区史前文化的关系，以及石器时代向青铜时代的过渡，提供了珍贵的实物资料。该遗址已被国务院列为全国重点文物保护单位。

11. 布洛陀遗址

按壮族创世经诗《布洛陀》记述，布洛陀是壮族人民的创世始祖，是创造天地万物的创世神。据专家考证，布洛陀是壮族远祖的部落首领（可能是鸟图腾部落首领）。

确定布洛陀的遗址的分布，或者壮民族文化的发祥地，对作为全国少数民族人口最多的壮民族来说是十分重要的，因为寻找到布洛陀遗址就是寻找到壮民族人民的根，就是寻找到壮民族文化的发祥地。

经过几十年苦苦的追寻，2002年夏天终于在百色市田阳区百育镇六联村那贯屯的敢壮山发现了布洛陀遗址。理由如下。

第一，敢壮山上有被当地人称为"祖公庙"的布洛陀祭祀庙遗址。每年从农历二月十九（传说中布洛陀诞生日）至三月初九，田阳周围的右江区、田东、德保、巴马、凤山、东兰、隆安、田林等十几个区县的民众聚会于此，朝拜祖公庙，形成万把香火敬祖公的壮观场面。至今这里仍留有当年的石柱、台阶、青砖、青瓦等，甚至还在这些遗物上发现了蛙纹、雷纹及古壮字。

第二，敢壮歌圩是广西最大的歌圩，也是广西最大的祭祀布洛陀的活动。

第三，敢壮山的"敢壮"是壮人山洞的意思。

第四，百色盆地发现的三大古人类遗址之一——赖奎遗址就在田阳区。百色旧石器的研究成果也为壮族远祖的根在右江盆地提供了有力的佐证。

第五，田阳区早在公元前140年就设县，是百色市建置最早的县，壮族人文资源丰富。

第六，有壮族史诗、壮族百科全书之称的《布洛陀》经诗，已发掘的28个版本中，田阳区就占14个版本，其余14个版本也是在以田阳为中心的周边县发掘的。

第七，敢壮山下流传着世代相传的古歌，至今仍被人们吟唱。而其内容多是叙述布洛陀创世的详细过程。如："敬请布洛陀，敬请姆六甲，你们是王是仙，供奉坐中间；古时你们到最先，创造天地和人间，人们永远都纪念……"

布洛陀遗址的发现确定了壮民族的根，揭开了壮民族文化的起源之谜。它是中华民族珍贵的文化遗产，研究和开发这些文化遗产，对于提高民族自信心具有重要意义。从此，壮族人民有了共同的精神家园和文化圣地。

12. 广西著名春秋战国墓葬（群）

1）嘉会春秋墓葬：1971年在广西恭城瑶族自治县嘉会镇秧家村被发现，出土青铜器共33件，其中有鼎、尊、编钟、戈、剑、钺、斧、镞、凿等。

2）元龙坡西周至春秋墓葬群：位于广西武鸣区马头镇元龙坡，1985年被发现，发掘清理350座墓葬，出土器物有陶器、青铜器、玉石器，其中，青铜器有卣、斧、凿、盘、刀、矛、钺、镞、钟、铃等60件。

○元龙坡古墓群遗址：有古墓500多座，于1985年10月被发现，1986年11月至1987年由广西文物工作队、南宁文物管理委员会和武鸣区文物管理所组织发掘，共发掘清理了350座墓葬，出土文物1000多件，种类有青铜器、陶器、玉器、石器等，年代为商代晚期至西周早期，是骆越古地发现的最早和最大的青铜文化墓葬群，也是最早、最大的骆越墓葬群。元龙坡商周墓葬群出土了我国最早的针灸用铜针，说明当时的骆越人已掌握了针灸医疗技术。

3）银山岭战国墓葬群：1974年在广西平乐县银山岭被发现，清理发掘墓葬110座，出土青铜器370余件，如鼎、剑、矛、钺、戈、凿、镞、斧、刮刀等；出土铁农具100多件，如铁锸、铁镬、铁刮刀、铁斧、铁凿等；发掘陶器360件，如陶纺轮、陶盆、陶杯、陶钵等；还有各种玉石器，共1000多件。

4）安等秧山战国墓葬群：位于广西武鸣区马头镇安等秧山，于1985年被发现，墓葬85座，共出土近200件遗物，其中有铁农具锸、铜刮刀及铜钺等，陶器罐、钵等，以及各种玉石器等。

从上述墓葬（群）出土的文物来看，春秋战国时期，一方面，广西部分地区的社会生产力水平尤其是农业生产水平有了提高，一整套铁制的先进工具已广泛应用，促进了农业经济的发展；另一方面，一些青铜器物和铁制器物，已经具有自己的特色，也就是说，在吸收借鉴中原先进生产技术的基础上，人们能制造出不同于中原地域的，有自己风格的青铜器和铁器了。另外，墓葬在墓葬群所处的位置不同，墓葬规格不一，随葬品的多少不均、质料价值不一，说明该地区部落成员已经有了贫富和贵贱的差别。

三、广西行政区划古今谈

（一）历代广西行政区划演变

1. 设郡置县前的广西

根据文献资料记载，先秦时期，从东南沿海到岭南等地，是古代越人活动的地区。因其部族众多且分散，有百越之称。其中，在八桂大地活动的百越支族有仓吾、西瓯、骆越三大部落。西瓯分布在今桂东和粤西；骆越分布在今桂西及桂南沿海；仓吾，亦称苍梧，分布在今桂北。传说4000多年前，帝舜南巡苍梧，驻跸桂林虞山。

古书又载，西周时，"路人（骆越）"和"仓吾（苍梧）"分别向西周王朝进献地方珍贵物产"大竹"和"翡翠"。元代史学家马端临所著《文献通考》称，静江府（今桂林）"战国时楚国及越之交……自荔浦以北为楚，以南为越"。《后汉书》亦称："吴起相悼王，南平百越，遂有洞庭、苍梧。"显然广西部分地区已属楚国统辖。结合前述相关时期考古发掘的实物，可以说春秋战国时期广西与中原江淮地域的政治、经济乃至文化已有了进一步的联系，这种联系为广西最终被纳入中原王朝的版图提供了有利条件。

2. 秦开三郡

秦始皇统一六国后，为了开拓疆土，于公元前219年命屠睢率兵50万分五路对百越地区进行军事征服活动。集结于江西的秦军迅速攻占了百越中的瓯越和闽越，置闽中郡。而向岭南进攻的四路秦军遭到当地人的顽强抵抗，"三年不解甲驰弩，使监禄无以转饷"，战事受阻。后秦监御史禄奉命组织力量在今桂林市兴安县开凿灵渠，沟通了湘江和漓水，解决了军需运输问题。公元前214年，秦朝征服岭南的南越、西瓯、骆越，并设置了桂林、象郡、南海三郡。桂林郡包括今广西北起兴安、南抵扶绥和右江一线，东起玉林、西抵河池一线，郡治设于今贵港市。广西简称桂，源于此。象郡包括广西扶绥和右江以南地区、钦州市、玉林市南部，以及广东省湛江地区和越南中北部地区，其郡治置于今崇左市。南海郡包括广西的钟山、富川、贺州、梧州、苍梧、岑溪、藤县等市县以及除湛江地区以外的广东省境，郡治设于广州市。这是中原王朝在岭南地区设置郡县的开始，广西从此被纳入祖国统一的版图。此外，今广西隆林、西林、田林及环江、三江等当时已纳入黔中郡辖，灌阳、全州、资源等县为长沙郡属地。

秦汉之际，南海郡代理郡尉赵佗趁机攻占桂林郡、象郡，建立南越王国，自称"南越武王"，广西属南越王国属地。

3. 汉设九郡，八桂有三

刘邦建汉，南越国愿称臣，多时双方关系尚好，你贡"能言鸟"，我赐"蒲桃锦"。赵佗死后，其子孙相继为王。汉武帝时，南越国丞相吕嘉当权，反对内属，并杀汉使。汉武帝调兵遣将，分路出击。汉元鼎六年（前111），伏波将军路博德和楼船将军杨仆先后攻入南越国都城，传五代历93年的南越国灭亡。

汉武帝平定南越王国后，把秦朝所设三郡分为南海、苍梧、郁林、合浦、交趾、九真、日南、珠崖、儋耳等九郡，由交趾刺史部统辖。今广西大部分地域属郁林、苍梧、合浦三郡二十余县。其中，郁林郡治在今贵港市境，苍梧郡治在今梧州市，合浦郡治在今合浦县。此外，今广西西部的部分地方（西林、隆林、田林、百色、乐业、凌云等）属牂柯郡辖，桂北大部分地方（兴安、全州、灵川、桂林市、临桂、阳朔等及灌阳、恭城部分为零陵郡管），如表1-2所示。

东汉末，广西大部分地域属交州统辖。

表1-2 汉广西郡县表

郡名	属县（今地）
郁林郡	布山县（今贵港市和玉林市）、阿林县（今桂平市和平南县）、潭中县（今柳州市、柳江区、柳城县、鹿寨县）、安广县（今横州市）、桂林县（今象州县）、中留县（今武宣县）、定州县（今宜州区）、领方县（今宾阳县、上林县）、临尘县（今江州区、扶绥县）、雍鸡县（今龙州县、凭祥市）
苍梧郡	广信县（今梧州市、苍梧县、岑溪市）、临贺县（今八步区、昭平县部分地区）、冯乘县（今富川、恭城、平乐县部分地区）、富川瑶族自治县（今钟山及昭平、平乐县部分地区）、荔浦县（今荔浦市、蒙山县及平乐县部分地区）
合浦郡	合浦县（今合浦县、北海市、钦州市、灵山、浦北、博白、陆川县）
零陵郡	零陵县（今兴安、全州）、始安县（今桂林市、临桂区、灵川、阳朔县）、洮阳县（今全州北部）、观阳县（今灌阳和恭城瑶族自治县部分地区）
牂柯郡	句町县（今隆林、西林、田林、百色等县市）、夜郎县（今乐业、凌云县）、无敛县（今天峨、南丹、环江毛南族自治县）

西汉末汉昭帝诏封句町地区少数民族首领毋波为句町王，建立句町国（在史籍记载中称为西南夷），与滇国、夜郎国、漏卧国齐名。据记载，句町国的行政区域包括现在的德保、靖西、田林、西林以及云南的广南、富宁等市县，势力到达越南北部地区，历时400年。其都城在现在的广西西林县境的可能性大。

4. 吴晋南朝增郡设县

三国时期，广西大部分地方归孙吴政权统辖。吴在广西设置的主要郡有：零陵郡（今全州、灌阳一带）、始安郡（今桂林市、临桂、阳朔、永福、兴安、灵川一带，治始安县—今桂林市）、临贺郡（今八步区、富川、昭平一带），均属荆州辖；苍梧郡（今梧州市、苍梧、岑溪市、藤县、平南、平乐、荔浦一带）、桂林郡（今柳州市、来宾市部分地区）、郁林郡（今玉林、贵港市、南宁市、河池市东南一带）、合浦郡（今钦州市及玉林市南部一带）、合浦北部都尉（今横州市一带），皆由广州辖。郡下置县30多个。今桂西北部分地区属蜀国辖。

两晋时期，广西境内所置郡计有苍梧、郁林、桂林、合浦、始安、临贺、晋兴、宁浦、永平、西平10个，多属广州。县增至50多个。其中桂林郡，治潭中县（今柳州市），永平郡（治藤县境）从郁林郡析出，晋兴郡（治晋兴县，即今南宁市境）由郁林郡分出，宁浦郡（治横州市境）从合浦北部都尉析置。

南北朝时期，广西地域始属南朝宋、齐、梁，后大部为陈管辖，其所置州郡较多，名称有变。值得注意的是，此时设立的桂州（治始安郡），逐渐成为桂北地区的政治军事中心。

5. 隋置五郡与唐设岭南西道

隋统一后用兵岭南，岭南前朝官员多附隋朝。隋缩减地方机构，行州（郡）县二级制。广西境内设郡有五，即始安郡、永平郡、郁林郡、合浦郡、宁越郡（治钦州市境）。此外，广西部分地区属治所不在广西的郡（如苍梧郡、南海郡、永熙郡、零陵郡、熙平郡）辖。

唐朝建立后，派大将李靖至广西桂州，招抚岭南各族首领，委任官职，岭南平稳归唐。唐初，全国分10道，今广东、广西大部分属岭南道。桂西、桂西北、桂东北小部分属江南道。唐玄宗时期，今桂西、桂西北部分属黔中道，桂东北部分属江南西道。唐咸通三年（862），唐懿宗因边事紧，为加强控制，分岭南道为岭南东道和岭南西道。岭南西道，治所在邕州（今南宁市），统辖广西大部分、海南岛以及广东雷州半岛部分，下设桂管、容管、邕管三管，管下有州，州下置县。此外，今富川、钟山、贺州、藤县、岑溪一带归岭南东道辖。至此，广西作为独立行政区的雏形初成。

至于左右江和红水河流域一带的少数民族聚居地区，唐政府则设置了许多属桂管和邕管管辖的羁縻州县，并委任当地少数民族首领为官吏，让其世袭，不变其俗，通过他们实行间接的统治。

6. 宋设广南西路与元置广西行中书省

五代十国时代，今广西地域先由楚国和南汉分治，后全归南汉统辖，行政区划基本沿袭唐制。宋初，广西大部分地区属广南路管，唯全州、灌阳、资源一带归荆湖路辖。宋至道三年（997），广南路又析分为广南东路和广南西路。广南西路，治所设在桂州（今桂林市），辖地包括今广西大部分、海南岛和广东省雷州半岛一带。下设桂、容、邕、融、象、昭、梧、藤、龚、浔、柳、贵、宜、宾、横、钦、廉、白、郁林、平、观、化、高、雷、琼等25州。后来广南西路更名为广西路。这是"广西"名称的由来，广西从此固定为一个独立的行政区划。此外，宋朝在左右江流域及桂北部分地区沿袭唐制，设置羁縻州县和峒，在战略要地置军，重要特矿产区设监，以加强统治。

元代，地方设省、路（府）、州、县四级制。广西先属湖广行中书省，设广西两江道宣慰司都元帅府，治静江（今桂林市）。下辖南宁路、静江路、柳州路、梧州路、太平路（治今崇左）、田州路（治今田东）、思明路（治今宁明）、浔州路（治今桂平）、来安路（治今田阳）、廉州路（治今合浦）、钦州路、镇安路（治今德保）12路，还有平乐府、庆远南丹安抚司，以及郁林州、容州、象州、宾州、横州、融州、藤州、贺州、贵州9州。下设众多的县。元末，至正二十三年（1363），元政府分设广西行中书省，这是广西设省的雏形。但今全州、灌阳、资源仍属湖广行省统辖。此外，在部分少数民族聚居地继续设置土州土县。

7. 明置广西承宣布政司和清设广西行省

明朝时期，政府把元行中书省改为承宣布政使司，全国划分为13个布政使司。广西行中书省则改称为广西布政使司，治所在桂林府。广西布政使司内划分为11个府和3个直隶州统辖各州县及长官司。其中，11个府为桂林府、柳州府、庆远府（治今宜州）、思恩府（治今武鸣）、平乐府、梧州府、浔州府、南宁府、太平府、镇安府、思明府。3个直隶州为归顺州（治今靖西）、田州、泗城州（治今凌云）。此外，原属广西布政司管的今北海市、钦州市、防城港市于洪武二年（1369）划拨广东布政使司，而现今全州、灌阳、资源3县地域于洪武二十七年（1394）由湖广布政司划归广西布政司桂林府统辖，这样广西行政区域基本形成。

清朝恢复行省制，复设广西行省，省治在桂林市。下设桂平梧道、右江道、左江道、太平恩顺道，分辖桂林府、柳州府、庆远府、思恩府、平乐府、梧州府、浔州府、南宁府、太平府、镇安府；郁林、归顺两直隶州，百色、上思直隶厅。府下主要设州、县数十。

8. 民国时期广西行政区划名称多变

民国时期，广西沿袭清朝称省，地域与清朝大致相同。1912年全省划分为10府，分统各县。不久撤府制，由省直接辖县。1917年，全省划为6道，即桂林道、柳州道、南宁道、苍梧道、镇南道（治龙州）、田南道（治百色），分辖各县。1926年，又废道置若干区。截至中华人民共和国建立前夕，全省划分为1市（桂林市）、15区、99县。今北海市、钦州市、防城港市仍属广东省辖。至于省治，除1912年—1936年设在南宁市外，其余时间在今桂林市。

9. 中华人民共和国成立至2019年的广西行政区划变迁

1949年12月11日，广西解放。中华人民共和国成立初期，仍设广西省，省会设在南宁市。下设南宁、桂林、柳州、梧州、平乐、玉林、武鸣、庆远、百色、龙州10个专区和南宁、桂林、柳州、梧州4个省辖市，有县98个。1952年，政务院将广东省辖的钦廉专区及其所属的合浦、钦县、灵山、防城等4县和北海市，正式划归广西省，并改称钦州专区。不久又划归广东省属。1965年，此地域再划归广西，仍称钦州专区。

1952年12月10日，依照党的民族区域自治政策，在壮族聚居的桂中、桂西成立桂西僮族自治区，人民政府设在南宁市。1956年3月又依法改为桂西僮族自治州，管辖邕宁、宾阳、横县、扶绥、宁明、龙津、大新、镇都、隆安、武鸣、上林、马山、上思、都安等县及凭祥市（1957年从宁明县分出成立，县级）。1958年3月5日又依法在原广西省的基础上成立省一级的广西僮族自治区，1965年经国务院批准更名为广西壮族自治区（纪念日从1978年起改为12月11日）。1965年增设河池专区，将原柳州专区辖的河池、宜山、罗城、南丹、天峨、环江毛南族自治县，原百色专区属的东兰、巴马、凤山县，原属南宁专区的都安瑶族自治县划归河池专区管辖，原属南宁专区的上思县并入钦州专区。1970年，专区改称地区，1978年改为地区行政公署。

同时，为进一步落实党的民族区域自治政策，使广西境内的少数民族充分享受民族区域自治的权利，从1949年12月11日至今已先后建立13个县级民族自治区域和划定了享受民族自治县待遇的行政区域（即西林县、凌云县、资源县、防城区），详见第二章相关内容。

此外，随着改革开放的进一步深化，行政区划体制也在改革，市管县，整县改市（含地级市）逐步稳妥展开，以适应时代发展需要。1981年6月，以合山煤矿区为中心划出来宾部分地方成立了合山市（县级）。1983年，邕宁、武鸣县划归南宁市，柳江、柳城县划归柳州市，临桂县划归桂林市，苍梧县划归梧州市统辖；北海市升为地级市，玉林、钦州、百色、河池等4县分别改为市（县级）。1985年3月，设立防城港区（地级建制）。1988年12月，撤销贵县建制，设立贵港市（县级）。1993年5月，撤销防城各族自治县，设立防城港市（地级），以原防城各族自治县和防城港区为其行政区域，原钦州地区的上思县归其管；9月，撤销宜山县，设立宜州市（县级）。1994年，撤销钦州地区和县级钦州市，设立地级钦州市；撤销北流县，设立北流市（县级）；撤销桂平县，设立桂平市（县级）。1995年，撤销岑溪县，设立岑溪市（县级）；10月，贵港市（县级）升格为地级市，辖港北区、港南区和平南县，代管桂平市。1996年4月，设立东兴市（县级）。1997年，调整梧州地区和梧州市行政区域，撤销贺县，设立贺州市（县级），梧州地区更名为贺州地区，辖富川、钟山、昭平3县和贺州市；4月，撤销玉林地区和县级玉林市，设立地级玉林市，玉林市新设玉州区和兴业县。1998年8月27日，调整桂林市和桂林地区合并，组建新的地级桂林市。2002年，贺州地区、百色地区、河池地区相继改为地级市，撤销柳州地区；以原柳州地区的忻城县、象州县、武宣县、金秀瑶族自治县、合山市、来宾县为行政区域，组成新的地级来宾市，原柳州地区的融安、融水、鹿寨、三江等县划归柳州市辖；原县级贺州市、百色市、河池市及来宾县分别改为八步区、右江区、金城江区、兴宾区。撤销南宁地区，以原南宁地区的崇左县（改为江州区）、宁明县、扶绥县、龙州县、大新县、天等县及凭祥市为行政区域，组成新的地级崇左市；原南宁地区属地隆安县、马山县、上林县、宾阳县、横县划归南宁市辖。

撤地建市，是区党委、区政府为加快广西发展而做出的一项重大决策，对广西经济社会发展产生积极的重大影响，为当地的发展带来新的契机。首先，有利于促进人们思想观念的转变。撤地建市后，由农村转为城市，居民由村民变为市民，在当地广大干部群众中激发出一种崇高的荣誉感、使命感、责任感，人们精神振奋，斗志昂扬，由此观念转变而产生的动力是不可估量的。其次，有利于当地在全区经济社会发展中重新找准定位，理清发展思路，加快结构调整，发展特色经济，形成自身优势。最后，有利于进一步对外开放。撤地建市后，从行政管理方面来说，各个市才真正成为完全意义上的一级政府，树立了新的形象，更加优化对外开放的环境，更好地吸引投资，加快经济社会发展。

2003年，新设立覃塘区，属贵港市城区。2004年，国家批复同意在原邕宁县的部分行政地域新设立邕宁区、良庆区，属南宁市城区。2013年，以原临桂县行政区域新设立临桂区，属桂林市城区；新设立龙圩区，以原苍梧县的部分行政区域为区辖行政区域，属梧州市城区；新设立福绵区，属玉林市城区。2015年，新设立武鸣区，以原武鸣县行政区域为区辖行政区域，属南宁市城区；设立靖西市，以原靖西县行政区域为市辖行政区域，由百色市代管。2016年，在贺州平桂管理区基础上设立平桂区，属贺州市城区；在柳江县基础上设立柳江区，属柳州市城区；新设宜州区，以原宜州市行政区域为区辖行政区域，属河池市城区。2018年，新设荔浦市，以原荔浦县行政区域为市辖行政区域。2019年，新设田阳区，以原田阳县行政区域为区辖行政区域，属百色市城区；设立平果市，以原平果县行政区域为市辖行政区域，由百色市代管。

（二）广西行政区划现状

至2021年年初，广西壮族自治区行政区划有14个地级市，10个县级市，48个县，12个民族自治县，41个市辖区，乡级行政区划单位1 250个（其中，镇806个、乡253个、民族乡59个、街道132个）。

广西壮族自治区县级以上行政区划如表1-3所示。

表1-3　广西壮族自治区县级以上行政区划

市名	所辖区县
南宁市	兴宁区、青秀区、西乡塘区、江南区、邕宁区、良庆区、武鸣区、横州市、宾阳县、上林县、隆安县、马山县
柳州市	城中区、鱼峰区、柳南区、柳北区、柳江区、柳城县、鹿寨县、融安县、三江侗族自治县、融水苗族自治县
桂林市	秀峰区、叠彩区、象山区、七星区、雁山区、临桂区、荔浦市、阳朔县、灵川县、全州县、兴安县、龙胜各族自治县、资源县、灌阳县、永福县、恭城瑶族自治县、平乐县
梧州市	万秀区、龙圩区、长洲区、岑溪市、苍梧县、藤县、蒙山县
北海市	海城区、银海区、铁山港区、合浦县
防城港市	港口区、防城区、东兴市、上思县
钦州市	钦南区、钦北区、灵山县、浦北县
贵港市	港南区、港北区、覃塘区、桂平市、平南县
玉林市	玉州区、福绵区、北流市、兴业县、容县、陆川县、博白县
崇左市	江州区、凭祥市、扶绥县、大新县、天等县、宁明县、龙州县
来宾市	兴宾区、合山市、象州县、武宣县、金秀瑶族自治县、忻城县
百色市	右江区、田阳区、平果市、靖西市、田东县、德保县、那坡县、凌云县、乐业县、田林县、西林县、隆林各族自治县
河池市	金城江区、宜州区、罗城仫佬族自治县、环江毛南族自治县、南丹县、天峨县、凤山县、东兰县、巴马瑶族自治县、都安瑶族自治县、大化瑶族自治县
贺州市	八步区、平桂区、昭平县、钟山县、富川瑶族自治县

四、广西历代人口和现状人口

（一）古代广西人口概况（如表1-4所示）

表1-4 古代广西人口概况

时间（公元纪年）	朝代（国君）	户数	人口数/人
2年	汉（平帝）	45 964	267 714
140年	东汉（顺帝）	229 842	967 688
285年	西晋（武帝）		440 000
605年	隋（文帝）	189 000	950 000
758年	唐（肃宗）	130 993	327 741
宋初		68 000	
1223年	南宋（宁宗）	528 220	
1290年	元（世祖）	622 099	
1393年	明（太祖）		1 480 000
1661年	清（康熙）		近百万
1757年	清（乾隆）		3 850 136
1786年	清（乾隆）		6 204 000
1812年	清（嘉庆）		7 313 895

（二）近代时期广西人口概况（如表1-5所示）

表1-5 近代时期广西人口概况

时间	人口数/万人
1840年	763.3
1851年	782.3
1911年	874.7
1912年	916.0
1926年	1 063.0
1931年	1 077.8
1932年	1 078.8
1942年	1 482.8
1944年	1 497.1
1945年	1 455.0
1948年	1 467.0

(三)中华人民共和国成立后至 2019 年年末广西总人口简况(如表 1-6 所示)

表 1-6　中华人民共和国成立后至 2019 年年末广西总人口简况

时间	人口数/万人
1949 年	1 842
1982 年	3 684
1983 年	3 733
1984 年	3 805
1990 年	4 243
1996 年	4 589
1997 年	4 633
1999 年	4 712
2000 年	4 744
2010 年	5 159
2019 年	5 695

(四)广西第七次人口普查登记日期(2020 年年底)的常住人口统计情况(如表 1-7 所示)

表 1-7　广西第七次人口普查登记日期(2020 年年底)的常住人口统计情况

人口分类		人口总数/人	人口比例/%
常住人口	全广西	50 126 804	100
年龄人口	0~14 岁	11 842 501	23.62
	15~59 岁	29 920 524	59.69
	60 岁及以上	8 363 779	16.69
	65 岁及以上	6 114 117	12.20
性别人口	男	25 916 169	51.70
	女	24 210 635	48.30
民族人口	汉族人口	31 318 824	62.48
	少数民族人口	18 807 980	37.52
地级市人口	南宁市	8 741 584	17.44
	柳州市	4 157 934	8.29
	桂林市	4 931 137	9.84
	梧州市	2 820 977	5.63
	北海市	1 853 227	3.70
	防城港市	1 046 068	2.09
	钦州市	3 302 238	6.59

续表

人口分类		人口总数/人	人口比例/%
地级市人口	贵港市	4 316 262	8.61
	玉林市	5 796 766	11.56
	百色市	3 571 505	7.12
	贺州市	2 007 858	4.00
	河池市	3 417 945	6.82
	来宾市	2 074 611	4.14
	崇左市	2 088 692	4.17
广西有归侨侨眷300多万人，桂籍海外华侨华人700多万人			

（五）广西地级市的总人口（截至2019年年底）和总面积情况（如表1-8所示）

表1-8 广西地级市的总人口（截至2019年年底）和总面积情况

地级市名称	总人口/万人	总面积/万平方千米
南宁市（首府）	782.00	2.21
柳州市	394.00	1.86
桂林市	541.00	2.78
玉林市	737.00	1.28
梧州市	353.30	1.26
贵港市	565.00	1.06
北海市	180.00	0.33
百色市	423.00	3.63
河池市	434.00	3.35
钦州市	418.00	1.09
贺州市	247.60	1.18
防城港市	100.60	0.62
来宾市	269.80	1.34
崇左市	252.30	1.73

（六）2019年广西14个地级市市辖城区常住人口（如表1-9所示）

表1-9 2019年广西14个地级市市辖城区常住人口

单位：万人

地市城区	南宁城区	柳州城区	桂林城区	梧州城区	北海城区	防城港城区	钦州城区	贵港城区	玉林城区	百色城区	贺州城区	河池城区	来宾城区	崇左城区
常住人口	449.20	229.80	159.30	83.40	75.40	58.00	130.60	163.10	115.30	73.90	106.70	94.30	98.00	34.90

（七）广西历史时期人口情况分析

先秦时期，广西居住着原住民，地广人稀。秦以后，汉人或因政治原因，或因军事原因，或因经济原因陆续迁入，与百越民族杂居在一起，其中迁居桂东北居多。明清以后，汉人迁桂数量逐渐增加，其中迁居桂东南的较多，同时广西人口急剧增长，形成了从17世纪中期至19世纪中期广西人口增长的大高峰期。

近代受资本帝国主义侵略的影响，社会经济和社会环境受到极大破坏，民国以前广西人口增长极缓慢。民国时期总体增长较快，但不同时段有急缓增长之别。1912—1916年，广西年均增长人口10.48万人；1932—1944年，年均增长人口26.26万人，属急增段；1926—1931年，年均增长人口仅2.9万人；1944—1945年，人口数一度下降；1945—1949年，年均增长人口仅4.23万人，属缓增段。

中华人民共和国成立后，社会稳定，经济发展，卫生事业受到重视，人民生活水平提高，加上人们对人口问题认识不足，人口增长显著上升，因此，广西是人口稠密的省区之一。1983年比1949年净增1 891万人，增长102.66%，年均增加55.62万人。但人口增长过快，引发了诸多问题，制约了经济的发展和社会的进步。因此，国家实行计划生育政策。1988年广西颁布了《广西计划生育条例》，计划生育政策得到加强和落实，人口快速上升势头得到控制。1988—2000年，广西累计少出生人口350万人。其中，1996—1999年，广西连续四年人口出生率、人口自然增长率低于全国平均水平。特别是1999年，全区较上年仅净增37万人，人口出生率从1964年的40.95‰下降到14.96‰，人口自然增长率由1964年的30.4‰下降到8.3‰。2001年，出生率降到13.8‰，自然增长率降到7.73‰。2011年，全区出生率为13.71‰，自然增长率降到7.67‰，死亡率为6.04‰。广西人口再生产类型由高出生、高死亡、高增长向低出生、低死亡、低增长转变。

然而，随着时间的推移，中国人口结构性问题日渐突出，据统计，2012年我国劳动年龄人口开始减少，比2011年减少345万人。劳动年龄人口减少，人口老龄化速度却加快。为解决此难题，2013年党的十八届三中全会决定启动实施"单独二孩"政策。"单独二孩"，即允许一方是独生子女的夫妇生育两个子女。2015年底全国人大常委会表决通过了人口与计划生育法修正案，"全面二孩"政策定于2016年1月1日起正式实施。这是继"单独二孩"政策之后的又一次人口政策调整。期待实际生育率与人口更替水平基本一致。

从2020年第七次广西人口普查结果来看，十年来，广西人口发展显现出一些重要特点。

1）人口总量规模持续扩大。普查结果显示，2020年，广西常住人口达到5 012.68万人，广西人口规模排全国第11位。比2010年增加410.02万人，增长8.91%，年平均增速为0.86%，分别高于全国平均水平3.53、0.33个百分点。与上一个十年相比，广西人口年平均增速提高了0.61个百分点（注：2000—2010年广西人口年平均增速为0.25%），广西常住人口占全国人口的比重从2010年的3.44%提高到3.55%。

2）人口流动活跃，重点城市人口集聚效应凸显。全区人口人户分离现象更加普遍，人户分离人口为1 323.88万人，比2010年增长1.10倍；其中，市辖区内人户分离人口为371.63万人，增长4.14倍。区外流入广西人口为135.94万人，区内流动人口为816.31万人，分别比2010年增长61.48%、72.71%，人口流动性不断提高。南宁、柳州、北海、防城港等城市人口聚集效应明显，人口呈现净流入态势，南宁作为广西首善之区，常住人口达到874.16万人，占全区人口比重由十年前的14.48%提高到17.44%，提高近3个百分点，人口增速排在全区首位，为31.22%。从侧面反映出了这些区域经济社会发展的活力在不断增强。

3）人口性别结构优化，人口素质提高。广西常住人口性别比由2010年的108.26下降至2020年的107.04（103~107为国际合理区间范围标准），对人口长期均衡发展具有积极意义。全自治区常住人口中，拥有大学（指大专及以上）文化程度的人口为5 416 558人，拥有高中（含中专）文化程度的人口为6 497 535人，拥有初中文化程度的人口为18 240 352人，拥有小学文化程度的人口为13 963 013人（以上各种受教育程度的人包括各类学校的毕业生、肄业生和在校生）。与2010年第六次全国人口普查相比，每10万人中拥有大学文化程度的人口数由5 977人上升为10 806人，增长80.79%；拥有高中文化程度的人口数由11 033人上升为12 962人；拥有初中文化程度的人口数由38 764人下降为36 388人；拥有小学文化程度的人口数由31 680人下降为27 855人。15岁及以上人口平均受教育年限由8.76年提高到9.54年，16~59岁人口平均受教育年限由9.34年提高到10.26年。人口文化素质的显著提升，为广西经济转型和产业升级提供高素质的劳动力保障。

4）城镇化进程加快。全自治区常住人口中，居住在城镇的人口为27 170 956人，占全区总人口的54.20%；居住在乡村的人口为22 955 848人，占全区总人口的45.80%。与2010年第六次全国人口普查相比，城镇人口增加8 752 281人，乡村人口减少4 652 106人，城镇人口比重提高14.18个百分点。年均提高幅度与同期全国平均水平持平。2010—2020年总体提高幅度比2000—2010年高2.31个百分点，充分显示广西经济社会发展不断加快的态势，对提高城镇化质量水平起到良好的促进作用。

5）低年龄人口比重高于全国平均水平，将对今后人口发展产生积极影响。广西0~14岁人口在2000—2020年间经历了下降到回升的波动变化，从2000年的1 177.88万人、占比26.24%，下降至2010年999.14万人、占比21.71%。"全面二孩"政策的实施，使广西出生人口出现回升，0~14岁人口数量比2010年增加185.11万人，比重上升1.91个百分点，回升至23.63%。低龄人口比重比全国高5.68个百分点，在全国排第3位。低龄人口比重相对较高，其数量、比重均有所回升，对增加广西劳动力储备和减缓人口老龄化有积极影响。

6）人口老龄化程度加深。2010—2020年，广西60岁及以上老年人口增加232.70万人，增长38.55%；65岁及以上老年人口增加186.09万人，增长43.75%。60岁及以上人口比重相比2010年提高3.58个百分点，65岁及以上人口比重提高2.96个百分点。广西人口老龄化的发展主要体现在老年人口数量较大、老龄化进程加快。老年人口的增加与广西区经济社会发展、生态环境不断改善、医疗卫生水平不断提高、人口预期寿命延长的现实相吻合。与全国平均水平相比，广西老龄化程度相对较轻，60岁及以上人口所占比重比全国低2个百分点，老龄化程度排在全国第22位。广西作为劳务输出大省，近十年来劳动年龄人口持续外流，造成常住人口中劳动年龄人口比重下降，也相应抬高了常住人口中老年人口的占比。得益于二孩全面放开政策，广西低龄人口数量、比重有所回升，这对增加劳动力储备和减缓人口老龄化有积极影响。党的十九届五中全会提出实施积极应对人口老龄化的战略，本次人口普查数据将为广西实施积极应对人口老龄化国家战略，促进人口长期均衡发展提供充分的统计信息支撑。

7）各民族团结和谐发展。与2010年相比，全自治区汉族人口增长8.31%，各少数民族人口增长9.92%，其中壮族人口增长8.81%。广西少数民族人口比全区人口增速高1.01个百分点，少数民族人口占全区人口的比重比2010年提高0.34个百分点。壮族人口比2010年增加127.35万人，瑶、苗、侗、仫佬、毛南、回、京、彝、水、仡佬族等其他世居少数民族人口总量均有不同程度的增加。普查结果还显示，广西人口中，包含了全部56个民族类别的人口，和谐共存，像石榴籽一样紧紧抱在一起。从民族混合家庭户的情况看，2020年汉族和少数民族混合的家庭户户数相比2010年增长接近30%，全户少数民族混合的家庭户户数比2010年增长接近25%。少数民族人口性别结构也更加优化，从2010年的105.14下降到2020年的104.66。以上数据充分体现了长期以来我区全面贯彻党的民族政策，高度重视少数民族发展，促进各民族实现共同团结进步，共同繁荣发展的面貌。

8）从家庭人口规模来看，家庭呈小型化发展。家庭户人口规模小型化，是受经济社会发展、人口流动性增强、居住环境改善、年轻人婚后更愿意独立居住等因素影响的必然趋势。2020年，广西平均每个家庭户的人口为2.87人，略高于全国的2.62人，家庭户人口规模比2010年减少0.47人，减少幅度与全国基本持平。

9）兴边富民政策落实到位，边境人口保持平稳增长。2020年，防城港、百色、崇左这边境3市共有常住人口670.63万人，比2010年增加37.83万人，增长5.98%。防城区、东兴市、那坡县、靖西市、大新县、龙州县、凭祥市、宁明县这边境8县（市、区）常住人口共223.18万人，比2010年增加10.44万人，增长4.91%。边境地区人口保持平稳增长。

作为后发展、欠发达、人口众多的地区，广西人口发展客观上存在一些明显短板。一是劳动年龄人口比重相对较低。由于广西是劳务输出大省，大量劳动年龄人口外流，全区常住人口中，劳动年龄人口（16～59岁）比重低于全国平均水平。2020年，全区劳动年龄人口为2 933.98万人，比2010年减少11.93万人，劳动年龄人口占比从2010年的63.95%下降到58.29%，降幅超过5个百分点，比重低于全国3.98个百分点。二是人均受教育程度相对较低。广西落实国家教育政策力度不断加大，与前十年相比成效显著，但由于原有差距较大，加上作为高学历人口主力军的大量劳动年龄人口外流，从结构和绝对量两个方面来说，一定程度上拉低了全区高学历常住人口的比重，造成目前广西人均受教育程度在全国排位仍然靠后的情况。2020年，广西15岁及以上人口平均受教育年限为9.54年，在全国排第24位，比2010年提高0.78年，提高幅度低于全国0.83年的平均水平。

（八）改革开放以来广西脱贫攻坚的工作成效

广西扶贫开发办2016年公布的数据显示，广西有28个国家级扶贫开发重点县（加合山市享受国家扶贫重点县），21个自治区级扶贫开发重点县（加平桂区、龙圩区享受区扶重点县），加片区规划县平果、南丹，合计54个。改革开放以来，在国家以及自治区政府的大力扶持下，在各兄弟省份的大力援助下，经过广西各族人民群众的艰苦奋斗，全区在解决贫困人口温饱工作方面取得了巨大的成绩。全区1978年未解决温饱的农村贫困人口高达2 100万人，1985年下降到1 500万人，1993年下降到800万人，1999年减少到169万人，2000年减少到150万人，2007年减少到67万。2008年，国家把贫困人口与低收入人口合并称为贫困人口来统计，我区贫困人口数为234万。2011年，按照国家新的扶贫标准（农民人均收入2 300元为界），我区农村贫困人口达到1 010多万人，占将近农村户籍人口的1/4。

"十二五"期间，经过全区上下共同努力，以及各方的大力援助，至2015年年底，贫困人口减少到452万人，五年减少了560万。全区贫困发生率从23.9%降到2015年的10.5%，五年下降了13.4%。全区28个国家级扶贫开发重点县农民人均纯收入从2010年的3 454元增加到2015年的7 034元。

"十三五"期间，党中央、国务院高度重视扶贫脱贫摘帽工作，自治区党委、政府高位推进。扶贫资源的整合与投入大量增加，加上社会力量助力脱贫攻坚的氛围浓厚，贫困群众积极改变贫困面貌的决心和信心空前提高，通过产业帮扶、转移就业扶持、易地搬迁安置扶持、教育扶智、健康救助解困扶持、生态保护扶贫等一系列举措，2016—2019年，全区累计实现428万建档立卡贫困人口脱贫（2015年，建档立卡贫困人口452万人），贫困发生率从10.5%下降到0.6%，4 719个贫困村出列和46个贫困县摘帽，贫困人口人均可支配收入从2015年的2 773元增加到2019年的1.06万元。在2016—2019年国家组织开展的省（区）级党委和政府扶贫开发工作成效考核中，广西连续4年获得"综合评价好"等次，累计获得中央财政奖励资金20.8亿元。截至2019年年底，广西有24万建档立卡贫困人口待脱贫，人口总数在全国排第4位；660个贫困村、8个贫困县待摘帽。截至2020年11月20日，经各方共同努力，广西106个有扶贫开发工作任务县（市、区）的建档立卡贫困人口全部脱贫，5 379个贫困村全部出列，54个贫困县全部摘帽。这意味着，作为全国少数民族人口最多的省区，广西历史性地告别了延续千百年的绝对贫困。然而，脱贫攻坚不是终点，而是实现共同富裕新生活、新奋斗的起点。

五、广西主要城市简况

（一）壮乡首府南宁市

南宁市位于广西中部偏南。东晋时，南宁为晋兴郡郡治所在地。唐时置南晋州，后改称邕州。862年起为岭南西道治所，成为广西政治军事中心。元朝（1324年）设南宁路，南宁名称由此而来。民国时期，一度成为广西省会。1929年7月设南宁市。1950年省政府成立，为省辖市、省会。1958年开始为广西壮族自治区首府，是广西政治、经济、文化、教育、科技和金融中心，是中国—东盟博览会永久举办地、中国面向东盟开放合作的区域性国际城市、北部湾经济区核心城市、"一带一路"有机衔接的重要门户城市，素有"中国绿城""天下民歌眷恋的地方"等美誉。现辖7个城区、5个市县，是一个以壮族为主体，多民族聚居的首府城市。2019年全市户籍人口781.97万人（其中市区总人口397.77万人），常住人口734.48万人（其中市区常住人口约449.20万人）。2019年全市GDP约4 507亿元，财政收入约801亿元。

南宁所处的地理位置优越，具有近海、近边、沿江、沿线的特点，距钦州港100多千米、防城港170多千米、北海港200多千米，距中越边境200千米，是中国距离东盟国家最近的首府城市，发展后劲十足，充满生机与活力。

南宁地处亚热带季风气候区，阳光充足，雨量充沛，年均气温21.7℃。春夏秋冬花常开、树常绿，绿在城中，城在绿中。南宁盛产水稻、玉米、甘蔗、木薯，是香蕉、菠萝、杧果、荔枝、龙眼等热带、亚热带水果的重要产地，横州市的茉莉花茶、甜玉米，隆安县的火龙果、武鸣区的沃柑名闻全国。食品、铝加工、化工、建材等工业生产已成规模，食糖、卷烟、铝材、水泥等产品在市场上占有一定的份额。电子信息、先进装备制造、生物医药、数字经济等新兴产业迅速发展，阿里巴巴、华为、腾讯、歌尔、科大讯飞、瑞声科技、浪潮、富士康等名企纷纷进驻。现代服务业（电子商务、金融、租赁、信息咨询、广告、会展、仓储物流、法律服务等）快速发展，形势喜人；传统服务业（住宿、餐饮、批发、零售）保持稳定发展。南宁高新技术产业开发区、南宁经济技术开发区、中国—东盟经济技术开发区3个国家级开发区不断发展壮大，南宁临空经济示范区获批成为国家级开放开发平台。城市建设、城市经营管理取得明显的成效，先后荣获"国家森林城市""中国人居环境奖""联合国人居奖""中国优秀旅游城市""全国卫生城市""全国文明城市""全国双拥模范城"等称号。实施"136工程"以来，城市面貌更是日新月异，南宁国际会展中心成为南宁市的标志，城市综合竞争力不断提高。南宁国际民歌艺术节的成功举办，使壮乡首府的影响力不断扩大。中国—东盟自由贸易区的建成升级，中国—东盟博览会家落南宁，北部湾经济区上升为国家战略，中国（广西）自由贸易试验区南宁片区建设、建设面向东盟的金融开放门户、建设中国东盟信息港等多重政策，以及自治区强首府战略，无疑会给南宁的发展带来千载难逢的机会。目前南宁正按"以邕江为轴线，西建东扩，完善江北，提升江南，重点向南，建设五象新区，再造一个新南宁"的发展战略向前推进，力争把南宁建设成区域性加工制造基地、物流基地和商贸基地，面向中国东盟开放合作的区域性信息交流中心、交通枢纽中心和金融中心。

五象新区：是一个以文化体育、行政办公为主，集居住、物流、休闲、娱乐于一体的综合性城市新区，将是一个融入自然的生态城市典范。规划总面积175平方千米，人口150万人，是南宁市向南发展、向海靠拢、全面融入广西北部湾经济区开放开发、打造区域性国际城市的重要平台和前沿阵地。五象新区的功能定位是中国—东盟自由贸易区的区域性物流基地、商贸基地、加工制造业基地，广西北部湾经济区的总部基地，南宁市新的行政、信息、文体、商业商务中心，具有秀丽岭南风光、浓郁民族风情、鲜明时代风貌的现代化宜居城区。五象新区建设已被纳入开放开发广西北部湾经济区的国家战略。

(二) 工业中心城市柳州市

柳州市位于广西中部偏东北。公元前111年，为汉潭中县县治。唐初，置昆州，后改为南昆州。634年唐改南昆州为柳州，为柳州定名的开始。后更名龙城郡，故柳州有龙城之称。因柳江过境，唐代柳宗元赋诗"江流曲似九回肠"，明朝徐霞客称其城为"壶城"。1949年设柳州市，为省辖市。柳州是广西最大的生态工业城市、西南地区交通枢纽、国家历史文化名城、中国第五个汽车城。现辖5个城区和5个县，2019年末市户籍总人口393.52万人，常住人口407.80万人。2019年全市GDP为3 128亿元，财政收入为436亿元。

柳州工业基础好，工业行业多，工业企业多，已形成以汽车、机械、冶金为支柱产业，制糖、食品、纺织、烟草、造纸、制药、日化、建材等优势产业并存发展，新材料、新能源汽车、节能环保、先进装备制造等战略性新兴产业崛起的现代工业体系，企业产品种类多，如鱼峰牌水泥、上汽通用五菱牌汽车与宝骏牌汽车、东风柳汽汽车、柳工装载机、两面针牙膏、金嗓子喉片、网山牌白糖、灯花牌床单、花红药业、袋装螺蛳粉和氧化锌、立德粉、贵金属铟、空压机、预应力锚等，在国内国际市场上享有较高的声誉，有相当的竞争力。融安金橘、三江茶、柳江莲藕、鹿寨蜜橙是广西农业区域公用品牌。柳州历史悠久，山水秀丽，人文古迹多，旅游资源丰富，奇石享誉全国和东南亚。湘桂、黔桂、焦柳三大铁路线和衡柳高速铁路、柳南城际铁路在此交汇，公路、水路运输也十分便捷。多年来柳州致力于环境污染的治理，效果明显，初步实现了由酸雨之都向环保之都的转变，人居生态环境改善非常大。柳州荣获"全国卫生城市""全国科教兴市先进市""中国优秀旅游城市""全国环境整治优秀城市""全国园林绿化城市"等称号。柳州未来发展战略重点在柳东新区，力图建成山水工业城市、先进制造业基地、现代物流中心。

汽车产业是柳州市的第一支柱产业，柳州汽车整车及零部件生产企业400多家，2011年汽车工业产值突破1 000亿元，销量150万辆，出口贸易额约5 800多万美元，成为柳州第一个、广西第二个千亿元产业。2017年，柳州汽车产量近260万辆，居全国第三位，汽车工业产值超过2 000亿元。特别是五菱整车，截至2020年5月底，累计销量超过2 200万台。

（三）桂林市

桂林市地处广西东北部，汉朝时桂林为始安县县治（公元前111年），南朝梁（540年）在始安郡置桂州。宋（997年）置广南西路，治桂州，为广西政治文化中心。1372年改静江府为桂林府，这是桂林正式定名的开始，为广西布政使司治所。1940年始设桂林市，1949年为省辖市，是我国历史文化名城之一。现辖6个城区、11个县（含县级市和自治县），2019年年末全市户籍总人口540.60万人，常住人口511.23万人。2019年全市GDP为2 106亿元，财政收入约259亿元。

桂林是国际风景游览城市，中国优秀旅游城市之一。以"山青、水秀、洞奇、石美"著称，素有"桂林山水甲天下"之美誉。象鼻山成为桂林山水的象征，漓江有百里画廊之称，两岸风光令无数游人为之陶醉。桂林历史悠久，文化遗产众多，如桂林甑皮岩遗址、靖江王府、兴安灵渠、恭城孔庙。"桂海碑林"名闻天下，抗日文化城永留青史。桂林所辖11个县市，县县有佳景，如华南第一峰猫儿山、资江和八角寨、"亚洲第一洞"丰鱼岩、天下一绝龙脊梯田、休闲度假乐园乐满地等。物产丰富，名特优土产品多。桂林三花酒、辣椒酱、豆腐乳、马蹄等畅销各地。灵川白果、兴安葡萄、荔浦芋、恭城月柿、永福罗汉果、阳朔金橘、全州禾花鱼等量多质高。两江（漓江、桃花江）四湖（榕湖、杉湖、桂湖、木龙湖）城市建设工程的完工，使桂林的景色更加迷人。

桂林除大力发展旅游产业外，还重视发展与城市定位不相扰的工业，目前装备制造业、汽车及零部件产业、电子信息产业、医药及医疗器械产业、新材料产业、食品饮料产业六大产业已逐渐发展成桂林的支柱产业，并积极推动太阳能光伏产业、文化产业为支柱产业。保护漓江，发展临桂区，再造一个新桂林，成为桂林发展的重要战略。

桂林是世界旅游组织向全球首推的最佳旅游目的地城市，2019年，桂林全年接待国内外游客1.38亿人次，增长26.7%。其中，国内游客1.35亿人次，增长27.1%；入境过夜游客314.59万人次，增长14.5%。实现旅游总消费1 874.25亿元，增长35.0%。其中，国内旅游总消费1 731.75亿元，增长34.2%；国际旅游总消费20.62亿美元，增长35.3%，入境过夜游客人均逗留2.53天。早在2011年全球网民进行网络投票产生的10个"最中国文化城市"中，桂林名列其中。桂林获得了"全国创建文明城市工作先进城市""全国卫生城""全国绿化十佳城市""国家园林城市""中国优秀旅游城市""最佳中国魅力城市"

"中国最安静城市""国家卫生城市""2011中国特色休闲城市—最美休闲城市"等荣誉称号。

(四)梧州市

梧州市位于广西东部。公元前183年,为南越王国苍梧王治所。公元前111年,汉代设苍梧郡并置广信县,郡县治在今梧州市,后为交趾刺史驻地。唐621年设梧州,为梧州正式命名之始。明中期,为两广政治军事中心。1927年,正式成立梧州市,为广西最早设立的省辖市,是广西重要的口岸城市,有广西"水上门户"之称,与广东、香港、澳门一水相连。现辖3个区和4个县市,2019年末户籍人口数353.3万人,年末常住人口307.7万人。2019年全市GDP为991亿元,财政收入约132亿元。

梧州山环水抱,风景秀丽,有鸳鸯江、白云山、龙母庙、系龙洲、孙中山纪念堂革命遗址、骑楼城、四恩寺等景点,是"中国优秀旅游城市"。梧州是广西最早的工业基地,20世纪20~30年代,一些传统行业及产品闻名海内外。现在是一座以进出口加工业、轻工业为主的工业城市,拥有林产林化、日用化工、电力、机械船舶、建材、有色金属等优先发展做强做大的优势产业,以及医药、食品、纺织等加快发展的传统特色产业。一些轻工业产品畅销国内外,如田七牙膏、新华电池、冰泉豆浆晶、双钱龟苓膏、神冠胶原蛋白肠衣、中华跌打丸,以及蜜枣、松香、工业锅炉、人造宝石等。对外贸易历史久远,与100多个国家和地区建立了贸易关系。所辖各县如苍梧的松脂、六堡茶,岑溪的"中国岑溪红",藤县的无籽西瓜、八角驰名海内外,还有蒙山的太平天国封王遗址等文化遗存。

作为"世界人工宝石之都",广西梧州人工宝石产业已经有30年的历史。2011年,梧州从事经营人工宝石的企业已有500多家,从事人工宝石切割、研磨、镶嵌和营销的从业人员已达12万人。梧州的人工宝石产业年产值约25亿元,市场份额占全国产量的80%,世界产量的50%,是世界人工宝石加工基地和交易集散中心,市场覆盖广西、广东、四川、云南、湖南、山东等省区,以及泰国、印度、美国、意大利、墨西哥等国家。

(五)北海市

北海市位于广西南端,北部湾东北岸,汉代属合浦郡辖,1951年为粤辖地级市,划归广西后,1983年恢复为地级市,为全国首批对外开放的14个沿海城市之一,中国历史文化名城。现辖3个区和1个县。2019年年末全市户籍人口180.21万人,常住人口170.07万人。2019年全市GDP约1301亿元,财政收入242亿元。

北海环境优美,气候温和,空气清新,多次荣获"中国人居环境范例奖",是著名的海滨旅游城市,拥有"天下第一滩"银滩,以及众多景观,有"全国10个空气质量最好的城市""中国十大休闲城市"的美誉,是度假、疗养、避寒、观光旅游的胜地,是中国优秀旅游城市之一。港口资源、渔业资源、能源资源、矿产资源丰富。作为重要的港口城市,有海上航线通达世界各国或地区的港口。北海是广西主要的渔业生产基地,出产的"南珠"久负盛名。电子信息产业是北海新兴主导优势产业,其规模在广西占比较大,与石化产业、临港新材料产业、文旅和大健康产业,同成为北海的四大支柱产业。近年来,软件信息服务业、港口物流业、海洋装备产业、现代农渔业、林纸业发展较快。惠科集团(电子产品),中石化北海炼化,北海诚德(不锈钢制品),北海斯道拉恩索(纸品)和太阳、玖龙、亚太森博纸业，南洋船舶等是北海重要的企业。京东集团、华为云、天下秀等行业龙头企业也纷纷落户于此。

（六）防城港市

防城港市位于广西南部，南临北部湾，是1993年经国务院批准设立的地级市，是沿海重要港口城市，西部陆海新通道南端出口。现辖2个区、2个县市。2019年年末全市户籍人口100.36万人，常住人口96.36万人。2019年全市GDP为701亿元，财政收入约88亿元。

防城港是一个天然良港，以水深、避风、淤少、岸长而闻名，始建于1968年3月22日，是作为援越物资的起运港口而建设的，被誉为"海上胡志明小道"的起点。经过多年建设，是我国沿海主要港口，截至2020年年底，防城港市已建成万吨级以上泊位50多个，其中20万吨级泊位多个，与100多个国家和地区的250多个港口通商通航，年货物吞吐量从2012年起保持超亿吨水平，是粮食、化肥、水泥、煤炭、矿石、石油、化工、豆粕等产品的中转基地。作为沿边城市，有东兴等国家口岸和多个边民互市贸易点，其中东兴口岸是中国陆路边境第一大口岸，2018年年底，其年出入境人数始突破1 000万人。拥有东兴国家重点开发开放试验区、全国边境旅游试验区、沿边金融综合改革试验区、国际医学开放试验区等多个国家级重点开发开放平台。个人跨境贸易人民币结算和边境旅游异地办证十分便利。辖区内土特产品有八角、玉桂、金花茶、珍珠、对虾等。旅游资源丰富，如十万大山、金滩、京族三岛、江山半岛、峒中温泉、海湾红树林、东兴口岸。近年来，防城港充分利用国家给予的开发开放优惠政策，积极吸引世界500强、中国500强进驻，如盛隆冶金、中铝集团、金川有色。临海工业发展迅猛，形成了钢铁、有色金属、粮油加工、能源电力等优势产业，口岸经济、冷链物流、生物医药得到较快发展。

（七）钦州市

钦州市地处广西南部沿海，位于广西沿海金三角的中心位置，南临北部湾，是西南出海最便捷的通道。南北朝时为宋寿郡治所，隋598年改安州为钦州，1994年设为地级市。现辖2个区、2个县。2019年户籍人口417.66万人，常住人口332.4万人。2019年全市GDP约1 356亿元，财政收入约160亿元。

钦州市区位优势明显，有多条铁路与高等级公路在此交汇，是广西北部湾经济区的海陆交通枢纽。钦州港是我国少有的深水避风良港，孙中山曾规划把钦州港建成我国"南方第二大港"，国家把钦州港列入全国地区性重要港口来建设。目前，已建成近40个万吨级以上码头泊位，港口吞吐能力大大超过亿吨。沿海工业园区的开发加快推进，中石油、中船集团、中粮集团、国投集团、上海华谊集团、中电投集团、印尼金光集团等一批世界或中国500强企业入驻建厂，石油化工、装备制造、能源电力、林浆纸、粮油加工、现代物流支柱产业已初步形成，电子信息、数字经济产业正在积极布局建设。国家级钦州港经济技术开发区建设取得成效，国家级中马钦州产业园区揭牌建设，入园企业增加，中国（广西）自由贸易试验区钦州港片区新设企业增多，新兴港口工业城市格局已现。钦州市所辖区县盛产荔枝、香蕉、龙眼、奶水牛、大蚝、果园鸡。旅游资源丰富，三娘湾和犀丽湾，民族英雄刘永福、冯子材故居，七十二泾，"广西楹联第一村"等景点吸引了不少游人游览。

2011年2月16日全面开港运营的广西钦州保税港区是中国西部沿海唯一的保税港区。

作为中国开放层次最高、功能最齐全、政策最优惠的海关特殊监管区域,广西钦州保税港区同时也是中国唯一具备整车进口口岸功能的保税港区。开港运营以来,先后已有法国、澳大利亚、意大利、中国台湾等国家或地区的红酒、啤酒在广西钦州保税港区上岸通关。钦州保税港区的市场潜力日益得到酒类经销商的认可,通关环境不断优化,进口酒类业务增长势头迅猛。

中马钦州产业园区,是继中新苏州工业园区、中新天津生态城后我国第三个中外两国政府合作的产业园区。园区建设规模:规划面积55平方千米,远期规划面积100平方千米。分三期建设,启动区建设面积7.87平方米。园区发展目标:打造中国—东盟合作的典范区——"中马智造城、共赢示范区"。园区功能定位:先进制造基地、信息智慧走廊、文化生态新城、合作交流窗口。

(八)贵港市

贵港市位于桂东南,区位优势明显,水陆交通十分便利,1995年经国务院批准由县级市升格为地级市,是西江经济带的重要内河港口中心城市。秦时,为桂林郡郡治所在。西汉时改为郁林郡,唐朝时改称贵州,明朝时改为贵县。现辖3个区、2个县市。2019年末全市户籍总人口564.58万人,常住人口443.08万人。2019年全市GDP约1258亿元,财政收入126亿元。

贵港市是国家一类对外开放口岸,拥有华南地区最大的内河港口,即贵港,是全国内河主要港口之一,是广西内河港口机械化程度最高的港口。贵港有广西最大的平原,即浔江平原,富硒土壤丰富,是广西重要的粮食、蔗糖、林果、禽畜、水产生产基地,素有广西"鱼米之乡"的美誉,土特产品丰富,名优产品众多,如榴花牌白砂糖、纯点牌纸品、桂宝牌钢材,以及覃塘毛尖、莲藕、桂平西山茶、麻垌荔枝、金田淮山、社坡腐竹、罗秀米粉、平南石峡龙眼与肉桂、港南木格白玉蔗、东津细米、湛江马蹄等特色农产品远近闻名。传统产业制糖、造纸、钢材、水泥、电力已有一定的规模,新能源汽车及电动车、电子信息、生物医药新兴产业正在构建,广西第二汽车生产基地、中国—东盟新能源电动车生产基地、电子信息制造基地、生物医药生产基地的框架初成。有佛教圣地桂平西山、金田起义遗址、千年古刹南山寺、平天山国家森林公园、大藤峡等重要旅游资源。荣获"全国双拥模范城""国家森林城市"等称号。

贵港目前形成了水铁、水公、水水联运,通江达海,快捷高效的集疏运新格局。全市有跨省水运企业百家左右,货运船舶3590多艘,近723万载重吨,占广西内河货船总量的68%。有10多家船代、货代服务企业,能够为货物进出港口提供完善的代理和物流服务。此外,大型化、专业化、集装箱化的造船基地发展迅猛,全市每年造船能力超20万载重吨,占全区内河船厂产能的50%以上。华电、中远、中海、中国外运、鑫金航(物资)物流有限公司等一批国内外知名企业看好贵港低成本物流通道,纷纷落户贵港,培育发展了建材、糖纸、电力、冶金、造船、农林副产品加工等大进大出的优势产业。比如2019年,水泥产量(含熟料)2576万吨,占全区近四分之一。林产品加工企业的胶合板产量占广西的60%,板材出口量占广西的48%。

(九)玉林市

玉林市地处桂东南,紧靠广东省,临近香港和澳门,是中国大西南出海的重要通道,是桂东南工商业城市。1997年设立的地级市，现辖2区5县市。有海外华侨和港澳台同胞近100万人，是广西最大的侨乡，是中国优秀旅游城市之一。2019年末，全市总人口736.97万人，常住人口587.78万人。2019年全市GDP约1680亿元，财政收入178亿元。

玉林市是广西主要的粮食生产基地，北流市、兴业县、陆川县、博白县、容县等是区级粮源基地县，盛产优质米，水果、生猪、家禽产量居广西前列。博白龙眼、北流荔枝、玉州香蕉、容县沙田柚、玉林香蒜，以及玉桂、八角、松脂、茶叶，容县霞烟鸡、北流凉亭鸡、陆川猪、北流百香果等特产闻名海内外。培育发展了玉柴集团、玉林制药、三环陶瓷、南方黑芝麻等国内外知名企业，正威国际、柳钢集团、中金公司、银亿集团、燕京啤酒、旺旺食品等大企业集团先后到玉林投资发展，形成了机械制造、医药食品、陶瓷水泥、电子信息、服装皮革、新能源新材料等特色支柱产业。一些特色产品有一定的市场竞争力和知名度，如玉柴内燃机、玉林正骨水和云香精、三环陶瓷、南方食品、茶花山矿泉水、陆川铁锅、福绵裤子等。玉林历来有"岭南都会"之称，玉林人发扬"敢为先、善创业、尚包容、重务实"的玉林精神，商品交易市场发达，建有全国中药材交易市场、工业品与服装市场，创办了中小企业商机博览会、药博会，为海内外商家提供了不少商机。

玉林旅游资源也很有特色，如容县真武阁、都峤山，北流勾漏洞，陆川谢鲁山庄，玉州云天文化城、"五彩田园"，容县杨贵妃故里，博白王力故居等。

中国（玉林）中小企业商机博览会，简称玉博会。是由中国国际贸易和广西壮族自治区政府、玉林市政府联合举办的中小企业商机博览会。举办时间为每年10月底左右，地点在玉林市。玉博会是服务中国—东盟博览会的配套展会，是服务中小企业的一个商务交流平台，每年与中国—东盟博览会同期举办，展会活动以广西玉林为主项，服务广西北部湾经济区，不仅面向中国华南、西南以及泛珠三角市场，更志在开拓、巩固越南乃至东盟各国市场。

（十）百色市

百色市位于广西西部，南与越南交界，是滇、黔、桂三省区交界地域的中心城市，是滇东、黔西南、桂西甚至西南的重要物资集散地，是百色起义发生地，是一座光荣之城，是广西培育建设的新工业基地。现辖2区、10县市，少数民族人口占87%。2019年末全市户籍总人口422.68万人，常住人口368.74万人。2019年全市GDP约1258亿元，财政收入约153亿元。

百色市是广西面积最大的地级市，自然资源十分丰富，森林覆盖率近69%，动植物种类多，有"土特产仓库"和"天然中药库"誉称。铝土矿储量大，是国家建设的重点有色金属基地之一，水能资源丰富，是国家"西电东送"基地。初步形成了铝加工、电力、冶金、建材、石化、林竹纸、农产品加工等支柱产业，百色市工业区、平果工业区、靖西工业区、德保工业区、百色新山铝产业示范区、田东石化工业区、隆林工业区、田林工业区等园区建设取得良好效果。右江河谷是全国闻名的亚热带水果生产基地、南菜北运基地、全国最大杧果产区。有名的土特产有杧果、八角、茴油、云耳、香菇、竹笋、蛤蚧酒、白毫茶、桐油、板栗、烤烟、田七、番茄、林下鸡。旅游资源以百色起义旧址、百色起义纪念园景区、田阳布洛陀遗址、乐业天坑群、靖西通灵大峡谷、隆林多彩民族风情闻名，其中红色旅游品牌的影响不断扩大。

截至2019年年底，百色市已形成年产2 100万吨铝土矿、920万吨氧化铝、187万吨电解铝、320万吨铝加工的生产能力，基本形成铝土矿开采—氧化铝—电解铝—铝深加工—废铝回收利用的完善产业链。百色市涉铝县市9个、工业园区10个，铝产业为百色市第一支柱产业，形成了中铝广西分公司、华银铝业公司、百色百矿集团、广西信发铝电公司、田东锦江集团等大型企业，100多家中小型企业，烧碱、碳素、石灰、氟化盐等铝配套产业也日趋完善，产业集群形成。

（十一）贺州市

贺州市地处广西东北部，位于粤、桂、湘三省区交界地带，三国时为临贺郡治所，隋改设贺州，2002年撤地改为地级贺州市，驻八步区八步镇，现辖2区3县。2019年年末全市总人口247.59万人，常住人口208.53万人。2019年全市GDP为700亿元，财政收入68亿元。

贺州市是广西主要的林业基地，森林覆盖率约73%。稀土、黑钨等战略性矿产资源在广西乃至全国都具有举足轻重的地位，拥有华南地区最大的白色大理石矿藏，花岗岩的保有资源储量居广西第一。水力资源极丰富，拥有水电站数量多，电力总容量大，建成了广西地级市中唯一的独立电网，是全国第一个实现农村初级电气化的地区。贺州也是广西最大的烟叶与松脂生产基地、粤港澳大湾区的蔬菜供应基地。昭平茶、黄姚豆豉、黄姚黄精酒、钟山英家大头菜、富川脐橙等成为国家地理标志产品。昭平银杉茶、信都红瓜子、开山白毛茶、芳林马蹄、八步三华李、信都三黄鸡等物产远近闻名。碳酸钙、电力、林产、电子、新材料等支柱产业初步形成，食品、制药、建材、农产品加工等传统优势产业竞争力不断提升。旅游资源丰富，集自然风光、人文景观、民族风情于一体，境内有姑婆山、大桂山两个国家级森林公园，国家重点文物保护单位临贺故城，"天下第一洞"碧水岩，"十里画廊"钟山荷塘风光以及黄姚古镇和富川秀水状元村、明朝古城等，瑶族风情、客家文化、长寿文化富有特色，令人神往。2020年获中国首个"全域长寿市"（所属县区均为中国长寿之乡）。

贺州大理石矿中重质碳酸钙含量为96%～98%，是发展碳酸钙产业的优质原材料。大理石碳酸钙粉体产品占国内62%，相关上下游企业700多家，是全国最大的人造岩石生产基地，有重钙之都和岗石之都称号，今碳酸钙产业园有旺高工业园区、信都工业区、钟山工业园区。

（十二）河池市

河池市位于广西西北部，是大西南出海大通道的必经之地，也是有名的革命老区之一。2002年撤地设立地级河池市，驻宜州区。现辖2区9县，少数民族人口占83%。2019年年末全市户籍总人口433.80万人，常住人口356.36万人。2019年全市GDP超过878亿元，财政收入约84亿元。

河池市拥有丰富的资源，有色金属矿种多，锡、铅、锌、锑、铜等储量大，是中国有色金属之乡，其中锡储量占全国四分之一，有"锡库"之称。水能资源十分丰富，蕴藏量达1 200万千瓦，占广西水能资源的3/5以上，境内有水电站140多座，有中国水电之乡誉称。形成了有色金属、食品加工、电力、茧丝绸、建材等支柱产业。境内盘阳河流域的巴马，每10万人中就有19.7名百岁以上老人，成为中国首个地级世界长寿市。存世铜鼓多，是世界铜鼓之乡。蚕茧、山茶油、桐油、八角、板栗、山葡萄、香猪、菜牛、山羊、墨米、火麻油、乌鸡、藤编、花竹帽等物产享有盛誉。2020年获中国丝绸新都誉称。民族风情旅游资源颇具特色，如刘三姐传歌之地（即宜州下枧河），白裤瑶、布努瑶风情。迷人的自然风光（如巴马水晶宫、河池小三峡、大化七百弄、凤山世界地质公园）及韦拔群故居、列宁岩、红军楼等红色旅游资源备受游人青睐。

河池市是主要的喀斯特旅游地貌资源分布区，喀斯特旅游地貌是广西最重要的一类旅游资源，也是河池市自然景观中最具代表性的一类旅游景观。据现有资料，河池市辖区中喀斯特地貌面积为21 795平方千米，占全市面积的65.74%，占广西喀斯特地貌总面积的24.34%，是广西喀斯特地貌出露面积最多的城市，也是名副其实的喀斯特王国。其中，七百弄是世界上发育最典型的岩溶峰丛地，也是世界上洼地最多、最密的岩溶峰丛区。

（十三）来宾市

来宾市位于广西中部，是一个新设立的地级市，是广西新型的工业城市和区域性商贸中心，驻兴宾区来宾镇。来宾是中国盘古文化的发祥地，有世界瑶都的美称。现辖1区5县市，少数民族人口约占75%。2019年末全市户籍总人口269.79万人，常住人口224.43万人。2019年全市GDP为654亿元，财政收入约58亿元。

来宾市区位优势突出，交通方便。象州重晶石矿资源出口多年居全区首位，合山市煤炭储量多，曾有"广西煤都"之称。西江干流红水河穿越市区，柳江、黔江分别流经市东北与东南，水能资源丰富。电力、黑色与有色金属冶炼（铁合金与锰、锡、锑、锌、铟）、制糖是来宾的三大支柱产业。来宾市是世界上最大的铟、锌冶炼基地之一，是有名的铁合金重要生产基地，有广西最大的火电基地，还是广西甚至全国最大的制糖基地之一。造纸、建材、农副产品加工等工业具有一定的生产规模。近年来积极培育碳酸钙、林产品加工等产业。

来宾市人均耕地面积居广西首位，物产丰富，来宾甘蔗、金秀八角、茶叶、武宣龙眼、胭脂李、生猪、象州红米、砂糖橘、忻城金银花、糯玉米等，以及食用菌、蚕茧、瑶山灵香草、绞股蓝，闻名区内外。来宾市旅游资源以山地风光、民族风情为主，著名的胜景有金秀圣堂山与莲花山、瑶都风情、象州花池温泉、忻城壮族莫氏土司衙署、薰衣草庄园、武宣百崖峡谷、文庙等。

（十四）崇左市

崇左市是一个新设立的地级市，位于广西西南部，其东及东南部与南宁市、防城港市相连，北部与百色市接壤，有4个县（市）与越南接壤，是以亚热带农业、边境工业、国际商贸、边关旅游、壮族文化和山水园林为特色的现代化区域中心城市。现辖1区6县市，少数民族人口约占89%。2019年末户籍总人口252.32万人，常住人口211.03万人。2019年全市GDP约761亿元，财政收入61亿元。

崇左市自然资源丰富。主要矿产有锰、膨润土、稀土等，其中锰矿（大新、天等）、膨润土（宁明）储藏量均居全国首位，有"中国锰都"之称。稀土矿品位高，开发价值大。崇左市是全国重要的蔗糖和亚热带水果生产基地，有"中国糖都"之称。名优特产有大新的龙眼、苦丁茶、宁明、龙州的八角，龙州桄榔粉，天等的指天椒，扶绥的剑麻，江州的蔗糖。蔗糖业、锰冶炼加工、边境贸易是崇左市的主要支柱产业。崇左市具有独特的区位优势，是广西边境线最长的地级市（边境线长533千米）；有国家一类、二类口岸7个，边民互市贸易点14个，是中国陆路口岸最多的城市。各类边境口岸和凭祥综合保税区的设立，大大促进了边境贸易的发展。据统计，2019年崇左市外贸进出口总额为1 893.39亿元，其中，出口额为1 300.24亿元，进口额为593.15亿元，居广西首位。崇左市已形成辐射全国和东盟的红木家具、五金机电、纺织服装、水果蔬菜、中草药、矿产品市场六大贸易集散中心。中国—东盟自贸区凭祥物流园是中越边境口岸上最大的物流园。凭祥浦寨成为中越边境上最大的边境贸易城（红木家具交易、果蔬批发）。

南国边关民族风情、自然山水风光、历史文物古迹、珍稀动植物是崇左市主要的旅游资源。大新德天瀑布、宁明花山岩画、龙州红八军军部旧址、友谊关、左江景点、明仕田园等景点引人关注。

崇左市政策优势多重叠加，是目前广西唯一全境同时享受北部湾经济区、珠江—西江经济带、左右江革命老区三大战略的地级市，同时还拥有对外开放经济带、跨境旅游合作区、综合保税区、边境经济合作区、沿边金融综合改革试验区、边境贸易国检试验区等政策优势。2016年8月，国务院批准设立广西凭祥重点开发开放试验区，成为中国第七个也是当时覆盖人口最多的重点开发开放试验区。

六、广西的明天会更好

（一）独特的区位优势：西南出海的通道和中国东盟连接的中心

广西背靠祖国大西南，面向东南亚，地处我国华南经济圈、西南经济圈与东盟经济圈的接合部，与我国东部、中部和西部三大地区相连，是多区域合作的交汇点，也是国内市场和国际市场的交汇点。广西具有独特的沿海、沿边、沿江、沿线的区位优势，是西南地区最便捷的出海通道，是中国与东盟连接的中心，是21世纪海上丝绸之路和丝绸之路经济带有机衔接的重要门户，是中国西部资源型经济与东南开放型经济的结合部，战略地位十分重要。其优势有以下几点。

1）沿海优势。属广西地域的大陆海岸线长1 628.6千米，岛屿海岸线长600多千米。海岸线曲折，港湾众多，可供开发的港口有20多个。已开发和继续开发的港口，如防城港、钦州港、北海港、珍珠港、企沙港、大风江港、铁山港等规模较大，且地理位置优越，对外可通达东南亚、南亚、西亚甚至欧洲和非洲，对内可通过铁路、公路直达大西南和中南各省区，是大西南腹地走向世界的最便捷出海口。

2）沿边优势。广西有1 020千米的陆地边界线与越南相接。东兴市、防城区、宁明县、凭祥市、龙州县、大新县、靖西市、那坡县8个县市区与越南4省10多个县接壤。目前边境线上有边境开放城市凭祥市及东兴市2个，边境开放口岸10多个，其中，凭祥市、友谊关、东兴市、水口（龙州县）、龙邦（靖西市）、平孟（那坡）、爱店（宁明县）、峒中（防城区）、硕龙（大新）等口岸为国家一类口岸，边境贸易点60多个，它们都有公路与越南公路相通。南宁至友谊关、崇左至靖西、靖西至那坡、防城港至东兴、崇左至水口等多条高速公路的建成，大大加快了出入境的速度。湘桂铁路在友谊关与越南铁路连接，火车可直达越南首都河内市。德保至靖西铁路的开通，使广西又增加了1条通向越南的铁路线。可见，广西也是大西南至中南部分省份直往东南亚的重要陆路通道。

截至 2019 年 8 月，国家批准广西进境水果指定口岸 7 个，共有 10 个进境水果指定监管场地。其中，沿边有凭祥（浦寨口岸、友谊关口岸、弄尧通道、凭祥铁路口岸）、龙邦、东兴、水口，沿海有防城港、钦州保税港区，空港有桂林。

3）沿江优势。珠江水系的西江，在广西境内流域面积占广西总面积的 86%，其干流及支流沿岸的大小城市，如梧州市、柳州市、桂林市、南宁市、贵港市、来宾市、崇左市、百色市和桂平市等发展迅速，成为各地域的经济中心，有力地带动了区域经济的发展。沿江有年吞吐能力在万吨以上的内河港口数十个，其中贵港、梧州港吞吐能力较大，南宁市经贵港市的航道可通 2 000 吨级船队直航梧州至粤、澳、港。随着对西江水道整治范围的扩大，以西江航道干道为主通道，红水河、右江、左江、柳江、黔江、桂江水运航道畅通，上连滇黔，下达粤澳港的内河水运出海通道基本形成，"黄金水道"的西江名副其实。

（二）丰富的资源

广西拥有丰富多样的资源，只要开发起来，就可以改变贫穷落后的面貌。

第一，土地广阔，类型多样。广西土地面积居全国第 9 位，是土地面积较大的省区。且土地类型多样，各有特色，为发展多种生产、进行多种经营提供了许多有利条件。这是一些纯平原区域无法相比的优势。

第二，气候资源优越。广西属典型的亚热带季风气候区，气温高，热量丰富，雨量充沛，雨热同季，无霜期长，适合多种作物的种植，有利于农、林、牧、副渔业的发展。

第三，水资源丰富、水资源蕴藏量极大。据统计，广西多年平均水资源量达 1 880 亿立方米，占全国水资源的 6.4%，居全国第四位。人均水资源占有量约 4 000 立方米，比全国人均占有量多 1 倍。水资源理论蕴藏量较大，可开发装机容量达 1 751 万千瓦。尤其是我国水电的"富矿"红水河，整个河段规划可建 10 个梯级水电站，全部建完总装机容量超过 1 000 万千瓦，年均发电量为 500 亿～600 亿千瓦时。

第四，矿产资源独特。广西矿产资源丰富，种类多，储量大，分布集中。已发现的矿产有 168 种（含亚矿种），探明储量的有 128 种，产地超过 1 500 处，有 75 种矿产保有储量居于全国前 10 位，其中，有 8 种居全国第一位。其中，有色金属矿产最富有，素称"有色金属之乡"，是国家十个重点有色金属产区之一。锑矿储量居全国第 1 位，锡矿、铝土矿储量居全国第 2 位。黑色金属中的锰储量占全国储量的 39%，居全国第 1 位。能源矿产也有良好的发展前景，如右江盆地油气、沿海地区和北部湾油气、南宁盆地油气、宁明盆地油气潜力很大。此外，非金属矿产也十分丰富，如砷矿、膨润土、水泥配料用页岩、水泥配料用泥岩等储量居全国第 1 位。石灰岩、滑石、高岭土等储量也居全国前列。

第五，海洋资源丰富。海洋空间资源、浅海滩涂资源、海洋渔业资源、海洋矿产资源、海洋能源资源、海洋化学资源、滨海旅游资源等，是其他西部省区无法具有的特色资源，开发潜力巨大，前景广阔。

第六，旅游资源得天独厚。广西拥有秀丽的山水风光旅游资源、古朴多彩的民族风情旅游资源、神秘的边关风情旅游资源、悠久的文物古迹旅游资源、亚热带的滨海旅游资源、生机盎然的森林旅游资源、养生长寿的文化旅游资源。

第七，植物资源种类繁多。截至 2019 年 8 月，已知高等植物 9 494 种，仅次于滇、川，列全国第三位,其中有国家Ⅰ级、Ⅱ级重点保护植物品种,如银杉、望天树、金花茶、桫椤等。此外,野生水果、中草药植物、淀粉植物、化工原料植物、油料植物、纤维植物、芳香植物等种类较多。栽培水果资源也十分丰富,有110种,约700个品种品系,其中亚热带、热带果树有500多个品种品系,如沙田柚、香蕉、菠萝、柑橘、荔枝、龙眼等。

第八,动物资源丰富。截至2019年8月,广西有陆生脊椎野生动物种类1151种,列全国第二位,其中属国家Ⅰ级保护野生动物有东黑冠长臂猿、白头叶猴、黑叶猴等品种,属国家Ⅱ级保护野生动物有穿山甲(2020年升为国家Ⅰ级保护)、猕猴、娃娃鱼等品种。野生鱼类有700多种,其中海洋鱼有500多种,淡水鱼有200多种。此外,家禽家畜品种达29种。

第九,森林资源丰富。2019年,广西森林面积为1484万公顷,森林覆盖率为62.45%,森林面积和森林覆盖率分别居全国第六位和第三位;人工林面积804万公顷,居全国第一位;植被生态质量和植被生态改善程度均居全国前列。森林分布地域为北部多于南部,四周多于内部,桂北、桂东、桂西北是我区的三大林区。除天然林外,从用途上分,森林主要分用材林、经济林。用材(通用和专用)林以松林、杉林、桉树林、竹林为主,其中桉树林与竹林又称速生丰产林;经济林主要有油茶、油桐、茶叶、八角、玉桂、核桃、板栗等。近年来,大径材、珍贵树种的适地种植逐步展开。

(三)党中央国务院的重要决策

党中央、国务院高度重视广西发展。改革开放以来,国家相继做出了一系列促进广西开放开发、经济社会发展的重要决策。

1978年12月,党的十一届三中全会召开,会议确定了党的工作重点转移到社会主义现代化建设上来。此后,改革开放的春风吹遍祖国各地,广西也从此进入改革开放的新时期,发生了日新月异的变化。

1981年11月,国务院批准将开发红水河列入"六五"计划和长远规划,明确开发红水河的方针:以发电为主,兼顾防洪、航运、灌溉、水产、生态等综合利用效益。整个红水河段规划建设10个梯级电站,至今已建成9座,1座在建。2001年7月1日开工建设的龙滩水电站,是国家"十五"计划的重点项目,是国家实施西部大开发和"西电东送"战略的标志工程。

1983年10月,国务院批准北海市改为自治区直辖,升级为地级市。1984年4月,党中央、国务院确定北海市为全国十四个沿海开放城市之一,规定国家在引进外资、进口物资及关税方面实行优惠政策。北海市成为广西对外开放的窗口。1985年,同意钦州、梧州、玉林等市(县、区)享受沿海经济开放区政策。2018年12月,国家批准北海列入国家海洋经济发展示范区进行建设,主要任务是加大海洋经济对外开放合作力度,开展海洋生态文明建设示范。

1992年5月,党中央下发文件首次明确提出:"要充分发挥广西作为西南地区出海通道的作用。"从此,广西大大加快了西南地区出海通道的基础设施工程和建设步伐。

1999年,党中央高瞻远瞩,总揽全局,做出实施西部大开发战略以及加快中西部地区发展的重大决策,把广西纳入西部12个省区市,享受西部大开发国家给予的各种优惠政策。

2002年,党中央、国务院在与东盟各国举行的会议中,签署成立中国—东盟自由贸易区。2003年10月,在第七次中国和东盟(10+1)领导人会议上,中方建议从2004年起每年在壮乡首府南宁举办中国—东盟博览会、中国—东盟商务与投资峰会。这有利于加强中国与东盟的交流合作。广西作为中国进入东盟的桥头堡,是其又一个千载难逢的发展良机。

2008年年初以来,中国政府先后批准实施了《广西北部湾经济区发展规划》,批准设立了广西钦州保税港区、凭祥综合保税区、南宁保税物流中心(2015年升为南宁综合保税区),赋予北海出口加工保税物流功能(2018年优化为北海综合保税区),把广西北部湾经济区开放开发上升为国家发展战略。2018年7月国家批准设立防城港保税物流中心,是从事保税仓储、保税物流、保税简易加工等业态的海关集中监管场所,有助于企业节省运营成本,承接国际产业转移以及推动加工贸易转型升级。2019年年初,柳州保税物流中心(B型)获国家批准。

2009年12月初,《国务院关于进一步促进广西经济社会发展的若干意见》批准实施。该意见提出,将广西划分为北部湾经济区、西江经济带和桂西地区三类区域,要求通过实施"两区一带"的区域发展总体布局,实现区域互动、协调发展。并从广西的区情和发展的阶段性特征出发,确定广西新时期发展四个方面的战略定位:打造区域性现代商贸物流基地、先进制造业基地、特色农业基地和信息交流中心;构筑国际区域经济合作新高地;培育我国沿海经济发展新的增长点;建设富裕文明和谐的民族地区。为了支持广西发展,该意见从多个方面提出了具体的措施,如明确了一些有针对性的扶持政策,支持广西加强重大项目建设,强调要充分调动国务院各部门、各省区市的积极性,支持和鼓励"省部共建"、对口支援、定点帮扶,形成共识与合力,全面促进广西经济社会又好又快发展。把广西的发展提高到国家战略的高度。

2009年12月,国务院确定"建设桂林国家旅游综合改革试验区"。这是中国首个以城市为单位建设的国家级旅游综合改革试验区,给广西桂林的发展带来了更大的机遇。第二年,《北海涠洲岛旅游区发展规划》通过国家旅游局组织的专家评审,标志着国家和广西方面在把涠洲岛建成"国内一流、国际知名"的国际休闲旅游岛的战略已经拉开序幕。2018年4月,防城港边境旅游试验区由国务院同意设立,旨在通过强化政策集成和制度创新,推进沿边重点地区全域旅游发展,打造边境旅游目的地,对全国旅游业的改革创新发挥先行示范作用。2020年7月,广西共有3个口岸获批设立出境免税店,即南宁吴圩国际机场、凭祥友谊关、龙州水口,为南宁、凭祥、龙州发展带来新的发展契机,进一步带动当地旅游、航空、住宿、餐饮业的蓬勃发展,有助于提升当地乃至广西对外开放水平,实现经济高质量发展。

2010年6月,国家明确提出"积极建设广西东兴、云南丽江、内蒙古满洲里等重要开发开放试验区"。这表明继北部湾经济区后又一纳入国家战略层面的开发项目诞生。2016年8月,国务院同意设立广西凭祥重点开发开放试验区,该试验区位于广西西南部,与越南接壤,是我国对越及东盟开放合作的重要前沿。2020年4月,同意设立广西百色重点开发开放试验区,这是国家层面全面系统地支持百色革命老区振兴发展的重大战略决策。

2013年11月,国务院批准实施滇桂沿边金融综合改革试验区。广西沿边金融综合改革试验区范围包括南宁市、钦州市、北海市、防城港市、百色市、崇左市,区域面积96 119平方千米,占广西土地总面积的40.51%。2014年广西启动沿边金融综合改革以来,中国首个东盟货币服务平台、首个人民币与越南盾特许兑换业务试点等相继落地东兴,当地摆脱了人民币和越南盾兑换汇率的"地摊银行"定价局面,交易可用人民币结算。这是广西更好服务国家周边外交战略、深化中国—东盟开放合作、融入参与"一带一路"建设的有效载体。

2014年8月，国家发展改革委印发实施《珠江—西江经济带发展规划》，珠江—西江经济带发展正式上升为国家战略，广西迎来新的重大发展机遇。珠江—西江经济带在广西境内涵盖南宁、柳州、梧州、贵港、百色、来宾、崇左7市。

2015年3月，中央赋予了广西"构建面向东盟的国际大通道，打造西南、中南地区开放发展新的战略支点，形成21世纪海上丝绸之路和丝绸之路经济带有机衔接的重要门户"三大战略定位，不仅为广西的发展指明了前进方向，也为推动广西腾飞崛起注入了强大动力。

2015年3月，国家发展改革委印发《左右江革命老区振兴规划》。规划期为2015—2025年，是指导左右江革命老区发展的行动纲领和编制相关专项规划、布局实施重大项目的重要依据。规划以百色为代表的左右江革命老区为核心，统筹考虑区域经济社会协调发展，范围包括：广西壮族自治区百色市、河池市、崇左市全境以及南宁市部分地区；贵州省黔西南布依族苗族自治州全境，黔东南苗族侗族自治州、黔南布依族苗族自治州部分地区；云南省文山壮族苗族自治州全境。规划总面积17万平方千米。规划提出了到2020年、2025年要达到的发展目标。

2018年12月底，经国务院同意，中国人民银行等13部委联合印发《广西壮族自治区建设面向东盟的金融开放门户总体方案》（简称《总体方案》），广西建设面向东盟的金融开放门户正式上升为国家战略，"南向、北联、东融、西合"的全方位开放发展新格局正在加快构建，广西正以新的姿态深度参与"一带一路"建设。

2019年2月，国家发改委等6部委联合印发了《中国—东盟信息港总体规划》。防城港国际医学开放试验区建设获得中央支持。

2019年9月，国家发展改革委印发《西部陆海新通道总体规划》，明确到2025年将基本建成西部陆海新通道。西部陆海新通道位于中国西部地区腹地，源于中新互联互通项目，于2017年启动建设，以重庆为运营中心，以广西、贵州、甘肃等西部省份为关键节点，利用铁路、海运、公路等运输方式，北接丝绸之路经济带，南连21世纪海上丝绸之路，协同衔接长江经济带，在区域协调发展格局中具有重要战略地位。广西是西部陆海新通道海铁联运交汇的门户和陆路干线的关键节点。西部陆海新通道升格为国家战略，是党中央国务院作出的重大决策，是新时代推进改革开放的战略举措，是广西加快经济社会发展和全面构建南向北联东融西合全方位开放新格局的重要机遇。

2019年8月初，国家批准设立中国（广西）自由贸易试验区。8月底，中国（广西）自由贸易试验区揭牌运行。试验区由南宁、钦州港、崇左三大片区组成，总面积119.99平方千米。南宁片区重点发展现代金融、智慧物流、数字经济、文化传媒等现代服务业，大力发展新兴制造产业，打造面向东盟的金融开放门户核心区和国际陆海贸易新通道的重要节点；钦州港片区重点发展港航物流、国际贸易、绿色化工、新能源汽车关键零部件、电子信息、生物医药等产业，打造国际陆海贸易新通道门户港和向海经济集聚区；崇左片区重点发展跨境贸易、跨境物流、跨境金融、跨境旅游和跨境劳务合作，打造跨境产业合作示范区，构建国际陆海贸易新通道的陆路门户。

2020年7月，南宁临空经济示范区获批国家级临空经济示范区，这是我国第一个面向东南亚的区域航空枢纽。这标志着广西又新增一个国家级重大开放开发平台,将为广西高质量发展和全方位开放发展新格局注入新动力。南宁临空经济示范区距离南宁市中心32千米,包括南宁吴圩国际机场、南宁经济技术开发区(含吴圩空港经济区)和明阳工业区的部分区域,涵盖面积118平方千米。党中央做出的一系列重大决策,为广西加快落实"三大定位"新使命,形成面向国内国际的开放合作新格局,提供了良好的政策环境。

此外,中央国务院批准设立中国东兴—越南芒街跨境经济合作区、中国凭祥—越南同登跨境经济合作区、中国龙邦—越南茶岭跨境经济合作区,中国马来西亚钦州产业园区,作为中国—东盟自贸区的深化,它们将为中国与东盟各国的合作提供可借鉴的参考模式,对广西进一步开放合作起到积极的推动作用。

(四)自治区党委、人民政府抓住机遇,适时调整发展战略,确定发展思路,推出重大举措

1992年6月区党委、政府提出了自治区"三三二"发展战略,即确定沿海"金三角"(北海、钦州、防城)为重点;带动"三沿"(沿海、沿边、沿江)对外开放;开办三个试验区,即玉林地区城乡综合改革试验区、柳州市城乡综合改革试验区、桂林旅游开发试验区;搞好两个开发带,即右江河谷开发带和红水河以水电为重点的综合开发带。

1997年10月,区党委结合广西实际,提出了实施区域经济、开放带动、重点突破"三大战略",及实施思想认识、经济结构优化、经济体制转换、对外开放、科技与经济结合、人才培养引进使用的新突破共"六大突破"发展思路。这是广西加快改革开放和经济发展步伐的重大举措。

2000年6月,区党委推出广西实施西部大开发战略的重大举措,归结起来就是做好五篇文章,一是水的文章(水利基础设施建设),二是路的文章(交通基础设施建设),三是生态文章(生态环境保护,退耕还林还草),四是产业结构调整文章(发挥优势,开发重大资源和结构调整),五是科技教育和人才的文章。把广西建成中国西南最便捷的出海通道和国家"西电东送"重要基地,中国西南部商贸运输信息中心,中国与东南亚地区开展经济技术合作的重要桥梁。

2001年,区党委、政府提出了"富民兴桂新跨越"的策略,"富民"就是使各族人民实现从小康到富裕的历史性跨越,"兴桂"就是使广西实现从后发展地区到社会主义现代化省区的历史性跨越,为广西今后的发展提出了明确的方向。

2002年,区党委、政府又积极建议,要求把广西作为中国—东盟自由贸易区实验区的一部分,参照世界上其他自由贸易区的通行做法率先运作,为最终全面建成贸易区奠定基础。同时,提出构建现代物流中心的构想。

2004年,广西加快融入泛珠三角经济圈,积极响应并参加首届泛珠三角区域("9+2",即福建、江西、湖南、广西、广东、海南、四川、云南、贵州9省区和香港、澳门特别行政区)论坛及经贸洽谈会,把它作为广西实施对外开放战略,全方位融入泛珠三角区域合作的重要平台。

2005年,区党委、政府提出要建设以"富裕广西、文化广西、生态广西、平安广西"为目标的和谐社会。2006年11月,区党委提出今后一段时期的奋斗目标是加快"富民兴桂新跨越"步伐和全面建设小康社会进程,努力建设富裕文明和谐新广西,即经过全区各族人民的艰苦奋斗和不懈努力,把广西建设成经济发展、人民富裕、民主进步、法制健全、文

化繁荣、民族团结、社会安定、环境优美的新广西。

2006年,区党委、政府提出广西北部湾经济区设想。为推动北部湾开放开发,广西成立了统筹管理机构——北部湾经济区规划建设管理委员会,统一谋划广西沿海开放开发。还专门颁布实施了《广西北部湾经济区条例》,出台了《关于促进广西北部湾经济区开放开发的若干政策规定》等政策。这些创新举措,大大增强了区域协调发展的能力。

2007年,区政府成立广西北部湾国际港务集团有限公司,整合港口资源,提高港口竞争力。不久,广西沿海三港统一使用"广西北部湾港"名称。同时,创立北部湾银行,组建北部湾投资有限公司,搭建服务经济区开放开发的融资平台。接着,北部湾大学、北部湾财产保险公司、北部湾航空公司相继成立。2012年10月,广西首家非银行金融机构及区内首家全国性金融租赁公司——北部湾金融租赁有限公司宣告成立。它结束了广西没有本土非银行金融总部机构的历史,标志着广西在增加金融资源供给、完善金融市场结构、促进金融产业发展上又迈上一个新台阶。北部湾金融租赁有限公司由广西金融投资集团、广西柳工集团共同出资组建,注册资本为10亿元。该公司以服务中小型企业为重点,积极开展融资租赁、经营性租赁、资产管理、经济咨询等业务,为破解广西中小企业贷款融资难题,助推中小企业快速发展提供更加强有力的金融支持。2013年5月,自治区政府正式批准北部湾经济区同城化发展方案,按照方案,未来3年内,南宁、北海、钦州、防城港4座城市将在通信、交通、产业、城镇体系、旅游服务、金融服务、教育资源、人力资源社会保障、口岸通关一体化九大领域实现同城化(同城化是指一个城市与另一个或几个相邻的城市,在经济、社会和自然生态环境等方面的发展条件能融为一体,以优势互补,相互依托,完善城市功能,建设和谐宜居城市)。

2008年10月,自治区党委与政府提出打造西江亿吨级"黄金水道"的决策,该项目计划投入740亿元,使内河总吞吐能力达到10 627万吨,基本建成一批枢纽船闸和主要航道,进一步提升西江水运整体通行能力,成为广西内河连接珠三角经济圈和北部湾经济区的水上"大动脉"。

2008年10月底,决定全力打造广西内河亿吨级黄金水道,推动区域经济协调发展。2009年8月底,广西西江黄金水道建设领导小组办公室挂牌成立,标志着西江黄金水道开发建设进入全面实施阶段。9月出台《关于打造西江黄金水道促进区域经济协调发展的若干意见》。2010年3月初,自治区政府批准实施《广西西江黄金水道建设规划》,明确了建设目标:到2012年,内河总吞吐能力达到1亿吨,亿吨黄金水道初步形成。2020年前,将连接南宁、贵港、梧州、百色、来宾、柳州、崇左7市共1 480千米的内河水运主通道全部建成为1 000吨级以上航道,其中南宁、来宾、柳州内河以下建成2 000吨级航道,贵港内河以下建成3 000吨级航道。

2009年,自治区党委、政府出台的《关于做大做强做优广西工业的决定》明确了要优先重点发展14个千亿元产业,大力发展4大新兴产业,形成"14+4"的产业集群。即,2009—2019年,我区要打造食品、汽车、石化、电力、有色金属、冶金、机械、建材、造纸与木材加工、电子信息、医药制造、纺织服装与皮革、生物、修造船及海洋工程装备14个千亿元产业,以及新材料、新能源、节能与环保、海洋4个新兴产业。

2011年,自治区十次党代会又做出实现"富民强桂新跨越"的战略部署,提出加快建设西部经济强区、民族文化强区、社会和谐稳定模范区、生态文明示范区、民族团结进步模范区的要求。同年年底，广东与广西两省区政府在北京签署《"十二五"粤桂战略合作框架协议》，以梧州、肇庆交界为中轴，肇庆市封开县西北、梧州市白云山以东、沿西江两岸，建设100平方千米"特别试验区"。根据磋商，"特别试验区"定位为我国东西部区域合作典范、两广经济一体化先行区，探索在两省区直管、东西部优惠政策共享、区域行政管理和社会管理一体化等方面先试先行。

2015年中央赋予广西"三大定位"新使命后，广西实施更加积极主动的开放带动战略，建立完善的开放合作体制机制，推动"南向、北联、东融、西合"全方位开放发展，服务国家周边外交战略，促进中国—东盟博览会、中国—东盟商务与投资峰会升级发展，畅通"南宁渠道"，推进西部陆海新通道建设，加快建设面向东盟的金融开放门户，完善中国—东盟信息港建设运行机制，深化中马"两国双园"和东兴、凭祥、百色等国家重点开发开放试验区体制机制创新，提升做实珠江—西江经济带政策体系，全面对接粤港澳大湾区，并取得积极效果。西部陆海新通道建成南宁国际铁路港一期、钦州港东航道扩建一期、钦州铁路集装箱中心站、北海铁山港进港铁路专用线等关键项目，沿海三市均打通海铁联运"最后一公里"。西部陆海新通道海铁联运班列开行次数大幅增加。中国—东盟金融城累计入驻金融机构60家左右，中银香港、中国太平保险等区域性金融总部入驻运营。

自治区政府各部门积极走出去，大力招商引资。2000年，区外投资的到位资金仅为19亿元人民币。2001年开展"百企入桂"活动以来，区外民营资本到位资金逐年上升，2004年达到300亿元，2005年达到550亿元，2006年超过1 000亿元。五年时间，大批有实力的企业进入广西，开创了我区对外开放新格局。如上海复星、江苏雨润、大连万达、北京燕京啤酒、汇源集团、四川新希望、安徽海螺、新疆广汇、杭州娃哈哈等。2019年，广西招商引资到位资金8 200多亿元，实际利用外资11.1亿美元。2019年年底，自治区党委、政府着眼加快经济高质量发展，决定大力开展"三企入桂"（央企入桂、民企入桂、湾企入桂）活动。其中，"湾企入桂"是广西实施"东融"战略、全面对接粤港澳大湾区建设、积极承接东部地区产业转移，以及加快提升广西产业基础能力和产业链水平、促进广西经济高质量发展的重要举措。2020年以来，广西各地、各部门更加积极开展"湾企入桂"工作，粤港澳大湾区知名企业纷至沓来，产业结构持续优化，为进一步推动广西经济高质量发展、增强桂粤合作添加澎湃动能。据统计，截至2020年9月底，广西"湾企入桂"签约项目合同总投资额达10 565.82亿元；12月底，广西共签订"三企入桂"招商合同项目2 302个，项目总投资达3.42万亿元。2018—2020年，全区招商引资到位资金累计2.58万亿元。

"南向、北联、东融、西合"的全方位开放发展新格局。南向，就是抓住中国—东盟自贸区升级发展的机遇，加快互联互通基础设施建设，构建贸易、物流、产业、金融、港口、信息、城市等多领域合作新平台，探索新型跨区域国际合作机制，深化与东盟国家的合作；北联，就是加强与贵州、四川、重庆、甘肃等省份的合作，打通关键节点、关键通道，把"一带"与"一路"连接贯通起来，形成以北部湾为陆海联运枢纽和门户的国际陆海贸易新通道；东融，就是加快推进珠江—西江经济带建设，积极参与泛珠三角区域合作，主动融入对接珠三角、粤港澳大湾区发展，进而与长三角、京津冀等沿海发达地区加强合作，大力承接产业转移，着力引进资金、技术、人才等，借力加快发展；西合，就是联合云南等省份，加强与越南、缅甸、老挝、泰国、柬埔寨等湄公河流域国家合作，大力推进基础设施的"硬联通"和政策、规则、标准的"软联通"，推动优势产能走出去，深度参与澜沧江—湄公河区域合作，开拓新兴市场。

自治区党委、政府多次组织进行思想解放大学习大讨论，实现在改革开放的过程中，人们的思想观念也要与时俱进，用新的思想观念，新的发展思路，解决实际工作中遇到的新问题。

同时，在自治区党委和政府的统一部署下，广西多次集中时间，集中人力、物力、财力，主要以会战形式，突出解决一些地方经济社会发展相对滞后和基础设施建设落后问题，取得了令人瞩目的成就，得到了当地百姓的普遍赞誉。如1997—2000年广西在贫困地区进行生活、出行等方面的会战，2000年进行边境建设大会战，2003年进行东巴凤基础设施建设大会战，2004年实施沿海基础设施会战，改善投资环境，2006年实施沿海基础设施第二次大会战，2007年进行大石山五县（都安、大化、隆安、马山、天等）基础设施建设大会战，2008年进行桂西五县（三林、乐业、凌云）大会战，2008年进行边境八县兴边富民基础设施建设会战。2008—2010年实施桂西北少数民族村寨防火改造工程。

2000年8月，区党委、政府针对广西边境地区基础设施薄弱严重制约了当地生产力的发展这一状况，果断决定开展边境建设大会战（办24件实事，共17 518个工程项目，涉及交通、教育、卫生、通水、通电、广播电视、茅草房改造、文化站建设），用两年时间解决边境地区基础设施滞后问题。随着制约边境地区经济发展的薄弱环节的突破，边境地区人民群众的生活水平和生活质量有了进一步的提高，边境地区的开放开发与发展有了更好的环境。

2003年，区党委、政府决定开展东巴凤基础设施建设大会战，以改变该革命老区、民族地区长期以来基础设施落后严重影响当地社会经济发展的状况。

"十二五"期间，2015年年初国务院部署的全国172项节水供水重大水利工程有8项落户广西，即大藤峡水利枢纽工程（桂平市）、落久水利枢纽工程（融水苗族自治县）、桂中治旱乐滩水库引水灌区二期工程（忻城县）、左江治旱驮英水库及灌区工程（宁明县）、桂西北治旱百色水库灌区工程、广西西江干流治理工程、洋溪水利枢纽工程（三江侗族自治县）以及其他河流治理工程，投资规模超过700亿元。这些项目的完工，将为项目区域的防洪、供水、粮食、生态、航运、用电方面提供强有力的支撑和保障，当地百姓也能实实在在的受益。

近年来，广西着力推进服务一批具有比较优势的企业"走出去"工作，帮助企业拓展国际市场，一批龙头企业率先走出国门。如广西北部湾国际港务集团在马来西亚投资关丹产业园、关丹港，在文莱投资摩拉港；广西农垦集团在印尼投资中国—印尼经贸合作区，在越南投资归仁木薯产业项目，在俄罗斯投资诺夫哥罗德农产品加工物流中心；广西柳工在境外建成3个海外生产基地、10余家海外子公司，近300家海外经销商；广西建工集团在泰国推进"泰国正大—广西建工科技产业园项目"；桂林国际电线电缆集团在澳大利亚投资电线电缆厂等。

此外，近年来，广西为加快推进现代特色农业高质量发展，助推脱贫攻坚和乡村振兴，在加快实施特色产业集群发展行动的同时，积极实施现代特色农业示范区创建行动，现代特色农业示范区、现代农业产业园、特色农产品优势区、农业产业强镇建设取得积极成果，截至2020年8月，广西已累计认定现代特色农业示范区（园、点）1.385 1万个，其中自治区级核心示范区339个，已获批横州市茉莉花、来宾市金凤凰（甘蔗）、柳南区螺蛳粉、都安肉牛肉羊4个国家级现代农业产业园，13个国家级特色农产品优势区（后增加到18个），27个国家农业产业强镇。三黄鸡、罗汉果等一批农产品入选2020年国家优势特色产业集群建设名单，11个品牌上榜首批中国农产品区域公用品牌。这些已经成为广西推进农业供给侧结构性改革、乡村产业振兴的样板区、展示区、引领区。

为提高广西农产品竞争力，2018年以来，广西区政府积极建立农业品牌目录制度体系，全力打造"广西好嘢"农业品牌，努力推动形成一批"广西第一、全国知名、世界有影响力"的农业品牌。截至2020年10月底，广西已评推出3批"广西好嘢"农业品牌共285个，品牌总产值1 065.7亿元，品牌总价值超过2 500亿元，带动农村人口就业856万人次，其中带动贫困地区人口就业325万人次。

（五）广西各族人民齐心协力、艰苦创业，初结硕果

中华人民共和国成立以后，特别是党的十一届三中全会召开以来，广西各族人民在中国共产党的领导下，不断更新观念，开拓进取，抓住机遇，团结拼搏，艰苦创业，开创了经济发展、政治稳定、民族团结、社会进步的良好局面。

广西具备了进一步发展的基础和经济实力。主要表现在：以制糖为主的食品产业、以铝为主的有色金属产业、以乘用车为主的汽车产业、以炼油为主兼精深加工的石化产业、以钢铁为主的冶金产业、以工程机械为主的机械产业、以电源为主的电力产业等逐步成为引领工业发展的支柱产业。2018年，产值超过千亿元的产业有食品、汽车、冶金、石化、机械、有色、电力、建材、造纸与木材加工、电子信息等，其中电子信息等9个产业产值超2 000亿元，食品产业超4 000亿元。生物医药、高端金属新材料、绿色高端石化、高端绿色家居等重点支柱产业链和新能源汽车、5G通信设备及应用、高端装备制造、前沿新材料4个战略性新兴产业链在重点培育和提升。目前，广西已初步建成我国重要的制糖基地、铝工业基地、锰加工基地、水电基地和林浆纸一体化基地。食糖、MPV与交叉型乘用车、车用柴油机产销量居全国第一。糖料蔗、桑蚕、桑蚕丝、木薯、木材、柑橘、杧果、火龙果、柿子等产量均居全国第一。现代特色农业成绩显著。据统计，2019年，广西地区生产总值、财政收入、人均生产总值、外贸进出口总额分别为21 237.14亿元、2 969.22亿元、42 964元和4 694.7亿元，与上年相比，分别增长6.0%、6.4%、5.1%和14.4%。这为广西创造更加美好的明天奠定了坚实的基础。

然而从总体上看，广西仍是一个后发展、欠发达地区。广西生产总值占全国的比重偏低，工业化率低于全国的平均水平。此外，在市场化程度、对外开放水平、城乡居民生活质量、教育科技文化卫生、城乡公共服务保障水平等方面，广西亦与全国其他省区存在一定差距。因此，作为广西人，在不可多得的机遇面前，我们要不甘落后、不怨天尤人，要抢抓用好新发展机遇，贯彻新发展理念，融入新发展格局，不断开放开发，推进改革、谋划发展，推动经济社会加快发展，推动产业转型升级全面提质，目标才能实现。

课后复习思考题

1. 广西地理位置的独特优势主要表现在哪些方面？对开放开发及经济发展有什么影响？
2. 请列出你最喜爱的广西的三个地级市，并谈谈理由。
3. 试归类列出1999年至今，国家给予广西加快开放开发和发展重要的政策（十条以上）。

第二章　广西各兄弟民族与民族区域自治制度的实施

一、广西各兄弟民族概况

广西壮族自治区是多民族聚居的地区，世居民族有壮、汉、瑶、苗、侗、仫佬、毛南、回、京、彝、仡佬、水等12个民族，另有布衣、满、蒙古、土家、黎、朝鲜、藏、维吾尔等40多个其他民族。2019年末，广西总人口5 695万，其中少数民族人口2 220.28万，占39%。少数民族分布地区面积约占广西面积的60%，少数民族主要集中在桂西、桂西南、桂西北，以左、右江和红水河流域的百色市、河池市、崇左市、来宾市和南宁市、柳州市、防城港市为多；与汉族杂居在桂南、桂东南地区的少数民族较少。郁江、浔江以南至北部湾的桂南、桂东南主要居住着汉族人口，其中玉林市、北海市、梧州市、钦州市、贵港市、贺州市为多；桂东北的桂林市汉族人口也不少。

（一）壮族

1. 壮族在广西壮族自治区的分布

壮族是我国人口最多的少数民族，主要分布在广西壮族自治区、云南省、广东省和贵州省。其中，广西的壮族人口占全国壮族人口的90%以上。壮族是广西壮族自治区的主体民族。据2019年的人口统计显示，广西壮族总人口为1 850.95万，占广西总人口的32.5%。壮族主要聚居在百色市、河池市、崇左市、来宾市、南宁市、柳州市所属行政区域，少数杂居在桂林市、钦州市、防城港市、贵港市、贺州市所属行政区域。南宁市辖区、兴宾区、靖西市、贵港市辖区、都安瑶族自治县、宜州区、平果市、横州市、天等县、柳江区的壮族人口均在40万以上。靖西市、天等县、德保县、大新县、隆安县、龙州县、忻城县、平果市、那坡县、田阳区、上思县、武鸣区、田东县、东兰县、凭祥市、上林县、扶绥县、江州区的壮族人口占所在行政区域总人口的80%以上。宁明县、马山县、柳江区、环江毛南族自治县、宜州区、大化瑶族自治县、右江区、金城江区、都安瑶族自治县、象州县、合山市、巴马瑶族自治县、兴宾区、武宣县、西林县、田林县、凤山县、天峨县、隆林各族自治县、柳城县、乐业县等壮族人口占所在行政区域总人口的50%以上。鹿寨县、金秀瑶族自治县、罗城仫佬族自治县、横州市、融安县、凌云县等壮族人口占所在行政区域总人口的30%以上。靖西市的壮族人口所占比例最高，超过99%。壮族人口所占比例低于30%，但壮族人口数超过10万人的有贵港市辖区、钦州市辖区、防城港市辖区、宾阳县、柳州市辖区、桂平市。壮族人口的分布具有大聚居小杂居的特点。

2. 壮族族称

壮族是广西的土著民族，历史悠久，源远流长。据文献记载，秦代前后，生活在广西这片热土上的是古代越人的支系"西瓯"和"骆越"。他们是壮族的先民。东汉至唐宋，壮族先民又以"乌浒人""俚人""僚人""土人""撞"（"僮"）等称呼，见于史籍中。元朝时又有"撞人""撞民"之称。明清时期，各地壮族族称有 20 多种，如"僮""俍""佯""沙""侬""布壮""布沙""布侬""布曼""布板""布傣""布班""布崇""布陇""布土""布妥""布偏""布衣""布越""布越伊""布叶伊""布纳"等。中华人民共和国成立后，经过民族调查识别，并尊重各种自称的人们意愿，统一称为"僮族"。

由于"僮"为多音字，而且含义不太清楚，易引起误会。1965 年 10 月 12 日，正式将"僮族"称为"壮族"。

3. 壮族语言文字

壮族有自己的语言，即壮语，壮语属汉藏语系壮侗语族壮傣语支。根据壮语语音特点和词汇差异，可分为北部方言和南部方言两大方言。北部方言没有送气音，南部方言有送气音。两大方言大抵以郁江、邕江、右江为分界线，延伸到云南文山壮族苗族自治州一带。北部方言又分桂北、柳江、红水河、邕北、右江、桂边（均为广西境内）、邱北（云南境内）、连山（广东境内）八个土语区，使用北部方言的人口占壮族全部人口的 70%；南部方言有邕南、左江、德靖（均为广西境内）、砚广与文麻（云南境内）五个土语区。需要指出的是，由于南部方言区在地域上与越南接壤，越南的侬族、岱族又与壮族同源，因此语言可相通。同时，泰语、老挝语、缅甸掸语也与壮语有着密切的关系，它们都属于壮侗语族壮傣语支。

说到文字，可追溯到唐代，那时壮族先民借用汉字的形、声、义，创造了一种叫"土俗字"的方块字（古壮字 1 万多个，正体字近 5 000 个）。这种文字，兴于宋而盛于明清。由于没有规范化，没有在本民族通用，只在民间用来记录经书、民歌。中华人民共和国成立后，党和人民政府为了提高壮族人民的科学文化水平，大力支持、关怀壮族人民创造本民族的文字，即拼音壮文。这套拼音壮文以拉丁字母为字母，以壮族北部方言为基础方言，以武鸣县（今武鸣区）的壮语语音为标准音。1957 年 11 月 29 日，国务院通过了壮文方案，并批准在壮族地区推行。至此，壮族人民有了合法的、统一的文字，结束了有语言而无正式文字的历史。广西很多党政机关、社会团体、企事业单位、学校等部门的印章和牌匾都使用壮、汉两种文字书写。我们天天接触的人民币上也印有壮文"中国人民银行"字样。

4. 壮族民间文学与戏剧

壮族民间文学，内容丰富，多姿多彩，至今仍受人们的喜爱和称赞。

民间文学流传最多的是民间故事，有神话故事，有英雄人物故事，有爱情故事，有山水动植物故事等，内容广泛，形式多样，形象生动，流传甚广。如，姆六甲、布洛陀等创世神话故事，就长期流传于红水河和右江流域的壮族地区。姆六甲是壮族神话中的始祖神、创世神，反映的是壮族祖先母系社会的斗争生活面貌，体现母系的巨大权威。布洛陀为第二代始祖神，反映的是壮族原始父系社会的生活和斗争。现经整理出版的《布洛陀经诗》，分 8 篇 25 章，共 5 741 行。集流传神话、唱本之大成，以诗的语言和形式，生动描述了布洛陀造天、造地、造太阳、造日月星辰、造火、造谷米、造牛等的"造化"过程，告诉人们天地日月的形成、人类的起源、各种农作物和牲畜的来历，以及远古时期人们的生活习俗等，是壮族的一部古老而又内容丰富的创世史诗，也是壮族民间文学的巨大成就。英雄人物故事，如布伯的故事、侯野射太阳、岑逊王、莫一大王、侬智高、瓦氏抗倭等也普遍流传于广西壮族聚居的地方。

○妈勒访天边：相传，古时候的人瞭望苍天，望见天就像一个锅头一样，圆圆的，盖着大地。于是，有一位年轻的孕妇决定去寻找天的边际。年轻孕妇一直朝着东边行走，不知走了多少天，便生下了一个孩子。于是她带着自己的孩子继续朝东边走。母子俩一直走了几十年，天边还是没有找到。妈妈头发已经雪白，走不动了，人们劝她留下来，劝得多了，她才不得不留下，叫儿子继续向前走。母子分离的时候，儿子满怀信心地说："妈呀，我要走完你没有走完的路，直到把天边找到。"说完，他一个人又继续向前走了。这篇神话讲述了母亲带着儿子寻找天边的故事，反映了壮族先民在探索大自然奥秘中坚韧不拔的进取精神，值得后人歌颂。

壮民歌是壮族民间文学的另一种流行形式。壮乡有"歌海"之称。民歌内容丰富，有引歌、古歌、劳动歌、时政歌、习俗歌、生活歌、情歌、历史传说故事歌、儿歌等。形式独特多样，韵律自然有序，优美动听。"歌王""歌师""歌手"层出不穷，被誉为"歌仙""歌圣"的刘三姐更是其中的杰出代表人物。每年"三月三"歌节（歌圩），是壮族最隆重的传统民歌集会，来自四面八方的男女老少，聚集到歌圩，对歌、赛歌、赏歌。如，武鸣三月三歌圩、田阳敢壮山歌圩、横州市邓圩歌圩。"壮族文明在歌中起源，在歌中得以传承"。1999年开始，一年一度的"南宁国际民歌艺术节"吸引了众多国内外著名的歌手和艺术家进行民歌艺术交流；壮民歌艺术正在走向全国，走向世界，壮民族的传统节日愈加焕发青春，充满时代气息与活力。

壮族人民能歌善唱，右江一带称为"欢"，左江一带称为"诗"，桂北一带称为"比"和"欢"，都是唱山歌的意思。壮族歌圩是壮族群众在特定时间、特定地点举行的唱山歌会，广泛流传于南宁市良庆区、邕宁区、横州市、马山县、上林县、隆安县以及百色市、河池市、柳州市等广大壮族地区。它是壮族节日聚会、男女青年社交的场所，除了赛歌、赏歌、对歌定情外，还兼有抛绣球、演壮剧等丰富的曲艺、体育、游戏、文娱活动。

壮族民间传统的戏剧有师公戏、壮戏。师公戏流行于桂中，以兴宾、忻城、武宣、象州等地为盛，已由娱神的宗教文艺变成世俗的演唱，成为壮族人民所喜闻乐见的一种表演艺术。壮戏分北路壮戏、南路壮戏等流派，其中，北路壮戏流行于百色、田林、西林、凌云等地；南路壮戏流行于德保、靖西、那坡、天等、大新等地，它包括流行于靖西、德保的壮族提线木偶戏和马隘壮戏。

传承与创新：刘三姐文化有民间传说刘三姐、彩调剧刘三姐、电影刘三姐、歌舞剧刘三姐、实景印象刘三姐。刘三姐文化是中华民族优秀传统文化的组成部分，彰显了文化自信。

5. 铜鼓文化

广西是古代生产和使用铜鼓的重要地区之一。约在春秋末战国初，生活在广西的壮族先民骆越人就开始铸造和使用铜鼓。这从田东县出土的三面铜鼓遗物（属春秋晚期）中得到证实。《后汉书·马援传》记载，（马援）于交趾得骆越铜鼓；《水经注·温水》则说："盖籍度铜鼓，即骆越也。有铜鼓，因得其名。"这是关于骆越人铸造和使用铜鼓的最早记载。此后历经发展，至今仍在壮乡一些地方使用。

据不完全统计，广西有铜鼓出土的县市70多个，各级民族博物馆所收藏的铜鼓有772面，民间收藏的更难计其数。其中面径165厘米，高67.5厘米，重达300千克的"铜鼓之王"就在广西北流市出土，现珍藏于广西壮族自治区博物馆。广西是中国乃至世界上收藏铜鼓最多的地区，不愧为铜鼓的故乡。

广西的铜鼓依照其具体形状及纹饰的不同，可分为滇桂系统和粤桂系统（共八种类型）。滇桂系统铜鼓主要分布于桂西和桂西南，粤桂系统铜鼓主要分布于桂东和桂东南，桂中南则两个系统都有发现。

据资料统计，目前全世界馆藏传世铜鼓2 000多面，其中，我国馆藏量1 600余面，广西馆藏量772面，自治区级博物馆收藏344面。河池市民间收藏1 400余面，东兰县民间现存量达612面；中国最大的民间铜鼓收藏馆在东兰建成，今收藏铜鼓150余面。后人仿制铜鼓较出名的是环江韦氏兄弟，其制作的众多铜鼓在全国各地摆放，供人鉴赏。

各种类型的铜鼓，不论大小，均有面空腹无底，胸凸腰凹。铸造工艺十分高超，通体用铜合金铸成，厚薄均匀。鼓面上有光芒四射的太阳纹，近边围处铸有伏蛙、蛇斗蛙、马、骑士、牛、牛拉撬、龟、鸟等立体饰物；鼓身的各个部位有鹿纹、船纹、羽人纹、兽纹、云雷纹、方格纹、水波纹、圆圈纹、钱纹、席纹等纹饰；且各种饰物与纹饰还有着丰富的民族文化内涵。总之，一面铜鼓就是一件综合的、精美的，并且有浓郁的民族地方特色的文化艺术品。今天壮族的蚂蚜节、彝族的跳弓节、瑶族的达努节及欢度新春和砍牛送葬等，都会使用铜鼓，铜鼓是历史长河沉淀下来的"活化石"。南宁地铁二号线装修风格就充满了浓郁的铜鼓元素。

此外，壮族乐器天琴、葫芦琴、七弦琴、马骨胡、啵咧、八音鼓、边鼓、蜂鼓等至今仍在壮族部分地方流行。

天琴，是壮族最古老的乐器之一，有上千年的历史，壮语称为"鼎叮"，它流行于广西龙州、宁明、凭祥、防城港一带，用葫芦制作，音色甜美、圆润，以龙州天琴著名。天琴由琴杆、弦轴、琴马、琴弦和用葫芦壳制作的琴鼓组成，可独奏、合奏或为歌舞伴奏，演奏者通常佩戴脚铃随节拍晃动。关于天琴有一段民间传说，据说百越壮族先民妈勒到天边寻找太阳时，妈勒根据一位仙翁的提示，用葫芦做琴筒、用拐杖做琴杆、用仙翁的胡须做琴弦，制作了一把琴。一路上妈勒弹着这把天琴，消除旅途劳顿，最终追赶上太阳，为壮乡带来了光明和快乐。天琴的名作有《唱天谣》。现改良的龙州天琴，琴音清亮、圆润、甜美悦耳，琴身将壮族铜鼓、绣球、青蛙等壮族文化元素融为一体，具有较高的演奏性、观赏性与收藏性。

6. 左江崖壁画

在左江和其部分支流的沿岸，及其附近的峰林石山的悬崖峭壁上，至今保存着一幅幅壮族先民在战国至东汉时用赭红色颜料绘制的内有人像、器物、动物及自然物图像的崖壁画，这些崖壁画统称为左江崖壁画。它对研究壮族古代历史、文化具有重大学术价值。

左江崖壁画一般距江面20～60米，最高的约120米，最低的也有12米。规模最大的崖壁画，图像分布范围高约50米、宽172米，图像数量众多；最小的不到1米，仅有一个图像。在众多的图像中，人像最多，最大者有3余米高，最小者只有30余厘米，多数人像身高均居于60~150厘米。画像色彩鲜明,线条简约,形象古朴,作风粗犷。

据统计,至今在左江流域地区已发现崖壁画地点89个,189处,300多个画组,5 000多个图像,分布范围包括江州区、扶绥县、龙州县、宁明县、大新县、凭祥市、天等县等县市区,连绵长达200多千米。其中,以宁明县驮龙乡耀达村明江东岸的宁明花山崖壁画和龙州县响水镇棉江村左江右岸的龙州花山崖壁画的场面最为壮观。

宁明花山崖画是左江崖壁画的代表。画面高约50米、宽172米,面积8 000平方米,有1 900多个图像,包括人、马、铜鼓、刀、剑、钟、船、道路等,其中大小人像有1 300多个,高者3米余,矮者30厘米,多数在60~150厘米。高大者腰挂环首刀,正面或侧身的小人物则双手曲肘向上显倒"八"字状,下肢曲蹲,围绕高大者做舞蹈动作。整个崖画场面恢宏,气势粗犷雄伟,形象地体现了壮民族悠久灿烂的历史文化,是壮民族珍贵的历史遗产。2016年7月,以宁明、龙州、江州、扶绥区域的38个岩画点、109处岩画共4 050个图像为主的左江花山岩画文化景区被世界教科文组织列入世界文化遗产名录。

左江崖壁画具体作于何时?先人为何在临江峭壁上作画?为何独选赭红色颜料?为何崖画历经沧桑而不褪色?用何工具作画?先人怎样登上悬崖峭壁作画?如何更好地保护"国内岩画所无,世界岩画罕有"的左江崖壁画?至今对此仍是各持己见,众说纷纭。我们期待着这些谜团能解开。

7. 壮锦和绣球

壮锦是壮族人民传统的编织实用工艺品,用麻纱或棉纱和杂色丝线织造而成。壮锦图案纹饰别致多样,有喜狮滚球、蝴蝶恋花、鱼跃龙门、双龙戏珠、喜鹊闹梅、凤戏牡丹、鸳鸯戏水、福禄寿喜、双凤朝阳等寓意吉祥的图案,有鸟兽虫鱼、花草、日月云水等自然万物的形象,有水纹、方格纹、几何纹等传统纹饰。编织配色(红、绿、蓝、黄、紫)技艺精巧,色彩斑斓,清淡素雅,花而不俗,素而不寡,有很强的艺术感染力,给人以美的享受。壮锦常用作被面、床单、背带、腰带、头巾、围巾、背包、挂包、窗帘、台布、花边、壁挂、锦屏等,有很高的实用价值。

壮锦生产历史久远。从贵港市西汉墓出土的遗物来看,当时壮锦就已存在。宋时,四川设"蜀锦院",曾仿制八桂织锦工艺织成"广西锦"。明朝中期,被列为贡品。至清代,更是名扬全国,被列为我国四大名锦(蜀锦、宋锦、云锦、壮锦)之一。故宫博物院珍藏的四幅壮锦被面就是当年的贡品。壮锦也开始见于史书,"壮锦,各州县出……壮人贵之""凡贵官富商,莫不争购之"。现在,既有传统特色又充满时代气息的壮锦仍深受国内外游人的青睐与喜爱。南宁地铁一号装修风格就是融入了壮锦元素。

壮绣是在布料上用彩色丝线绣出各种图案纹样。壮族妇女不仅喜爱刺绣,而且大多是刺绣能手。其刺绣的对象涉及面广,图案内容丰富多彩。其中,绣球(飞驼)是壮绣的精品。

绣球制作历史悠久。宋人周去非《岭外代答》记载:男女聚会,各为行列,以五色结为球,歌而抛之,谓之飞驼。绣球多仿柑橘或柚子的结构制成,用以作祈年之物、青年男女定情之物,或供男女青年作文体活动之用。壮家妇女先用纸壳或多层布制成柑橘瓣状,并在每瓣上用色丝或加上色布绣成各种精美活泼富有深意的花纹和图案,然后按6或8或12瓣等组合结成球状,再在绣球的上端系一条便于投掷的彩带,下端系一条五彩的丝穗,使绣球抛在空中带来观赏好效果。如今,"绣球之乡"靖西市旧州镇制作的绣球结构独特,选料考究,手工精制,小巧玲珑,色彩鲜艳,被称为"广西绣球之上品",名声享誉海内外。龙胜、柳州、桂林等地还在用料或外形或绣球填充物等方面做了研究改进，满足了不同层次游客的需求。

此外，在上林三里镇壮族民间流行一种绣饰物"渡河公"，又名为"渡老头公"，壮语意即"渡灾爷爷"。百色壮族流传久远的一种吉祥绣饰物"麽乜"，造型是勇士拥抱龙珠，寓意是守护太阳、拥抱希望，祝福佩戴的人平安吉祥，一度失传，现在又逐渐回到人们的生活中。

8. 壮民俗民风

（1）居俗

历史上壮族多以"干栏"式建筑为主，至今生活在山区的壮族居民仍保持此居住习惯。"干栏"式建筑通常由上层、下层、阁楼三部分组成。上层住人，入门是堂屋，堂屋后是火塘，供做饭取暖用；有三开间、五开间或七开间住房。阁楼储藏粮食。下层则圈养家禽家畜，或堆放农具和杂物。由于楼下圈养禽畜，臭气上升，不太卫生。随着社会的发展，以及人们健康意识的增强，"干栏"式建筑某部分的用途正在逐渐改变。

（2）食俗

壮族的饮食，在种植稻米的地区，以大米饭、大米粥为主；在山区则以玉米、小米、薯类为主食。年节喜欢用糯米制成各种粽子、糍粑、糕饼等食品，爱食酸品。靖西酸品及上思枕头粽很出名。壮族最有特色的传统美食是五色糯米饭。每逢传统节日，他们选上好糯米，用可食植物枫叶、红蓝草（叶长液浓显紫色，叶圆液淡显红色，或用苏木、稔果）、黄饭花（或姜黄、黄栀子）、紫蕃藤的浆汁浸泡糯米成黑、红、黄、紫四种颜色，加上未上色的白糯米一起放入蒸笼中蒸熟而成。五色糯米饭，色彩亮艳，质地柔软，清香四溢，吃起来美味可口，是节日里待客的佳品。崇左扶绥酸粥，是广西壮族独有的特色美食。闻名的生榨米粉口感鲜滑、米香醇厚，有与众不同的微酸，其作为传统美食在南宁、河池、百色、崇左等壮族聚居地流传久远，其中南宁蒲庙生榨粉知名度较高。环江、上思烤香猪及德保的"龙棒"（活血食品）等食品也有独特的风味。壮族男子喜欢饮酒，并以酒招待客人。壮族民间流行的串杯酒就是一种饮酒待客礼俗。

（3）衣俗

古代壮人衣着喜青色和黑色。男子多穿对襟短上衣，纽扣以布结之。下裤短而宽大，有的缠绑腿。上年纪的男子除扎黑色或青色头巾，还系上腰带。现在，多数地区的壮族男子服饰与当地的汉族服饰已无多大差别。妇女上穿短衣，下穿裙或裤，头包印花或提花毛巾，腰系围裙，脚穿绣花鞋。其中，南部方言的壮族妇女，多穿短上衣，右边开襟，颈袖襟等边沿有花边，下身穿长裙或百褶裙；北部方言的壮族妇女，多穿无领开胸对襟上衣，下穿长裤或百褶裙，膝部以下镶有数色的织锦花边。至今，壮家上年纪的妇女及山区乡下姑娘仍保持着这种传统服饰。

（4）节俗

壮族最具民族特色的传统节日，有"三月三"歌节、牛魂节、蚂蚜节、霜降节等。

"三月三"歌节于每年农历三月初三在特定的场地举行，有的持续两三天。参加者以未婚男女青年为主，老人小孩亦来游乐助兴。男女青年对歌传情，情投意合者便互赠信物，订秦晋之好。此外，还有抛绣球、碰彩蛋、演壮戏、舞龙凤等丰富的文娱活动。如今"三月三"歌节期间增加了经贸旅游等新内容，更具时代气息，更充满活力。"三月三"歌节既是传承民族文化的盛会,亦是民族经济交流的盛会。

"三月三"不仅仅是壮族的重要节日,也是汉、瑶、苗、侗、仫佬、毛南等广西世居民族的重要节日。据统计,全区12个世居民族中有2 700多万人每年采取不同方式欢度"三月三",占全区总人口的54%。为使人们更好地欢度传统节日,传承优秀民族文化,国家批复广西在"三月三"放假两天。

牛魂节是壮家祭牛神或为牛招魂,具有农耕文化色彩的传统节日。多在每年农历四月初八举行。这一天,各家给牛放假,清扫牛栏,到牛常歇息的地方祭祀牛神,然后给牛喂五色糯米饭、嫩草、甜酒。有的还给牛洗澡,为牛擦背,以表示对牛的珍爱及对牛的慰劳和祝福。

蚂𧊅节是桂西东兰、巴马、南丹、天峨等县壮族民间传统节日。因蚂𧊅是青蛙的俗名,故此节日又称蛙婆节。节期从农历正月初一至三十(有的地方至十五),以大村寨为单位或几个村寨联合举行。节间人们到田间搜寻青蛙,称"请蛙婆",先获蛙者被称为"蚂𧊅头",有吉祥荣耀之意。此后,众人白天抬着内有青蛙且经装饰的宝棺到各家报喜,祝福乡亲父老,即"唱蛙婆"。晚上为蚂𧊅守灵,叫"孝蛙婆"。最后人们着洁装,击铜鼓,跳舞唱歌,供奉祭品,行"葬蛙婆"祭祀仪式。整个节日活动通过颂蛙神以祈求其给人间带来雨水,保佑丰收、平安无事。

壮族霜降节是指每年农历九月,即壮语里称的"旦那"(晚稻收割结束)之后的霜降期间,壮族民间由单纯庆丰收节庆活动,发展成为祭祀民族英雄(长奶夫人或岑玉音)、进行商贸活动、民俗文化表演的综合性民俗活动。主要流行于大新、天等、德保、靖西、那坡等县的壮族德靖土语地区。霜降节展现出丰富多彩的壮族民俗文化,承载壮族土司文化、反侵略斗争的历史记忆。2016年11月,"壮族霜降节"作为中国二十四节气扩展项目之一入选联合国教科文组织人类非物质文化遗产代表作名录,标志着广西世界非物质文化遗产实现零的突破。

芒那节,即稻神节(又称祭禾节),于每年的农历六月六举行。"那"即水稻田意思,隆安县就有133个以"那"命名的村屯,寓意水稻丰收,风调雨顺。2012年隆安县岜娅山即稻神山发现远古时的稻作文化群。那坡县1 567个村民小组,"那"字名的就有164个。

(5) 娱俗

抛绣球、铜鼓舞、板鞋舞等是壮族民间流行的文娱活动。

抛绣球早在唐代就流行,一般有两种玩法,一种是由人数相等的男女队分列在作为抛球高度标准的一高竿两边,若接住对方抛来的绣球,为胜,获抛球权;若对方输球,则淘汰一人,直到一方无人能参战才告结束。另一种是设一高竿,竿顶设一直径为50厘米的圆洞。男女两队分列竿边,女方先抛绣球,球穿过圆洞即为胜,胜者继续抛球,反之由对方抛球。一来一往,最后以球过圆洞多者赢。

铜鼓舞,流行于红水河沿岸壮族地区,一般在节日喜庆或祭神或欢庆丰收时表演,尤以春节和"蚂𧊅节"活动中盛行。参加跳舞者数人至数十人不等。舞蹈者或手挥雨帽,或敲打竹筒,或撞击皮鼓,还不时对唱山歌。舞步随着伴奏铜鼓亢奋激扬的鼓点节奏变化。节奏简洁明快,动作强劲威武,场面热烈壮观。

板鞋竞技赛,亦称"三人板鞋舞"。据传源于明代广西土司罗武杰练兵训练之法。罗武杰为了严明军纪,培养士兵合作精神,提高战斗力,常组织3人缚腿赛跑,优胜者赏。后罗武杰随瓦氏夫人赴江浙抗倭。凯旋后，当地壮民为颂扬罗氏功绩，举行盛大的龙灯庆功会，并表演了缚腿赛跑活动。近代初期，为弘扬祖绩，罗氏子孙把3人缚腿赛跑改为3人一组穿板鞋比赛，看哪一组先到达终点。这项竞技赛需要组员团结合作，步调一致，默契配合，且紧张有趣，深受群众喜爱，流行至今。2007年，在第八届全国少数民族传统体育运动会上，"板鞋舞"首次被列为比赛项目。

(6) 婚恋俗

壮族青年男女除在歌圩对歌传情求偶外，还通过抛绣球、碰红蛋、赠鞋等方式传情定情，寻找意中人。抛绣球一般在节日活动中进行，姑娘若看中了某位男小伙，便将绣球有意抛去，男方接过绣球，若亦有情意，即系小饰物于绣球上回抛给姑娘，两人就算定情。随后双双离开，找个幽静之地互诉衷肠。碰红蛋一般也在节日活动中进行。相互有所认识的青年男女，主动拿着自己的红蛋去碰意中人手中的红蛋，若双方的红蛋同时碰破，则被视为两人命运相连，代表有姻缘情分。于是，两人便将蛋心互赠共尝，结为知己，然后离开，来到幽静处谈情说爱。若只是单方碰破，则被认为两人无缘，在旁的人便要他（她）自己把蛋吃掉，或者送给对方，以表示彼此相识一番。若面对一方有意握蛋碰来，而另一方无心无意，那么，他（她）就会赶紧护住自己的红蛋，不让对方碰破，以此来婉拒对方的求爱。赠鞋，一般是男方提出请女方帮自己做一双鞋，若女方愿和男方相爱，则在鞋底留有打死结的线头，喻"生死相连，永不分离"；或不钉鞋扣，鞋垫布后跟不缝完，暗示"你愿意连就连"。若鞋打活结，或钉齐鞋扣，垫布后跟已缝完，表示女方婉转拒绝。上述习俗反映了壮族的传统文化心理和婚姻道德观念，与当今社会提倡恋爱自由、婚姻自主的风尚不谋而合。

历史上，部分壮族地区青年男女通过自由恋爱后父母同意成婚，仍盛行"入赘婚"婚俗，即"女娶男嫁，夫从妻居"的婚俗。就是在行"男娶女嫁，妻从夫居"制的地方，"不落夫家"的习俗也依然存在，即成婚后，女子仍住在娘家，只有逢年过节、婚丧、农忙，才回夫家小住，有身孕后才回夫家定居。这种"不落夫家"的婚俗是"夫从妻居"制向"妻从夫居"制过渡的一种婚姻形态，反映了母权制对父权制的顽强抗争，直至近现代才逐渐改变。

(7) 葬俗

壮族的丧葬习俗，主要流行土葬、二次葬、岩葬等。所谓土葬就是在人过世后，以棺木敛尸入土安葬。二次葬又称"捡骨葬"，这种葬俗对死者一般是暂行寄葬于某处，待其筋肉腐朽后，再捡骨盛瓮在原地或另择地行大葬。岩葬，是一种特殊的葬俗，就是在人过世后，不埋入土，而是敛尸入棺，在悬崖峭壁上土凿孔插桩置放棺木；或是在悬崖上凿洞，纳棺其中；或就岩石的裂隙和天然岩洞，将棺木抬进去，凌空悬置。

广西是古代岩葬发现较多的地区之一，主要分布于西南地区的隆安、平果、大新、崇左、龙州等县市，全州、南丹、永福、柳江、武宣等县区也有发现。岩葬棺木放置的岩洞多数在距地面数十米、上百米的悬崖绝壁之上。洞内置棺数具或数十具、成百具不等，或平置，或堆叠于崖洞地面。棺木常用一段圆木挖刻而成，棺木形状大小不一。

广西壮族岩葬延续年代较长，从目前出土的遗址看，以武鸣区仙湖镇发现的属新石器时代晚期的岩葬为最早，直到民国时期还在部分壮族地区流行，以明、清时期岩葬为多。

(8) 民风

壮族在长期的历史发展过程中形成了孝敬父母、尊老爱幼；为人"质直尚信"，重信誉；讲互助团结，"与而不求其报"；热情好客，真诚相待；崇尚勤劳，鄙视懒惰等传统美德与朴实的民风，至今仍得到传承和弘扬。原来相对保守的、与社会发展不相适应的观念与做法，也正随着改革开放的不断深入发生深刻的变化。

9. 壮医药

壮医历史悠久，从出土文物考证，至少有2 500年的历史。壮医诊疗疾病的宝贵经验，多以家庭秘传和传徒师授的方式流传于民间，特别是在壮族聚居的崇左市、来宾市、河池市、百色市及南宁市、柳州市的部分县等流传较广。

壮医的诊疗技术和方法有腹诊、甲诊、脉诊、目诊、陶针疗法、角吸疗法、骨弓疗法、针挑疗法、药线点灸疗法、艾灸和灯花灸疗法，以及药物内服、外洗、熏蒸、敷药、药刮、药垫等。这些丰富有效且简便易行的诊病治病方法，是壮族人民在长期与疾病作斗争的过程中所积累的宝贵经验，历千年而不衰，对本民族的繁衍昌盛做出了巨大的贡献，至今仍然受到壮族和其他兄弟民族广大群众的欢迎。如壮医药线点灸疗法对内科、外科、妇产科、小儿科、皮肤科、五官科等的疾病中，凡属于寒、热、肿、瘦、痛、麻、痒七个范畴的疾病，有着较好的疗效，颇受患者的欢迎。目前已有20多个省、市、自治区的数百个医疗单位和香港、澳门两个特别行政区，以及新加坡、英国、澳大利亚等国家的医疗单位推广应用了这个方法。

壮医药线点灸疗法是采用经过药物泡制的苎麻线，点燃后直接灼灸患者体表的一定穴位或部位，以治疗疾病的一种医疗方法。人体300多个穴位可以用壮医药线点灸治疗，治疗范围涉及内科、外科、妇科、儿科、五官科和皮肤科等的200多种疾病。尤其对皮肤病、风湿痛症、炎症、重感冒、腹痛呕吐、腹泻、慢性胃肠炎、慢性盆腔炎和体表肿痛等疾病，疗效显著。

广西对壮医丰富多彩的诊疗方法和大量的验方、秘方进行研究整理，探讨壮医的基础理论和诊疗规律。已收集到10 000多个民间医药验方、秘方。一批有价值的专著和论文，如《陶针疗法》《壮族民间脉诊的探讨》《壮医药线点灸疗法》《壮医针挑疗法》《壮族民间用药简编》《壮医源流综论》《关于壮族医学史的初步探讨》《壮医学术体系综论》等，相继出版和发表，结束了壮医药在历史上没有理论专著的历史。特别是构成壮药质量标准的基本体系的重大科研成果《中国壮药原色图谱》《常用壮药生药学质量标准研究》《中国壮药志》等专著的出版，结束了壮药没有文字系统记载的历史，为壮药的生产加工贸易及深度开发提供可靠的质量标准依据。随着壮医药体系的形成，壮民族医药和藏、蒙古、维吾尔等少数民族医药共同组成了我国少数民族医药体系。

壮医大多使用天然药物（动物、植物、矿物）治病。许多壮族民间医生或采或种，掌握丰富的药物知识。据卫生部门调查，壮医常用天然药物有600多种，采集、采制上万种壮药标本。靖西市至今仍有壮医药交易市场。壮药善于解毒，而且解毒的范围较广，包括解蛇毒、虫毒、食物中毒、药物中毒、箭毒、蛊毒等。广西著名的蛇药就是壮药的一大贡献。壮药在治疗白血病方面也有独到疗效。

据不完全统计，目前广西有民间壮医药人员3 000多人，其中不乏名老壮医。如罗家安，擅长针挑疗法，行医60余载，著有《府症针方图解》一书；陈建英，擅长骨弓疗法、灯花灸疗法，著有《灯花灸穴位图解》一书；农秀英，擅长腹诊，诊治妇科等各种疾病；龙玉乾，擅长药线点灸疗法；莫五妹，擅长火针疗法，治疗各类风湿性疾病等。为了传承壮民族医药，造福人类，在各级政府的大力支持下，广西设有广西壮医院，广西中医药大学设有壮医学专业以培养壮医本科生和研究生。2018年广西国际壮医院开业，2020年南宁骆越民族医院开张，传统壮医药不断造福民众。

10. 黑衣壮

黑衣壮是壮族四十多个族群之一，主要聚居在广西那坡县的弄文、弄陇、马独、龙华等村屯，共有近万户人家，人口超过5万人。传说用蓝靛及蓝靛染制的黑衣曾使族群化凶为吉，转危为安，因此"黑"便成了黑衣壮的族群标记。黑衣壮崇黑爱黑，以黑为美，既有壮族的共性，又有自身的特点，至今仍保留着古老的文化。

黑衣壮服饰以黑色为贵为主，黑头巾、黑衣裙、黑裤子、黑布鞋，全身黑，四季黑，构成了黑衣壮独特的区域服饰文化。其中，女性服装由钉红布扣的黑短上衣、中层黑叠裙、下部黑长裤组成，实用大方，朴素美观，造型奇特，别有风韵，为广西其他壮族地区所少有，着装行走时微风轻拂，婀娜多姿，优美动人。黑衣壮人喜唱山歌，"尼的呀"山歌曲调清新，艺术魅力独特，被誉为广西音乐的原始富矿；善以舞言事，跳黑枪舞、献衣舞、对联舞、祝寿舞、抛红带舞（男女交流）、8字舞（男女集体舞）、黑伦舞（庆胜利）、铜鼓舞等。住房以干栏式建筑居多，不过房下层多由打磨过的坚固石柱支撑，上层用木头搭建。崇尚族内通婚，保存"不落夫家"的婚俗。祖宗坟墓多在住房或菜园附近，且用瓦片覆盖。

非物质文化遗产指被各群体、团体、有时也被个人视为其文化遗产的各种实践、表演、表现形式、知识和技能及其有关的工具、实物、工艺和文化场所。非物质文化遗产是活的遗产，更注重技能、技术、知识的承传，是活的财富，一切以人为主线。非物质文化遗产包括了人类的情感，包含着难以言传的意义和不可估量的价值。非物质文化遗产包括五个方面：口头传说和表述，包括作为非物质文化遗产媒介的语言；表演艺术；社会风俗、礼仪、节庆；有关自然界和宇宙的知识和实践；传统的手工艺技能。

广西壮族入选国家非物质文化遗产名录的非物质文化遗产包括：布洛陀、刘三姐歌谣、那坡黑衣壮民歌、壮剧、壮族织锦技艺、壮族蚂𧊅节、壮族歌圩、壮族铜鼓习俗、马山壮族三声部民歌、平果壮族嘹歌、壮医药线点针灸疗法、广西八音、田阳舞狮技艺等。

（二）汉族

汉族是广西人口最多的民族。2019年年末，汉族人口3 474.72万，占广西总人口的61%。除玉林市、北海市、梧州市、钦州市、贵港市、贺州市、桂林市及南宁市、柳州市为汉族的主要分布区外，百色市、河池市、崇左市、来宾市等也广泛分布有汉族，且多居城镇。在桂西、桂西北的西林、隆林、凌云、乐业、天峨、东兰、巴马、凤山等县，还有部分汉族分散生活在高山区，称为"高山汉族"。

汉族人口在广西占多数，形成现今这种地域分布格局，经历了漫长的发展过程。先秦时期，仅有百越民族世代生息在包括广西在内的岭南地区。秦汉时期，因军事战争和巩固政权的需要，汉人开始有组织地从中原各地进驻广西东北部与东部，有的已深入桂南地区，未归者自然就成了第一批安居广西的汉人。三国魏晋南北朝时期，中原地区分裂动荡，出于避乱求生，北方一些大族举族而下，落籍桂东北、桂东，以至该地域的汉人数量有所增加。唐宋至元明，一方面，因各种原因汉人不断南下，同时，受汉族先进的政治经济文化的巨大影响，部分壮族先民接受汉文化，并融合于汉民族之中，桂东北、桂东的汉人数量急剧增加；

另一方面,因守边建边固边的需要,汉人分布从桂东扩展到桂西,散居桂西各地,而且有部分已同化于壮族等少数民族之中,形成了汉族与壮族等少数民族谁也离不开谁的密切关系,"你中有我,我中有你"。清代以后至民国时期,受谋生或经济利益的驱动以及政府经济政策的诱导,来自湖南、江西、福建、广东的农民、手工业者、商人等大量涌入桂东北、桂东南。广东商人更是吹响了西进的号角,"无东不成市"。结果,在桂东北、桂东南乃至桂南,汉人已绝大多数渐居,仅有少部分离城镇较远或交通不便的山区,人们继续保持和延续原有的生活习俗。在桂西、桂西北,由于沿江谷地和平原被开发殆尽,前来谋生的汉人不得已只好进入山区甚至深山野岭与少数民族杂居。

迁徙而客居广西的汉人,因祖籍或迁入时间先后、职业、居地环境、语言等不同而有繁多的称谓。如粤东人、江西人、湖广人、中原人、北人等,是以迁入汉人的祖籍或原居地称呼;"新人""来人""老汉人"等,则以迁入时间的先后来定名;菜园人、蔗园人、射耕人等,是由于从事的职业不同而称之;"高山汉""山湖广""平原人"等则得名于居住环境的不同;"官人""客家人""白话人""平话人"等依其方言而叫。当然对原住民而言,一般又泛称迁入的汉人为"客人""客",或"民户""民人"等。

广西汉族基本上讲汉语,少部分还会讲壮语及其他少数民族语言。汉语属汉藏语系汉语族。广西的汉语方言有粤语、西南官话、客家话、平话、湘语、闽语六种。粤语是广西汉语中流行最广的一种方言,俗称白话。广西粤语与广州话相近,互能听懂,主要分布于桂东南地区和横州市、南宁以及左右江一带县城集镇。西南官话是广西汉族第二大汉语方言,以桂林话与柳州话流行最广,俗称桂柳话,主要分布于桂林市、柳州市、来宾市、河池市以及贺州市部分县,桂西、桂西北、桂中也有部分少数民族使用西南官话。客家话是广西第三大汉语方言,主要流行于陆川、博白、贵港、柳江、柳城以及贺州市等。为保持其语言风格特点,客家人恪守"宁卖祖宗田,不忘祖宗言"的祖训。平话,流行于北起灵川,南至凭祥,西达百色,东至灵山的广大地域的交通要道附近。其历史久远,是北方汉族移民居留少数民族地区,长期与当地壮、侗等少数民族语言融合而形成的。据说教育家雷沛鸿、莫文骅将军,还有李宗仁所讲的母语就是平话。湘语,集中分布于桂北的全州、灌阳、资源及兴安大部。闽语,主要分布于博白、陆川,以及八步区、平乐、桂平、平南、柳州、柳江等地。

汉族的文字简称汉字。汉字是世界上最古老的文字之一,已有6 000年左右的历史,由甲骨文、金文逐渐演变成今天的方块字,共有5万个字以上,通用的有7 000字左右。20世纪50年代以来,中国政府有计划地进行文字改革,制定了《汉语拼音方案》,推广普通话,简化汉字,并沿用至今。

进入广西的汉人地域观念浓厚,为加强与同乡联系,往来互助,其建立的会馆遍布广西各地城镇,尤以广东会馆、湖南会馆、江西会馆、福建会馆为多。宗族观念强烈,流行编族谱,各地同姓宗族多有祠堂,有同宗联合祭祖的习俗。以多神崇拜为主,村有社庙,家则建厅堂设神台供奉家神。婚姻多保持传统仪式,媒婆说亲、合八字、哭嫁、闹洞房、回门等程序在农村依然流行。葬式以二次葬为主,农村不少地方仍保留着某些繁杂的葬仪,如做道场、守灵、唱孝、祭奠等。

汉族在桂南、桂北流行采茶戏。采茶戏早年在福建、安徽、江西叫"采茶灯",湖南、湖北叫"采茶歌",广西桂北地区叫"采茶舞"。清代乾隆年间,"采茶灯""采茶歌""采茶舞"是一种民俗活动,到了道光年间,"采茶灯""采茶歌""采茶舞"开始以故事为主线，编写出有人物、有性格、有情节的小戏，被称为"采茶戏"，也叫"唱采茶"。钦州的"唱采茶"与各种民间艺术有着千丝万缕的关联，通过不断吸收各派艺术精华，丰富和发展自身的风格，形成了独具特色的钦州"唱采茶"。这种由民间歌舞发展而成的戏种，具有浓厚的生活气息和鲜明的地方特色，深受广西桂南地区群众的欢迎。傩舞是广西浦北县的一种传统民间曲艺，为自治区级非物质文化遗产。当地民众将表演傩舞俗称为"跳岭头"，一般在每年农历八月至十月间表演。演员在傩神庙佩戴神话形象、历史名人、世俗人物等角色的面具，边舞边"傩、傩……"地呼喊、奔跑、跳跃，以驱除"疫鬼"，祈求一年平安。

广西汉族入选国家非物质文化遗产名录的非物质文化遗产主要有桂剧、采茶戏、彩调、南宁市邕剧、桂林市广西文场（曲艺）、钦州市坭兴陶烧制技艺、宾阳县炮龙节、藤县舞狮技艺等。

(三) 瑶族

瑶族是一个历史悠久、文化灿烂的古老民族，同时也是一个世界性的民族。瑶族主要分布在广西壮族自治区，其次是相邻的广东、湖南、云南、贵州等省份。此外，还有数十万分布在东南亚及欧美一些国家，如越南、老挝、泰国、缅甸、法国、美国、加拿大等。据统计，2007年广西有瑶族人口152.8万人，约占全国瑶族人口的62%，占广西总人口的3.06%，分布在69个县市。

据文献资料记载，在广西，瑶族是在宋代从湖南、广东迁来的。经历代的频繁迁徙，从北部的越城岭、大南山、都庞岭、大苗山、九万大山、萌渚岭到南部的十万大山，从东部的大桂山到西部的金钟山、青龙山、都阳山，都有瑶族分布，或聚居，或与壮、苗、侗、汉等族杂居，故素有"岭南无山不有瑶"之说。目前，居住在桂林市、河池市、百色市、贺州市、来宾市山区的瑶族人口有100多万，占广西瑶族人口的大多数。其中又以都安、恭城、富川、金秀、巴马、大化6个瑶族自治县的瑶族相对集中。此外，全州、龙胜、灌阳、临桂、平乐、荔浦；南丹、凤山、宜州、东兰；凌云、田林、平果、田东；钟山、八步区、昭平；三江、融水；上林、马山；平南、蒙山、防城等地也有一定数量的瑶族散居。大分散、小集中是瑶族分布的特点。

瑶族源于南蛮中的长沙、武陵蛮。南北朝时，出现"莫徭"称呼，这是瑶族族称的开始。此后，由于瑶族迁徙频繁，居地不一，支系众多，且经济生活有异，服饰五彩缤纷等，故名称复杂繁多。据瑶族学者黄钰、黄方平的调查研究统计，瑶族的自称有60多种，如勉、优勉、门、金门、敏、标敏、布努、努努、拉珈等。其中，自称勉、门、敏等的瑶族人数最多，分布也最广，其含义是"人"的意思。瑶族的他称有456种，如崇拜盘瓠的称盘瑶、崇拜密洛陀的称布努瑶等；反映其经济生活的有山子瑶、茶山瑶、蓝靛瑶、过山瑶等；以居地称呼的有金秀瑶、东山瑶、坳瑶、桂林瑶、融江瑶等；以服饰命名的有红瑶、白裤瑶、花蓝瑶等；以姓氏称呼的有盘家瑶、侯家瑶、胡家瑶等；包含有政治内容的有安宁瑶、太平瑶、下山瑶、熟瑶、生瑶等。尽管历史上瑶族名称杂多，以前又遭歧视，封建统治者曾把猺由双人旁改为"犭"旁，然而他们在意识上都认定自己是瑶人，是瑶族。中华人民共和国成立后，中国共产党实行民族平等政策，废除了从前对瑶族带有歧视侮辱性的称呼，把自称、他称的各地瑶人统称为瑶族。

瑶族有本民族的语言，即瑶语。由于历史上的原因，瑶族并没有形成统一的民族语言。

在其内部，瑶语又可分为"勉语""布努语""拉珈语"三大语言。它们均具有汉藏语系语言所共有的特征，都是汉藏语系的语言，但它们又分别属于不同的语族和语支，其中，勉语属苗瑶语族瑶语支，布努语属苗瑶语族苗语支，拉珈语属壮侗语族侗水语支。勉语使用的范围最广（含桂、湘、粤、黔、滇），人数最多。国外讲勉语的瑶族多能与我国讲勉语的瑶族进行直接交流。布努语主要在广西都安、巴马、河池等地，以及湘、黔、滇部分地方流行。拉珈语，集中分布在金秀瑶族自治县的部分地区。值得注意的是，广西恭城、灌阳、富川、龙胜等地的一部分瑶族，约十多万人已不再使用瑶语，而是讲一种汉族土语。由于长期与汉、壮、苗等族接触，各地瑶族部分兼通汉语，部分兼通壮语和苗语。广西北部的瑶族多会讲汉语西南官话的云南方言、贵州方言、广西桂林柳州方言，广西东南部的瑶族多会讲汉语粤方言。如金秀瑶族自治县周边各县有壮族和讲桂柳话的汉族、讲粤方言的汉族，这里的瑶族除讲本支系的瑶语外，不少人还会讲别的支系的瑶语和壮语、汉语西南官话桂柳话、汉语粤方言。瑶族人民的语言才能，有利于他们吸收外民族的文化，也有利于瑶族的发展。

历史上瑶族没有自己的文字，很早以来就习用汉字，至今保存着的很多历史文献都是用汉字记载。中华人民共和国成立后，党和人民政府十分重视瑶族语文，采纳了瑶族要求创造本民族文字的意见。从 20 世纪 50 年代起，语言专家和语言工作者先后多次到瑶区进行调查研究。1958 年春，完成了瑶语普查，在此基础上制定了第一个瑶文方案，并准备推行。1980 年，在全国民族语文会议上，瑶文问题又列入议程讨论，并制定了《瑶文方案（草案）》，试用"勉"语拼音方案，全部采用拉丁字母作为瑶文字母。1983 年起，先后在广西、广东、云南省（区）部分瑶族地区开办瑶文班，进行瑶文试验，试验中的瑶文收到较好效果，得到广大瑶民的支持和欢迎。后来还在中央民族学院和广西民族学院，先后增设瑶语专业，招收大专生，培训骨干，为瑶文推广使用作好准备。

瑶族反映人类起源和祖先来源的神话故事传说如盘古开天地、伏羲兄妹、盘瓠、盘王、密洛陀等，这些传说长期在本民族中流传，家喻户晓。侯大苟的故事，再现了瑶人崇敬的英雄的伟大。《盘王歌》《密洛陀》古歌被称为瑶族史诗，是瑶族珍贵的文化遗产，犹如圣书一般。《评皇券牒》（也称《过山榜》），是瑶族的重要文献，也是研究瑶族历史的珍贵资料。

民族艺术则以瑶舞和瑶绣出名。《长鼓舞》《铜鼓舞》是瑶族最具代表性的舞蹈，世代相传。《长鼓舞》多是过盘王节时跳，流传于金秀、龙胜、荔浦、富川、贺州等地。一般由四男执鼓拍打起舞，四女携彩带唱盘王歌助兴，刚柔结合，美不胜收。《铜鼓舞》多在盛大节日或祭祀活动时跳，流行于都安、巴马、东兰、马山一带。主要由三人表演，一男打铜鼓，一男击皮鼓，一女持扇或斗笠边舞边扇。还有若干姑娘穿插伴舞。动作粗犷有力，舞姿优美大方，场面欢快热烈。瑶绣是一种用针和色线（红、绿、黄、白、黑五种）在白布或蓝靛布上绣制花纹的工艺美术。一般在绣白布时用红、绿、黄、黑色线，绣蓝靛布时用红、绿、黄、白色线。瑶族妇女凭借熟练的技艺，在没有底图的情况下，就能绣出各种五彩斑斓、富于变化、具有美感的图案纹样，用于制作男女服装、腰带、头巾、被面等。一件瑶绣就是一幅艺术珍品。此外，瑶族的挑花采用"十"字法挑出的各式图案也十分精美，深得人们喜爱。

瑶族多居高山密林或多石山区，村寨依山而建，一般只有 10 户左右人家。房屋多为竹木结构，也有土墙，上盖瓦片；少数有砖瓦房。由三间或五间组成，中为厅堂，两侧是灶房及火堂，后为卧室和客房；两侧设有两门，一门为平常进出，一门为便于姑娘谈情说爱进出；正面开大门，是婚丧祭祀时进出。瑶族自古就有"好五色衣裳"的习俗。"花衣斑斓"是瑶族服饰的写照。服饰以青、蓝、红、黑四种颜色为基色。喜欢在领口、袖口、胸襟、衣角、裙边、裤脚等部位采用挑、绣、织、染等方式制作瑶族喜好或崇尚的各类精美别致的图案。绚丽多姿的服饰，充分体现了瑶族人民的审美情趣和对美好生活的向往。男子多穿对襟或左大襟上衣，穿宽大长裤，系腰带，扎绑腿。妇女或长衣长裤或短衣百褶裙，扎腰带或围裙，缠绑脚；头饰千姿百态，顶板瑶、平头瑶、红头瑶、尖头瑶等，其称呼由此而得；喜戴银饰物，银牌、银项圈、银手镯、银链等各显其美。男女服装喜用各色丝线或绣物点缀，精美耐看。饮食以玉米、薯类、豆类为主。爱吃酢肉，忌吃狗肉。桂北一带瑶族有"打油茶"的习俗，清乾隆帝称恭城瑶族油茶为爽汤。巴马瑶族自治县成为世界第五个长寿之乡，据研究，其与当地瑶人饮食习俗有关。他们除食用玉米、豆类外，还常食用白薯、苦脉菜，常饮山泉溪水，以火麻油为食用油。

　　盘王节和达努节是瑶族众多节日中最隆重的传统节日。盘王节是瑶族同胞祭祀祖先或还盘王愿的节日。以前各地多在秋后的农闲期举办，时间长短不一。节日期间，人们盛装打扮，载歌载舞，唱《盘王歌》颂扬祖先盘王的伟大恩德，跳《长鼓舞》表达对祖先盘王的思念。杀牲设宴，款待亲友；盛装打扮，走亲访友，好不热闹。青年男女通过摆"歌堂"，唱歌对歌，通宵达旦，情投意合者还互赠信物，共叙衷情，点燃爱的火花。现在盘王节的时间经1984年全国瑶族代表南宁会议商定后，统一为每年的农历十月十六日，内容更加丰富多彩，表达了瑶族人民对未来生活的憧憬。达努节，又称祝著节，是分布在都安、巴马、大化、马山一带的布努瑶的盛大节日。每三或五年举行一次，多在每年的农历五月二十九日举行，故又称"二九节"。据传是为了纪念始祖密洛陀。过节时，各家杀鸡宰羊，备好美酒，亲朋好友聚宴共欢。各村寨打铜鼓、赛铜鼓，吹唢呐唱密洛陀歌，跳起刚健优美的铜鼓舞，还有赛马、斗鸡、射箭比赛，场面热闹非凡。附近兄弟民族也应邀参加，由此增进了各民族间的友好团结。桂东北、大瑶山、十万大山的瑶民过尝新节（吃新米），富川的瑶民有敬鸟节。

　　历史上瑶族实行族内婚，男女婚恋比较自由，双方情投意合，征求父母意见后即可成婚，但各地方式不尽一致。如，田林县的一些青年男女以抹脸"打花猫"的方式谈情说爱。融水苗族自治县一些地方青年习惯用"走寨"方式寻找意中人。金秀茶山瑶有"爬楼"的婚恋习俗，小伙子以歌传话，若吊楼里的姑娘有意则以歌相对，帮助他爬入吊楼，经多次爬楼，心心相印，就互赠信物，直至缔结连理。南丹白裤瑶青年男女以"走妹"方式择偶。走妹当天，众多男女梳妆打扮，聚集于山坡或森林中，如果女方看到中意的男子，就向对方示意或唱歌求爱，双方满意时，互赠信物，继续交往。居住桂南山区的一些瑶族则在雕刻有龙凤的竹筒上，以是否送或返相思豆来试探对方的心意。同时，瑶族地区还盛行"招郎（婿）"上门的婚姻习俗，寡妇续弦也不受歧视，婚礼仪式简朴有趣，成亲聘品戒重。瑶族的这些传统，与当今社会发展和时代进步所倡导的婚姻自主、简朴、文明的新风不谋而合，是值得传承的。

　　打陀螺是居住在南丹、巴马等地瑶族男子喜爱的一项娱乐体育活动。双方人数各五至十人不等。一般以击中对方陀螺或击中对方陀螺后双方陀螺旋转时间长短决定胜负。由于陀螺大的重达三斤，小的也有半斤，且染成各种颜色，因此陀螺旋转时，就像一幅五彩斑斓的动感画面，让人目不暇接。推竹竿是桂北瑶族群众喜爱的文娱体育活动。比赛时，双方用手顶着一根二来长的毛竹竿往对方方向拼命推，以把竿中标志推过中界线者获胜。此外，瑶族还练就了几项至今仍传承的惊险绝技，即"上刀山""下火海"。"上刀山"是在木梯上安装锋利的刀子作为梯级，赤足踏在利刃上蹬上蹬下，脚底的肌肤竟丝毫未损。"下火海"则是一步一步走过一条七米多长，由烧得通红的木炭（铁犁、竹筒油灯）铺成的火路，脚底安然无恙。

白裤瑶是瑶族的一个分支，因男子都穿刚过膝的白裤而得名。主要聚居在南丹县八圩、里湖瑶族乡一带，总人口约3万人。男子上穿黑色"Y"字形上衣，下着白色大裤裆紧身短裤（下沿有五条垂直红线条）；妇女上穿无领、无袖、无扣衣（冬穿右衽有袖衣），花背牌（方形图案），下着蜡染百褶裙。男女皆蓄发，包白巾（黑巾），上系黑（白）布带。独创的猴鼓舞（模仿老猴边击鼓边跳舞）粗犷豪迈，葬俗神秘悠远，民居谷仓别有韵味。民俗风情有着深厚的文化内涵，由于历史、自然环境等方面的因素，白裤瑶至今仍保存延续着这种独特和丰富的传统文化，被国内外专家公认为"民俗活化石"，"在人类学、社会学、民族学、旅游学等方面具有重要的研究价值"。目前，经过运作的"甘河白裤瑶新村"，展示了白裤瑶的日常生活和民族风情，吸引了众多中外游客，同时也帮助他们摆脱贫困。白裤瑶生态博物馆在里湖乡建成。

红瑶也是瑶族的一个分支，因妇女身着鲜艳的红衣而得名，主要居住在龙胜各族自治县，总人口13 000多人。红瑶男子穿带盘扣的青衣裤；妇女上着红衣，下配青裙，头发或包或结，从发式可辨婚否，耳上戴硕大银耳环，喜留秀美长发，有的长两米多，有一套独特的洗护发妙法，能使头发乌黑发亮。寨子选寨花光漂亮还不行，也要与时俱进，才貌俱佳方能配上寨花的称号。如今，红瑶在从事农耕的同时，也因地制宜搞起了旅游资源开发，争取早日奔小康。每年的农历六月初六，是龙脊梯田景区的金坑瑶寨红瑶的"晒衣节"。

广西瑶族入选国家非物质文化遗产名录的非物质文化遗产有瑶族服饰、瑶族盘王节、富川瑶族蝴蝶歌、田林瑶族铜鼓舞、富川瑶族长鼓舞、"密洛陀"、瑶族黄泥鼓舞等。

〇广西金秀瑶族自治县是中华人民共和国成立后设立的第一个瑶族自治县，这里居住着坳瑶、茶山瑶、盘瑶、花篮瑶、山子瑶5个瑶族支系，是中国瑶族支系最多的县份，被费孝通誉为"世界瑶族文化研究中心"。

（四）苗族

苗族是一个传统文化古朴灿烂而又充满活力的民族。自称"木""蒙""达木""达吉"，他称则较多。以服饰颜色称呼的有"红苗""花苗""白苗""黑苗"等，以住地而定名的有"高地苗""八寨苗""清水苗"等，以所种植经济作物而称的有"栽姜苗""草苗"等。中华人民共和国成立后，统一称为苗族。2007年年末，广西苗族人口48万人，占全国苗族人口的6.7%，占广西总人口的0.96%。其中，融水苗族自治县的苗族人口最多，约20万人，其次为隆林、三江、龙胜等。

苗族历史久远。据研究，上古时期居于江淮一带的"三苗"是其先民，此后不断向西南地区迁徙。秦汉之际，苗族先民已居住在洞庭湖一带和湘西、黔东的五溪地区，属史称"五溪蛮"或"武陵蛮"的一部分。唐宋时，部分苗族人从湘西沿湘黔边境迁入广西北部；明清时，部分苗人由黔南、黔西南移居广西西北部、西部。现今，从桂北的资源、龙胜、三江、融水、罗城、环江到桂西北的南丹、隆林、西林、田林，以及桂西的那坡等县都有苗族分布，桂中的都安、忻城、兴宾、象州等县区也有苗族散居，这是历代迁徙的结果。

从桂北—桂西北—桂西，苗族居住的高山大岭，绵延千里，史称"千里苗疆"。这里虽远离热闹都市，但蕴藏着丰富的森林资源和土产及中草药资源，是桂北、桂西北、桂西的重要水源中心。融水、三江、龙胜、资源苗民区，是广西乃至全国重要的木材产地，还盛产楠竹、篙竹、毛竹等，其中融水被誉为"杉木王国"。旧时有"死在柳州"之说，是因柳州的棺材久负盛名，而其用棺木就是融水苗民区的"白云糖杉"。环江北部的苗族乡，位于九万大山中，出产红椎、米椎等贵重木材。隆林、西林等县的苗民区，位于金钟山中，也是广西重要林区和木材产地。此外，苗民区还出产桐油、茶油、茶叶、木耳、香菇和药材等特产。

苗族有本民族的语言，即苗语。苗语属汉藏语系苗瑶语族苗语支。苗族因迁徙频繁，居住分散，形成了三大方言及多种土语，且不容易相通。其中，融水、三江、龙胜等县的苗语属黔东方言的南部土语，广西苗族讲此方言土语的人数最多。隆林、西林、那坡等县的苗语属川黔滇次方言第一土语，就全国来讲，使用此种方言土语的人口最多。南丹、都安、金城江区等地的苗语属湘西方言西部土语。桂北的苗语部分属黔东方言，部分属湘西方言。一部分苗族有自己的文字，如"坡拉字母苗文"（俗称"老苗文"），现仍在川、黔、滇部分苗族中使用；另一部分苗族文字已失传。中华人民共和国成立后，设计的三种新苗文方案于1957年由中央民族事务委员会批准并开始在黔、滇、湘等省试验推行。

苗族是个能歌善舞的民族。男子喜欢吹芦笙，女子善于踩堂，"男歌女舞"。芦笙是苗（瑶、侗）族最主要的吹奏乐器，分大、中、小三种类型，均由笙斗、笙管和簧片三部分构成。笙斗用木制作，空腹，背面凿六孔；笙管由竹子做成，各有两孔，并附有斜口竹筒，插入笙斗孔；簧片置于孔间。吹奏时，气由管口入腹中振动簧片而发出嗡嗡声。芦笙有单人吹、双人吹、集体吹等。遇到重大节日，村寨之间进行芦笙比赛，场面更是宏大，热闹非凡。如，融水安太乡芦笙节，常常有数十堂（队）参赛，一时间上千把芦笙吹起来，气势磅礴，高亢雄浑，好远的地方都能听到演奏声。苗族吹奏芦笙，都要以舞蹈配合。一般是在芦笙群外围由数十甚至上百的姑娘随着笙曲，翩翩起舞，称芦笙舞或踩堂舞。芦笙舞种类较多，因各地习俗不同而有所差别。如今，芦笙演奏已经走出苗寨，成了全国民族艺术会演、少数民族传统体育运动会的保留节目。1993年还在香港举行的亚洲艺术节上一展风采。

苗族善于织锦。苗锦主要有锦边、锦带、锦幅三种，是苗族妇女精心制作的传统手工艺品。各种苗锦以黑色、深红色、白色、蓝色等丝绒线交织而成，图案丰富，古朴新颖，素雅多姿，结实耐用，与壮锦、瑶锦齐名，深受国内外各民族喜爱。苗族还擅长"蜡染"工艺，即用蜡刀蘸蜡在白布上画好构思的图案，然后浸入染缸染色，再经沸水煮后，蜡脱去，即出现蓝底或黑底白花图案。这一古老的工艺至今仍在苗族妇女中传承。

百鸟衣的出现是源于苗族人民对鸟的崇拜之情。在过去，苗族祖先在迁徙过程中会上山猎鸟以获取生存的食物来源，为此他们视鸟为吉祥物，把各种各样的鸟儿绣到了自己穿着的衣服上，甚至是在衣服上绣满上百只形态各异、造型独特的鸟图腾图案，就连衣服飘带上都点缀有白色的鸟羽毛，从而演变为苗族人视为圣衣的百鸟衣，由此展现苗族灿烂、丰富的图腾文化。民间收藏的一件百鸟衣专供男性穿着，不管是其衣身还是衣袖都很宽大，而且衣尾下垂的飘带很长，整件衣服色彩绚丽。细看，丝线的颜色多达数十种，且色泽光鲜艳丽；衣上的苗绣精细多变，绣满了大大小小、形态各异的上百只吉祥鸟的图案，有的还被神化了，充分展现苗族服饰崇尚图腾文化的鲜明特色。最让人拍案叫绝的是，虽然百鸟衣上每一处的鸟图腾都各不相同，且用色也不一样，但整体上却对称、协调和相对统一。这件百鸟衣出自20世纪六七十年代，当时是由苗寨里多人合作，经过养蚕、做土布、纺丝线、染色、手工刺绣、裁剪等多重工序，花费两年多的时间完成的。

苗屋多为木结构，以瓦或杉树皮、茅草等覆盖屋顶。各地房屋形式不尽相同。山区多吊脚楼，在二、三层阶梯的坡地上，利用山坡的自然地势，于下方竖立较长的木柱，上方则竖立较短的木柱来支撑，上铺楼板，盖房屋，住人；楼下不住人，用于堆放杂物或关养家畜。桂北和桂东北山区的苗族人民以糯米、大米为主食，杂以玉米、小米、红薯等。桂西石山区的苗族则以玉米为主食，辅以大米、木薯、南瓜等。苗族喜食酒、辣椒、酸菜。桂北苗族喜欢腌制酸鱼、酸肉，也有"打油茶"的习惯，融水苗家还有烤吃鲤鱼之俗。桂西北隆林、西林、田林等地的苗族喜爱腌制辣椒骨和做豆腐霉。辣椒骨是将新鲜动物骨头舂烂，拌上辣椒、生姜、花椒、米酒、盐等，置于坛内密封半月后即可食用。它味香而辣，可增进食欲，祛风御寒，防治感冒，是苗家传统美食，也是待客的佳品。融水一带苗家宴客，流行喊酒。

苗族服饰，男子一般头缠包头巾，穿对襟或大襟短衣，裤与壮、汉族相同。妇女服饰分便装和盛装，种类繁多。便装一般为大襟右衽衣，衣长齐腰，下穿百褶裙或宽阔短裤。裙的长短不一，有的裙长过膝，有的仅及膝盖，有蓝靛色、青蓝色、黑色和白色等。盛装布料精选，五彩斑斓，领边、襟旁、袖口、裙摆等均镶有精致的苗锦或挑绣的花边。姑娘穿盛装时头上插银簪、银花，戴项链、项圈、胸牌、耳环、手镯等多种饰品，显得美丽多姿，别有风采。

苗族的传统节日较多，如苗年、芦笙节、斗马节、拉鼓节、跳坡、社节、四月八、中元节、芒篙节等。苗年是苗族最重要的节日。不过各地过节时间不一。广西融水一带苗族习惯以每年的农历十一月十五至十二月十五为节期。苗年前夕，各家搞清洁卫生，蒸年糕舂糍粑，杀猪宰鸡备酒。岁末全家围灶守岁吃团圆饭。苗年到时，寨人互相道贺，祭拜祖宗神灵。接着聚集芦笙坪，男女吹笙踩堂。节日期间，苗寨间还"打同年"（村寨往来习俗），赛芦笙，有的村寨还举行斗牛、斗马、斗鸡、斗鸟、射击、摔跤等活动。有些地方还举行"跳坡"，进行爬竿比赛，决出"竿王"。青年男女则利用苗年这个机会，开展社交活动，结交朋友，寻找意中人。拉鼓节是苗族祭祀先祖的节日。一般是若干年过一次，时间在农历十月。分制鼓、拉鼓、送鼓三个阶段，拉鼓是高潮，各村寨男女分执由泡桐木制成的长约二米的鼓的一端，在平缓的山坡地竞拉，边拉边唱拉鼓歌，既祭祖又娱乐，同时培养村寨团结向上的精神。社节是苗家祭祀土地神和祖先的节日，分春社、秋社。节日期间，苗家互相宴请，并集中某地进行各种娱乐活动。四月八，是融水、资源等地苗族敬牛的节日。这天要蒸乌米饭、杀鸡宰鸭为牛过节日。中元节，是资源一带苗族的传统歌节，历时三天三夜，邻近的各族群众赶来参加对歌、唱歌，同时还挑着土特产品前来交易，扩展了歌节的内容。

斗马是广西苗族的一项传统民间文娱活动，是骏马之间力与勇的较量。每次两匹公马上场角逐，惊险刺激，最后获胜者夺冠，并披红挂彩。斗马深受群众喜爱，吸引了成千上万人前来观看。为满足苗族同胞的娱乐需求，1987年，融水苗族自治县决定将11月26日县庆日定为斗马节的日期。爬竿是隆林、西林一带苗族青年喜爱的体育活动。多在村寨上的坡场上进行。一般先在坡场中间立起一根高的竿子，竿端挂上美酒、腊肉等，爬竿者按规定上竿、下竿，能爬上竿顶，喝上美酒，拿到腊肉，且速度最快而动作惊险优美者获胜。

历史上，苗族男女青年一般通过如"走寨""坡会求偶""抢鸡蛋""踩脚示爱"等方式交往认识,自由恋爱,谈婚论嫁。结婚要征询父母的意见,若父母反对,或无力举办婚礼,则采取私逃的办法。有些地方至今还有"姑舅表婚"的近亲结婚现象和"不落夫家"的习俗。

(五)侗族

侗族是广西的原住民族,自称金。源于古代百越的骆越支系。历史上与壮族、仫佬族、毛南族、水族及布依族等有同源关系。魏晋唐宋时期,称"僚"。因"僚人"居住的地方多山岭、溪流,田地是山间的峒场,故史籍依地形称"溪峒""溪垌",居住在"溪峒"中的僚人称"峒僚""峒蛮""峒苗""峒人""峒丁"等。当然,冠上这些称呼的人除了侗族先民外,还包括壮、仫佬、毛南、水及布依等族的先民。后来随着历史的发展,这种泛称的含义逐渐变化,至清代,"峒""垌""洞人"变成了侗族的专称。中华人民共和国成立后,统一称为侗族。

2007年年末,广西侗族有33.73万人,占全国侗族的16%,占广西总人口的0.67%。他们主要聚居在桂北的山区,其中三江侗族自治县、融水苗族自治县、龙胜各族自治县的侗族人口最集中,占广西侗族人口的绝大多数。只有少数分散于融安、罗城等地,与壮、瑶、苗、仫佬、毛南等民族杂居。

侗族分布的桂北山区,土山、土岭多,气候条件十分适合植物的生长。三江侗族自治县,山林资源丰富,历来以盛产杉木、竹子、茶油、桐油而闻名,是广西杉木、毛竹、茶油、桐油四大商品生产基地之一。中华人民共和国成立后至改革开放期间,每年都向国家提供了大量的林产物资,为国家经济建设和人民生活幸福做出了贡献。侗族分布较多的龙胜也是广西重要的木材基地和茶油、桐油生产基地。融水苗族自治县洞安、寨怀等侗族聚居区,山林资源也很丰富。总之,侗族与竹木林结下了不解之缘,竹木林也成了侗族赖以生存的重要物质条件、财富之源,正如民间谚语所言:"栽杉种桐,永世不穷。""家有千竿竹,全家衣食足。""家有千蔸漆,不愁穿和吃。"如今,侗族人民继续充分利用自身的优越条件,扩大林业生产,保护林业资源,"两年杂粮三年桐,七年茶果满山红,八年翠竹遍山岭,十年杉木郁郁葱葱",实现了生态效益和经济效益双丰收。

侗族有本民族的语言,即侗语,侗语属汉藏语系壮侗语族侗水语支,分南北方言,各分三种土语。广西侗族讲南部方言,其中,龙胜、三江独峒的侗语属第一土语,三江和里的侗语属第二土语,融水的侗语属第三土语。因有的侗族和汉、苗、水、壮、瑶等民族杂居,故他们除兼通汉语外,还懂其他民族的语言。侗族以前一般用汉文作为书面文字,中华人民共和国成立后,1958年国家批准了以侗族南部方言为基础方言,以贵州省榕江县车江侗话为标准音,全部采用拉丁字母的《侗文方案(草案)》试验推行。

侗乡鼓楼和风雨桥是体现侗族人民高超建筑艺术的杰作。鼓楼是侗家独特的,不用一钉一铆的全木结构建筑,是侗族村寨集会、议事、娱乐的公共场所,是侗寨的标志。因楼中悬有大鼓,故称鼓楼。一般一个村寨有一个,大的村寨有数个,多建在村寨的中心。鼓楼有宝塔式、亭阁式、宫殿式、干栏式等,底层为四方形,楼顶面有四面形、六面形,层层叠上,有三层、五层、七层、九层不等。其中闻名的三江侗族自治县八江乡马胖鼓楼属塔式鼓楼,分九层,高15米,宽10多米,气势宏伟庄严。层层叠叠的飞檐翘瓴,各种吉祥饰物和民族图案,庄严中又透着一种朴素的美。鼓楼全部采用接榫结构,在大中柱子上凿通洞眼,用榫头衔接，长短木条斜穿直插，严密坚固，至今仍具有较高的建筑科学研究价值。现被定为国家级重点保护文物。三江侗族自治县城新建造的颐和鼓楼，蔚为壮观。

风雨桥又称永济桥，是在河溪上建造的一种具有独特风格的长廊式木桥，供人们避风雨、娱乐、休息。其长度视河面宽度而定，一般宽3~5米。风雨桥在侗乡随处可见，仅三江林溪、八江、独峒3个乡就有100座以上，最负盛名的当数林溪乡的程阳风雨桥。此桥是由程阳、马安等村寨的50位侗族老人于1916年领头民间捐资，侗家工匠石含章、吴金千等人设计，历时十多年才建成的。桥长77.76米，四孔五墩，宽3.8米，高11.52米，集桥、廊、亭三者于一体。桥墩由大块青石砌成六柱体；墩上是连排的大杉木，上面铺木板为桥面；桥面上立柱建成五个楼亭，其中最中央的属四层六角塔形楼亭，次中央的属四角塔形楼亭，旁边的属四角宫殿式楼亭，楼亭翘角刷成白色，顶端有葫芦串成尖顶，十分醒目，楼亭用长廊连接；桥面两边装栏杆设座位，方便行人歇脚乘凉。和鼓楼一样，桥身全部用杉木凿榫衔接，大小木条穿直套，纵横交错，互相依赖，紧密牢固。这是侗族人民智慧的结晶，是一件完整而优美的艺术品，具有极高的建筑科学价值和艺术价值。国家为此发行了程阳风雨桥邮票一枚，名人郭沫若也赋诗题字赞美，称其"竹木一身坚胜铁"，1982年被定为国家重点保护文物。此外，三江侗族自治县独峒镇岜团风雨桥，已有100多年历史，桥长50米，两台一墩，两孔三亭，人畜分道，主桥面行人，牛马另走一边，既卫生又安全，体现了侗家人自古注意卫生的文明风貌。此桥也已被定为国家重点保护文物。现在，一座长368米，宽16米，有7个楼亭的大型风雨桥屹立在三江侗族自治县城。

侗族是一个善歌善舞的民族，在生产和生活中常常唱歌跳舞。其中"多耶"热烈欢快，极富民族情趣。"多耶"是一种集体歌舞，专在集合、迎宾或盛大节日中于鼓楼前表演。表演男女人数不限，各围成圆圈，男的用手相互攀肩，摇头顿足，又跳又唱；女的手拉手，按节拍抬腿，边唱边舞。一般先由女队唱三支歌，男队还三支歌。每三支为一套，每次唱数套甚至数十套，兴尽方散。女队采二声部合唱，男队一领众和，领唱者唱主要内容，和者重复唱末句或只唱衬词"耶哈耶"，男声雄浑，女声清脆悦耳，歌舞配合有序，协调整齐，有强烈的艺术感染力。当"多耶"进入高潮时，兴奋的来宾、观众会情不自禁地加入唱跳行列，一同联欢，气氛热烈。

侗族村寨多建在河溪边，依山傍水，一般有一二百户，小者数十户，大者五六百户。房屋多是用杉木建造的木楼，二三层高。楼中有小木柱附挂在大木柱之外而不着地，或因地势原因，底层立高低不一的柱脚，形成吊脚楼。侗人着装喜以蓝色为主，"蓝衣侗"由此得名。男子多穿对襟短衣，大管便裤，头缠长巾。妇女冬春穿右衽衣，夏秋着对襟衣，多着裤，节日里穿百褶裙，系绑腿，着云鞋，喜戴各种银饰。

"打油茶"是侗家人的特色小吃。把用茶油炒过的茶叶熬成滚茶水冲入放有爆米花、炒花生、炒黄豆或加上猪肝、粉肠等菜肴的碗中而成。油茶甘醇清香，侗家人常喝不厌，有客至，必以油茶款待。如今，侗家"打油茶"已进入区内外一些城市的饭店、宾馆，使海内外更多的朋友领略到这种与众不同的侗家传统风味。侗家人还喜欢酸食，素有"侗不离酸"之说。各家用酸坛腌泡的酸品种类繁多，有素有荤，如酸菜、酸笋、酸豆、酸萝卜、酸瓜、酸鱼、酸鸭、酸肉等。素酸品作为家常菜，必不可少；荤酸品香醇可口，是待客或馈赠的风味佳品。此外，上山劳动时，侗人有吃"竹筒饭"之俗，此饭色泽淡黄，味美芳香，能健脾胃、促消化，增进身体健康。侗家的节日有农历十一月初一过的冬节，又称侗年。这是喜庆丰收，祝福来年的节日。各家春糯米糍粑，或杀鸡，或宰猪羊，拿出自酿米酒，还有腌制的禾花酸鱼，与亲朋好友同贺。三江侗族自治县独峒侗族的三月三芦笙节，大赛芦笙数天，人们才肯离去。青年男女通过"行歌坐夜""月堆华"（共耕地）等方式建立联系，谈情说爱。相邻村寨之间还在正月初二进行"月也"（瑶族称打老庚，苗族称打同年，即集体做客），表演各种民俗节目，加强了解，增进友谊。

抢花炮是侗族一项具有民族特色的体育活动。各地抢花炮的时间不尽相同。如龙胜县平等乡的侗族在农历六月二十六；三江侗族自治县林溪在十月二十六，富禄在三月三，斗江在二月十五。其中，三江侗族自治县富禄镇三月三花炮节最有名。其时，三江侗族自治县各地、贵州和湖南两省邻近各县的侗、壮、苗、汉等民族数万人集中富禄镇，或参战或观赏，人山人海，热闹非凡。

抢花炮一般在一个长约60米、宽约50米的空旷坪地进行。以村寨为单位组队报名，人数10~20人。点燃铁炮后，用彩色红线或红绸缠着的铁圈即花炮直冲天空。双方抢炮者快速出动抢夺，挤钻护拦，虚虚实实，先把铁圈放到指定位置方为胜。花炮分头炮、二炮、三炮抢，胜者依次为第一名、第二名、第三名，获得荣誉和奖励。抢花炮场面惊险、激烈、刺激，被外人誉为"东方的橄榄球"。现在"抢花炮"已被列为全国少数民族传统体育运动会正式比赛项目。

花炮，又称"抢花炮"或"中国式橄榄球"，是侗族、壮族等少数民族的传统运动。在1986年乌鲁木齐举行的第三届全国少数民族传统体育运动会上，花炮第一次被列为正式比赛项目。花炮比赛中，双方需各有八名队员出场。与西方橄榄球运动类似，比赛开始时，抢得花炮一方快速向对方炮台区跑进，可用传递、掩护、假动作等战术多人配合，组织进攻。另一方可以采用拦截、阻挡、追赶、搂抱（合理部位）等方法抢到花炮或阻止持花炮运动员前进。全场比赛时间为40分钟，把花炮投入对方的篮内即得一分。得分多者为获胜队。玉林市兴业县大平镇新庄村有一年一度的花炮节，时间在每年的农历四月初六，是当地社公诞日。龙安镇也有花炮节，先舞狮，后放花炮。

侗族有敬老美德的传统，并世代传承至今。如，对老年人按辈分或品行特长来称呼，热心公益或舍己为人的老年男女分别称为"探娃公""探娃杂"，擅长建桥或善于配芦笙曲调的老年男子分称"桑条公""桑伦公"，巧织侗锦或能创作优秀民歌的老年妇女分称为"桑滩杂""桑嘎杂"。在居家方面，老少同堂，让老人坐在明亮、温暖、舒适的位置；新谷成熟，新米饭要先端给老人尝新；宴饮时要先给老人夹菜斟酒；公共建筑建成，要恭请德高望重的老人"栽美"。对鳏寡老人给予关照，即便是外地迁来的，也一视同仁。

侗家人十分热心公益事业。大到村寨鼓楼、风雨桥，小到寨内青石板路、路边歇脚凉亭，侗人都乐意自愿献工献料、捐资出钱，建成各项工程。正如《程阳风雨桥序》所言："深蒙各界仁人志士，善男信女，慷慨输将，解囊乐助，捐金献银，同修善念，舍木施工，共襄美举，集腋成裘……而今工程告竣，荡荡坦道，通达四处，巍巍楼阁，列竖江中。往来称便，远近讴歌……"这是侗人崇高精神风貌的体现。

（六）仫佬族

仫佬族是广西的原住民族，源于我国南方的百越族群。其先民在唐以前称骆越人、僚人。明清以后，"木娄""木娄苗""木佬""穆佬""姆佬""木老苗""伶""伶僚"等称谓见于文献典籍中。在与各民族交往过程中，仫佬族自称"谨"或"伶"，兄弟民族则称他们为"布谨"或"姆佬"等。中华人民共和国成立后，根据民族平等原则和本民族意愿，统一称为仫佬族。

2007年年末，广西仫佬族人口约17.7万人，占全国仫佬族人口的98%，占全区总人口的0.34%。仫佬族主要聚居在桂北的罗城仫佬族自治县，少部分散居在宜州、金城江、环江、柳城、融水、柳江、忻城等邻近县市区。

仫佬族有自己民族的语言，即仫佬语，仫佬语属汉藏语系壮侗语族侗水语支，与侗语、毛南语非常接近。因仫佬族与壮、瑶、苗、侗、毛南等族杂居，故大多数仫佬族人兼通壮语、相邻民族的语言及汉语。仫佬族没有自己民族的文字，通用汉文。

仫佬族自古以来以农业为主，山间平地水田以种水稻为主，旱地以种玉米为主，间种黄豆、红薯等。农业生产中有"以马代牛耕"和"女人耕田"的传统。用马耕田、拉货、骑马赶路，成了仫佬族姑娘的乐事，养马、用马、赛马成了她们的拿手绝活。在汉人的影响下，仫佬族人也乐于经商、喜于经商，形成"以商补农"。至今，罗城东门、四把、黄金、龙岸、小长安等地仍是"仫佬山乡"的大市场，各地客商云集。从前仫佬山乡煤炭资源丰富，有"煤海"之称。从宋代开始，他们就知道挖煤、用煤。他们以当地盛产的煤矸石、焦炭、白泥等为原料制作的煤沙罐炊具，不易腐蚀，经久耐用，常用来蒸煮和盛装食品，数天不变味、不变色。此外，各家各户制作的地炉，以煤作燃料，烧水、煮食、烘物、取暖，既方便实用又干净。

仫佬族人多住山区或半山区，依山傍水建村落。住房多为砖瓦结构的矮楼建筑。牲畜栏圈一般与住房分开，卫生整洁。喜欢酸食，腌制各种酸料供日常饮食之需；爱吃糯米饭，用糯米制作各种食品。"桐叶粽"（狗舌糍粑）和"斗糍粑"是仫佬族传统的风味食品。

仫佬族传统节日有依饭节、走坡节、"二月社"。依饭节，仫佬族语叫"做依饭""敬依饭公爷"等，是仫佬族人祭祖、祭神，感恩还愿、庆丰收，祈求保护人畜平安和五谷丰登的传统的盛大节日。一般三年一大庆，两年一小庆，多在立冬后的某日举行。仫佬族以血缘聚居，同姓一个宗族，一个宗族为一"冬"，过节时，一般以"冬"为单位在公共祠堂举行。人们把最饱满、最长的谷穗用彩带悬挂在墙上，桌上则摆满用芋头、红薯制成的象征五谷丰登、六畜兴旺的形如黄牛、水牛模型和五色糯米饭团、甜酒、芝麻、黄豆、花生、八角以及鸡鸭鱼肉等祭品，祭供"依饭公公"。待祭典完后，全村男女老少围着桌子载歌载舞大会餐，欢度节日。节日间诵唱的一些歌谣规劝众人尊老爱幼，遵守社会公德，不干伤天害理的事，要勤俭持家，奉公守法，是具有积极意义的。

走坡节（后生节）是仫佬族青年男女社交活动的一种形式，主要通过走坡来对歌传情说爱，寻求意中人，多在每年的农历春节和中秋节前后举行。一般是男方先唱"邀请歌"，接着女方对唱"相逢歌""问村歌"，若男女双方有情意，则又分唱"谈情歌""初结歌"，对歌行将结束时唱表示依恋之情的"分离歌"。经过几次走坡，双方满意，乃喜结良缘。罗城仫佬族自治县成立后，县人民政府根据广大仫佬族群众的意愿和要求，公告决定每年的农历八月十五为仫佬族的"走坡节"。如今走坡节的内容更丰富多彩，形式更也多样。

"二月社"是仫佬族的集体祭祀日，目的是祈求社王保佑族人五谷丰登，岁岁平安。届时先以煮熟的猪头、猪脚、猪尾和猪内脏祭供社王，仪式结束后，再把剩下的生猪肉平均分给各户。同时，各家还杀鸡、包粽粑，热热闹闹地过节。

柳城县古砦仫佬族民族乡每年12月会举行开塘节,把鱼从鱼塘打捞上来,按人头分给每户人家,以示有福同享。

(七) 毛南族

毛南族是广西原住民族,来源于唐宋时代分布居住在此地的"僚人"。根据历史记载,毛南族名称是由地名而来的。早在宋代,今毛南族居地就有"茆难""茅难"等地名,居此地的人因地而名称"茆难蛮"或"茅难蛮"。元明时期,又有"茆难团""茆难堡""茅难处""毛难里"等行政区划名称的记载,居此区划的自然是"茆难蛮"或"毛难人"。清末至民国年间,"毛难""冒南""毛南"等称呼出现于史籍中。中华人民共和国成立初期,被正式确定为单一民族,统称"毛难族"。后来,毛难人认为此名欠雅,易引起误会,要求更名。因此,在1987年,经国务院批准,"毛难族"改称"毛南族"。

2007年年末,毛南族人口7.73万人,主要分布在环江毛南族自治县,尤以该县西部的上南、中南、下南俗称"三南"为多,其余散居在金城江区、南丹县、宜州区、都安瑶族自治县一带。乡村多同姓聚族而居,自成村落。圩镇多异姓杂居,联系密切。

毛南族多数居住在大石山区山多田地少,他们十分重视有限的耕地,"土能生黄金,寸土也要耕"。建房起屋不占用耕地,以此提高耕地的使用效率。所种作物,平地水田以水稻为主,山地则以玉米、薯类、豆类和瓜类为主。毛南山区气候温和,草木茂盛,毛南族人家因地制宜,用"圈养""囤肥"方法饲育菜牛,小者二百多斤,大者三四百斤,菜牛肉浅红凝重,肥瘦相间,不膻不腻,肉质细腻,鲜美可口,有"肉中上品"之称,民国时代就远销上海、广州、港澳和东南亚,毛南族地区被誉为"菜牛之乡"。现在,毛南山乡已被列为广西菜牛生产基地。

毛南族有自己的语言,即毛南语,毛南语属汉藏语系壮侗语族侗水语支,无方言土语之分,各地毛南族可用毛南语相互通话,毛南族青壮年还会讲汉语、壮语。无自己的文字,通用汉字。

毛南族的民间艺术以雕刻和编织闻名。雕刻有木雕和石雕。木雕以木面具为主,木雕面具是毛南族值得自豪的民间工艺品。从前,毛南族崇拜多神,常用坚木给每种神雕成木面具。各种神的面具姿态生动,刀法或细腻、或粗犷,反映了毛南族雕刻艺人无限的想象力和高超的艺术水平。至今,木雕面具在民间仍有保存,有的已被博物馆收集展览,有的在节日表演时还在使用。石雕以墓碑为名。如中南凤腾山一带留下的数以百计的古石墓,那些墓碑犹如露天的石雕展览馆,有的墓碑呈楼阁式,由数块巨石雕刻而成。碑前有刻有龙鳞的圆形石柱,碑上除刻有大小文字外,还有雕镂精细、栩栩如生的众多图案,碑顶端刻有庄重古朴的各种造型。这些石雕作品,千姿百态,栩栩如生,给人美不胜收的感觉,反映了毛南族高超的石雕艺术创造才能。

毛南族用当地出产的金竹、墨竹破成竹篾,精心编织而成的"花竹帽",美观大方,工艺精湛,国内外闻名。作为生活用品,可戴在头上,通风爽快、轻巧舒适;作为工艺品,能把人打扮得更漂亮,有情人也常把它当作信物。中华人民共和国成立之初,曾在全国民族工艺品展览会上展出,为北京、上海等地博物馆所珍藏,后作为文化交流的艺术品而传到国外。花竹帽是毛南族的"族宝"和象征,由它衍生出花竹帽歌、花竹帽舞、花竹帽故事,从而形成花竹帽文化,是毛南族文化的精髓。

历史上，毛南人有读书习文风尚，文化水平比较高。他们重视教育，兴办私塾、学馆。清朝末年，就出了举人和文武秀才多人。民国初期，居住地域设立了县立高等小学3所，行政村也相继办有初级小学。学生上进心强，勤奋好学刻苦，有的学生还升到外地读中学、大学，这在当时是很了不起的，故有"三南文风颇盛"的赞誉。中华人民共和国成立后，更是人才辈出，众多的毛南族子弟在各行各业中大显身手，建功立业。为让学子完成学业，毛南人家常常慷慨解囊，兄弟姐妹、亲朋好友、左邻右舍相互帮助，蔚然成风，代代相传。

毛南傩戏（又称"木面舞"，毛南语称为"肥套"），是毛南族文化的象征，源于毛南人传统的祭祀仪式，集唱、跳为一体，动作粗犷，旋律优美，被称为"傩戏活化石"。

毛南族群众喜欢吃酸，"毛南三酸"很有特色。罗番是一种螺蛳汤。毛南族人把山溪里生长的一种大螺蛳洗净，用猪油炒至透熟发香后，趁热倒入坛中，再倒入浓浓的第一道淘米水、烤香的猪筒骨和少量生糯米粒，密封三个月后即可食用。腩腥是用猪肉或牛肉做成的酸肉，做法与侗族的荤酸大体相同。瓮煨是一种特殊的盐水坛，把生盐用水煮开溶化，待其冷却后，滤渣倒入坛中再加入青椒等，把坛口封好，一个月后就成了"瓮煨"。毛南人不仅用瓮煨腌各种素酸，而且还可以腌制出与"腩腥"风味不同的各种荤酸。此外，用自产的黄豆制成的豆腐圆，洁白细嫩，是宴席的佳肴；把红薯经晒后蒸成的"甜红薯"，柔软清甜，是颇有民族风味的食品。

毛南族最盛大的传统节日是分龙节，于每年农历夏至后的第一个辰日（龙日）前后举行，活动一般持续三天。因在三界庙集体祭祀，故也叫庙节。节前先杀公牛，用牛头、尾、脚、内脏祭龙，过节时先以村寨为单位举行两天的庙祭仪式，到了第三天的分龙日，家家户户都蒸起五色糯米饭和粉蒸肉，并把粘着密密麻麻饭团的柳枝插到中堂，祈求当年五谷丰登。然后出嫁的女儿携儿带女，用"发多"（毛南语，一种大如扇面的灌木阔叶）包起五色饭和粉蒸肉，装在竹篮里，回娘家与父母兄弟姐妹团聚，庆贺节日。未婚青年男女则相邀于水边、树下、山间对歌嬉戏，约会恋爱，尽情欢乐。

毛南族的体育以竞技为主，"同顶""同填""同拼"和"骑马摔跤"较具民族特色。"同顶"是由两个小伙子用肚皮各自顶住竹竿的一端，依仗自己肚皮的弹力、腿力和臂力，顶住对方的推力并伺机将对方推出界外。"同填"是由两个人用肩膀互相冲撞，以把对方撞出界外或撞倒在地为赢。"同拼"的器械只有一根扁担，一人用两手握牢扁担的一端，呈半蹲姿势；另一人则把扁担的另一端举到头顶，运足力气后徐徐下压，同时扭转扁担，以扁担能否翻转定输赢。"骑马摔跤"是以四人为一个团队比赛，主角骑在由三人组成的"品"字形的"马"背上，与对方摔跤，谁被拉下"马"谁就输。

（八）回族

回族是我国人口较多的一个少数民族。在广西，回族是从外地迁入的民族。根据史书记载，宋朝大将狄青南下平叛时，有少量回族人随军到广西，战事结束后，当中一部分人就留下来了。明清以后，一些回民又从河北、山东、云南、广东等地迁来。2007年年末，广西回族人口3.1万人，主要分布在桂林市、柳州市、南宁市，临桂、阳朔、灵川、永福、鹿寨、右江、南丹、金城江、宜州、都安等县市区也有一部分居住，具有"大分散，小集中"的特点。回族多数住在城市、圩镇，并自成街巷而居，只有桂北几个县的回族居于农村，自成村落。

他们使用汉语，通用汉字。人多之地建清真寺，作为宗教活动场所，或以举行聚会、调解纠纷、兴办教育使用。

居于广西的回族人，多数以经营手工业、小商业和饮食业为主要的经济活动。少数居于农村的回族人，耕种田地的同时，也做些小生意，或做屠宰，或搞运输。回族人以大米、面为主食，多吃牛、羊、鸡、鸭、鱼肉，忌吃猪、狗、马、驴、骡肉，忌食一切不经过屠宰而死的动物肉。人居集中地，一般有自己开设的餐馆、饭店，环境卫生干净，饭菜可口。逢年过节，喜欢用油炸的各种油香饼招待八方宾客和馈赠亲朋好友。穿着与汉人差不多，唯男子头上习惯戴着白帽子。

回族的传统节日有圣纪节、开斋节、古尔邦节。圣纪节在伊斯兰教历三月十二日举行，这一天是伊斯兰教创始人穆罕默德诞生的纪念日子，也是穆罕默德逝世的日子。回族人聚集在清真寺做礼拜，听阿訇诵经演说，讲述圣绩，捐些钱财，寺里以饭菜招待来者。开斋节在回历十月举行。伊斯兰教历九月，所有成年的、身心健康的穆斯林男女都要履行一个月的斋戒，即从日出后到日落前，不得进食。斋月过后的第一天，举行开斋节，届时人们沐浴净身，盛装来到清真寺，举行会礼、团拜、聚餐等活动，还要施散钱财，听阿訇讲经，祈祷亡人。过节期间，各户人家准备丰富食品，全家饮宴。出嫁女子携夫带儿女回家团圆。古尔邦节也称"宰牲节"，为开斋节后第70天，即伊斯兰教历的十二月十日举行，节期三天。期间人们要去清真寺参加会礼，向麦加方向叩拜；举行宰牲典礼，将所宰牛、羊肉分三份，以送亲友邻居或济贫施舍或留作自家宴用。

(九) 京族

京族约在明朝年间因捕鱼而由越南涂山漂海迁居来广西，至今已有近500年的历史。新中国成立前，曾称"安南"，中华人民共和国成立后，一度自称或被称为"越族"。1958年经国务院批准，按照本民族的意愿，正式定称为"京族"。京族是中国人口最少的少数民族之一，2019年年末有2.87万人，全部分布在广西的北部湾地区，主要聚居在东兴市，有1万多人，且集中在江平镇，其余分布钦州、防城港等地。在江平镇的京族又主要集中在京族三岛——山心、巫头、万尾以及潭吉等地。京族讲京族语，多数人也会讲汉语粤方言。京族语和越南语同出一源，其系属问题有待研究确定。京族没有本民族的文字，通用汉字。

京族是广西少数民族中唯一以渔业为主的民族，世世代代靠海吃海，与大海为伴，与风浪为伍。国家实行改革开放和中越关系正常化以后，他们充分利用沿海滩涂，大力发展水产养殖业和水产品加工业；利用地缘和语言相通优势，积极开展边境对外贸易；依靠海滨旖旎风光，浓郁民族风情，便利水上航运，壮大旅游产业，迅速走上了致富道路，生活发生了翻天覆地的变化，日子过得甜滋滋的。据调查，早在1998年，巫头村人均收入达8 000元，京族三岛1 600余户几乎家家住上小洋楼，95%的居民有摩托车，20%的居民买了小汽车，金银首饰、通信工具户户都有。

"唱哈节"是京族最为隆重的传统节日。唱哈京语即唱歌之意。过节的日期各地不同，有的是农历六月初十，有的是农历八月初十，有的是正月十五。节日除举行迎神、祭神、送神各种仪式以及宴饮外，唱哈是一项不可缺少的重要活动。唱哈通常为三人，一个哈妹任主唱，一个哈妹敲梆配合，主配角轮换；一个哈哥依曲调琴伴奏。传说的镇海大王、历史上的英雄、渔民的生活情感、周围的动植物等都是唱哈的主要内容。女子不论老幼，在唱哈节上唱歌者都可称哈妹。唱哈节一般在各村寨的哈亭进行。参加者除京族外，还有当地的壮族和汉族等民族。

独弦琴是京族特有的珍贵乐器。独弦琴是用半片大竹筒或三片木板做成的方形长匣作琴身，长约83厘米，一头插上一根小圆木与琴身成直角，另一头安上一个把手，小圆木和把手间系上弦线，即成了独弦琴。演奏时，右手用小竹片拨动弦线，左手以不同的力度不断地滑动按弦，琴便发出悠扬的乐声，其音多带颤音和装饰音，如海浪起伏，婉转动听。独弦琴的曲目大多与出海有关，以婉转抒情居多，听起来令人柔肠百结。在喜庆节日，独弦琴常常担当重要的角色。

京族的服饰独具特色，女子上身内挂一块菱形的遮胸布，外穿一件窄袖紧身对襟无领的短上衣，下身穿宽的黑色或褐色裤子，外出时，另穿窄袖的外衣，喜戴耳环。男子则穿长至膝盖、窄袖袒胸的上衣，着长而宽的裤子，腰间束带。现在只有部分妇女还保留着这样的装束，其余的大都与邻近的汉族服装相同。

饮食方面，喜欢制作"鲶汁"（用从海上捕得的小鱼腌制滤出而成）做调味品，使菜肴更加鲜美可口。

青年男女除以对歌试情缘外，还有"踢沙"和"掷木叶"。喜庆节日兴罢的时候，小伙和姑娘们便踏着月色来到沙滩上，若小伙子看上哪个姑娘，便会走到她身边，将沙踢到她身上，若姑娘有意，便会踢回沙子；也有折下一片叶，掷到姑娘身上，若姑娘有意，便会以同样的动作加以回应。双方确定意向后，便会避开人群，坐到沙滩上或躲到丛林中互诉衷肠。

跳竹竿是京族的传统体育项目。一般为8男8女轮流打竹竿，轮流跳。打竹竿的8人分成两排，距离约3.5米，面对面盘腿坐下，相对的两人双手握着两条细竹竿的末端，由8人中的一人统一指挥，按着一定的节拍，同时向下不断地敲打粗竹竿，并且每对细竹竿时开时合，跳竹竿的8人则按节拍在竹竿间跳各种动作，统一从一面进另一面出，可单人跳、双人跳、三人跳或成队跳，开合时，双脚必须腾空或停在细竹竿的空隙中，既不能踩着竹竿，也不能被不断开合的竹竿夹着。

（十）水族

水族自称"虽"，他称为"水"，源于古代骆越的一支。唐宋时代，在今环江北部以及贵州三都、荔波、独山、都匀等地置"抚水州"，其境内的"抚水蛮"即为今水族等民族的先民。明清时期，"水""水家苗""水家"等称谓见于史籍。中华人民共和国成立后，根据民族意愿，国务院于1956年确定其族称为"水族"。水族是广西的原住民族，不过，今天广西的水族大都是在清末民初从贵州的三都、荔波、独山等县迁来的。此后，由于各种原因，广西与贵州相邻各县，水族时有往返迁移。2007年年末，广西水族人口为1.4万人，主要分布在融水、宜州、南丹、环江、都安及来宾等县市区，多与壮、瑶、苗、侗、汉等民族杂居。

水族有自己本民族的语言，即水语，水语属汉藏语系壮侗语族侗水语支，不分方言，有三洞、阳安、潘洞等土语。由于和与之杂居的兄弟民族关系友好融洽，水族除讲本民族语言外，还学会了讲壮、汉、瑶、苗、侗等民族的语言。历史上水族人制作过水文，还有自己的历法，即水历。水历以阴历九月为一年之首，阴历八月为一年之终。马尾绣是水族人用三股丝线缠绕马尾毛并镶成各种图案，然后按平绣、挑花、跳针等工艺进行的刺绣。

端节是水族最大的节日，相当于汉族的春节，时间在每年的农历九月初九。节日期间，除祭祖外，各村寨男女老少兴高采烈，穿着民族盛装，举行"赶端坡"，或敲铜鼓、皮鼓，或相互道贺，或纵情唱歌、跳芦笙舞，或参加、观赏赛马、斗牛、斗鸡等娱乐活动。邻近各族群众纷纷赶来助兴，端坡人群如潮，歌声如海，欢乐异常。南丹、金城江水族还过卯节，即夏收夏种后找一个卯日庆丰收，青年男女赶坡约会寻找意中人。

水族特别喜欢吃鱼类食品，"鱼包韭菜"是最有特色的水族佳肴。先把鲤鱼或草鱼沿腹破开洗净，用白酒、葱、姜、蒜、食盐及糟辣子等佐料略腌一下，再将洗好的韭菜等填到鱼腹中清炖或清蒸而成。

（十一）彝族

彝族主要分布在四川、云南、贵州等省份。据民间传说，广西的彝族是从云南、贵州甚至四川等地陆续迁来的，至于迁移时间，往上约早至唐宋，往下则晚到明末清初。2007年，广西的彝族人口为7 500余人，主要分布在隆林各族自治县的德峨、克长、者浪、岩茶等乡和那坡县的城厢、百都、下华等乡，少数分散在西林、田林县境内。居住在广西的彝族按其服饰分有黑彝、白彝和红彝（又称花彝）三种，黑彝分布在隆林和西林，白彝和红彝分布在那坡。彝族有自己的民族语言，即彝语，彝语属汉藏语系藏缅语族彝语支，有六大方言及多种次方言。广西彝语属东部方言的贵州盘州市次方言和东南部方言滇东南次方言。不过，广西境内穿不同服饰的彝族之间的语言差别很大，几乎互不相通。

跳弓节（又称"跳公节"）是居住在那坡县（或云南富宁县）一带的彝族人民最重要的节日，也是比较独特的节日。一般在每年的农历四月举行，具体日子各地不一。整个节日一般为三天。第一天中午，全村男女老少，个个盛装来到村子的舞坪集中。舞坪正中种着两丛金竹，金竹（传说先人用金竹做的弓弩退敌）周围摆着酒、肉、红黄白三色饭、虾米等食品，旁边还支着一对铜鼓。然后在有关人员的带领下举行各种祭祀仪式，伴随着阵阵铜鼓声，人们围着金竹跳舞唱歌，赛马游行，纪念祖先，怀念金竹，好不热闹。第二天的活动大体相同。第三天，由寨子里的头领人物代领全村上山祭拜山神。那坡一带的彝族在每年的农历八月下旬还有修路节，村寨男女老少义务去修路，以方便行走运输。农历三月三，有护林节，祭山祝林木茂盛。节后各家相互检查护林情况，乱砍滥伐林木者会受罚，护林有功者会得到嘉奖。

火把节也是彝族隆重的节日，但在广西隆林一带的过法有些变化，那里的彝族常将传统的火把节同壮族的"六月六"结合起来一起庆祝。这一天，村寨杀牛，彝族同胞把小块牛肉用竹签串着烧熟先敬祖先，村寨男女青年又拿着牛肉和紫色糯米饭到高山上给布谷鸟送饭，以祭山神。然后，聚集在一座鸟山举行观鸟、赛马、斗牛、摔跤等各种活动，尽情欢乐。

"打磨秋"是彝族人民喜爱的一项传统体育活动，多在秋后举行。先在村寨晒场上竖起一根两三米高的圆木柱做轴心，再在柱顶装上一条长约两丈的活动横杆。比赛时两个体重相近的人各坐横杆的一端，用力朝同一个方向蹬地，使横杆转动并上下飞摆，哪个感到头晕哪个就算输。

"抹黑脸"是隆林一带彝族很特殊的一种传统习俗，用以表达祝愿和情谊。多在节日或喜庆日子里进行。按照传统做法，参加"抹黑脸"娱乐嬉戏的一是有姑舅表关系的表兄弟姐妹，二是非姑表关系而族规许婚配的人，三是到彝家拜年串寨的宾客。"抹黑脸"开始时，相互用双手沾着锅底的黑灰向对方的脸上抹去，同样对方也抹过来，你来我往，甚至有蘸着油、沾着锅灰来抹，最后双方都变成了大花脸，个个喜笑颜开，乐不可支。

彝族的刺绣品很有特点，它不像常规那样用种种颜色的彩线绣成，而是先绣好再染上各种鲜艳的颜色，使之既像绣品，又像绘画，别有一番风味。

烧筒鱼是那坡县彝族传统食品。将一些小鱼除内脏，装入青嫩竹筒，并在火上烧烤至熟，用于订婚、娶媳、嫁女等有关婚事筵席，从而表示这门婚事祥和如意。辣椒骨是隆林一带彝族的特色风味食品。

（十二）仡佬族

仡佬族，源于古代南方僚人的一支。唐宋时，史书有"仡佬""仡僚""革老"等记载。广西仡佬族一部自称"图里"，一部自称"牙克"，一部自称"濮留"。大约是明清时期陆续从贵州迁来的，因多居于山冲地带，因此又称"仡佬冲"。仡佬族是广西少数民族人口中人数最少的民族，2019年人口近4 000人，主要分布在隆林各族自治县的德峨、长发、岩茶、常么、者浪等乡，与隆林交界的西林县境内也有少量的仡佬族居住点。由于人口稀少，仡佬族多与汉、壮、苗、彝等民族杂居，关系友好融洽，多数能讲壮语、苗语、汉语，用汉文。据研究，仡佬语属汉藏语系壮侗语族仡佬语支。广西仡佬语有哈哈仡佬方言、多罗仡佬方言、来人仡佬方言三支。

仡佬族人特别爱吃狗肉，几乎家家都养狗。为老人祝寿时，多杀狗设宴；平时贵客临门，也多以狗肉宴款待。煮菜喜欢拌辣椒，所制辣椒骨是传统食品，美味可口。

每年的农历正月十四，仡佬族都要举行隆重的拜树仪式，称为"拜树节"。仡佬族居住的地方山多、岭多、树木多，各家各户都有数量不等的林木、果树，那是他们生产生活的重要组成部分，故"拜树节"家家户户都举行，十分隆重。过完"拜树节"，全村寨就开始一年的植树造林活动。这一直是他们民族的优良传统，通过"拜树节"活动，积极造林、护林，绿化荒山，保护环境，为子孙后代造福。每年的农历八月初十，过尝新节，纪念祖先，分享劳动成果。

随着城市化进程的加速，大规模城乡建设持续展开，文化遗产及其生存环境受到严重威胁。为了推动文化遗产的有效保护和传承发展，并调动全社会保护文化遗产的积极性，一些地方建立了生态（社区）博物馆。生态（社区）博物馆是一种通过村落、街区建筑格局、整体风貌、生产生活等传统文化和生态环境的综合保护和展示，整体再现人类文明发展轨迹的新型博物馆。到2011年5月，在各级政府的支持下，以及在广西民族博物馆直接指导下，广西已建立了南丹里湖白裤瑶、三江侗族、靖西旧州壮族、贺州客家、那坡黑衣壮、灵川长岗岭商道古村、东兴京族、融水安太苗族、龙胜龙脊壮族、金秀坳瑶10个民族生态博物馆。

二、民族区域自治制度在广西的实施

（一）民族区域自治制度

1. 民族区域自治制度的基本含义

民族区域自治制度是在国家统一领导下，在各少数民族聚居的地方实行区域自治，设立自治机关，行使自治权。民族区域自治制度是国家的集中统一与少数民族聚居地方的区域自治的有机结合，"是民族自治与区域自治的正确结合，是经济因素与政治因素的正确结合"，而不是单纯的民族自治制度或地方自治、行政自治制度，在政治上更不是独立的。

民族区域自治制度是中国共产党把马克思列宁主义关于民族问题的基本理论与中国国情和革命实践相结合的伟大创举，是中国共产党对马克思主义民族理论的创新与发展，是中国共产党解决中国民族问题的基本政策，是中华人民共和国的一项基本政治制度。

2. 民族区域自治制度的形成与确立

民族区域自治确定为中国共产党解决国内民族问题、实现民族平等的一项基本政治制度，经历了长期的艰辛的理论和实践探索。

1938年10月，毛泽东在《论新阶段》报告中就指出："允许蒙、回、藏、苗、瑶、彝、番各民族与汉族有平等权利，在共同对日原则下，有自己管理自己事务之权，同时与汉族联合建立统一国家。"这种以民族平等、自治和国家统一为原则解决国内民族问题的主张，是创立中国特色的民族区域自治理论的奠基石。1941年5月，中央政治局批准的《陕甘宁边区施政纲领》规定：依据民族平等原则，实行蒙、回民族与汉族在政治经济上的平等权利，建立蒙、回民族的自治区。1946年10月，中共中央提出"对内蒙古工作的基本方针，目前是实行区域自治"。在党的领导下，1947年5月1日，内蒙古自治区宣告成立。这是我们党运用马克思主义民族理论解决国内民族问题的成功实践，为其他少数民族和民族地区实行民族区域自治树立了榜样。

中华人民共和国成立前夕，中国共产党从我国国情和民族问题的实际出发，在认真总结了解放区推行民族区域自治的经验，以及与苏联的情况做了详尽的比较研究以后，提出我国应采用民族区域自治的方式而不宜实行像苏联那样的联邦制的方式来解决国内民族问题。1949年9月下旬，中国人民政治协商会议第一届全体会议通过的具有临时宪法作用的《共同纲领》明确规定："各少数民族聚居的地区，应实行民族区域自治。"正式把民族区域自治确立为解决民族问题的基本制度。

3. 民族区域自治制度的实施根据

中国共产党在解决国内民族问题时，既不采取苏联等社会主义国家实行的民族共和国联邦制，也不采用西方国家的联邦制，而是选择适合中国国情的民族区域自治制度，是有特定的历史条件和现实背景的。

第一，从长期历史发展来看，中国自秦开始就是一个中央集权的统一的多民族国家。此后历代，虽有分有合，但统一的多民族国家的格局一直没有改变，"大一统"成为中国的政治传统和历史传统。

第二，从各民族人口及其分布情况来看，汉族人口占全国总人口的绝大多数，少数民族人口在全国总人口中所占比例只有6%，各少数民族之间人口比重相差很大，各民族人口大杂居、小聚居，交错居住，即使少数民族相对比较集中的地区，也有两个以上甚至十几个民族杂居和交错居住。这种分布状况说明，任何一个民族都不可能从地理环境、分布空间、经济生活等方面自成体系。

第三，从民族关系情况来看，在长期中央集权的统一国家中，中国各民族之间在政治、经济、文化上形成了密切的联系。尤其是各民族人民在中国共产党的领导下，经过长期的共同的革命斗争，推翻了"三座大山"，实现了各民族的解放，创建了各民族共同的家园——

中华人民共和国，各民族间结成了谁也离不开谁的荣辱与共的血肉联系，同呼吸、共命运、心连心。与此同时，中国各族人民也深深地认识到：中国共产党是为各族人民谋幸福，是各族人民利益的忠实代表，是凝聚各族人民力量的核心。他们坚决拥护党的民族政策。

第四，从历代中央政权治理上看，自秦汉以来，在中央集权统一的国家中，历代封建王朝对少数民族和民族地区采取不同于汉族地区的管理政策，"修其教不易其俗，齐其政不易其宜"，由少数民族首领管理少数民族地方。民族区域自治制度是对这一政策在形式上的延续和创新。

4. 民族区域自治制度在中国的积极推行

中华人民共和国成立后，根据《中国人民政治协商会议共同纲领》，党和政府在全国范围内积极推行民族区域自治。首先，形成了三级民族区域自治地方的体系。1954年颁布的《中华人民共和国宪法》，明确规定民族自治地方分为自治区、自治州、自治县，以民族乡为重要补充形式。此后，新疆、广西、宁夏、西藏四个自治区相继成立。其次，根据实际情况，着眼于加强民族团结和加快民族地区发展的长远利益，重视经过各界人士和群众的充分协商达成的共识，建立民族自治地方。如，新疆、广西、宁夏、西藏四个自治区的建立和内蒙古自治区行政区域的调整都是用这种方法来处理的。再次，充分考虑各少数民族的实际，民族自治地方形式灵活多样。主要有如下四种类型：一是以一个少数民族聚居区为主建立的，如新疆维吾尔自治区、吉林省延边朝鲜族自治州、甘肃省肃南裕固族自治县等。二是由两个以上少数民族聚居区联合建立的，如云南文山壮族苗族自治州、广西龙胜各族自治县、广东连山壮族瑶族自治县等。三是在一个大的民族自治地方内，其他少数民族可以建立行政地位小的自治地方。如，广西壮族自治区内建有融水苗族、环江毛南族等12个自治县等。四是一个民族可以在不同的聚居区建立相应的自治地方，如藏族，除建立西藏自治区外，还在云南、四川、青海、甘肃等省份建立了自治州和自治县。最后，在推行民族区域自治的同时，为了保障散居地方少数民族的合法权益，国务院于1983年发出《国务院关于建立民族乡问题的通知》，1993年发布《民族乡行政工作条例》和《城市民族工作条例》，对散居地方少数民族政治、经济、文化等各方面权益的保护做出了详细的规定。

截至2020年年底，全国共建立了155个民族自治地方，其中有5个自治区、30个自治州和120个自治县（旗）。此外，还设立了1 173个民族乡、1个民族苏木。55个少数民族中，有44个建立了自己的民族自治地方。实行区域自治的少数民族人口约占少数民族总人口的71%，民族自治地方行政区域面积约占全国总面积的64%。

这种民族区域自治……不仅使聚居的民族能够享受到自治权利，而且使杂居的民族也能享受到自治权利。从人口多的民族到人口少的民族，从大聚居的民族到小聚居的民族，几乎都成立了相当的自治单位，充分享受了民族自治权利。这样的制度是史无前例的创举。

5. 实行民族区域自治制度的积极作用

民族区域自治制度实行七十多年来，取得了巨大成就。这表明民族区域自治制度是符合马克思主义的民族理论，符合中国的基本国情，符合中国各族人民的根本利益的，是中国共产党人的一个伟大的历史性创举，具有巨大的政治优势。

首先，推行民族区域自治，有利于保持与巩固国家统一，增强中华民族的凝聚力。《中华人民共和国宪法》第四条及《中华人民共和国民族区域自治法》第二条明确规定："各民族自治地方都是中华人民共和国不可分离的部分"。民族自治地方设立的自治机关（含各级人民代表大会和人民政府）是"国家的一级地方政权机关"，行使宪法规定的地方国家机关的职权，同时，"必须维护国家的统一，保证宪法和法律在本地方的遵守和执行""要把国家的整体利益放在首位，积极完成上级国家机关交给的各项任务""各民族自治地方的人民政府都是国务院统一领导下的国家行政机关，都服从国务院"。此外，《中华人民共和国宪法》第五十二条规定："中华人民共和国公民有维护国家统一和全国各民族团结的义务。"《中华人民共和国民族区域自治法》第五十二条规定："民族自治地方的自治机关保障本地方内各民族公民都享有宪法规定的公民权利，并且教育他们履行公民应尽的义务"。这些规定从根本上改变了此前许多民族地区存在的不同程度的割据状态，实现了国家在政治上的高度统一，巩固了祖国的边防。

其次，推行民族区域自治，有利于保障民族平等，有利于保障少数民族当家作主。《中华人民共和国宪法》规定："中华人民共和国各民族一律平等。"宪法和民族区域自治法都规定各少数民族聚居的地方实行区域自治。不论是人口多的民族还是人口少的民族，是居住在一般省、直辖市，还是居住在自治区、自治州的范围，不管其原来处于何种社会发展阶段，不管其聚居区域的大小，少数民族人口所占本自治地方的比例如何，都有实行民族区域自治的权利。少数民族平等的民主权利得到充分体现。当然，民族自治地方的自治机关，不仅要保障实行自治的民族的权利，还要保障自治区域内其他民族公民的平等权利。民族自治地方的自治机关在行使宪法规定的同级地方国家机关的职权的同时，依照宪法和民族区域自治法及其他法律规定的权限，行使自治权。换言之，既有管理本民族内部事务的权利，也有管理本地区内部事务的权利。

民族自治地方的人民代表大会有权依照当地民族的政治、经济和文化的特点，制定自治条例和单行条例。对不适合民族自治地方实际情况的上级国家机关的决议、决定、命令和指示可以报经该上级国家机关批准，有变通执行或者停止执行的权利。民族自治地方的人民代表大会常务委员会中应当有实行区域自治的民族的公民担任主任或副主任。自治区主席、自治州州长、自治县县长由实行区域自治的民族的公民担任。民族自治地方的自治机关所属工作部门的干部中，应当合理配备实行区域自治的民族和其他少数民族的人员。民族自治地方的自治机关在国家计划的指导下，根据本地方的特点和需要，制定经济建设的方针、政策和计划，自主地安排和管理地方的经济建设事业；有管理地方财政的自治权；自主地发展民族教育，根据条件和需要发展高等教育，培养各少数民族专业人才；有权使用当地通用的一种或几种语言文字执行任务；培养和任用少数民族干部自主权等。这样各少数民族就能够充分地表达自己的意见和愿望，实现当家作主。

再次，推行民族区域自治，有利于各民族共同繁荣发展。加快民族自治地方的经济发展，实现各民族共同繁荣，是实行民族区域自治的根本目的之一。在建立民族自治地方和划定民族自治地方的行政区域时，有利于民族自治地方的发展是一个重要的着眼点。如，将一部分汉族聚居的城镇和经济文化比较发达的汉族地区划归民族自治地方，就是兼顾了既要有利于各少数民族的平等自治，又要有利于民族地区经济文化的发展而做出决定的。

在有关民族的法规里，有许多关于促进民族自治地方经济和社会发展的规定，有利于民族自治地方和各民族的经济得到较快的发展，逐步消除历史上遗留下来的各民族在经济发展方面的差距，实现各民族共同繁荣。如，"上级国家机关应当帮助、指导民族自治地方经济发展战略的研究、制定和实施，从财政、金融、物资、技术和人才等方面，帮助各民族自治地方加速发展经济、教育、科学技术、文化、卫生、体育事业。""国家制定优惠政策,引导和鼓励国内外资金投向民族自治地方。""国家根据统一规划和市场需求,优先在民族自治地方合理安排资源开发项目和基础设施建设项目。"国家制定优惠政策,扶持民族自治地方发展对外贸易,实行优惠的边境贸易政策。通过各种形式,"增加对民族自治地方的资金投入,用于加快民族自治地方经济发展和社会进步,逐步缩小与发达地区的差距"。上级国家机关应当组织、支持和鼓励经济发达地区与民族自治地方开展经济、技术协作和多层次、多方面的对口支援。国家引导和鼓励经济发达地区的企业按照互利互惠的原则,到民族自治地方投资,开展多种形式的经济合作。国家和上级人民政府应当从财政、金融、物资、技术、人才等方面加大对民族自治地方的贫困地区的扶持力度,帮助贫困人口尽快摆脱贫困状况,实现小康。

最后,推行民族区域自治,有利于各民族的文化教育事业不断发展,各民族的科学文化水平不断提高。同时,使各民族的优秀传统文化得到更好的保护和发展。《中华人民共和国民族区域自治法》规定:"国家加大对民族自治地方的教育投入,并采取特殊措施,帮助民族自治地方加速普及九年义务教育和发展其他教育事业,提高各民族人民的科学文化水平。"国家举办民族高等学校,在高等学校举办民族班、民族预科班,专门或者主要招收少数民族学生,并且可以采取定向招生、定向分配的办法。高等学校和中等专业学校招收新生的时候,对少数民族考生适当放宽录取标准和条件,对人口较少的少数民族考生给予特殊照顾。民族自治地方的自治机关组织、支持有关单位和部门收集、整理、翻译和出版民族历史文化书籍,保护民族的名胜古迹、珍贵文物和其他重要历史文化遗产,继承和发展优秀的民族传统文化。

(二)民族区域自治在广西的实施

广西壮族自治区是在壮族聚居的广西建立的自治地方,在广西壮族自治区,壮族是广西壮族自治区实行区域自治的民族。广西壮族自治区的成立经历了倡议、酝酿讨论,到通过、诞生的过程。

1952年12月,为了适应广西壮族人民当家作主的迫切愿望,根据《中国人民政治协商会议共同纲领》和《中华人民共和国民族区域自治实施纲要》的规定,在广西省内建立了桂西壮族自治区,下辖宜山、百色、邕宁3个专区、34个县(后扩建为42个县),面积11.1万平方千米,人口626万多人,其中壮族420万人,占广西总人口的67.09%。1956年按宪法改为桂西壮族自治州。桂西壮族自治州成立后,各方面的工作都取得了很大的成绩。但是自治州一级的民族区域自治,与壮族在祖国各民族大家庭中的地位不相适应。壮族是广西的原住民族,有悠久的历史和灿烂的文化。当时,壮族是我国少数民族中人口最多的民族,壮族人口占广西总人口的36.9%,居住地区面积占广西总面积的60%,居住地区也很集中。在人口相对较少的蒙古族、维吾尔族都已经建立了省一级的自治区,西藏也成立了自治区筹备委员会,回族也准备建立自治区的情况下,壮族人民迫切希望建立省一级的自治地方。根据广西壮族人民的意愿,1956年10月,党中央提议建立省一级的壮族自治区。

对于建立省一级的壮族自治区,原来设想了好几个方案,其中主要的有两个。一个是"合的方案",即把广西全省改建为自治区。另一个是"分的方案",即把广西划分为两个部分,保留广西省的建制,管辖当时广西省的东部地区,大体上包括桂林、平乐、容县3个专区和梧州、桂林2个市;另把广西省西部壮族为主的少数民族地区划出来建立省一级的壮族自治区，管辖的区域大体上包括宜山、百色、邕宁3个专区和南宁、柳州2个市。究竟是采用"合的方案"，还是采用"分的方案"，这是关系到正确执行党的民族区域自治政策的重大问题。在党中央的亲切关怀下，中共广西省委在全省范围内，广泛发动群众，一边学习党中央实行的民族区域自治政策，一边就建立省一级的壮族自治区的问题，进行充分讨论。最后，大家统一认识，一致拥护采取"合的方案"，即以广西省现辖区域为单位建立广西壮族自治区。1957年6月，国务院做出成立广西壮族自治区的决定。同年7月，第一届全国人民代表大会第四次会议批准了国务院的决定，通过了相应的决议。

1958年广西省改为"广西僮族自治区"，1965年经国务院批准，将"广西僮族自治区"改为"广西壮族自治区"。广西壮族自治区的成立，是我国民族区域自治史上的又一座丰碑，表明了党和国家对壮族在祖国多民族大家庭中应有地位的确认，是壮族有史以来真正享受民族平等权利的开始。它对充分发扬广西各族人民当家作主的精神，进一步建立各民族平等、团结、互助、合作的社会主义关系，加速广西各族共同发展和共同繁荣起到了巨大的推动作用。

在广西壮族自治区成立前后及20世纪八九十年代，广西区内少数民族聚居的地方又根据民族区域自治政策先后建立了一些民族自治县。有较多苗族、瑶族人口聚居的西林、凌云从1992年起，资源县从1995年起享受民族自治县的政策待遇。1993年防城各族自治县撤县设区后，其原享受的民族自治县经济政策待遇不变。广西民族自治县一览表如表2-1所示。此外，1984年以来，作为民族区域自治的重要补充形式的民族乡，在全区先后建立或恢复了63个，其中瑶族乡51个，苗族乡8个，瑶族苗族乡1个，侗族乡1个，回族乡1个，仫佬族乡1个。1996年，经自治区人民政府批准，平南县大鹏镇享受民族乡政策待遇。2013年底，防城区十万山瑶族乡成立，人口一万多人，其中41%为瑶族。截至2020年年底，全区设有民族乡59个，广西民族乡一览表如表2-2所示。

表2-1　广西民族自治县一览表

名称	所在地级市	政府所在地	建立时间
龙胜各族自治县	桂林市	龙胜镇	1951年8月
金秀瑶族自治县	来宾市	金秀镇	1952年5月
融水苗族自治县	柳州市	融水镇	1952年11月
三江侗族自治县	柳州市	古宜镇	1952年12月
隆林各族自治县	百色市	新州镇	1953年1月
都安瑶族自治县	河池市	安阳镇	1955年12月
巴马瑶族自治县	河池市	巴马镇	1956年2月
防城各族自治县（现已改为防城区）	防城港市	防城镇	1958年5月
富川瑶族自治县	贺州市	富阳镇	1984年1月
罗城仫佬族自治县	河池市	东门镇	1984年1月
环江毛南族自治县	河池市	思恩镇	1987年11月
大化瑶族自治县	河池市	大化镇	1987年12月
恭城瑶族自治县	桂林市	恭城镇	1990年10月

第二章 广西各兄弟民族与民族区域自治制度的实施

表 2-2 广西民族乡一览表

名称	所属县（市、区）	名称	所属县（市、区）
八桂瑶族乡	田林县	同练瑶族乡	融水苗族自治县
八渡瑶族乡	田林县	滚贝侗族乡	融水苗族自治县
潞城瑶族乡	田林县	高基瑶族乡	三江侗族自治县
利周瑶族乡	田林县	同乐苗族乡	三江侗族自治县
足别瑶族苗族乡	西林县	富禄苗族乡	三江侗族自治县
普合苗族乡	西林县	古砦仫佬族乡	柳城县
那佐瑶族乡	西林县	车田苗族乡	资源县
玉洪瑶族乡	凌云县	河口瑶族乡	资源县
沙里瑶族乡	凌云县	两水苗族乡	资源县
朝里瑶族乡	凌云县	大境瑶族乡	灵川县
伶站瑶族乡	凌云县	兰田瑶族乡	灵川县
作登瑶族乡	田东县	大发瑶族乡	平乐县
汪甸瑶族乡	右江区	华江瑶族乡	兴安县
里当瑶族乡	马山县	西山瑶族乡	灌阳县
古寨瑶族乡	马山县	洞井瑶族乡	灌阳县
镇圩瑶族乡	上林县	蒲芦瑶族乡	荔浦市
东山瑶族乡	全州县	蕉江瑶族乡	全州县
三弄瑶族乡	东兰县	两安瑶族乡	钟山县
八腊瑶族乡	天峨县	花山瑶族乡	钟山县
平乐瑶族乡	凤山县	黄洞瑶族乡	八步区
江洲瑶族乡	凤山县	大平瑶族乡	八步区
金牙瑶族乡	凤山县	长坪瑶族乡	蒙山县
北牙瑶族乡	宜州区	夏宜瑶族乡	蒙山县
福龙瑶族乡	宜州区	仙回瑶族乡	昭平县
驯乐苗族乡	环江毛南族自治县	南屏瑶族乡	上思县
中堡苗族乡	南丹县	马练瑶族乡	平南县
八圩瑶族乡	南丹县	国安瑶族乡	平南县
里湖瑶族乡	南丹县	宛田瑶族乡	临桂区
十万山瑶族乡	防城区	黄沙瑶族乡	临桂区
草坪回族乡	桂林市		

课后复习思考题

1. 如果要你向众人介绍你自己的民族，你打算从哪些方面做准备，才能让众人对你的民族有更多更深刻的了解？

2. 广西某高校要做一面有关广西12个世居民族知识的宣传墙报，请你为宣传墙报准备一份内容充实、重点突出、涉及12个民族的方案。

3. 结合具体例子，就传承民族优秀传统文化，谈谈你的见解。

第三章　八桂优势资源与科学合理开发利用

一、土地资源的开发与保护

（一）充分利用多种土地资源，因地制宜发展多种经营

1. 根据不同土地类型，因地制宜发展生产

桂西、桂东、桂北和桂中部分地区以山地为主，耕地有限，旱地多、水田少，农耕生产条件先天不足，但众多的山体分布连续，且气候温和，垂直变化明显，雨水适中，适合发展林果业、牧业，生产特色土产品。因此，应把主要精力放在山上。

海拔高的山地（桂西、桂北），以水源林、通用用材林（如马尾松、云南松、杉木）为主，注重生态效益。海拔低的山地（桂西、桂东、桂北和桂中），以经济林（如果品林银杏、板栗、柿子、核桃）、食用林（如油茶），工业原料林（如松林、油桐林、八角林），药材林（如肉桂林），以及专用用材林（如桉树、竹子）等为主，考虑经济效益。大力发展林下经济，如林下种植有林果模式、林草模式、林菜模式、林菌模式（木耳、香菇）、林药模式、林花模式等，林下养殖有林禽模式（鸡、鸭、鹅）、林畜模式（猪、牛、羊）、林蜂模式等。探索森林旅游模式，让游人到户外呼吸清新空气，进行采摘体验和刺激体验。积极使用林下产品经营加工模式，如产品细化包装、特色包装，产品品牌化，产品走接入互联网经营模式，产品与用户零距离对接体验买卖，比如家禽、蜂蜜、茶叶、水果、木耳、香菇、鲜花。总之，宜林则林，宜牧则牧，宜副则副，宜果则果，使山地得到最大限度的开发利用。

低山丘陵及平原之地，如桂东、桂南、桂西以及桂北和桂中部分地区，地势低，地形和缓，耕地相对较多，田地广，加上雨水、热量充足，发展农业，种植亚热带、热带经济作物和水果比较有优势，所以应在田地上做文章，水田旱地各有其用。水田播种水稻，如粳稻、籼稻（单或双季）、糯稻、超级稻、特色稻（硒米），近海地域种海水稻。实行"稻+"的共生栽培模式。广西各地经过多年的实践，形成了具有地方特色的十大稻渔综合种养新模式，实现"一水两用、一田多收、种养结合、生态循环、绿色发展"。如三江"一季稻+再生稻+鱼"、灌阳"稻+鱼鳅龟鳖等品种混养"、全州"稻+禾花鱼"、融水"稻+河蟹"、钦南"稻+南美白对虾"、龙圩"稻+螺"、宁明"稻+蛙"、田东"稻+小龙虾"、横州市"稻+鳖"等模式，均收到明显效果。旱地则种玉米等粮食作物，以及经济作物，如糖料作物甘蔗，油料作物花生、油茶、大豆，饮料作物茶树、桂花树，纤维作物蚕桑、麻类，能源作物木薯等，还有各种水果，如柑橘、香蕉、荔枝、龙眼、柚子、火龙果、百香果等。

2. 大力搞好耕地的保护工作

广西山地多,平地少,耕地面积更少。据统计,2000年,全区有耕地面积仅265.8万公顷,仅占土地面积的11%,人均耕地面积仅0.06公顷(0.9亩)。2017年公布的广西地理国情普查公报显示,全区种植土地面积为5 659 565公顷(8 489.35万亩),但其中水田旱地只有3 983 629公顷(5 975.44万亩),按2019年末人口5 695万人算,人均耕地面积是1.04亩,大大低于全国人均水平。且耕地多以红壤为主,酸性土多。因此,做好现有耕地的保护工作,意义十分重大。一方面要严格控制基建用地,尽量让其不占用耕地;另一方面对合法使用的耕地要通过多种方式选地补足,保持耕地总量不变并有适度增加。同时,采取措施,加强生态环境保护和建设,恢复森林和植被,防止水土流失及土地石漠化,减少耕地因自然因素而损耗,科学合理开发、利用宜农荒地。另外,要提高耕地复种指数,要改变冬季农田撂荒现象,用好秋冬农田闲地;改变对耕地重用轻养的观念,多用生态肥、有机肥、农家肥施地,培养地力;采用新耕作技术耕地,如水稻无土育秧技术,免耕抛秧技术,玉米地膜覆盖栽培技术,果园地套种花生、玉米、甘蔗、木薯地套种西瓜、南瓜、花生、黄豆、莲藕地套种水稻等套种模式。广西农科院韦本辉研究员发明的粉垄深耕技术,机器超深旋耕,起到活土、保水、透气作用,经玉米、水稻、甘蔗、木薯、淮山等作物验证,增产10%~30%,取得较好经济效益,得到广泛推广。

(二)岩溶地貌及对其保护与合理利用

1. 岩溶地貌的概况

广西以多山著称,境内石灰岩(碳酸盐类岩石)分布面积很广。据有关部门统计,石灰岩地面积达12.2万多平方千米,占全区总面积的一半以上。石灰岩地区可溶性岩类经水的长期溶蚀、侵蚀而形成的地貌称岩溶地貌。因今斯洛文尼亚南部的喀斯特对此种地貌研究较早、较多,故岩溶地貌又称喀斯特地貌。广西绝大多数县市有面积或大或小的岩溶地形。河池市岩溶面积占市总面积的66%,来宾市、崇左市等市也占较大比例;都安瑶族自治县岩溶面积占县总面积的90%以上,居各县市之首,号称"石山王国"。

广西的岩溶类型复杂,依其成因和形态大致可分为峰丛洼地、峰林谷地、残峰平原三大类。

岩溶峰丛洼地,主要分布于桂中和桂西,其中以都阳山为中心的周围诸县,如都安、东兰、巴马、凤山、大化是最大的连片峰丛洼地。其特点是石山高大,山峰成丛,峰顶几乎齐平;峰丛间有洼地(弄),或大或小,或高或低,或蜂窝状,或串珠状;过境河流岸高水低,地表水水流少,地下水深藏;溶洼多数干旱无水,少数雨季有涝患。正是"水在地下流,人在地上愁,禾苗田中旱,吃水贵如油"。居住在这里的人们生产生活条件比较艰苦。

岩溶峰林谷地,主要分布在桂东北和桂东南,桂中和桂西部分地区也有。那里石山如林,成行成列,分立为主;峰林之间多为槽形谷地,宽阔的溶蚀洼地也能见到;有常流河于地表,地下水埋藏也不深,水源尚可,因此有利于农耕,栽种林果木,进行多种经营。桂林至阳朔一带的岩溶地形,是峰林谷地的典型代表。同时,石峰内部,由于水体沿石灰岩的裂隙、层理或岩性较软的部分进行溶蚀、侵蚀,便形成大量长短不等、大小不一的洞穴,这些洞穴相互沟通,形成地下岩溶水流的通道,后由于地壳运动抬升,地下水水面相对下降,于是河道干涸,便形成深邃曲折的溶洞。有大量碳酸钙的水体在溶洞里发生凝结,形成了千奇百怪、形态万千的石钟乳、石笋、石柱及似串珠、帷幔、瀑布等奇异石景。"桂林山水甲天下"和靖西自然风光有"小桂林"之称，正是根植于此类资源。

岩溶残峰平原，主要分布在柳州、来宾、宾阳、武鸣、贵港、玉林等地。其特点是石山分散，残峰或孤立或三五成群散布在溶蚀平原上。平原有的土层深厚，微坡起伏；有的土层稍薄，地面平坦开阔；或积水成洼，或石芽裸露。而且地表河多，地下水埋藏浅，水资源随处可见，是广西水稻、甘蔗、玉米、果菜的主要产区，经济比较发达，人口密集，交通极为方便。

2. 扬长避短，保护并科学合理开发利用岩溶资源

第一，加大力度开发利用岩溶峰林与溶洞优势旅游资源，发展旅游业。众所周知，石灰岩峰林和溶洞是广西旅游资源的主体，也是广西建设旅游大省的主要根基。那么，如何最大限度地利用呢？首先，对已开发的重点山体溶洞，要切实加强保护。尤其是山体的水土保持工作要做好，让山体长青，植被常盛。如桂林市的象鼻山、伏波山、叠彩山、独秀峰，柳州市的鱼峰山，荔浦市的丰鱼岩、银子岩，钟山县的碧水岩，马山县的金伦洞，凌云县的水源洞和纳灵洞，巴马瑶族自治县的百魔洞、百鸟岩，德保县的吉星岩等。其次，加大普查考察力度，积极发现并开发新的石峰和溶洞，充分利用大自然赐予的资源，给日益兴旺的旅游业注入新的生机和活力。如，巴马瑶族自治县的水晶宫，凤山县的水源洞（内有三门海），大新县的龙宫，鹿寨县的九龙洞，靖西市的音泉洞（龙邦）、卧龙洞（同德），南丹的珍珠洞，灌阳县的黑岩及文市镇石林的开发，吸引了众多游人前往游览观光。再次，山峰及岩洞的开发利用，既要重视自然景观，也要注意人文资源内涵的挖掘，尽量使两者有机融合起来，以提高旅游产品的品位和档次。没有文化底蕴的旅游产品，其持续力是不长久的，竞争力也不会强。最后，以名山和名洞为依托，让地域民族或民俗风情、风貌展现出来，以增加旅游产品的亲和力，丰富有名旅游产品的内容。桂林市阳朔县"印象刘三姐"、桂林市漓江民俗风情园、柳州市大龙潭民族风情园、宜州区刘三姐风情园、百色市松林岛民族风情点、武鸣区伊岭岩壮民族风情区的做法可以借鉴，值得推广。

第二，峰丛洼地类岩溶资源的保护刻不容缓。此类以大石山区为主，山高坡陡，土壤浅薄，耕地有限且分散，易旱有涝，农耕条件差，群众生产生活条件恶劣，有些地方甚至连人畜饮水都有困难。因此，不再损害破坏现有生态环境，防止水土流失，遏制石漠化，是迫切需要解决的问题。同时，还应采取积极有效的措施，立足当前，着眼长远，标本兼治，综合开发，从根本上改善生态环境。山上退耕还林、还竹，栽种一些既能短期加快生态环境恢复又能带来经济实惠的乔木、竹子及林果木，发展林果业、畜牧业和竹产品加工业；山下利用有限的平台地及稳定的耕地面积发展粮食生产，如水稻、玉米等；或发展经济作物，如甘蔗、烤烟等。

第三，在保护好生态环境的基础上，要积极开发具有较高旅游价值的峰丛洼地的自然景观。如，大化瑶族自治县的七百弄，为国家地质公园，方圆250多平方千米，有5 000多座山峰、1 000多个千姿百态的深洼地，是世界喀斯特峰丛洼地发育最典型的地区，地貌集中而独特，旅游价值、科学研究价值较高。又如，乐业县的天坑群，共28个天坑，是地球上最大的天坑群，具有稀少、奇特、险峻、壮丽、秀美、生态环境独特的特点。其中，最深最大的大石围天坑，深达613米，南北宽420米，东西长600多米，坑底面积9.6万平方米，周边为刀削似的悬崖绝壁，属典型的喀斯特漏斗奇观，是集独特奇绝的地下溶洞、地下原始

森林、珍稀动物及地下暗河于一体的巨型天坑。天坑底部林中有洞，洞中有河，河流湍急，且有冷热交汇的两条庞大的地下暗河。地下暗河中的石笋挺拔丛生，石帘晶莹透亮，科学考察研究和旅游观赏价值极高。如今乐业天坑群已成为"国际岩溶与洞穴探险科考基地"。在巴马盘阳河一带也有天坑群，称巴马天坑群，共15个，如，所略乡弄中村发现的号龙天坑，东西长800米，南北宽600米，最大深度为509.3米，最小深度185.4米；燕洞乡交乐村发现的交乐天坑，南北长750米，东西宽400米，最大深度为325米，最小深度为283.2米，均具有较高的旅游开发、科学考察和科研价值。2009年，广西环江洛阳镇文雅村附近发现了4个天坑，其中，哥爱天坑直径约500米，深约400米，仅次于大石围天坑，有待开发。2019年，岩溶地质调查专家在那坡县的城厢镇和合龙乡新发现了那坡天坑群，由19个天坑组成，这些天坑容积均在百万立方米以上，保存完好，具有很高的科学研究和旅游开发价值。

二、水力资源的开发与充分利用

（一）加快开发利用丰富的水力资源，大力发展水电事业，把广西建设成"西电东送"的重要基地

红水河是我国水力资源的"富矿"，在充分发挥已建成的红水河梯级水电站，即天生桥一级、二级（隆林）、岩滩（大化）、百龙滩（都安）、乐滩（忻城）、平班（隆林）、龙滩（天峨）、桥巩（兴宾）水电站的基础上，要抓住国家推进西部大开发向纵深发展的难得机遇，加快大藤峡水电站的建设速度，尽早实现其二期的各项效能。

龙滩水电站：红水河梯级开发的龙头水电站。位于珠江干流红水河上游的广西天峨县。该电站以发电为主，兼具防洪、航运、灌溉、生态等综合功能，是国家实施西部大开发和"西电东送"战略的标志工程。总装机容量630万千瓦，年发电量187亿千瓦时，总投资243亿元，是目前国内和亚洲重要的巨型水电站。它创造了三项世界之最：最高的碾压混凝土大坝，最大坝高216.5米，坝顶长832米，坝体混凝土方量736万立方米；最大的地下厂房，长388.5米，宽28.5米，高73.6米；提升高度最高的升船机，全长1700米，最大提升高度179米，分两级提升，其高度分别为88.5米和90.5米。2001年7月1日，主体工程开工；2003年11月6日，实现大江截流；2006年9月30日，下闸蓄水；2007年7月1日，第一台机组发电；2009年12月7日，所有机组全部投产。总库容272.7亿立方米。它的开发和建设，不仅为广西和南方电网提供了巨大的电力，还可提高红水河中下游及西江流域的防洪能力，并能大大提高下游已建和待建的梯级电站的效益。同时，对改善红水河航运条件，推动地方经济发展及解决广西西部地区脱贫致富都具有巨大作用。

大藤峡水利枢纽工程（大藤峡水电站）：位于珠江流域西江水系黔江干流大藤峡峡谷出口弩滩上，是红水河水电基地综合利用规划10个梯级中的最末一级。坝址以上控制流域面积19.86万平方千米，约占西江流域面积的56.4%。水库总库容30.13亿立方米，防洪库容15亿立方米。大藤峡水利枢纽与上游的龙滩水库，以及北江飞来峡水库联合运用，可将西江中下游和西北江三角洲重点防洪保护对象的防洪标准由50年一遇提高到200年一遇。工程可渠化黔江、红水河、柳江航道279千米，打通西江航运中线、北线通道，2500吨级船舶可开到柳州，3000吨级船舶可直达来宾。通过水资源的优化配置，可保障澳门及珠江三

角洲 1 500 万人的供水安全，改善西江下游及珠江三角洲的河湖生态环境。水电站装机容量 160 万千瓦，年均发电量 70 亿千瓦时，极大地缓解了广西电力紧张的问题。设计灌溉面积 66.35 万亩，可缓解桂中干旱缺水的局面。总投资超过 357 亿元，建设总工期为 9 年。该工程于 2014 年正式开工建设，2019 年 10 月底截流断航，至 2020 年 9 月，工程一期实现了下闸蓄水至 52 米水位，水库库容达 16.1 亿立方米，黔江大藤峡以上河道通航等级由原来的 5 级提升至 2 级以上，达到我国内河航运最高等级 3 000 吨级规模标准；部分机组发电、送电正在进行，为地方经济和社会可持续发展提供可靠的清洁能源；通过水量调度，可在枯水期有效抑制珠江河口咸潮上溯，有效保障粤港澳大湾区供水安全。目前，工程二期正在有序推进。

百色水利枢纽工程：位于百色市上游 22 千米的右江河段上，是一座以防洪为主，兼发电、灌溉、航运、供水等综合利用的大型水利枢纽工程。主坝高 130 米，正常蓄水位 228 米，总库容为 56 亿立方米，其中防洪库容达 16.4 亿立方米。它的建成，可使下游的南宁防洪能力提高到 50 年一遇的标准，保护人口 187 多万。水电设计装机容量为 54 万千瓦，年发电量 16.9 亿千瓦时，其中 70% 为枯水期电能。百色至南宁通航能力提高到 500 吨级船舶，上游库区形成 300 千米的深水航道，通航规模可达 2 300 吨，为开辟一条沟通云、桂、粤三省区出海的通道创造有利条件，也有利于促进广西、云南经济发展，改变右江革命老区的贫困落后面貌。目前，百色水利枢纽工程第二期在建。

长洲水利枢纽工程（一、二期）：2003—2009 年间建设，为国家"西电东送"、广西"十一五"期间的重点工程项目，是西江干流浔江河段上的水利枢纽工程，项目总投资 72.3 亿元，发电厂房安装了 15 台灯泡式贯流机组，总装机容量 63 万千瓦，最大坝高 56 米，坝顶长 3 521 米，被誉为贯流式机组中的"三峡工程"。长洲水利枢纽双线船闸的建成通航，使过去险滩重重、通货能力吨位仅有 300 吨的航道变成现在畅通无阻、通货吨位提高到 2 000 吨的"水上高速公路"，为"黄金水道"重振昔日雄风做出了重要贡献。同时，随着库区蓄水，以及长洲库区内的各种防护设施的兴建和完善，防护区的防洪能力得到极大的改善，梧州和贵港两市的 20 个乡镇实行提水灌溉，灌溉面积可增加 25.8 万亩。此外，库区蓄水后形成的 17.3 万平方千米的水域面积，每年养殖净收益约 1 425 万元。

（二）利用丰富的水资源，做好水上航运文章

广西水资源丰富，江河水源充足，十分有利于航运。据统计，广西共有通航河流 53 条，主要有西江航运干线、右江、南盘江、红水河、柳江、黔江、左江、绣江、桂江、贺江等，呈叶脉状分布。其中西江航运干线，号称黄金水道。西江航运干线（广西段）起于南宁，止于梧州界首，全长 570 千米，是国家水运建设重点"一纵两横两网"主通道中"一横"的重要组成部分，是广西内河航道"一线三通道"中的主干线，是我国西南水运出海通道及"西煤东运"的交通要道。

第一，充分利用南宁—贵港—梧州—粤港澳水运航线，加快西江航运干线的升级建设。

西江航运干线上接右江、红水河、柳黔江等，上溯云贵，下达广东，连通港、澳。而水路运输具有占地省、成本低、运量大、能耗排污小、港口综合运输枢纽功能等优势。从运输成本方面看，以贵港至广州为例，水路每吨千米的综合运价仅是铁路的 1/3、公路的 1/6；从耗能方面看，水路每千吨千米耗油不到公路的 1/9。从南宁至广州 850 多千米，每千万吨

物流，走西江要耗油4万吨，走公路要50万吨，走铁路要9万吨。因此，打造西江黄金水道，对促进区域经济协调发展是十分重要的。南宁至贵港清障工作已完成，并且已建成贵港水航运枢纽一期（船闸单向通过能力为1 200万吨）、贵港水航运枢纽二期（船闸单向通过能力为3 100万吨），桂平航运工程一、二期已建成，梧州长洲三、四线已完工，南宁至贵港已可通达2 000吨级的船舶，桂平市以下可通达3 000吨级船舶。

同时，要加快贵港至梧州3 000吨级航道升级工作，实施西江航运干线扩能工程。要充分利用这条西南出海通道主动脉的便捷价廉优势，依托过境城市，想方设法组织货源，最大限度地发挥其潜力，为区域经济发展服务。

第二，加快中线通道红水河、北线通道融柳江、南线通道左右江（即"三通"道）的相关航运工程建设，提升航道等级和航运效率。

中线红水河曹渡河至来宾桥巩段通过整治、建船闸，建来宾桥巩电站，500吨级船可通航。南线田阳那吉航运工程、田东鱼梁枢纽工程、南宁老口航运工程先后建成，右江河段1 000吨级的船可通航。左江经疏通，已可通航500吨级船舶。北线柳江，500吨级船舶可通行。要加快建设百色水利枢纽二期项目，使1 000吨级船舶在百色至云南省富宁能通航。尽快开工建设北线柳江上游的洋溪水利枢纽。

西南水运出海通道工程（曹渡河口至桥巩段）：全长450.2千米，起于广西与贵州交界的曹渡河口，止于来宾桥巩电站坝址，主要建设内容为航道整治工程和港口工程，其中航道整治主要内容为炸礁工程、陆上炸石工程、航标及配套设施工程，共整治滩险44个；港口工程主要是建设天峨港、东兰港，各建一个500吨级泊位、设计通过能力均为20万吨/年；30个客汽渡码头，其中，天峨县有11个，南丹县有4个，东兰县有9个，大化瑶族自治县有6个。该工程已完工，工程河段已达到4级航道标准，与上下游河段航道建设等级相衔接，常年通航500吨级船舶。

郁江老口枢纽工程：为郁江干流第七个梯级，位于郁江河段左江与右江汇合口下游约4.7千米处。工程建设以航运、防洪为主，结合发电，兼顾改善南宁市水环境等水资源综合利用。2011年开工，2014年完工。老口枢纽正常蓄水位75.5米，总库容28.8亿立方米。设计船闸通航等级为1 000吨级，闸室有效尺度为长190米，宽12米，槛上水深3.5米。船闸设计单向年通过能力达1 200吨。可实现右江全线河道渠化，右江航道达到Ⅲ级标准，通航1 000吨级船舶。工程建成，老口枢纽与百色水库联合调度，南宁市防洪标准从现在的50年一遇提高到200年一遇。南宁从老口水库引水，补充市区南湖、相思湖等主要湖泊和18条内河，这些水资源都由"死水"变"活水"，改善南宁的水环境和居住条件。从而更进一步打造广西内河连通珠三角经济圈的水上运输大动脉，扩大西江流域各市的对外开放，促进区域经济协调发展。

第三，继续搞好以漓江为主的旅游客运航运通道建设。完善南宁邕江部分河段的夜景观光航运，以及柳州水上航运公交线的常态化运行建设。

邕宁水利枢纽工程：位于邕江广西南宁段牛湾半岛处，总投资62亿元，是广西重点建设项目和自治区成立60周年献礼工程。该工程以改善南宁市水环境为主，同时改善航运，兼顾水力发电，设计正常蓄水位为67米，总库容7.1亿立方米，通航标准2 000吨级，电站装机容量57.6兆瓦，年平均发电量2.206亿千瓦时。2018年10月建成。它的建成使南宁市邕江水位提高，江面更加宽阔，借江航运旅游观光得以实现。

第四，加紧做好开通平陆运河的各项准备工作。根据《广西壮族自治区内河水运发展规划》，规划中的平陆运河北起南宁市横州市境内，西津水电站库存区的平塘江口，沿沙坪河向南跨越分水岭，经灵山县陆屋镇入钦江南下至钦州沙井出海，抵达北部湾钦州港。全长约133千米，在分水岭处有6千米为全开挖段，并须对沙坪河和钦江进行改造。运河全程水位落差约60米，按内河一级航道标准并通航5 000吨级货船，兼顾3 000吨级海船进行建设，工程总投资约600亿元。根据规划，平陆运河通航后，可沟通西江航运干线与广西北部湾三大海港，通过平陆运河和西江航运干线内河骨干航道连通华南地区主要的沿海港口，进一步形成河海相通、水陆联运的综合运输网络。平陆运河建成后，西部地区物资通过西江水路从平陆运河到达北部湾经济区港口出海，要比经由广东黄埔港出海缩短600千米行程。

（三）大力开发有旅游价值的河段水资源及流泉飞瀑，发展旅游业

广西地表水及地下水资源较丰富，加上地形、地质复杂，因此有旅游价值的水体资源丰富多样，既有溪流峡谷，也有流泉飞瀑，在积极开发利用的同时，要切实做好保护。

桂林市区至阳朔县城的漓江，2013年被评为世界上15条最美河之一，全长86千米，蜿蜒于石灰岩峰林与溶蚀小平原之间，一江碧水，清见游鱼，两岸奇峰挺拔，竹林苍翠，岩洞幽奇，田园似锦，风景如画，是世界上风景最美的河段之一。唐代大诗人韩愈有"江作青罗带，山如碧玉簪"的绝伦描绘；南宋王正功高歌"桂林山水甲天下"，海内外无人不晓。阳朔县遇龙河，徒步探险也非常有趣。

桂西南的左江（龙州县段称丽江），河道曲折，奇峰夹岸，峰回水转，风光迷人。其中支流黑水河，更是河水清澈，风景秀丽，明代大旅行家徐霞客称"碧峤濯濯，如芙蓉映色"。源于十万大山的明江，其流向一改常态，从宁明东向西流而汇入左江，大自然造化令人称奇。

桂北资源县境内的资江，水清、道弯、滩多，恰似一条玉带穿梭于奇山秀岭之间。乘船漂流有惊无险，如入一条长长的山水画廊。五排河礁多、滩多、潭多，水清湍急，探险漂流刺激惊险，其乐无穷。

桂北经融水的贝江，河水清澈见底，游鱼可数，两岸竹木叠翠。宜州区下枧河，2017年被评为全国最美的家乡河，风光绮丽，其中的古龙滩"水似天泻，潭如明镜照人"，进行漂流有惊无险。

布柳河位于乐业县新化镇磨里村，距县城51千米，发源于凌云县境内的岑王老山，流经凌云、乐业、天峨三县，于龙滩库区汇入红水河，全长132千米。两岸常年绿树成荫，野猴成群，鱼儿穿梭，百鸟争鸣，被专家称为"植物的王国，鸟类的天堂"，有"天堂之旅"的雅号。布柳河上还有一座由三座大山塌陷形成的天然石拱桥，当地人称之为"仙人桥"。仙人桥高165米，宽19.2～19.4米，桥厚78米，拱孔高87米，跨度为177米，像一条巨龙横跨在河的两岸，绝景天成，气势雄伟，是罕见的天然石拱桥，被专家称为世界上最大、最美的水上天生桥，具有极高的观赏价值。乐业新化镇至天峨更新乡的河段，长5.3千米，是非常美的漂流河段。

命河，位于广西西北部巴马瑶族自治县的那社乡，那社乡是巴马母亲河盘阳河源头之一，是著名的"巴马长寿之乡"所在地。命河在那社乡田垌里左拐右弯，从高处俯视，酷似一个巨型草书体"命"字镶嵌在广袤的田野中间，飘逸脱俗，让人称奇。

桂北兴安县境内，凿修于秦朝的古灵渠，沟通了长江水系和珠江水系，堪与四川境内的都江堰媲美，与北方长城齐名，文化内涵丰富。2018年灵渠列入世界灌溉工程遗产名录。

大藤峡峡谷，位于桂平市与武宣县之间的黔江干流上，长44千米，有险滩20多处，因江水切割大瑶山余脉的紫荆山而成。两岸丹峰奇秀，赤崖壁立，蔚为壮观，徐霞客泛舟游览曾赞语不绝。

通灵大峡谷，位于靖西市东南部30千米，包含通灵峡等五个峡，各峡谷之间有大的地下河相通，长十多千米。峡谷内有特高瀑布群、溪流、古悬葬，自然景观与人文景观交融，应加大力度进行开发。靖西市湖润镇古龙山峡谷群，长6.8千米，有三峡过三洞，是世界级奇观，非常适合漂流。

摩天岭大峡谷，位于兴安县境内，峡谷幽深，山势峭拔，有原始林木、烂漫山花，连着的清泉瀑布，或飞流直下，或轻歌曼舞，场面十分壮观，有待加紧开发。

德天瀑布源于黑水河上游的归春河，终年有水，经大新县德天村处遇断崖跌落而成瀑布。宽120米，落差70多米，纵深60米；与紧邻的越南板约瀑布相连，宽200多米，是亚洲第一、世界第二大的跨国瀑布。瀑布气势磅礴，三级跌落，水势激荡，声闻数里，蔚为壮观。德天瀑布景区，2016年1月被国家旅游局和环保部认定为国家生态旅游示范区。2018年10月，文旅部定其为国家5A级景区。

此外，还有大明山金龟瀑布、荔浦市天河瀑布、靖西市三叠岭瀑布、资源县宝鼎瀑布、象州县大冲瀑布、昭平县马三家瀑布、贺州市仙姑瀑布、临桂区红溪瀑布和九滩瀑布、隆林冷水瀑布、金秀圣堂山瀑布、横州市九龙瀑布、灵川县古东瀑布、上思县应天府瀑布、龙州县响水瀑布、百色福禄河瀑布群等。

广西还有各种各样的流泉。如温泉，水温常年在25℃以上。象州温泉，在县城东热水村田畴中，有泉眼多处，每小时可出水200吨，水温在77℃以上，水中含硫多，对治疗皮肤病有疗效。龙胜温泉，在龙胜城东矮岭溪边，有十多处出水点，水温在45℃～58℃，水质清澈，微含硫黄，可治皮肤病。其旁有一股山溪流水，可调节水温，是疗养度假的好去处。陆川温泉，出露在陆川县城南的九洲江江畔河滩上，水温在53℃，可水沐、沙沐，是疗养度假的好地方。属温泉的还有容县黎村温泉，贺州市南乡大汤温泉和姑婆山路花温泉，武鸣区灵水（水温在23℃），博白温罗村温泉，平乐县鱼堰屯温泉，全州县炎井温泉等。冷泉，水温常年在当地年平均气温以下。兴安县东部海洋山脚下有广西唯一的冷泉，水温在9℃。此外，各地还形成了一些奇特的流泉，桂平市西山的乳泉，因雨后地层中的镭蜕变而产生的氢气伴随泉水并形成乳白状溢出而得名。德保县有喊泉，遇雨季，对泉口大喊，泉水猛增并哗哗涌出。兴安县喊水井，夏季每天可喊出水来，但其余季节则要隔数天才出。天等县愣特潭，应喊声而缩退，声止则续流。田阳有变色泉，黑、蓝、红交替出现。

三、扬长补短开发利用矿产资源

（一）充分发挥有色金属矿产资源优势，加快重点发展有色金属产业

有色金属矿产是广西的优势资源，品种多、储量丰、分布广，且数矿共生，又可独为大矿，加上广西水资源丰富，因此，应重点开发、加快发展有色金属工业，把它构建成广西工业经济的重要支柱产业。

锡是广西重要的有色金属矿产资源，探明保储量达 128 万吨，占全国锡矿总储量的 1/3，主要分布在桂西北河池市（南丹、罗城等）、贺州市（钟山、平桂）、桂林市（恭城）、柳州市（融水）也有分布。其中，南丹大厂锡矿储量最为丰富，此矿占全国锡储量的 1/4 以上，且品位高，又伴生有铅、锌、锑、铟、铜等金属矿床，是世界上罕见的富集矿区。南丹锡产量占全国的一半，锌、锑产量在全国也占有一定的比重，"锡库"之称名不虚传。锡矿业还应加强产品的科技含量，注重深加工，提高产品的附加值，并走规模化集约化经营道路，延伸产业链，以进一步提高产品的竞争力，使之立于不败之地。同时，也要注意对环境污染的治理。

广西铝土矿储量约占全国总量的 27% 以上，主要集中在桂西百色市（平果、田东、田阳、德保、靖西），桂东南贵港市也有一定的储量。其中，平果市铝土矿石储量大，铝、硅比值高，露天开采条件好，是个得天独厚的国内外罕见的大型铝矿，现已建成的平果铝业公司（中色公司、广西人民政府出资组建）是我国规模最大、技术最先进的铝业基地。华银铝业（广投、五矿、中铝出资组建）、信发铝业（山东信发）、银海铝业（广投出资）、南南铝业等一批铝工业重点企业也迅速崛起。今后还应充分发挥铝资源优势，在发展氧化铝、电解铝的同时，要大力发展高端铝材加工业，拓展铝产品的市场份额，形成从原料铝土矿的采掘到精致铝产品进入市场的完整铝产业链，同时加快铝业集团化建设步伐，做大铝业"蛋糕"，以铝兴县，以铝兴百，以铝兴桂。

靖西铝土矿矿区范围北起魁圩，南至禄峒，西起龙临，东至武平，矿区面积约为 600 平方千米，初步探明储量达 4 亿吨，远景储量超过 6 亿吨；德保县的铝土矿主要分布在马隘、巴头、那甲、都安、敬德、扶平等乡镇，已探明储量达 1.28 亿吨，远景储量在 3.2 亿吨以上。以靖西、德保两县为主的桂西铝土矿矿区，绝大部分裸露地表，水文地质条件和工程地质条件简单，具有储量大、质量好、分布集中、含矿率高、矿层厚、易开采等特点。

广西的锑矿探明储量有 50 万吨，占全国总储量的 1/4，主要分布在河池市（南丹、金城江）、百色市（隆林、西林、田林等县）。锑是当今微电子产品的重要原材料来源，开发前景广阔。

广西钨矿探明储量 40 万吨，居全国第 4 位，主要分布在武鸣、钟山、资源等十多个县市区。其中，武鸣大明山、钟山珊瑚、资源牛塘界为广西三个大型钨矿床。

铅锌矿以南丹大厂、融安泗顶比较著名，大新、岑溪等地也有分布。

黄金矿以桂东南地区和桂西地区为主。桂东南以藤县桃花金矿、贵港市覃塘龙头山金矿出名，桂西以田林县高龙金矿、凤山县金牙金矿著称。

广西探明储量居全国第 1 位的矿种有锰、锑、重稀土、铪、钪、砷、化肥用灰岩、压电水晶、玛瑙、水泥配料用页岩、膨润土、水泥配料用泥岩 12 种（最新说法为 8 种）。

（二）锰为主的黑色金属矿产资源

广西是全国缺铁省区之一，铁矿仅占全国总储量的 0.6%，且矿区分散、规模小、品位低，这是广西矿产资源结构中的一大不足。

然而，广西有丰富的锰、钒、钛等黑色金属。锰是广西最重要的黑色金属，这是广西矿产资源的又一大优势。其储量占全国较大份额，而且矿层厚、品质优、埋藏浅、易开采，弥补了铁矿的不足。锰矿主要分布在崇左市（大新、天等）、百色市（靖西），来宾市、柳州市（柳江区）、桂林市（平乐、荔浦）、贵港市（桂平市）、河池市（宜州区）等市也有一定储量。其中，大新县下雷锰矿是我国最大的锰矿床，也是我国产量最大、质量最优的锰矿床。来宾市锰矿区规模也不小。依托丰富的锰资源，广西锰业发展已初具规模，已形成以大新中信大锰、新振锰业、靖西三叠锰业为代表的锰系深加工企业群，以来宾八一锰业等为代表的桂中锰系铁合金产业集群，以及在北部湾畔（防城港市等）崛起的超大型沿海钢铁冶金产业集群。锰业的发展还需内部尽快整合，走向规模化、集团化，加强对锰矿的深加工，要利用新技术、新工艺，大力发展具有较高附加值的产品，进一步提高经济效益、社会效益。

钒是炼制高速切削钢和合金钢的原料。广西已发现两个大钒矿，储量在全国名列前茅：一个是上林县西部钒矿带，长33千米；另一个是罗城仫佬族自治县怀群钒矿。应抓紧进行开发，以矿带动地方经济的发展。

钒是熔点最高的金属，需三千多摄氏度才能熔化。钒之所以用于钢铁中，是由于钒能与钢铁中的碳元素生成稳定的碳化合物（V_4C_3），它可以细化钢的组织和晶粒，提高晶粒粗化温度，显著提高改善钢铁的性能，加大钢的强度、韧性、抗腐蚀能力、耐磨能力和承受冲击负荷的能力等。

钛铁是高级合金钢和钛白粉的原料，储量居全国第3位，主要分布在藤县及北流江、南流江、右江两岸及沿海的合浦县。

广西已探明的资源量最大的煤系硫铁矿矿床是广西河池市凤山县福家坡矿区硫铁矿，这个大型矿床已探明硫铁矿资源量近1亿吨，超过了广西之前已探明的硫铁矿资源量的总和。福家坡矿区位于广西凤山县西南部中亭乡先锋屯—平乐乡那兰屯一带，面积约63平方千米，含矿层地表出露长度达30千米。

（三）潜力较大的石油和天然气燃料矿产

我区是全国缺煤省区之一，煤层薄，灰分多，发热量低，开采条件复杂，煤种不全，缺工业用煤和炼焦煤，这是广西矿产资源结构中又一不足。广西有限的煤炭资源储量现主要集中于百色市、来宾市。近年来，我区年消耗煤炭约6 000万吨，自采煤量约800万吨。2018年广西百矿集团以年产煤炭655万吨排在全国煤炭产量50强的第45位。广西缺口的煤炭靠从区外调运，如贵州、越南、东北。但煤炭供应形势仍不容乐观。

广西的石油和天然气随着钻探工作的推进，前景相对乐观。已开采的田东油田，油气资源富集，油藏类型多，埋藏浅，潜力很大。北部湾涠洲岛附近油田所产的原油油质好，黏度小，含硫量少，含沥青量低，易提炼。因此，应加大力度拓宽利用油气资源的路子，或进行深加工，或用燃气发电，以发展经济。

（四）非金属矿产前景广阔

非金属矿产是指除金属和燃料能源矿产以外的矿产资源，广西已发现有60多种（全国共79种），储量较大，其中有29种名列全国前十名，属非金属矿富区。

水泥用石灰岩，属建材非金属矿产，是生产石灰和水泥的原料，区内已探明该矿床49处，保有储量近32亿吨。矿石氧化钙含量高，杂质和有害成分少，品级高。但水泥生产容易带来环境污染的问题，因此，在开发利用此类资源时，充分运用新技术、新工艺，要充分考虑水泥生产布局，力争做到在开发利用资源同时，既能产生经济效益，又不对环境产生污染，收到良好的社会效益。贵港市把引进实力雄厚的水泥企业作为突破口，应用先进窑外分解新型干法生产工艺，结束了传统立窑生产水泥的历史，既节约生产成本，又提高产品质量，促进水泥产业绿色升级，年水泥产量在全区水泥总产量中占有较大比例。

滑石属建材非金属矿产，广泛用于造纸、制漆、橡胶和日用化学工业中，也是美术雕刻的好材料，广西探明储量居全国第3位，其中，龙胜三门镇的鸡爪、古坪、上朗3处为特大型矿区，藏量占全国总量的1/3，且品位高、易开采、质量优，是广西重要的出口产品。上林县镇圩马鞍山、龙胜各族自治县桐子山2处为中型矿床。凌云县那洪为小型矿床。在开发利用中，要加快滑石矿的深加工，进一步提高产品的附加值，这样才能在国际市场中拥有较强的竞争力。

大理石是石灰岩经变质作用后形成的，是石中之王，又称汉白玉。其色泽调和、花纹如画、裂隙少、块度大，是上等建筑装饰材料。广西大理石主要分布在贺州市（平桂区），桂林市（灌阳）、百色市（德保）、河池市（凤山）等市也有分布。贺州市拥有华南地区最大的汉白玉大理石矿山资源，远景储量达26亿立方米。贺州大理石有白色、灰白色、黄白色、灰黑色、黑色等类型，其中，白色型占整个大理石储量的76%，矿石纯度达99%，白度95%，目前在华南地区规模最大，是中国乃至亚洲少有的特大型白色大理石矿山之一，储存量和开采量均位居全国前列。区内外石材客商都习惯把贺州白色大理石叫作"贺州白"或"广西白"。"贺州白"技术指标达到我国特级水平，可与意大利大理石著名品牌"卡拉拉"媲美。随着人民对美好生活的向往，装饰材料大理石市场潜力非常大。

花岗岩属高级建筑材料，主要分布在桂东南（梧州市岑溪市）、桂东北（贺州平桂区、钟山县）、桂南（博白县）。贺州市平桂区花岗岩储量达31.2亿立方米，钟山县花岗岩储量达6 278万立方米，非常具有发展新型建筑材料的资源优势。岑溪市花岗岩储量丰富，质量上乘，其中"岑溪红"的质量和色彩都十分出色。博白县的"博白黑"，更是世界上稀有产品，其抗压、抗折强度高，吸水率低。不过，在开发利用花岗岩时，要防止污染环境问题的出现，生产的产品要符合环保标准要求。

合浦高岭土矿是我国三大优质高岭土矿基地之一，矿区面积约12平方千米，探明储量5.71亿吨，约占全国高岭土储量的20%。高岭土具有很强的可塑性、黏结性、烧结性及烧后洁白等特性，除陶瓷、造纸和橡胶工业外，它还广泛应用于石化、医药、涂料、纺织、国防尖端技术等领域。原子反应堆、航天飞机、宇宙飞船的耐高温部件，高岭土都是必需的原料。此外，藤县、钟山县也有高岭土矿。

碳酸钙，指应用于重钙、轻钙等碳酸钙产业中加工、制造、生产的主要成分，其为碳酸盐岩的矿产资源，主要包括石灰岩、白云岩、大理岩、方解石等矿产。其中，重质碳酸钙（俗称重钙）是用机械方法（用雷蒙磨或其他高压磨）直接粉碎天然的方解石、石灰石、白垩、贝壳等，经分级、分离制得成品。由于重质碳酸钙的沉降体积比轻质碳酸钙的沉降体积小，所以称为重质碳酸钙。轻质碳酸钙（简称轻钙）又称沉淀碳酸钙，是将石灰石等原料煅烧生成石灰（主要成分为氧化钙）和二氧化碳，再加水消化石灰生成石灰乳（主要成分为氢氧化钙），然后再通入二氧化碳气体，碳化石灰乳生成碳酸钙沉淀，最后经脱水、干燥和粉碎而制得。由于轻质碳酸钙的沉降体积比重质碳酸钙的沉降体积大，所以称为轻质碳酸钙。碳酸钙资源为广西加速培育的碳酸钙产业提供了充足的原材料。从石材矿山开采—板材和工艺品—边角废料回收—重质碳酸钙超细粉—合成人造岗石—新材料（涂料、塑料母粒、新型建材、石头纸等）—碳酸钙固废综合利用回收，形成了完整碳酸钙产业链，真正把一块石头"吃干榨净"，达到节约资源、保护生态环境和提升经济效益的效果，推动产业向生态循环、低碳发展的更高层次迈进，有着非常广阔的发展空间。

为了打造千亿元碳酸钙总产值，广西重点建设四个碳酸钙产业集群，茂碳酸钙产业之"林"，即：贺州重质碳酸钙集群，以贺州科隆粉体、利升石业为龙头，形成重质碳酸钙产业基地、人造岗石产业基地；河池重质碳酸钙集群，重点发展造纸专用的超细重质碳酸钙和超细微活性重质碳酸钙产品；来宾轻质碳酸钙和重质碳酸钙集群，重点发展超细、超纯、表面改性及复合、纳米和功能性粉体新材料，以及绿色建材、环保涂料、环保塑料制品、绿色包装产品；玉林纳米碳酸钙及氧化钙集群，重点发展超微细碳酸钙粉体功能填料、纳米碳酸钙、活性氧化钙等高附加值产品，以及胶合板、饲料、纸品、管业等碳酸钙下游产业及配套产业。

四、丰富的旅游资源有待大力开发充分利用

旅游资源一般可以分为自然旅游资源和人文旅游资源。自然旅游资源主要指对旅游者具有吸引力的自然风光与山水名胜，如名山、奇峰、异洞、峡谷、赤壁、丹霞、溪流、秀湖、飞瀑、流泉、海滨、沙滩、珍奇动物、名树等。人文旅游资源，是悠久历史的见证，主要包括古遗迹遗址、古代建筑（古城、塔、阁、墓、寺、观、祠、庙、关、桥、民居、园林等）、出土文物、摩崖石刻碑林、革命纪念地、文化艺术、风土民情等，既有有形的，也有无形的。它能使旅游者感兴趣并能给人以知识、教育、乐趣及享受。

广西的自然旅游资源得天独厚，丰富多样，让人流连忘返。人文旅游资源源远流长，丰富多彩，使人记忆犹新。加快旅游资源的开发和利用，广西成为旅游大省区不会遥远。下面就广西四大旅游区的旅游资源做大概介绍。

（一）桂北旅游区（以山水、民族风情为特色）

桂林：中国著名的风景旅游城市，典型的喀斯特地貌构成了山清水秀、洞奇石美的桂林山水风光。如诗如画的桂林山水让世界各地的旅游者流连忘返。一水（漓江）二洞（芦笛岩、七星岩）三山（象鼻山、伏波山、叠彩山），以及漓江两岸的峰林、峰丛地貌是桂林山水的精华。还有榕湖、杉湖、桂湖、木龙湖四湖。境内的冠岩，洞内熔岩奇艳，既可电梯观光，也可乘电车巡游，亦可乘舟探奇。还有甑皮岩古遗址、靖江王城和王陵、桂海碑林、八路军桂林办事处旧址、桂林博物馆、桂林愚自乐园艺术园、桂林神龙水世界等。

游览漓江，不愁天气变化，晴天，看青峰倒影；阴天，看漫山云雾；雨天，看漓江烟雨；阴雨天，见江上烟波浩渺，群山若隐若现，浮云穿行于奇峰之间，雨幕似轻纱笼罩于江山之上，活像一幅幅千姿百态的泼墨水彩画。

阳朔县：以山水田园风光而闻名于世，有"山水甲桂林"之称。阳朔西街，街上店名、牌匾全由英文书写，经营店铺的多来自美国、加拿大、印尼等国的商人，是各国朋友相互交流、沟通情感的窗口。还有世外桃源景区、遇龙河、千年古榕、实景《印象·刘三姐》演出地。

中国人民银行发行的新版20元人民币的背景图画，就是在广西阳朔县兴坪拍摄的桂林

山水。这是漓江最美、最富诗情画意的一段。船在江上走,人在画中游。画师徐悲鸿到此写生时,盛赞"阳朔美景在兴坪"。兴坪有个明珠,是渔村。渔村先前的名字叫渔滩洲,是孙中山先生把它改名为渔村的。

临桂区:李宗仁故居、陈宏谋宗祠、白崇禧故居、飞虎队遗址等。

荔浦市:丰鱼岩,亚洲第一洞,长5.3千米,洞中有暗河,可乘船览胜,亦可步行参观。还有银子岩、大中华博物苑、世界华商国际投资论坛永久会址龙怀、荔江湾景区。

灵川县:青狮潭旅游度假区、大圩古镇和古东瀑布、桂北民俗博物馆、美食狗肉等。

兴安县:古运河灵渠景区、古秦城、古严关遗址、灵湖乐满地休闲世界、红军突破湘江烈士碑园、猫儿山国家级自然保护区、秦家大院等。

资源县:幽险奇秀的资江、八角寨丹霞地貌、天门山、五排河、宝鼎瀑布等。

龙胜县:龙脊梯田(平安壮族梯田、龙脊古壮寨梯田、金坑大寨瑶族梯田)、"人间瑶池"矮岭温泉、花坪国家自然保护区、民族风情(银水侗寨、金竹壮寨、白面红瑶)等。

恭城瑶族自治县:文庙(孔庙)、武庙(关帝庙)、周渭祠(内藏《梅山图》)、湖南会馆、红岩新村、大岭桃花节等。

全州县:湘山寺、天湖、炎井温泉、燕窝楼、全州禾花鱼、红油米粉美食。

永福县:明永宁古城、百寿岩、板峡湖。

灌阳县:黑岩(神宫)、文市石林、千家洞国家级自然保护区、瑶公馆等。

三江侗族自治县:程阳风雨桥、岜团风雨桥、马胖古楼、颐和鼓楼、三江风雨桥、侗家油茶、侗族绣品、三江茶园。

融水苗族自治县:贝江、元宝山、苗侗民族风情、老君洞。发源于桂黔交界的九万大山的贝江是融水苗族自治县最长的一条江流,古称脊江,因流过县城背面而得名。贝江成名于三十多年前红极一时的电影《闪闪红星》,影片中的插曲《小小竹排江中游》广为传唱,当时就是在贝江撑竹排唱歌的。

融安县:红茶沟森林公园。

鹿寨县:香桥岩景区。

柳州市:柳侯祠、大龙潭、鱼峰山、中华石都、胡志明故居、柳州文庙。

来宾市:麒麟山人遗址。

金秀瑶族自治县:圣堂山、莲花山、世界瑶都民族风情。

忻城县:莫氏土司衙门、薰衣草庄园。

武宣县:孔庙、百崖大峡谷、太平天国称王遗址。

象州县:象州温泉、石巷迷宫、妙皇湖。

(二)桂南旅游区(以边关情、滨海景为主)

南宁市:广西壮族自治区的首府,有"绿城"之称。市区有青秀山风景区(龙象塔、董泉等)、南宁国际会展中心、李明瑞韦拔群革命烈士纪念碑园、广西民族文物苑、广西博物馆、广西民族博物馆、广西药用植物园、南宁园博园、良凤江国家森林公园、动物园、南湖、凤凰湖、南宁方特东盟神画乐园、八桂田园景区、乡村大世界、"美丽的南方"、龙门水都景区、嘉和城温泉景区、九曲湾温泉景区,还有顶狮山文化遗址、扬美古镇、昆仑关抗日阵亡烈士碑。

武鸣区：灵水、伊岭岩、明秀园、起凤山。

宾阳县：稻花乡里（稻田艺术）、蔡氏古院、程思远故居、南城古桥。

上林县：三里洋渡山水、大龙湖、大明山、鼓鸣壮寨、唐代智城遗址、廖州刺史韦敬办智城碑、六合坚固大宅颂碑。

马山县：金伦洞、百龙滩风光、灵阳寺。

隆安县：龙虎山（猴山）。

横州市：西津库区、九龙瀑布、伏波庙。

崇左市：石景林、左江斜塔（世界八大斜塔之一）、白头叶猴国家级自然保护区。

宁明县：左江花山风景区、花山崖壁画。

凭祥市：友谊关（中国九大名关之一）、边关金鸡山（右辅山）古炮台、大清国万人坟、地下长城、大连城、弄尧和浦寨中越边贸市场。

龙州县：弄岗国家级自然保护区、红八军旧址、龙州起义纪念馆、抗法小连城（南疆长城）、边关古炮台、法国领事馆旧址、陈勇烈祠、保元宫。

大新县：德天瀑布、黑水河风光、明仕田园、53号界碑、沙屯叠瀑、恩城国家级自然保护区、龙宫。

北海市：北海银滩（中国第一滩）、涠洲岛（南国蓬莱）、北海老街、海底世界、海洋之窗、冠头岭、英领事馆旧址、白龙珍珠城遗址。涠洲岛面积约25平方千米，景区包括鳄鱼山景区（5A级景区）、滴水丹屏景区、石螺口景区、天主教景区、五彩滩景区。

合浦县：星岛湖、山口红树林国家级自然保护区、大士阁、合浦汉墓公园、陈铭枢故居、惠爱桥。

钦州市：刘永福故居三宣堂、冯子材故居宫保府、三娘湾景区、犀丽湾景区、八寨沟景区、龙门七十二泾。

灵山县：大芦古村（椶联村）民俗文化、六峰山。

浦北县：五黄山原始森林风景区。

防城港市：江山半岛旅游区（白浪滩）、天堂滩（企沙镇）、唐代潭蓬运河、峒中温泉、港口区建设成就。

东兴市：金滩、京族三岛风情、大清国钦州界一号界碑、边境公路零公里标志景点竹山港、东兴国门、巫头白鹤山、林海雪原等。

上思县：十万大山亚热带雨林、瑶族风情、那板水库。

(三) 桂西旅游区（以红色旅游和奇山异水为特色）

百色市：红七军军部旧址（粤东会馆）、红七军政治部旧址（清风楼）、百色起义纪念碑、百色起义纪念馆、澄碧湖风景区、大王岭景区。

平果市：敢沫岩（通天河景区，属溶洞暗河型景区）、平果铝工业建设成就。

田东县：右江工农民主政府旧址、田东湿地公园景区。

田阳区：田州古城景区、广西聚之乐休闲农业景区、布洛陀遗址。

凌云县：浩坤湖景区、水源洞、纳灵洞、茶山金字塔景区（加尤镇）。

德保县：吉星岩景区、红叶森林公园。

靖西市：旧州古镇（靖西壮族博物馆、绣球工艺品、文天祥部将张天宗墓）、通灵大峡谷及瀑布、坡嘎拉"地下长城"、古龙山峡谷群、鹅泉、刘永福黑旗军"简字营义勇墓"。

乐业县：红七军红八军会师旧址、大石围天坑景区、百朗大峡谷、布柳河风光、仙人桥、罗妹莲花洞。

那坡县：老虎跳大峡谷、黑衣壮风情。

西林县：明、清岑氏家族建筑群（那劳镇）。

隆林各族自治县：多彩民族风情。

天峨县：龙滩水电站新貌、人工湖泊龙滩天湖、龙滩大峡谷国家森林公园、峨里湖乡村旅游度假景区、布柳河仙人桥、蚂蚜圣母。

巴马瑶族自治县：盘阳河风光、水晶宫、那社"命河"景区、百魔洞、百鸟岩、长寿村寨探秘（地脉环境、民俗）、龙洪田园风光、瑶族风情、仁寿源景区（那桃乡）。

南丹县：歌娅思谷白裤瑶民俗风情园、洞天酒海景区、白裤瑶生态博物馆、温泉公园。

东兰县：魁星楼（红七军前委旧址）、广西农民运动讲习所旧址（列宁岩）、东兰烈士陵园、韦拔群纪念馆及故居、韦国清将军故居、东兰民间铜鼓收藏馆。

大化瑶族自治县：七百弄风景区、岩滩电站湖光山色。

河池市：六甲小三峡、红军标语楼。

凤山县：凤山世界地质公园、三门海天窗群景区、鸳鸯泉景区。

宜州区：刘三姐故里景区（含下枧河、歌仙桥景区）、古龙河景区、会仙山、祥贝乡易水湾景区、山谷（黄庭坚）祠、白龙公园。

罗城仫佬族自治县：剑江风光、仫佬族风情、成龙公园。

(四) 桂东旅游区（以历史文化宗教为特色）

桂平市：西山（自然与人文景观为一体，林秀、石奇、泉甘、茶香，佛教圣地龙华寺、洗石庵）、金田起义旧址、大藤峡风光、东塔、韦昌辉故居、北回归线公园。

平南县：平南黄花岗五烈士纪念馆、梁嵩纪念馆。

贵港市：千年古刹南山寺、平天山国家森林公园、"荷美覃塘"乡村旅游、东湖。

梧州市：龙母庙、鸳鸯江、中山纪念堂、四恩寺、骑楼城。

苍梧县：六堡镇生态茶园、李济深故居。

藤县：石表山休闲景区、蝴蝶谷景区、太平狮山国家森林公园。

蒙山县：永安旧址、梁羽生公园。

岑溪市：天龙顶山地公园、石庙山、白霜涧景区。

贺州市：姑婆山、大桂山、瑶族风情、临贺故城、玉印浮山、黄田镇玉石林。

昭平县：黄姚古镇、马江浮桥。

富川瑶族自治县：明城、秀水状元村、瑞光塔、百柱庙、回澜风雨桥。

钟山县：荷塘奇峰、碧水岩。

玉林市：五彩田园现代特色农业示范区、佛子山、云天民俗文化城。

兴业县：鹿峰山景区。

容县：天南杰构真武阁、道教圣地都峤山、杨贵妃故里、大容山、华侨之乡。

北流市：铜石岭国际旅游度假区、勾漏洞、孔庙大成殿、李明瑞俞作豫烈士纪念馆。

陆川县：古园林建筑谢鲁山庄、水月岩、龙珠湖、陆川温泉。

博白县：宴石山。

○网民投票选出的广西最好玩的十个地方：桂林漓江风景区、桂林阳朔西街、贺州昭平黄姚古镇、桂林兴安乐满地度假区、大新德天瀑布、梧州中国骑楼博物城、梧州龙母太庙、南宁上林大明山、北海银滩旅游度假区、桂平西山。

○字的奇闻：桂林阳朔石刻中有清代书法家王元任一笔写成的"带"字，字中有字，即"一带山河，少年努力"。在崇左也留下寿字碑，内含"千年寿"三字；永福县有百寿图，大的长175厘米、宽148厘米，内有一百多个小寿字；容县都峤山庆寿岩有个"佛"字高108米、宽88米。

（五）旅游专题节日

南宁市：南宁国际民歌艺术节。
桂林市：桂林国际山水旅游节、桂林国际动漫节。
北海市：南珠节、海滩文化节。
柳州市：国际奇石节、国际水上狂欢节。
百色市：布洛陀旅游文化节。
梧州市：国际人工宝石节、龙母文化节。
河池市：国际长寿养生文化旅游节（巴马）、铜鼓山歌艺术节。
钦州市：国际海豚节、蚝情节。
来宾市：盘古文化灯会、红水河文化艺术节。
崇左市：花山民族文化艺术节。
防城港市：国际龙舟节。
贵港市："和为贵"文化节。
玉林市：玉林国际旅游美食节。
贺州市：长寿文化节（首个全域长寿市）。
隆安县：金丝猴旅游节。
武鸣区：三月三歌节。
西乡塘区：香蕉节。
横州市：茉莉花茶节。
上林县：生态旅游养生节、三月三龙母文化节（塘红乡）。
宾阳县：炮龙节。
资源县：河灯节。
龙胜县：红瑶红衣节、龙脊梯田火把节。
恭城瑶族自治县：月柿节、桃花节。
阳朔县：漓江渔火节。
永福县：福寿节。
灵川县：海洋银杏节、古东瀑布红枫节。
兴安县：米粉节、葡萄节。
临桂区：名人文化节。
灌阳县：梨花节、农具文化节。

荔浦市：荔浦芋文化节。
平乐县：妈祖文化旅游节。
全州县：湘山寺庙会。
融水苗族自治县：斗马节。
三江侗族自治县：侗族多耶节。
柳城县：生态蜜橘文化节。
平果市：木棉花观赏节。
靖西市：民族文化旅游节。
田阳区：布洛陀文化旅游节。
田林县：北路壮剧节。
西林县：句町文化节。
凌云县：茶文化节。
田东县：杧果文化节。
右江区：民歌节。
岑溪市：砂糖橘节、火龙果节。
巴马瑶族自治县：长寿食品文化节。
南丹县：中国白裤瑶陀螺文化节、铜鼓节。
宜州区：刘三姐文化旅游节。
天峨县：三堡乡桐花节。
凤山县：洞穴国际探险节。
环江毛南族自治县：世界自然遗产文化旅游节。
东兰县：蚂𧊅文化节（巴畴乡巴英村）。
浦北县：香蕉节。
灵山县：春茶节。
金秀瑶族自治县：圣堂山杜鹃花旅游文化节。
天等县：指天椒节。
凭祥市：中越边关旅游节。
大新县：龙眼节。
龙州县："秘境弄岗"国际观鸟节。
覃塘区：荷花节。
平南县：富硒石硖龙眼节。
桂平市：西山浴佛节。
容县：沙田柚品尝节、兰花节。
博白县：客家文化节、桂圆节。
福绵区：服装节。
北流市：陶瓷节、百香果电商旅游文化节。
陆川县：温泉旅游节。
兴业县：金凤凰文化节。
富川瑶族自治县：脐橙节。

八步区：瑶族文化艺术节（黄洞瑶族乡）。

(六) 广西各地主要红色旅游资源

百色市：右江区中国工农红军第七军军部和政治部旧址（包括粤东会馆、清风楼）、百色起义纪念馆，乐业县中国工农红军第七军、第八军会师旧址，田东县右江工农民主政府旧址、田东百谷红军村，靖西市黑旗军抗法战争遗址。

崇左市：龙州县中国工农红军第八军军部旧址、龙州起义纪念馆、小连城，凭祥市友谊关（包括友谊关关楼、法式楼、金鸡山炮台、左辅山炮台等）、大连城、浦寨国际边贸城、广西凭祥综合保税区。

桂林市：市区及灵川县八路军桂林办事处旧址（包括桂林市中山北路14号旧址和灵川县路莫村物资转运站旧址两大部分）、兴安县红军长征突破湘江烈士纪念碑园、资源县老山界、全州县觉山铺阻击战场旧址（湘江战役最大的阻击战场）、灌阳县新圩阻击战战场旧址（湘江战役三大阻击战主战场之一）、兴安县光华铺阻击战战场遗址（湘江战役三大阻击战主战场之一）、龙胜县红军楼、桂林市区李宗仁故居及官邸。

河池市：东兰县东兰烈士陵园、中共红七军前委，东兰县苏维埃政府旧址（魁星楼）、广西农民运动讲习所旧址（列宁岩）、韦拔群故居、金城江区红军标语楼、河池市龙滩水电站、岩滩水电站等红水河梯级水电站，宜州区村民自治第一村（合寨村）。

南宁市：市区广西烈士陵园，昆仑关战役旧址，李明瑞、韦拔群烈士纪念碑园，邓颖超纪念馆，广西民族博物馆，横州市西津水电站。

梧州市：梧州中山纪念堂、中共梧州地委和广西特委旧址、蒙山县太平天国永安活动旧址。

玉林市：桂东南抗日武装起义纪念塔，北流市李明瑞、俞作豫纪念公园，博白县王力故居。

钦州市：刘永福、冯子材旧居建筑群，孙中山领导的钦廉防城起义标志地、钦州港仙岛公园孙中山铜像。

北海市：北海地角古炮台旧址、涠洲岛革命烈士纪念碑。

防城港市：防城区钦廉防城起义旧址，东兴大清国一号、五号界碑。

柳州市：柳州钢铁厂、柳州五菱集团、柳州市工业博物馆。

贵港市：中共广西省第一次代表大会旧址、桂平市金田起义地址、太平军前军指挥部旧址（三界庙）、平南县辛亥革命黄花岗起义平南县五烈士纪念塔。

来宾市：金秀瑶族自治县大瑶山剿匪纪念公园（纪念碑）、合山市矿业遗迹。

贺州市：贺州平桂矿业遗迹、昭平县黄姚古镇中共广西省工委黄姚旧址、抗战时期遗址遗物。

(七) 地方名菜、风味小吃和旅游购物

地方名菜与风味小吃：米粉类有桂林米粉（讲究卤水）、柳州螺蛳粉（讲究螺蛳汤）、南宁老友粉、玉林牛巴（牛杂）粉、宾阳酸粉、蒲庙生榨粉、桂平罗秀米粉、全州红油米粉、钦州猪脚粉、贵港桥圩鸭肉粉、融安滤粉、防城卷粉、百色烧鸭粉、天等鸡肉粉等数十种。饭饺类有壮族五色糯米饭、南宁香糯八宝饭、南宁粉饺。粥类有崇左扶绥酸粥、梧州艇仔粥。

猪肉类美食有陆川烤乳猪、陆川乌石猪脚、巴马烤香猪、上思烤乳猪、环江香猪、荔浦芋扣肉。牛类有玉林牛巴、玉林肉蛋。鸡肉类美食有梧州纸包鸡、龙胜龙脊清水鸡、壮乡白切鸡、田东十里荷香鸡、百色芒叶田七鸡、巴马火麻鸡汤、龙城螺蛳鸡。鸭肉类美食有龙州芝麻鸭、南宁高峰柠檬鸭、全州醋血鸭、桂林白果老鸭汤、柳州田螺鸭脚煲。狗肉类美食有灵川干锅狗肉、宾阳白切狗、百色脆皮狗、玉林荔枝狗肉。羊肉类美食有百色全羊汤、河池全羊汤、苗家羊瘪汤（羊内脏与胆汁）。鹅肉类美食有合浦鹅肥肝。鱼虾螺蛇等美食有阳朔啤酒鱼、全州黄焖禾花鱼、横州鱼生、桂平浔江鱼、灵马鲶鱼、桂西油鱼、桂西没六鱼、北海海鲜（鲜鱿鱼、虾）、金蚕吐丝（蚝与粉丝）、沙虫刺身、南宁焖田螺、阳朔田螺酿、苗山地龙汤、梧州蛇宴。酿类美食有平乐十八酿、黄姚豆腐酿等。特色素菜类美食有博白空心菜、荔浦芋、横州大头菜、钟山英家大头菜、覃塘莲藕、黎塘莲藕、柳江百朋莲藕。酸类美食主要有南宁酸品、靖西酸品、侗家酸品、苗家酸品、武宣红糟酸。茶饮类美食有侗家油茶、苗族油茶、瑶族油茶、梧州凉茶。其他类美食有梧州冰泉豆浆、梧州龟苓膏、柳城云片糕、横州市芝麻饼等。

梧州纸包鸡：采用纯正三黄鸡，用姜汁、蒜蓉、香麻油、白糖、汾酒，加入广西特产八角和陈皮、草果、大小茴香、红谷米、五香粉、古月粉配成调料。鸡块浸料后用炸过的"玉口纸"包成荷叶状，立即落锅以武火炸至纸包鸡浮上，油面呈棕褐色，鸡块金黄，滚油不入内，味汁不外泄。因此气味芳香，鲜嫩甘美。

桂林白果老鸭汤：主要原料是产在桂林兴安、灵川一带的白果（银杏）和老鸭，用文火清炖而成，其特点是汤微苦，果香肉甜，营养丰富，四季皆宜。白果性凉，老鸭清火，所以白果炖老鸭既是一道可口的菜肴，又是一种滋补五脏、开胃生津、化痰止咳、润肺益气的上好补品。

南宁柠檬鸭：为深受南宁人喜爱的家常菜。其做法精髓在于鸭肉入锅用大火猛炒后，将切成丝的酸姜、酸藠头、酸辣椒、酸梅、生姜、蒜泥等佐料入锅同炒，拌匀后改用文火焖至八成熟，再加柱侯酱、花生酱、生抽等调料一起炒至香味出来，临出锅前再加入腌制的酸柠檬和紫苏。此菜甜中带酸、爽口开胃，是南宁传统的夏秋席上佳肴。

玉林牛巴：产地范围包括玉林市玉州区、福绵管理区和玉东新区。"甘香味道妙"是其显著特点。玉林牛巴呈咖啡色或棕红色，鲜明油亮，其香味浓郁、咸甜可口，肉质细而耐嚼，咀嚼时软硬适中，甘香回味，是下酒美肴和馈赠亲友的佳品。牛大叔、吴常昌、文十六、邝氏等品牌早已香飘四海。玉林牛巴大多选用来自农家自然放牧的黄牛牛臀肉，同时，配上八角、桂花、丁香、橘皮和冬菇等20多种纯天然香料，整个牛巴制作过程展现了地道的玉林传统美食文化。牛大叔作为其中最具影响力和发展潜力的玉林牛巴生产企业之一，先后获得广西工业旅游示范点、广西名小吃、广西最受欢迎的旅游休闲食品等殊荣，在广州、深圳、南宁、宁波、上海、沈阳等地开设了160多家专营店，引起了中央电视台《致富经》栏目等多家媒体的关注。

梧州龟苓膏：龟苓膏是中国广西梧州特产，广东、广西一带的传统药用食品。正统龟苓膏是以金钱龟、土茯苓、甘草等中药材制成凝固的膏状，相传是由清朝时太医严绮文流传出民间的宫廷秘方，有清热解毒等功效，现在为大众所食用。

灵川狗肉：在第十三届中国厨师节上，灵川县干锅狗肉以色香味俱佳荣获"中国名菜"

金奖。

○网民投票选出的广西最好吃的十种小吃：梧州龟苓膏、梧州凉茶、南宁粉饺、玉林肉蛋、黄姚豆腐酿、环江香猪、南宁老友粉、桂林米粉、柳州螺蛳粉、玉林猪脚粉。

旅游购物（有纪念观赏意义的土特产或工艺品）：容县沙田柚、永福罗汉果、恭城柿饼、百色杧果、南宁香蕉、博白桂圆、东兰板栗、田林八渡笋、玉林香蒜、横州大头菜、柳城云片糕、昭平黄皮糖、覃塘莲藕、荔浦芋、黎塘莲藕、东兰墨米、象州红米、钦州海鸭蛋、桂林三宝（三花酒、辣椒酱、豆腐乳）、合浦东园家酒、瑶山香菇、瑶山灵香草、苗山冬笋；阳朔折纸扇、合浦珍珠、北海贝雕、靖西绣球、钦州泥兴陶、北流瓷器、桂林美术陶、小铜鼓工艺品、环江竹席、柳州工艺小棺材、柳州奇石、德保藤编、都安藤编、博白藤编、宾阳竹编、梧州人工宝石、都安地苏竹帽、壮瑶侗锦、苗瑶侗绣品、苗家蜡染品等。

柳城云片糕：有着悠久的历史，产品在明代时期已负盛名，到清朝乾隆年间逐步发展成柳城名牌特产，列为贡品之一。柳城云片糕是以优质糯米、白糖为主要原料，佐以猪油、蜂蜜、桂花、陈皮、芝麻等，经多道严格工序精制而成。其色泽雪白，糕质柔软，有弹性，切片薄而匀，用手捻可卷成圆筒，来回卷曲而不断，香甜可口，进口自化，是居家、旅游、待客或馈赠朋友的上乘佳品，有增进食欲，帮助消化及补充营养的功效。

（八）开发利用旅游资源的若干思考

1）要广开渠道，筹措资金，继续坚持"国家、地方、部门、集体、个人一起上"的方针，"谁投资谁受益"的原则，要培育多元化投资主体，加快开发旅游资源，建设更多新的景区、景点。

2）在开发利用旅游资源，尤其是自然旅游资源时，从一开始就要注意旅游景区、景点的综合规划，生态环境保护，尽量保持旅游资源的原貌。同时还要防止新景区、景点出现环境污染，营造舒适的旅游环境。

3）既要重视自然旅游资源的开发，也要充分挖掘具有深厚文化底蕴的人文旅游资源，尽量做到两者有机结合，这也是提高旅游产品品位的一个重要因素，广西在这方面仍需要加强。

4）开发旅游资源要根据各地的具体资源优势，坚持独特性，人无我有，人有我优。旅游产品和工艺品也要有特点。同时，对新旧景区、景点要进行必要的包装，以满足市场不断变化的需求。

5）景区、景点的基础设施和服务配套设施要跟上，如路、护栏、标示牌、告示牌、洗手间等；同时，要提高、强化旅游服务质量，让游客有"高高兴兴来游，欢欢喜喜回去"的温暖感觉。

6）要加快发挥贫困地区的旅游资源优势，通过发展旅游业来促进当地各族群众尽快脱贫致富。如，开展民族风情旅游、森林旅游、自然风光旅游，吸引大量游客，就可以增加收入。

○红色旅游：红色旅游是指以1921年中国共产党建立以后的革命纪念地、纪念物及其所承载的革命精神为吸引物，组织接待旅游者进行参观游览，实现学习革命精神、接受革命传统教育和振奋精神、放松身心、增加阅历的旅游活动。红色旅游是把红色人文景观和绿色自然景观结合起来，把革命传统教育与促进旅游产业发展结合起来的一种新型主题旅游。其打造的红色旅游线路和经典景区，既可以观光赏景，也可以了解革命历史，增加革命斗争知识，学习革命斗争精神，培育新的时代精神，并使之成为一种文化。《2011—2015 年全国红色旅游发展规划纲要》提出，红色旅游是一项政治工程、文化工程、富民工程和民心工程；同时还提出，丰富红色旅游内容体系的要求"以我党领导下的革命战争时期内容为重点，将 1840 年以来中国大地上发生的以爱国主义和革命传统精神为主题、有代表性的重大事件和重要人物的历史文化遗存纳入红色旅游发展范围"，并按主题内容划分为四个时期：一是 1840 年至 1921 年，重点反映中国人民面对西方列强入侵和封建王朝压迫展开的不屈不挠、艰难求索的奋斗历程；二是 1921 年至 1949 年，重点反映中国共产党领导全国各族人民推翻反动政权、夺取全国胜利、建立中华人民共和国，实现民族独立和人民解放的奋斗历程；三是 1949 年至 1978 年，重点反映中国共产党带领全国各族人民确立社会主义基本制度，在"一穷二白"的基础上自力更生、艰苦奋斗，进行社会主义革命和建设的奋斗历程；四是 1978 年以来，重点反映中国共产党在新的历史时期，实行改革开放，不断探索和发展中国特色社会主义的奋斗历程。这为新时期红色旅游赋予了新的内涵和精神，拓展了红色旅游发展的空间，提升了红色旅游的发展层次。

〇乡村旅游：利用乡村特殊的自然环境、田园风光、生产经营形态、民俗风情、农耕文化、乡村聚落等资源，为旅游者提供观光、休闲、度假、体验、健身、娱乐和购物活动的一种新型的农业、生态、民俗旅游，其目标是"以旅强农、以农促旅、农旅结合、形成互动的产业链延伸"。目前，乡村旅游已成为广西旅游业的品牌，并已形成六类乡村旅游产品：农家乐（渔家乐等），农业新村，如恭城红岩瑶族村、玉林北流罗政村；民俗（族）文化村寨或古村落，如宾阳蔡氏书香古宅、灵川大圩古镇；集观光、体验、购物于一体的农园，如南宁乡村大世界、柳州农工商农业观光旅游区、桂林刘三姐茶园、田阳布洛陀杜果风情园等；高科技生态农业观光园，如广西八桂田园、广西现代科技示范中心、南宁金满园、北海田野科技种业园等；依托乡村名胜开展乡村旅游，如桂林龙胜平安乡的平安壮寨和黄洛红瑶村寨，借助驰名中外的绝景——龙脊梯田稻作文化景观；融合当地乡村民族风情开展的乡村旅游，如阳朔高田镇栎村、百色乐业火卖生态文化村、贵港桂平广西北回归线小汶生态村等。

五、利用沿海优势，合理开发海洋资源

（一）加快沿海港口等建设（通道经济），发展沿海工业经济，使沿海区位优势转化为经济优势

西南地区和中南地区通过铁路和高等级公路，已经与我区沿海主要港口城市基本连通。沿海港口是西南地区最便捷出海口的格局基本形成。西南地区货物从广西沿海港口出海比从广东湛江或广州港出海，运输距离缩短了 700～1 300 千米。为了最大限度满足日益增加的境内外货物进出口的需要，提高货物进出港口效率，仍要继续加快广西沿海港口建设，包括岸上基础设施建设、港口现代装卸设备购置、大型深水泊位码头建设、深水港口航道建设。同时，在港口城市还要加大力度规划建设一批为货物进出服务的专业市场，使客商能有效根据国内、国外市场的瞬息变化，及时组织大宗商品大进大出，从而形成巨大物流，增加港口进出货物的总量，提高港口竞争力。此外，港口城市还要充分利用地缘优势，选择引进一些

大进大出、两头在外、技术层次较高的资本密集型产业和工业项目上马，如建大型核电厂、大型钢铁厂，打造高端金属新材料基地、打造石油化工基地、林浆纸生产基地、电子信息产业基地、粮油食品基地、修造船基地、海产品深加工基地等，形成强大的工业生产能力，增强港口城市的经济实力，形成较强大、更稳定的人流、物流、资金流等，推动港口服务功能的进一步完善。

广西防城港钢铁基地：防城港钢铁基地项目，是中华人民共和国成立以来国家在广西沿海布局建设的第一个现代化大型钢铁项目，是国家钢铁产业结构调整、布局优化和转型升级的重大项目，是国家新一轮西部大开发的重点工程，是广西北部湾经济区全面开发开放的标志性工程，是广西在建工业项目"一号工程"。根据国家发展改革委核准批复，防城港钢铁基地项目按千万吨钢规模规划，项目总投资 640 亿元，预留二期发展余地。项目业主为广西钢铁集团有限公司，原由武钢主导，2018 年资产重组后由柳钢集团主导。一期 1 号高炉于 2019 年年底点火成功，截至 2020 年 5 月底，广西钢铁一期已累计完成投资 259 亿元，（一期）长材系统正式投产。

华谊钦州化工新材料一体化基地（钦州市）：2017 年 11 月底，基地正式开工建设。该项目由上海市国有大型化工集团华谊集团投资建设，是广西北部湾经济区又一标志性工程。华谊集团是中国 500 强企业，是国内最大的化学原料及化学制品制造企业之一。华谊钦州化工新材料一体化基地是该企业向广西北部湾拓展的重大项目，总投资 228 亿元，建成后年产值约 200 亿元，税收约 20 亿元，带动就业 1 500 人，每年增加港口吞吐量约 600 万吨。基地分两期建设，一期为工业气体岛项目，总投资约 120 亿元，产值约 70 亿元。项目生产氢气、合成气、氮气等工业气体供园区内用户使用，并生产甲醇、乙二醇、醋酸等化工产品，预计近期建成。二期为烯烃及下游深加工项目，生产乙烯–醋酸乙烯共聚物（EVA）等产品，进而延伸发展丁辛醇等精细化工品和高性能材料，建成华谊钦州化工新材料一体化产业基地。

广西华昇新材料有限公司（防城港市）：此项目是中铝集团实施"两海战略"及广西推进冶金产业二次创业的重大项目，是利用中国铝业在海外的铝土矿资源，依托防城港大型深水港口优势、良好的临港产业园区建设基础，以及丰富的核电、火电能源建设的生态铝工业基地。项目业主为广西华昇新材料有限公司，由中铝股份、广西投资集团、防城港市港发集团出资组建。项目计划总投资 154 亿元，建设规模为年产冶金级氧化铝 400 万吨，并借助防城港核电优势，打造国内首个核电铝材一体化项目，年产铝水 80 万吨，并以"标准化、生态化、智能化"为建设标杆，打造码头—氧化铝—铝水—铝加工全产业链基地。一期 200 万吨氧化铝项目，投资 60 亿元，于 2018 年 10 月开工，已完成整体工程量的 90% 以上，主要子项已全面进入设备安装、调试收尾阶段，预计 2020 年下半年建成投产。

(二) 利用滩涂、浅海、深海，大力发展养殖业

广西沿海滩涂面积不少，浅海面积较大，海底平坦，流入北部湾的河流水中含有大量的有机物和营养盐类，浮游生物种类多、生长快，发展海水养殖条件得天独厚，有着很大的潜力。因此，利用这种资源优势，发展有较高经济价值的养殖品种，如珍珠、文蛤、对虾、青蟹、牡蛎（大蚝）、海参、中华鳖、沙虫以及各种珍贵鱼类等，就能把资源优势转化为经济优势，加快地方经济的发展。珍珠，浑圆玉亮，辉艳闪光，是一种高贵的装饰品和重要药材。它生长在一些海水珠贝（软体动物）或淡水珠贝中。以广西合浦珍珠（又称南珠）最

有名，有"西珠不如东珠，东珠不如南珠"之称。沙虫，是海上软体动物沙蚕中的一种，体形像一条大蚯蚓，只是没有环节及刚毛，退潮时，它在沙滩上打洞空居。用之熬汤，汤水白如牛奶，鲜美滋养；油炸酥松香脆。海参，海上棘皮动物，状如蚂蟥，长一尺多，手臂般粗，其营养丰富，每百克蛋白质含量为 76.5 克。

不过，在开发利用这种优势资源时，有两个方面需要注意。一是发展海水养殖要合理科学，注意保护海洋生态环境，不要造成海域环境污染。尤其是不要为了眼前利益，乱围垦造田，挖塘搞养殖，污染海水，影响红树林的存活；或乱砍伐红树林，筑塘养殖，那样会得不偿失，付出惨重代价。因为红树林就是虾、贝等许多海洋经济动物赖以生存的系统，是近岸水体的生物净化筛，对重金属、农药、生活和养殖污水及海上溢油等均有很大的净化作用，并能有效地减缓赤潮的发生。二是实施科技养殖，以科技求发展，以科技创效益。早在 2001 年，北海铁山港区某对虾养殖基地，先把普通虾塘改为标准虾池，又把虾池改为高位池，最后把高位池改为工厂化养虾，这是对养虾模式的大胆创新。工厂化养虾平均每亩产值达 12 万元，经济利益明显。推广科学养殖文蛤，亩产值超过 1 万元。推广深水育珠技术更能使珠贝成活率及含珠量各比浅水育珠提高 1/4 以上。在北海市铁山港区、防城港市白龙珍珠港海域、斜阳岛以西海域建设深水网箱养殖。深水网箱一般设置在远离海岸、水深 15～40 米的半开放或开放海域。与传统网箱相比，深水网箱抗风浪能力强（可抵御 12 级台风）、应用海域广阔、养殖容量大、病害少、品质好、产量大、效益高、水环境污染少、使用年限长、科技含量与自动化程度较高。如，防城港一公司在白龙珍珠港海域设置深水网箱 120 口，养殖水体约 9 万立方米，一年内金鲳鱼、三刀鱼、军曹鱼等总产量约 1 200 吨，总产值约 2 800 万元，经济效益相当明显。据统计，2019 年年底，铁山港区网箱养殖户已达 300 余户，传统网箱拥有量达 4 600 口，深水网箱 276 口，养殖面积超过 32 万平方米；2019 年养殖产量达 5 万吨，年产值达 5.8 亿元。

此外，还可加大利用滩涂浅海来养鸭、鹅，丰富人们的菜篮子。据统计，2019 年，北海市海鸭蛋产值达 10 亿元，年销售海鸭蛋近 10 亿枚。2019 年，院士袁隆平海水稻在北海山口红树林保护区西侧高坡村首种成功，单产 400 千克，种植 300 亩，这为科学利用滩涂产粮提供了新的路径。

○中国海产珍珠最负盛名的是南珠。南珠是南海珍珠家族的总称，但尤以北海合浦珍珠质量为冠。屈大均的《广东新语》就有"合浦珠名曰南珠""东珠不如西珠，西珠不如南珠"之说。英国李约瑟博士也有"中国珠必产雷廉二地"之说（雷州曾属合浦郡）。北海是珍珠的故乡，因而有许多珍珠的传说。"珠还合浦"的传说流传最为广泛。东汉顺帝时，合浦已成为吸引中原商贾采购南珠的首选之地。合浦郡军官因贪贿而关闭合浦珍珠市场，珠贩绝迹，珠乡经济支柱崩溃，饿殍遍野，珠蚌"慣"而"徙"于交趾，合浦成为夜海无光之黑暗世界。会稽孟尝替任合浦郡守，"移风改政"，开放珠市，珠蚌重还合浦，经济得以复苏，合浦成为富庶之乡，"珠还合浦"震烁史册。今日南珠资源的保护和人工养殖备受重视。1958 年在北海海域培育出中国第一颗人工海水养殖珍珠至今，北海珍珠已成规模，近几年有较大发展。

（三）充分挖掘海岸带旅游资源，发展旅游业

广西海岸带有着丰富的旅游资源，发展滨海旅游潜力巨大，前景广阔。

广西海滩广阔，其中软质沙滩占绝大部分。最令人心旷神怡的是北海银滩。北海银滩宽阔平坦，绵延24千米，宽0.5千米，沙白细软，水清浪柔，阳光充足，冬暖夏凉，空气清新，环境幽雅，是理想的海滨浴场和水上运动场所，也是旅游度假和避暑的胜地，享有"南方北戴河""天下第一滩""东方夏威夷"的美誉。东兴市金滩，绵延13千米，沙呈金黄色，目前已得到有序开发。防城港市防城区江山半岛的月亮湾、白浪滩（大平坡）、怪石滩、白沙湾也很美，企沙镇的玉石滩、天堂滩有待进一步开发。

广西有众多的海岛，有独特的魅力。除前面所述外，较著名的还有钦州市的七十二泾，它位于钦州湾海上。七十二泾，谓其多之意。众多大小不一的小岛参差错落，星罗棋布，散列于海中，形成无数回环往复、曲折多变的水道。岛上绿树成荫，鸟雀相呼。乘船游览，如入迷津。

北部湾近海区域，生长着广阔的红树林，被称为"海上森林"。它奇特的自然景观和巨大的生态价值令人惊叹不已。其中，合浦县山口红树林，面积达5 000亩，是我国面积最大的海上森林，已被定为国家级海洋生态自然保护区。林内树形奇特，盘根错节，退潮时成了根雕的世界；碧水绿树间时有鸟鹤停歇，远远看去，如升起一片云，落下一片雪，蔚为壮观。防城港市渔洲坪红树林，是我国最大的连片城市红树林，面积在5 000亩上下。我国面积最大、最典型的岛群红树林和岩滩红树林茅尾海红树林在钦州市，面积2.8万多亩。青翠的红树林与湛蓝的海水相辉映，景色更加迷人。位于北海市区东南方约15千米处的金海湾红树林，面积为2 000多亩，鸟类、昆虫、贝类、鱼、虾、蟹等生物在此繁衍栖息，是我国罕见的海洋生物多样性保护区，诗人王勃的"落霞与孤鹜齐飞，秋水共长天一色"千古名句在这里可得到验证，现已开发为红树林生态旅游区。

1986年，广西沿海发生了近百年未遇的特大风暴潮，合浦县398千米长的海堤被海浪冲垮294千米，但凡是堤外分布有红树林的地方，海堤就不易被冲垮，经济损失就小。由于红树林枝繁叶茂、根系发达，能牢固扎根于海滩淤泥中，形成一道与海岸线相平行的天然屏障，故可有效抵御和降低自然灾害对堤围的危害。

六、保护、开发、利用丰富的动植物资源

（一）保护珍稀濒危动物，大力发展家禽家畜

1. 保护珍稀濒危动物

野生动物是人类的朋友，是自然生物界中重要组成部分，是大自然赋予人类的宝贵资源和财富。保护野生动物资源，对于维护自然生态平衡、拯救濒危物种、开展科学研究、发展经济、改善和丰富人民的物质和文化生活，具有重要的作用和意义。因此，一方面，要加强宣传和严格执行国家《中华人民共和国野生动物保护法》《陆生野生动物保护实施条例》和自治区有关保护野生动物的法规、法令和政策；另一方面，要给野生动物营造一个良好的有利于生存的空间和生态环境，不乱砍滥伐林木，不非法捕杀、运输、买卖野生动物，不宰食野生动物。如，南丹县八圩瑶族乡经过人工造林和封山育林，保护生态，已灭迹半个多世纪的猴子、猫头鹰、果子狸、穿山甲等野生动物近年来又重返大自然，在山林中活动。忻城县北更乡从20世纪80年代初起，各户人家就种桑养蚕，建造沼气池，用沼气烧火煮饭，不再上山砍柴，恢复了山间树林，好久不见的猴子又回来了。崇左市江州区罗白乡弄官山，由于

当地群众不上山砍柴，不偷猎，又退耕还林，野生动物生存的环境有了很大的改观，国家珍稀一级保护野生动物白头叶猴就从1998年3月的16群147只，增加到2001年5月的20群212只。自2005年崇左市白头叶猴自然保护区设立以来，白头叶猴数量明显增加，已由20世纪80年代初期的300多只增加到2012年的120群937只。截至2020年9月底，分布于崇左市扶绥县、江州区、龙州县、宁明县境内的白头叶猴，已达149群1250只，其中崇左白头叶猴自然保护区有131群1128只（岜盆片87群678只、板利片44群450只）；弄岗自然保护区有18群122只。2006年，已绝迹50多年的东部黑冠长臂猿在广西靖西邦亮林区重新出现（19只），2012年6月增加至24只（全球仅110只），截至2018年年底，东部黑冠长臂猿增长到22群136只。

此外，要在野生动物相对集中的地方创造条件建立野生动物自然保护区，有条件的建立野生动物人工繁殖中心或基地。广西已经建立了10多个野生动物自然保护区，梧州市已建立了世界上最大的黑叶猴人工繁殖基地，从1977年至今已育成黑叶仔猴100只以上。桂林熊虎山庄，建于1993年，现被列为国家级濒危动物繁殖基地，该山庄已经成功繁殖东北虎、华南虎、孟加拉虎和白老虎500只以上，黑熊300只以上，非洲狮100只以上，成为全球最大的集虎、熊、狮等珍稀动物观光、野化、科研和繁殖于一体的多元化野生动物基地。

同时，通过多种方式加强对保护野生动物的宣传工作，让保护野生动物成为人们的自觉行动。广西区政府在1991年确定每年9月为"爱护野生动物宣传月"，在2009年确定每年9月为"保护野生植物宣传月"。

受国家一级保护的野生动物（235种，此为部分）：白头叶猴（白头乌猿，广西特有）、鳄蜥（大睡蛇，广西特有，动物活化石）、儒艮（海牛或美人鱼）、中华白海豚、东黑冠长臂猿、黑颈长尾雉、猫儿山小鲵、中华秋沙鸭、黑叶猴（乌猿）、穿山甲、西黑冠长臂猿、蜂猴（懒猴）、豹（金钱豹）、梅花鹿、白鹳、黑鹳、金雕、白肩雕、黄腹角雉（角鸡）、白颈长尾雉、鼋（银鱼）、云豹（龟魂豹）、中华鲟、大灵猫、小灵猫、金猫、林麝（麝香）、玳瑁、北豚尾猴（平顶猴）、豺、野牛、海南山鹧鸪、白鹤等。

受国家二级保护的野生动物（753种，此为部分）：短尾猴、猕猴、黑熊（狗熊）、水獭、水鹿、中华斑羚、小天鹅、鸳鸯、红腹锦鸡（金鸡）、白腹锦鸡（铜鸡）、红腹角雉（角鸡）、红原鸡（原鸡）、蟒蛇（大南蛇）、熊猴（青猴）、广西脸虎、凭祥脸虎、大壁虎（蛤蚧）、海南脸虎、眼镜王蛇、娃娃鱼（大鲵）、广西瘰螈、富钟瘰螈、虎纹蛙（田鸡）等。

受自治区重点保护的野生动物（此为部分）：华南兔（野兔）、红腹松鼠、豪猪、中华竹鼠、黄鼠狼、土拨鼠、果子狸、狐狸、貉、大杜鹃（布谷鸟）、八哥、鹩歌、喜鹊、乌鸦、土画眉、画眉、红嘴相思鸟、乌龟、金环蛇、银环蛇、眼镜蛇、五步蛇、山蚂蟥、马氏珠贝、鸡冠鸟、豹猫等。

白头叶猴，又名花叶猴、白叶猴，至今已有300多万年的历史，是世界上唯一由中国学者发现并命名的灵长类动物，被列为国家一级重点保护野生动物，也是全球25种最濒危的灵长类动物之一，目前被公认为世界最稀有的猴类。在我国现有的6种叶猴（黑叶猴、白头叶猴、长尾叶猴、菲氏叶猴、戴帽叶猴和白臀叶猴）中，只有白头叶猴为我国所独有，分布于崇左市扶绥县、江州区、龙州县和宁明县，在左江和明江之间的一个十分狭小的三角形地带内，面积不足200平方千米。2009年年底，岜盆自然保护区的白头叶猴已达到400只，板利自然保护区的也有300余只,加上广西龙岗国家级自然保护区内的80余只,总数已经达到800只左右。2012年,总数达到937只。2020年9月底,总数达1250只。崇左是"中国白头叶猴之乡"。

大鲵,俗称娃娃鱼,又名人鱼、孩儿鱼等,它和恐龙同时繁盛于3.5亿年前的古生代泥盆纪时期,被誉为"游动的活化石",是世界级濒危两栖动物,国家二级保护动物。目前,绝大多数娃娃鱼为人工驯养。在野生环境下,体长能达到1米的娃娃鱼非常罕见。中国大鲵主要产于长江、黄河及珠江中上游支流的山涧溪流中。大鲵生性凶猛,肉食性,以水生昆虫、鱼、蟹、虾、蛙等为食。捕食方式为"守株待兔"。大鲵一般匿居在山溪的石隙间,洞穴位于水面以下。夜间静守在滩口石堆中,一旦发现猎物经过,便进行突然袭击,将猎物扑食。

广西野生动物自然保护区一览表如表3-1所示。

表3-1 广西野生动物自然保护区一览表

名称	地点	保护对象	级别
大新恩城自然保护区	大新	黑叶猴、猕猴、冠斑猴	国家级
崇左白头叶猴自然保护区	江州、扶绥等	白头叶猴、黑叶猴、猕猴	国家级
涠洲岛鸟类保护区	北海	各种候鸟和旅鸟	自治区级
金钟山鸟类保护区	隆林	鸟类（黑颈长尾雉）	国家级
建新鸟类保护区	龙胜	迁徙鸟类	自治区级
古修珍贵动物保护区	蒙山	鳄蜥及鸟类	自治区级
王子山雉类自然保护区	西林	雉类	自治区级
合浦儒艮自然保护区	合浦	儒艮（美人鱼）	国家级
三锁鸟类保护区	融安	红腹角雉、黄腹角雉等	自治区级
拉沟鸟类保护区	鹿寨	白颈长尾雉等	自治区级
泗涧山自然保护区	融水	大鲵及其生境	自治区级
大桂山鳄蜥自然保护区	贺州市	鳄蜥	国家级
龙滩自然保护区	天峨	猕猴	自治区级
凌云洞穴鱼类自然保护区	凌云	珍稀洞穴水生生物	自治区级
邦亮东部黑冠长臂猿自然保护区	靖西市	东部黑冠长臂猿	国家级
红水河来宾段珍稀鱼类自然保护区	来宾市	珍稀鱼类	自治区级
左江佛耳丽蚌自然保护区	江州、龙州	佛耳丽蚌等淡水贝	自治区级
那兰鹭鸟自然保护区	南宁市	鹭鸟及其生境	自治区级
防城万鹤山鹭鸟自然保护区	防城区	鹭鸟及其生境	自治区级

2. 积极引导大力发展有地方特色的禽畜品种

广西家禽、家畜品种不少,有牛、猪、鸡、羊、马、鸭、鹅等29个品种。其中有些具有地方特色的优良品种有较长的饲养历史,逐渐形成品牌,并在区内外及港澳地区有一定的知名度,因此要积极利用,加快特色禽畜品种的生产,提高经济效益,推动地方经济上台阶。

隆林黄牛：毛色多为黄色，角黑或蜡黄，鼻镜肉色或黑色，肌肉发达，重五六百斤，肉役兼用。适应寒冷或不嫌湿热气候。隆林地处高寒山区，牧草丰盛，是黄牛的主要产地。南丹、北海市涠洲岛也是盛产黄牛的地方。

富钟水牛：主要产于富川、钟山两地，个子高大，皮肤灰黑，眼大而明亮，角似弯弓，性情温驯，耐粗料，体型硕壮少生病，一般重800斤左右。此外，西林水牛也十分有名。

环江菜牛：个头不大，重两三百斤，实行舍饲圈养，长膘快，且肉粉红鲜嫩，肥瘦相间。由于质佳味美，环江菜牛畅销广东、港、澳及东南亚，环江也因此成为全国商品牛基地之一。

巴马香猪：巴马一些山区地带采用以子配母的方式繁殖的纯种猪，属国家级畜禽遗传资源保护品种（2014年公布）。头臀黑毛，腰身白毛，头大躯干短，体小皮薄骨细，肉味鲜香，为餐桌上的佳肴，名声享誉全国。要尽量利用这种有形无形的资源优势，上规模，形成产业化生产，逐步使其变为地方的支柱产业。此外，环江也盛产香猪。

陆川猪（两广小花猪）：陆川猪是我国九大良种猪之一，国家级畜禽遗传资源保护品种，以仔多快长、体型矮短肥圆、早熟易肥、骨小肉厚、皮薄肉嫩、味道香甜、适应性强，闻名全国。体重两三百斤，头背耳尾呈黑色，胸腹脚颈为白色。用来做扣肉、烤乳猪，其味更属上乘。全州东山猪、隆林猪、德保猪、桂中花猪也是八桂有名的地方猪种。

德保矮马：历史久远的广马中的一个特异品种，堪称马中珍奇，主要产于百色市的德保、那坡、右江等县区，属国家级畜禽遗传资源保护品种。这种马体高一米左右，最矮的成年马仅84厘米。虽貌不惊人，但短小精干，善爬山，耐重驮，吃粗料，性情温驯，适合家庭运输，如乘坐其来旅游观光，更有一番情趣。凤山乔音乡也有矮马。

德保矮马已被列入全国159个国家级畜禽重点保护品种之一。2001年以后，国家投入保种经费，实施百色马（德保矮马）保种选育项目。同时，德保县也制定了矮马的保护措施，以"国有民养"形式开展全方位、参与式的矮马保种选育工作，养马农户与县矮马协会签订协议书，明确责、权、利；由该县矮马协会出资购买种马，农户负责管理，分散在农户家中代养、保种、繁殖，德保县畜牧局每月发给代养费；生产马驹1～1.5岁龄的，按"三七"开评价分成。

容县霞烟鸡：脚矮身圆，胸宽臀大，体如船底，似有两个胸脯，皮薄肉厚，骨脆肉松，炒、炖、切来吃口味均独特。在港、澳及东南亚地区，被视为席上珍品，至今仍需求不断。

岑溪三黄鸡：因其母鸡毛黄、嘴黄、脚黄而得名，公鸡羽毛酱红，翼羽和主尾常带黑色，体型美观，肉质鲜嫩，是有名的肉用鸡，至今仍远销港、澳等地。

东兰三乌鸡：因毛乌、皮乌、骨乌而得名。东兰本地土鸡孵化的仔鸡中，好几群才发现一两只，因此较为珍稀，也引起中国科学院专家的重视并前来考察。对这一珍稀的禽种，要尽快做好品种的选种、育种工作，扩大品种群体，发挥其经济价值。

此外，龙胜凤鸡（属国家级畜禽遗传资源保护品种），南丹瑶鸡、凌云乌鸡、灵山香鸡、钦州小董土鸡、天等土鸡、钦州松山草鸡、防城光坡鸡等，以及防城港番鸭、德保、靖西、西林的麻鸭、右江鹅（广西现存的唯一鹅种）、隆林、都安、田林的山羊等都有自己的特色，都值得加以重视与开发。

近年来，广西各地积极培选或引进优良禽畜品种，收到了较好效果，增加了群众收入，也丰富了人民的菜篮子。如引进摩拉水牛（印度）、拉菲水牛（巴基斯坦）、黑白花奶牛，选育"龙宝猪""壮乡黑猪"，合浦、容县、天峨引进琅德鹅，合浦引进狮头鹅，兴业县选育参茸鸡，北流有凉亭鸡，南宁有良凤鸡，隆安有丁当鸡，柳州有麻花鸡，马山有黑山羊等，同时各地群众还在庭院建池养殖各种龟鳖。

龙宝猪，2013年年底被国家农业部认定为中国畜禽新品种，是选择广西陆川猪、隆林猪等名优猪种，与国外引进的大白、长白、杜洛克等瘦肉型猪进行不同杂交组合试验成功的，融合"土猪"和"洋猪"杂交优势的"混血猪"。该种猪皮薄毛白，体型丰满，将"洋猪"瘦肉多、生长快和"土猪"肉质好、耐粗饲等优点强化和保存下来。龙宝猪个头比"土猪"大，与"洋猪"差不多，母猪每窝产仔11～13头，年均产仔2.2窝。

壮乡黑猪，是利用广西优品种陆川母猪与国外优质品种杜洛克公猪杂交、改良、培育出来的一代优良品种。该品种猪全身长满油亮黑毛，体形中等，瘦肉多，抗病强，耐粗饲，肉质纤维细嫩，口感比普通生猪品种好，投放市场深受顾客欢迎。目前，壮乡武鸣养殖场场主潘泰强，把自己养殖的黑猪申请注册为"壮乡黑猪"商标。

兴业县广龙养殖公司成功采用人参、鹿茸、御苁蓉、首乌等20多种中药材并经现代科学生物制剂技术提取其有效成分调配到饲料中喂养的参茸鸡，有独特的滋补养颜功效，且肉质鲜、味醇、嫩滑可口，任食不腻，百吃不厌。烹调时只需清水加盐，其余常规配料免除。参茸鸡的研究成功，彻底地改变了三千年以来传统的养鸡方式，把鸡肉品质推上更高层次，符合当前社会追求品位的新型保健产品理念。本项研究，获玉林市1999年科技进步一等奖。

3. 发展家禽、家畜应注意的若干问题

第一，在市场经济逐步形成的过程中，要敢于冲破传统的自然经济的束缚，改变"养牛为耕田，养猪等过年，养鸡仅为油盐"的观念，树立市场经济的意识。要有不仅挣小钱，还要赚大钱的饲养思路。

第二，各地政府要对饲养家禽、家畜有足够的重视，尤其是要引导农家因地制宜，取长补短，利用本地的优越原料资源进行饲养，同时，也要重视家禽畜的销售，既管导养又抓卖，这样才不致挫伤农家的积极性。

第三，要搞好饲养家禽、家畜的技术指导，县乡的技术人员要下到农家第一线，手把手传授技术，面对面回答相关疑难问题，减少因技术原因导致的自然灾害和人为操作不当带来的损失，增加农户投入的信心和勇气。

第四，要重视优良品种的引进，要培养满足市场需求的新型品种。近年广西阳朔县金宝乡山区农户，利用本地的野猪与从巴马购进的香猪以人工授精的方式进行杂交，取得成功，诞生的野香猪，味香肉嫩，无臊味，深得客户的欢迎。目前野香猪供不应求，发展前景广阔。

第五，政府或当地相关部门，要想方设法给予资金扶持，特别是对有一定规模，有巨大的市场潜力的饲养项目，要提供贷款，这样才能不断扩大生产，增强竞争力，进而形成产业化，成为地方经济发展的龙头，带动地方经济的发展。

（二）保护古老珍稀树种，合理开发、利用各种植物资源

1. 切实加强对国家重点保护植物的保护，留住已不多的天然资源

广西野生植物资源种类较多，其中有不少珍稀名贵植物属于国家重点保护植物，因此要

严加监控保护，严禁砍伐。

金花茶：国家一级保护植物，世界上稀有的珍贵山茶科植物。全世界90%的野生金花茶分布于广西防城港市十万大山的兰山支脉一带，生长于海拔100~200米的低缓丘陵上。广西隆安、天峨等地也有发现。金花茶被誉为花卉中的"超级明星""茶族皇后"，植物界的"大熊猫"。一般高2~6米，金黄色的花瓣千姿百态，鲜润艳丽，且花期长，具有较高的观赏和科研价值。防城港市被称为"金花茶之乡"，2002年，金花茶被确定为防城港市市花。新《国家重点保护野生植物名录》征求稿（一级保护植物有53种和2类，二级保护植物有415种和23类）调整金花茶为二级保护植物。

银杉：国家一级保护植物，被植物学家公认为世界上最珍贵的植物之一，数量非常稀少，世界上现存的野生银杉只有2 000多株，仅分布于我国的湖南、贵州、广西、四川4个省（自治区）。在广西，主要分布于龙胜县花坪和金秀瑶族自治县大瑶山。银杉有植物界的"大熊猫""活化石"之称，主干高，主枝前端平列，树冠如伞盖，有较高的科研价值。广西大瑶山自然保护区从2000年起利用原产地的生态条件，大规模繁育银杉，经过多年的实践和总结，成功培育出4 500多株银杉幼苗。人工繁育的成功，意味着银杉短期内在大瑶山灭绝的危险大大降低，这对于保护这种濒临灭绝的珍贵物种有着非常积极的意义。

桫椤：国家一级保护植物，主要生长于桂平市、天峨县、靖西市、金秀瑶族自治县、临桂区、贺州市等。树干粗大，茎高而直，叶片大，羽状分裂复叶，属与恐龙同时代的植物，科研价值高。新《国家重点保护野生植物名录》征求稿调整桫椤为二级保护植物。

望天树：又名擎天树，国家一级保护植物，大乔木，主要分布在云南和广西，在东南亚大部分热带雨林也有分布。在广西，主要生长于那坡、龙州、大化，以及大新、巴马、田阳、都安等地。望天树树干直高，顶部有枝叶，属我国最高的树种，木材坚硬、耐用、耐腐性强，不易受虫蛀；材色褐黄色，无特殊气味，纹理直，结构均匀，加工容易，刨切面光滑，花纹美观，为制造各种家具的高级用材。成片的望天树林，极具观赏价值。南宁树木园于1978年开始从那坡县林科所引种的望天树，于2020年5月开始现花，6月初花期结束并进入挂果期，7月中旬至8月中旬种子将陆续进入成熟期。2020年7月观测引种望天树人工林平均胸径40厘米，平均树高40米。42年的望天树挂果，标志着望天树人工引种林进入正常开花结实期。这在广西望天树人工林培育中尚属首次。

红豆杉：猫儿山上已发现红豆杉和南方红豆杉两个种群。呈零星分布，与阔叶树种混交形成阔混交林，分布在面积约2 000亩的范围，共有100多株，树径在40厘米左右，高10米左右，树龄估计有250~300年。大瑶山也发现有红豆杉。红豆杉是世界上公认的濒临灭绝的天然珍稀抗癌植物，是第四纪冰川遗留下来的古老树种，在地球上已有250万年的历史。新《国家重点保护野生植物名录》征求稿除南方红豆杉为一级保护外，红豆杉调为二级保护植物。

此外，属国家一级保护植物的还有苏铁属（德保苏铁）、银杏、元宝山冷杉、资源冷杉、坡垒、广西青梅、膝柄木、水松等，属国家二级保护植物的有蒜头果、鹅掌楸、伯乐树、瑶山苣苔、防城茶、那坡红豆、土沉香、蚬木、金丝李、伯乐树、狭叶坡垒、格木、红豆树、降香黄檀、楠木、天麻、铁皮石斛、滇桂石斛等。银杏以灵川县海洋乡最多，有上百万株银杏树，最老的有五百多年。兴安漠川乡也有很多银杏树，一到深秋便"满城尽带黄金甲"。崇左市龙州县武德乡三联村一棵古蚬木入选"中国最美蚬木"，它是广西唯一入选的古树。该蚬木的树龄超过 2 300 年，围径 9.39 米，树高 48.5 米。

2020 年 7 月，根据目前的野生植物资源现状和保护形势，国家相关部门公布了《国家重点保护野生植物名录（征求意见稿）》，共收录 468 种和 25 类野生植物，其中，一级保护植物 53 种和 2 类，二级保护植物 415 种和 23 类。在《国家重点保护野生植物名录（第一批）》的基础上，删除 55 种，增加了 296 种和 17 类，由国家二级保护升为一级的有 2 种，由国家一级保护降为二级的有 18 种和 2 类。

2. 具有较高经济价值的植物资源

（1）速生丰产用材树

杉木：属世界优良用材树种之一，主要分布在桂北。其中，融水、三江、融安是主产区。

松树：主要品种有马尾松和云南松，前者集中在桂东各县，后者分布在桂西各县。2020 年 9 月公布的数据显示，广西有松树林面积 3 600 万亩。

毛竹：又称南竹，主要分布在桂东北、桂北，以桂林市的资源、龙胜、兴安、灵川，柳州市的融水、融安、三江以及河池市北部县较多。

桉树：引进的外来优良速生丰产用材树种，适应性强、生长快速、材质优良、用途广泛、效益显著，是世界上栽培最广泛的人工林树种之一。初期主要在桂南、桂东南及左右江谷地栽种，现向北回归线以北扩展，14 个市 100 多个县（市、区）都有种植，是广西速丰林的主要树种。由于桉树是造纸的重要原料，桉片可大量出口赚外汇，还可做板材加工。据统计，2019 年，广西桉树面积达 4 000 万亩，居全国第一位。

（2）药用植物

桂树（肉桂树、玉桂树）：亚热带常绿乔木樟科植物，主要生长在桂东南的平南、岑溪、藤县、容县及十万大山的防城区。桂树一身都是宝，可入药、做菜、调香，尤其是桂皮为常用名中药，广西的桂皮占全国的 7/10 以上，在国内外市场上有较高声誉。2020 年 9 月公布的数据显示，广西肉桂种植面积 110 多万亩。

田七：又称三七，名贵中药材，"出自田州"，广西区内主要产于靖西、德保等县，其中靖西田七产量高，颗大坚实滑身，被誉为田七之乡。

八角：又名大茴香，既是重要的调味品，也是重要的药材。2020 年 9 月公布的数据显示，广西八角种植面积达 550 万亩。广西八角产量居全国第一，主要产于桂西南和桂东南，如防城、龙州、德保、岑溪等县市区。防城区栽培八角历史有几百年，产量占广西 1/3，质量较好。"龙州八角"早就出名，"天保茴油"更是驰名天下。广西美食风味炖牛杂，如果离开了八角，其味大为逊色。至今，广西八角和用八角枝叶制成的茴油在国际市场上仍占绝大部分的份额，深细精加工得到进一步发展。

罗汉果：含有丰富的维生素 C 和甜味素，营养价值高，多用于医药和饮料行业。主要产于桂林市和柳州市的一些县，其中永福县年产量最高，是有名的"罗汉果之乡"，永福罗汉果继成为地理标志产品后，还被授予广西名牌产品、中国名牌农产品、中国农产品区域公用品牌价值百强品牌等荣誉称号，畅销港、澳及东南亚地区。南宁市也试种成功。

金银花：一种能清热解暑的药材，主要产于桂中、桂西南、桂东北的部分县，其中，马山县、忻城县年产量较多。广西的金银花花柔干爽，气味清香，因此与山东、河南同列为全国金银花三大产地。

白果：又称银杏、公孙树，长龄巨树，一身皆是宝，核仁营养丰富，既是美味食品，又有较高的医药价值。主要生长于灵川、兴安等县。

此外，广西的山药、半夏、茯苓、首乌、两面针、绞股蓝、灵香草、鸡血藤、穿心莲等药用植物的产量在全国也居前列。

（3）野生水果

猕猴桃：其叶圆，有毛边，呈锯状，面绿底白；果呈椭圆形，棕绿色；皮上有毛；肉酸甜可口，富有维生素C，生食、做饮料均可。主要产地有乐业、南丹、龙胜、资源等县，大瑶山、大苗山，以及隆林、容县也有种植。乐业、南丹红心猕猴桃入口即化，味甜多汁，品质优良。

刺梨：果似核桃大小，全身长刺，是一种富含人体需要的多种营养成分的珍贵野果，每百克鲜果含维生素C 2 500毫克，是"维C之王"，主要产于乐业、隆林。

山葡萄：含各种营养物质及维生素，有特别风味，都安、永福、罗城产量较多，且已用来酿造葡萄酒。

此外，山楂、人面果、鸡皮果、番石榴、杨梅、山黄皮、余甘子、桃金娘（捻子）等野生水果也为人们喜爱，极具开发价值。

（4）经济林木

油茶：一种木本油料植物，其籽能产优质食用油。广西大部分地方都有，总产量居全国前列，以三江、融安、龙胜、百色、贺州、巴马、田东等县（市、自治县）为多。如，在2020年，三江侗族自治县油茶种植面积达60多万亩，天峨县油茶面积也超过20万亩。

油桐：工业用油料植物，主要有三年桐和千年桐品种，分布在桂西、桂北、桂东南、桂东北，以天峨、龙胜、三江、田林等县（自治县）产量为多。近年来，天峨县种植油桐面积超过50万亩。

广西山地多，气候适宜，是茶树的原产地之一。目前，茶园种植重点市主要集中在百色、柳州、贺州、梧州市，龙州县、平南县、灵山县、凌云县、昭平县均为传统产茶县，近年来，夹金秀、三江、西林、乐业等县也大量种植茶树，茶产业在当地经济中占有重要地位。广西茶有一定历史的是凌云白毫茶、贵港覃塘毛尖茶、横州市南山白毛茶、贺州开山白毛茶、桂平西山茶、金秀白牛茶、西林王子山白毫茶、蒙山屯巴白毛茶。昭平银杉茶、将军峰茶、象棋山茶、桂林毛尖（尧山）、灵山陆屋茶等是广西名茶中的新秀。苍梧六堡茶属黑茶，已有200多年历史。横州市茉莉花茶、大新苦丁茶、金秀大瑶山甜茶特色优势明显，深受消费者欢迎，应加强品牌的树立和宣传。

凌云白毫茶久负盛名，早在清乾隆时期就成为贡品，1915年在巴拿马世界博览会参展，20世纪30年代出口港澳地区，50年代出口阿尔及利亚和摩洛哥等国，1998年出口日本和韩国，2000年在韩国第二届国际名茶评比中获金奖。

3. 种植优良珍贵树种，前景广阔

广西是历史上珍贵树种种植的传统产区，已有数百年的人工栽培经验。广西地貌类型和土壤种类的多样性，为广西特有的、多样化的珍贵树种发展提供了得天独厚的土地资源。现在应加快优良珍贵树种发展的步伐，使优良珍贵树种成为我区造林主角，势在必行。

第一，随着人与自然和谐相处观念的树立，森林健康和森林可持续经营已成为当今社会对现代林业提出的要求。2000年以前，我区用材林主要以马尾松、湿地松和杉木等针叶树为主，2000年以后重点发展速丰林时又以速丰桉为主。树种单一，林分结构简单，生物多样性差，生态系统不稳定，容易发生森林火灾和大面积病虫害，甚至存在影响整个生态环境安全的隐患。

第二，传统的松、杉、桉主要用途是木片、制浆造纸、胶合板、单板、方材等，以工业原料用材为主，无法用来加工高档家具、高档建筑用材和装饰用材等，无法满足社会对木材资源的多样性需求。铁力木、红椎、西南桦、火力楠、米老排、任豆等树种，材质较好、生长速度快、商品利用价值高、市场前景广阔，用其做成的实木家具，具有美观大方、绿色环保、经久耐用、古色古香、收藏升值等特点，是今后家具发展的方向和主流。沉香、红豆杉、檀香等有保健功能，符合人们追求健康、自我保健的需求。

第三，经过多年的试验，从林业健康和可持续发展的角度看，发展优良珍贵树种可以解决大面积的杉木和桉树轮作树种问题。如红椎、西南桦、秃杉、火力楠等将是杉木很好的轮作树种，杂交相思将是大面积桉树替代或轮作的最佳树种。

第四，珍贵树种大多数为阔叶树，具有良好的生态功能和景观功能，加之以培育大径材为目的，非常适合作为公益林来种植。可结合退耕还林、珠防林、海防林等林业生态工程营造珍贵树种，或者对公益林区中低效林有计划地逐步进行改造，有目的地补植、补种或套种一些优良珍贵树种，既可改善林分结构，提高林分质量，更好地发挥生态功能，又能充分利用公益林增加森林后备资源和储备珍贵木材资源。如在桂西北和桂北的中、高海拔地区主要发展秃杉和西楠桦；在桂东、桂南地区主要发展红椎、荷木、柚木，并试种杂交相思等；在石山地区主要发展任豆、香椿、降香黄檀（黄花梨）等。

当然发展珍贵树种不能"一刀切"，必须坚持适地适树原则。如黄花梨喜光，对土壤肥力的要求不甚苛刻，一般肥力中等以上的红壤、赤红壤、砖红壤，均可生长成材，但在肥沃土地生长更快，能适应石灰岩山地环境，成活率也可达95%。黄花梨现在在崇左、凭祥、南宁、马山、合浦等地有引种栽培。

天然产自印度、缅甸、泰国和老挝等热带国家或地区的柚木，就适合生长于砂页岩、花岗岩、砂岩、片岩等多种母岩发育成的土壤，要求土层深厚、肥沃、湿润，特别要求是排水和透气性良好的土壤。在南亚热带的低山、丘陵地较肥沃的土壤均可种植。零星种植和混农种植比连片种植效果更好。

属于国家二级保护植物的珍贵药用植物土沉香，是热带、南亚热带常绿季雨林和山地雨林的常见树种。土沉香植株的再生能力很强，可在断干、断枝或砍伐后，萌发新的枝条。在广西南亚热带以南的低山、丘陵地较肥沃的土壤上可种植。目前土沉香，主要分布于广西陆川、东兴、崇左、龙州、上林、武鸣等地。

名贵的树种紫檀（檀香紫檀、降香黄檀、大叶紫檀），原产印度、泰国、马来西亚及越南。在广西北热带和南亚热带南缘的低山、丘陵地较肥沃的土壤上可种植。檀香树旁边，可栽上几棵"伴生树"。可栽于山间旷野，选择在房前屋后四旁种植，管护方便也能防盗。

桂北山地可种植国家级保护植物红豆杉。广西有红豆杉和南方红豆杉两种，它们分布于桂北和桂东北的资源、龙胜、灌阳、灵川、临桂、三江、大苗山等地。垂直分布多在海拔500米以上山地。红豆杉生长较慢，人工栽培能显著提高生长速度，广西临桂海拔560米的低山造林成活率为100%。

珍贵濒危树种格木，也是珍稀优质硬材，主要分布在广西梧州、藤县、武鸣、靖西、龙州、东兴、合浦等地,其垂直分布在海拔 800 米以下低丘陵地带的疏林中。据试验,格木与杉木混交造林,能相互促进生长。广西容县的"真武阁"全部用格木建成,并无一钉一铁,经历 400 多年,至今完好无损,可见格木坚固耐用。格木性喜群生,适合连片营造纯林,也可与松、杉或阔叶树等营造混交林,其生长速度中等,稀植时生长较慢。格木的小径材、枝丫、梢头等可做小工具用材,如算盘框、算盘子、秤杆及雨伞和各种日用具的把柄等,用途广泛。

(三) 自然保护地的建设

1. 自然保护地概况

广西动植物资源十分丰富,其中不乏世界古老珍稀种类。为了在一定范围内恢复或保护自然环境,让这些动植物、森林生态得以保存延续,广西从 1961 年起至 2019 年底,已先后建立不同类型、不同级别的自然保护地 224 处,其中自然保护区 78 处(包括国家级 23 处、自治区级 46 处、市县级 9 处)、森林公园 57 处(国家级 23 处、自治区级 34 处)、湿地公园 24 处(均为国家级)、风景名胜区 33 处(国家级 3 处、自治区级 30 处)、地质公园 24 处(世界级 1 处、国家级 11 处、自治区级 12 处)、海洋公园 2 处(均为国家级)、石漠公园 2 处(均为国家级)、世界自然遗产地 2 处。自然保护地总面积为 220 多万公顷,约占全区国土面积的 9.3%。

山口红树林国家级自然保护区:位于合浦县东南,面积 8 000 公顷,其中,红树林面积 7 200 公顷,是全国连片较大、保存较完整的天然红树林分布区。红树林的经济价值很高。红树林林区又是各种海鸟觅食栖息繁育的场所,是南移北迁候鸟的停歇天堂。

弄岗国家级自然保护区:位于龙州、宁明两县境内,面积 10 080 公顷,主要保护北热带石灰岩季节性雨林生态系统,以及白头叶猴、黑叶猴、黑冠长臂猿等珍稀动物和望天树、苏铁属植物、山茶科金花茶组植物、蚬木、金丝李、紫荆木等珍稀植物,还有龙血树等药用植物。

大瑶山国家级自然保护区:位于金秀瑶族自治县境内,面积 24 907.3 公顷,山上森林茂密,常绿阔叶林保存量居广西各山首位。植物种类有 2 300 多种,如有国家保护植物银杉、桫椤等,有各种生物、动物资源 1 220 多种,如有国家保护动物鳄蜥、红腹角雉、娃娃鱼等,还有灵香草、甜茶,以及众多杜鹃花。

花坪国家级自然保护区:位于广西龙胜、临桂两县区境内,面积 17 400 公顷,主要保护对象是中亚热带常绿阔叶林和国家珍稀树种,如银杉、鹅掌楸等。此外,保护区内还有很多珍禽异兽,如红腹角雉、锦鸡、青猴(熊猴)、黑熊等。

金花茶国家级自然保护区:在防城港市防城区内,面积 9 195 公顷,是世界上唯一的金花茶自然保护区。主要保护特有珍稀植物金花茶(约 41 万株)以及森林生态系统。

大明山国家级自然保护区:在上林、武鸣、宾阳及马山等县交界处,面积 16 994 公顷,主要保护常绿阔叶林、水源涵养林和自然景观。有植物 1 700 多种,珍稀动物 40 多种,山中可观日出、云海,偶见"佛光",严冬可欣赏到山雪冰挂的南国奇观,人称"广西庐山"。

猫儿山国家级自然保护区:位于资源与兴安、龙胜之间,面积 17 008.5 公顷,主要保护中亚热带常绿阔叶林、水源涵养林和栖息于此的野生动物,其中,有野生植物 2 120 多种,如红豆杉、铁杉林、银杏等;野生动物 310 多种,如云豹、黄腹角雉、白颈长尾雉、金钱豹等。有众多的杜鹃花,有"二战"时美军飞机失事点纪念碑等人文景观。猫儿山还是漓江、资江、浔江的发源地。

十万大山国家级自然保护区:位于上思县和防城区、钦州市交界,面积5.8万公顷,分布有完整的原始状态的亚热带雨林。植物多达2 233种,有金花茶、罗汉松、狭叶坡垒、紫荆木等珍贵树种;动物396种,其中有猿猴、黑颈长雉、海南虎斑鸠等珍稀动物。

北仑河口国家级自然保护区:位于防城港市防城区,面积3 000公顷,主要保护红树林生态系统。

木论国家级自然保护区:位于环江毛南族自治县、罗城仫佬族自治县之间,面积8 969公顷,主要保护亚热带石灰岩常绿阔叶林混交林生态系统。

营盘—英罗港儒艮国家级自然保护区:位于合浦县东南,面积35 000公顷,主要保护儒艮及海洋生态系统。

千家洞国家级自然保护区:位于灌阳县,面积12 231公顷,主要保护水源涵养林及野生动植物。

岑王老山国家级自然保护区:位于田林县、凌云县之间,面积18 994公顷,主要保护季风常绿阔叶林。

九万大山国家级自然保护区:在融水、罗城、环江之间,面积25 212.8公顷,主要保护水源涵养林。保护区有国家重点保护的野生植物20多种,如南方红豆杉、伯乐树、合柱金莲木等;国家重点保护动物49种,其中有鼋、金钱豹、林麝、穿山甲、蟒蛇、熊猴等国家重点保护动物。

金钟山黑颈长尾雉国家级自然保护区:地处滇、黔、桂三省区交接处的西林县和隆林各族自治县境内,面积20 924.4公顷。保护区内有国家一级重点保护野生动物黑颈长尾雉、金雕、云豹和林麝4种,其中黑颈长尾雉在全球的种群数为1 500~3 500只,广西全区拥有种群数为500只,保护区内拥有200多只。此外,保护区还有国家重点保护野生植物苏铁属(贵州苏铁、隆林苏铁)、伯乐树等。

雅长兰科植物国家级自然保护区:位于乐业县,面积22 062公顷,主要保护兰科植物及其生态系统。该保护区发现兰科植物140多种,其中,带叶兜兰、莎叶兰和大香荚兰野生居群数量之大、密度之高,在全世界都极其罕见。雅长兰科植物保护区是全国唯一以兰科植物命名并以其为重点保护对象的自然保护区。

白头叶猴国家级自然保护区:2012年初建立,地处广西崇左市境内,保护区由间断分布的4片石山区组成,即扶绥县的岜盆片、扶绥和江州交界区域的大陵片、江州区的驮逐片和江州区的板利片,总面积为25 578公顷。主要保护对象为白头叶猴、黑叶猴等野生动物及其赖以生存的喀斯特石山森林生态系统。

大桂山鳄蜥国家级自然保护区:位于贺州市八步区,面积3 780公顷,主要保护对象为国家一级重点保护野生动物鳄蜥及其栖息地。

2013年,靖西邦亮、大新恩城、融水元宝山、昭平七冲自然保护区被批准为国家级自然保护区。2016年,资源银竹老山自然保护区被批准为国家级自然保护区。

邦亮东部黑冠长臂猿自然保护区:位于靖西市,与越南交界,面积6 430公顷,主要保护对象是东部黑冠长臂猿(具有全球保护意义的极度濒危物种)以及北热带岩溶山地季雨林生态系统。

恩城国家级自然保护区：位于大新县，面积 25 819 公顷，主要保护对象为国家一级重点保护野生动物黑叶猴及其生境和北热带石灰岩季雨林。

元宝山国家级自然保护区：位于融水苗族自治县境内，总面积 4 220.7 公顷，保护对象有森林植物资源、水资源及其珍稀树种。有高等植物 303 科、1 232 属、3 332 种，种类仅次于云南西双版纳。有国家重点保护的野生植物 22 种，其中属于一级保护的有元宝山冷杉、南方红豆杉、伯乐树、合柱金莲木 4 种；国家重点保护动物 49 种，如鼋、林麝、金钱豹、蟒蛇、熊猴等。

七冲国家级自然保护区位于昭平县，保护区北连南岭山地，西接大瑶山，是南岭和大瑶山野生动植物种质资源连接的枢纽、交流的通道。保护区总面积 1.433 6 万公顷。该保护区内植物具有起源古老、种类丰富、珍稀濒危野生植物多、原始植被保存完好等特点。经初步统计，其中有国家一级保护植物伯乐树，国家一级保护野生动物蜂猴、林麝、"活化石"鳄蜥等。

银竹老山国家级自然保护区：地处资源县雪峰山脉金紫山余脉，总面积 4 341.2 公顷，早在 1982 年获批建立为自治区级自然保护区，是以保护珍稀孑遗植物资源冷杉这一特定物种为主的自然保护区，境内有国家一级重点保护物种多种、二级重点保护物种 20 多种。

自治区级自然保护区主要有弄拉自然保护区（马山，保护南亚热带岩溶森林生态系统）、三十六弄—陇均自然保护区（武鸣，保护苏铁、林麝等珍稀动植物）、龙虎山自然保护区（隆安，保护猕猴、珍贵药用植物及自然景观）、龙山自然保护区（上林，保护常绿阔叶丛和典型山地森林生态系统）、泗涧山大鲵自然保护区（融水，保护大鲵及其生境）、青狮潭水源林自然保护区（灵川，保护水库水源林）、海洋山自然保护区（灵川、恭城、灌阳、阳朔、全州、兴安，保护水源涵养林）、架桥岭水源林自然保护区（永福、荔浦、阳朔，保护水源涵养林）、五福宝顶自然保护区（全州，保护水源涵养林）、寿城自然保护区（永福、临桂，保护水源涵养林）、建新鸟类自然保护区（龙胜，保护迁徙候鸟）、银山殿自然保护区（恭城，保护水源涵养林及野生动植物）、古修自然保护区（蒙山，保护野生动植物）、涠洲岛鸟类自然保护区（北海，保护各种候鸟、旅鸟）、茅尾海红树林自然保护区（钦州，保护红树林系统）、大平山自然保护区（桂平，保护水源林、桫椤及鳄蜥）、那林自然保护区（博白，保护野生动植物及生境）、天堂山自然保护区（容县，保护森林生态系统及水源涵养林）、大容山自然保护区（玉州区、北流市、兴业县，保护森林生态系统及水源涵养林）、滑水冲自然保护区（贺州，保护水源林及野生动物）、姑婆山水源林自然保护区（贺州，保护水源涵养林）、西岭山自然保护区（富川，保护水源涵养林及野生动植物）、三匹虎自然保护区（南丹、天峨，保护水源涵养林及珍稀动植物）、龙滩自然保护区（天峨，保护猕猴及水源涵养林）、大王岭自然保护区（百色，保护水源涵养林）、黄莲山—兴旺自然保护区（德保，保护水源涵养林）、底定自然保护区（靖西，保护水源涵养林及野生动植物）、老虎跳自然保护区（那坡，保护水源涵养林及野生动植物）、泗水河自然保护区（凌云，保护水源涵养林）、王子山雉类自然保护区（西林，保护雉类及其栖息地、南亚热带森林生态系统）、那佐苏铁自然保护区（西林，保护水源涵养林及野生动植物）、大哄豹自然保护区（隆林，保护岩溶森林系统及黑叶猴等珍稀动特）、洞穴鱼类自然保护区（凌云，保护珍稀洞穴水生物及水域生态系统）、红水河来宾河段珍稀鱼类自然保护区（来宾，保护珍稀鱼类及栖息地、产卵场）、金秀老山自然保护区（金秀，保护南亚热带常绿阔叶林、珍稀动植物)、左江佛耳丽蚌自然保护区（江州区、龙州县，保护佛耳丽蚌等淡水贝类及栖息地)、西大明山自然保护区（扶绥、江州区、隆安、大新，保护水源涵养林）、下雷自然保护区（大新，保护水源涵养林及猕猴)。

2. 自然保护区保护与开发的几点建议

1）宣传有关法律法规，提高保护区周边群众的保护意识，坚决打击盗伐林木、捕猎收购野生动物的不法行为，严厉惩罚犯罪分子。

2）在加强建设管理现有的自然保护区的基础上，一方面，整合已有的自然保护区，提高自然保护区的档次或级别；另一方面，新建一批森林生态、野生生物、湿地生态、地质遗迹、古生物遗迹等各种不同级别的自然保护区，扩大自然保护区的总数和保护面积。

3）依靠科技，加强攻关，对珍稀野生动物进行人工科学的饲养繁殖，甚至商业化养殖，避免珍稀种类灭绝，有利于保护动物资源，满足人们的需求；对古老珍稀的奇花名树，要采取综合有效的措施严加保护；对经济价值较高的植物，要通过依靠科技，变野生为人工栽培，并加大人工栽培的力度，扩大其面积和产量，发展地方经济。

4）自然保护区自然资源极其丰富，珍稀物种多样，自然景观奇特。因此，以自然保护区为依托，合理开发各种特色旅游项目，如观赏野生动植物、森林科考、江河漂流、登高探险、地貌奇观探秘、保健疗养等，以开发促保护，用保护带动合理开发，达到既能保护生物资源，又能利用这种优势资源为人类服务的目的。

七、利用优越的气候资源，发展农林牧副渔业

（一）广西各地的气候条件

桂北、桂西北：气候垂直变化明显，雨水尚可，太阳辐射能低，年均气温稍低，对发展林牧业有优势。

桂西：雨量相对偏少，夏凉冬冷，无霜期居中，对发展林牧业有优势。

桂西南：左右江河谷地区太阳辐射能高，夏热冬暖，夏雨多、春水少、日照多，总雨量稍少，宜植旱地作物、果菜；山地区雨水多，有益于农林作物生长。

桂南：水量最多，几乎无冬，热量最丰富，发展农林果渔业条件得天独厚。

桂东南：冬暖夏热，水多湿润，寒霜少见，对农林果菜的发展十分有利。

桂东：热季时间长，雨水充沛，气候湿润，非常有利于需水量大的作物生长。

桂东北：夏热冬冷，四季分明，雨早到且多，对发展农业及林果业很有利。

桂中：年降水量偏少，夏热冬暖，宜发展农业、经济作物、经济林木、果菜、养殖。

（二）扬长避短，因地制宜发展地方经济

南宁市：种植甘蔗、香蕉、木薯；栽种菠萝、红黑提子、葡萄。

武鸣区：种龙眼（含反季节龙眼）、西瓜等。

邕宁区：水稻、甘蔗、西瓜、菠萝、淮山、果菜等均宜种植；要大力发展养殖业。

隆安县：发展甘蔗、木薯、花生，种荔枝、板栗、香蕉；充分利用龙虎山药植物。

横州市：甘蔗、桑蚕、茉莉花茶、大头菜等均宜种植。

马山县：养黑山羊；种植竹子、金花茶、桑、木薯。

上林县：种植木薯、桑、甘蔗；发展水产养殖。

宾阳县：种植糖蔗、莲藕、大白菜、甜瓜、甜豆、青刀豆、西红柿。

柳州市：种植粮油作物、糖蔗、果蔗、蔬菜、柑橙；发展养殖。

柳城县：种植水稻、黄豆、甘蔗、花生；种茶；发展林果业。

柳江区：种植水稻、糖蔗、蔬菜、玉米、花生、水果；养瘦肉型猪。

融安县：种植杉木、毛竹、油茶、金橘、罗汉果。

鹿寨县：养桑蚕等。

融水苗族自治县：杉林、毛竹种植要继续保持优势；要加大竹笋生产；开发香鸭；种植沙田柚。

三江侗族自治县：进一步发挥杉木、毛竹种植优势；提高油茶、油桐、茶业的生产效益。

恭城瑶族自治县：种植杉木、松树；栽种月柿、沙田柚、柑橙。

龙胜县：种植杉木、油茶、油桐、楠竹、茶；发展猕猴桃的深加工。

资源县：种植杉木、松树、毛竹、油桐；大力发展种植西红柿；抓好猕猴桃、杨梅的深加工；加紧中草药的开发。

荔浦市：种植水稻、砂糖橘、荔浦芋、马蹄；发展生猪养殖。

阳朔：种植金橘（销俄罗斯）、沙田柚、柿子。

平乐县：种植水稻、玉米、沙田柚、柑橙、柿子、苎麻、板栗。

全州县：种植优质稻、柑橙、大蒜、辣椒；养殖禾花鱼；培育蘑菇。

灵川县：种植水稻、白果、毛竹、柑橘、黄豆、蔬菜等。

兴安县：种植葡萄、白果、毛竹、柑橘、水稻；饲养生猪。

永福县：种植罗汉果、山葡萄；养殖桑蚕等。

灌阳县：种植红薯、枣、梨、柑橙等。

梧州市：种植蔬菜，发展养殖。

苍梧县：种植松杉用材林及发展松脂深加工；种植水稻、荔枝、沙田柚、玉桂、八角、油茶。

岑溪市：种植水稻及经济林松脂、玉桂、八角、竹子、水果。

藤县：种植水稻、红薯、花生、芝麻、无籽西瓜、松脂等林副产品。

蒙山县：种植水稻、甘蔗、桑、黄豆、沙田柚、柑橙。

右江区：种好油桐、油茶、八角；重点发展杧果、甘蔗等热带、亚热带作物和种植水稻优良品种。

平果市：种植水稻优良品种；栽种甘蔗、木薯、黄豆、花生及龙眼、油茶。

田东县：可种杧果、香蕉、甘蔗；栽种水稻优良品种，大力发展时令蔬菜。

田阳区：栽种杧果、香蕉、甘蔗、西瓜、花生；大力发展秋冬菜；种植竹子。

那坡县：可发展农业；多种杉木、油茶、八角、肉桂；开发利用中草药材金不换、金银花等。

德保县：可发展农业；发展叶用八角、果八角、田七；搞好蛤蚧养殖；利用开发藤条。

靖西市：宜发展农业；种植大果山楂、金银花、八角、烤烟；种植田七、大香糯；养麻鸭。

乐业县：可种植云南松、杉木、杂木、栎木等；扩大油桐、油茶、八角、核桃的生产；充分利用草场资源，养殖山羊；开发刺梨；强化香菇、云耳的销售环节。

凌云县：种植杉木、马尾松及八角、油桐、白毫茶；开发利用金银花、首乌等药用植物，加快开发宜林、宜牧荒地。

田林县：杉木、松树以及油茶、油桐、八角等品种的开发仍有较大潜力；田七、杜仲、砂仁等药用植物和山楂果要进一步开发；八渡笋、云耳要上档次，要深加工。

隆林各族自治县：除云南松、杉木、油桐外，要充分利用牧草丰富优势，加快发展肉牛、山羊、生猪特色养殖；种植烤烟。

西林县：宜种植杉木、松树、油桐、油茶、板栗、核桃；在火姜、云耳扩种基础上扩大销路；要利用好草资源，发展山羊、肉牛养殖。

金城江区：抓油茶、油桐、竹子、板栗、沙田柚的种植；宜种姜、甘蔗、花生、芝麻；宜牧山地草场要加快开发。

宜州区：种植砂姜、沙田柚；养桑蚕。

罗城仫佬族自治县：宜种植杉木、松树、竹子、油桐；栽种木薯、甘蔗、姜。

环江毛南族自治县：养桑蚕；种植香糯，扩大菜牛、香猪生产，形成规模。

天峨县：抓好云南松、杉木、油桐、油茶的种管；种植珍珠李；开发大果山楂；利用水域阔、牧草好养山羊、鹅；种植甜竹笋、育反季节蔬菜增加收入。

凤山县：大力发展杉木、马尾松、油茶、油桐、八角等用材林、经济林。

南丹县：发展杉木、松树、油桐、油茶的同时，要用好宜林、宜牧地，栽种甜梨、黄腊李；扩大长角辣椒的种植；养牛、瑶鸡要上规模。

东兰县：种植油桐、油茶、八角；加大板栗种植面积，搞好深加工；墨米、兰木香粳要种出效益；利用草场大力发展扩大养羊规模。

巴马瑶族自治县：油茶、油桐、板栗种植面积要巩固扩大；火麻要推广种植；纯种香猪资源要保护开发利用好；加快宜林、宜果、宜牧坡地开发。

都安瑶族自治县：种植玉米、甘蔗、山药及经济林油茶油桐等；养山羊。

江州区：发展甘蔗、木薯种植；种植花生、黄豆；利用白头叶猴保护区发展旅游业。

凭祥市：水稻、红薯、花生、甘蔗、木薯、八角等均宜种植。

龙州县：宜种植八角、木薯、龙眼、木菠萝、山黄皮、甘蔗、茶（红碎茶）；可开发利用药用植物，也可利用自然保护区发展旅游业。

宁明县：要种植水稻优良品种；种植马尾松用材林及八角；栽种甘蔗、花生、菠萝；广种蔬菜；利用珍稀动植物发展旅游业。

天等县：种植辣椒、八角、甘蔗、苦丁茶、肉姜；发展鸡、牛养殖。

大新县：种植龙眼、果蔗、苦丁茶；养蛤蚧；利用山地搞养殖。

扶绥县：种植剑麻、桉树、木薯、甘蔗；栽培黄豆、花生、西瓜等。

北海市：种植蔬菜、花卉等；发展海水养殖。

合浦县：种植水稻、花生、蔬菜；发展海水养殖。

钦州市：农业搞产业化经营；创荔枝等名牌佳果；发展海水养殖（钦州大蚝）。

浦北县：发展优质亚热带水果，如香蕉、荔枝、龙眼等；种植优质水稻；搞淡水养殖。

灵山县：种植优质水稻、荔枝、茶、甘蔗、龙眼、香蕉。

防城港市：种植八角、玉桂、香蕉；发展海水养殖。

东兴市：种植肉桂；发展海水养殖。

上思县：栽种松树；种植八角、龙眼、木薯、甘蔗；利用好草药植物；保护珍稀野生动植物，培育旅游资源。

贵港市：种植甘蔗、龙眼、桉树、马蹄、莲藕、毛尖茶。

平南县：种植水稻、肉桂、龙眼等。

桂平市：种植优质水稻、龙眼、糖蔗、蔬菜；发展水产养殖。

玉州区：种植水稻、大蒜、荔枝、龙眼；发展淡水养殖。

兴业县：种植水稻及荔枝、龙眼、香蕉等水果。

容县：种植水稻、沙田柚、荔枝、龙眼；发展鸡、猪苗；搞好松脂加工。

北流市：种植水稻、红薯、荔枝、龙眼、百香果等。

陆川县：种植水稻、红薯、花生、芝麻、荔枝、龙眼；养殖陆川猪。

博白县：种植优质水稻、龙眼、荔枝；养殖猪、鸡等。

八步区：开发用材林，种植经济林油茶、油桐等；发展蔬菜、水果及生猪种养。

昭平县：种植松林、油茶、茶、沙田柚。

钟山县：种植水稻、红薯、烤烟等。

富川瑶族自治县：种植优质水稻、烤烟、果菜、中药材；养殖畜禽等。

兴宾区：种植优质米、甘蔗、玉米、大豆。

武宣县：种植优质水稻、秋冬菜、甘蔗。

象州县：种植优质水稻；发展林果及畜牧水产。

忻城县：种植金银花、佛手瓜；养桑蚕。

金秀瑶族自治县：发展林业；种植经济作物油桐、玉桂、八角、油茶、绞股蓝等，开发林副产品。

(三) 利用气候资源种植经营的成功案例

1. 案例一：种甘蔗

甘蔗生长所需温度、光照、水量、热量，与我区的气候条件非常适应。20 世纪 90 年代以来，广西甘蔗种植面积在 1 500 万亩左右，甘蔗总产量占全国 50% 以上，产糖 800 万吨左右，占全国总产量的 60% 以上。广西糖料蔗面积、总产量和产糖量位居全国第一，广西成为全国最大的甘蔗及糖业生产基地。广西甘蔗种植主要分布于崇左、南宁、来宾、柳州、河池、百色、钦州、防城港、北海、贵港 10 个市，共有 56 个县（市、区）、749 个乡镇生产糖料蔗，蔗农人口达 2 000 万人，全区 49 个扶贫脱困县中有 36 个县依赖种植甘蔗解决农民生活问题。蔗糖业成为广西的"甜蜜事业"。

2010 年，广西种植甘蔗面积 1 600 万亩，产糖近 700 万吨，占全国总产量的 60% 以上；糖业销售收入近 500 亿元，带动运输业、包装业年产值 100 多亿元；提供就业岗位近 10 万个，带动农民 2 000 多万人，占广西农村人口数量近一半；蔗农收入突破 300 亿元，人均种蔗收入超 1 500 元。

随着时代的变化，各地对经济作物种类进行区域种植优化，广西甘蔗种植面积有一定波动，但总体平稳。2019 年甘蔗种植面积为 8 923 000 公顷，糖料蔗总产量为 7 491.1 万吨，产蔗糖约792万吨。

2019年，广西甘蔗种植面积前六位的是崇左市、南宁市、来宾市、柳州市、河池市、百色市。其中，崇左市甘蔗种植面积达28.93万公顷，甘蔗产量为2 619.56万吨；食糖产量200多万吨，约占全国食糖总产量的1/5。正因如此，世界一流的制糖企业泰国两仪集团落户广西，在崇左投资20多亿元建成日榨2万吨、中国最大的单条制糖生产线，成为中国糖业自动化、信息化、智能化的标杆；全国第一家甘蔗醋饮料企业好青春公司也落户广西，在崇左研发生产的系列甘蔗醋饮料一经推出，便畅销国内外；世界酵母巨头法国乐斯福同样落户广西，一期年产2万吨干酵母的项目于2019年年中在崇左竣工投产；中国最大的整杆式甘蔗联合收割机企业武汉国拓来到崇左，填补了广西大型整杆式甘蔗收割机生产空白；中国最大的休闲食品饮料企业福建达利园也在扶绥空港产业区投资建设标准最高的休闲食品饮料企业。崇左形成了一条完整的甘蔗产业链。

2. 案例二：种桑养蚕

广西山地、坡地多，气候条件较好，适宜种桑养蚕。桑树萌芽早、落叶迟，生产周期长，是桑蚕的最适宜区域。桑园面积从2000年的30万亩增加到2019年的295.78万亩，占全国桑园面积的25%，居全国第一位；产茧量从2.95万吨增加到2019年的37.4万吨，占全国产量的52%，居全国首位，蚕桑一、二、三产业总产值已近500亿元。截至2020年5月底，广西桑园种植面积达309.61万亩，农民养蚕363.14万张。桑蚕产业已发展成为广西继甘蔗产业做成全国"龙头老大"之后的又一新兴农业优势产业，广西也成为全国重要的蚕茧生产基地，"东桑西移""东丝西进"在广西得以实现。桂中、桂西北、桂南形成桑蚕三大带，河池市、来宾市、柳州市、南宁市、贵港市五大市成为桑蚕优势区域，10多个县把桑蚕产业作为县区级特色产业来发展。宜州、环江、忻城、象州、鹿寨、柳城、横州、合浦、平果、那坡、凌云等市县区种养户已尝到甜头，实现脱贫致富。宜州区、环江毛南族自治县荣膺"中国优质茧丝生产基地"称号。

2019年，宜州区农民种桑、养蚕覆盖全区16个乡镇202个村（社区），养蚕农户10万户，45.6万人，占农村人口的84.1%，桑园面积37.2万亩，产鲜茧6.89万吨，产值31亿元，农民养蚕人均收入6 800元。经过多年发展，宜州已形成"桑—蚕—茧—丝—绸—服装"和"桑树（果）—桑枝（食用菌、生物碱提取、生物发电等）—桑叶茶（桑叶固体饮料）—桑果酒""蚕沙—有机肥""下茧（废丝）—蚕丝被"、蚕蛹—饲料（食品）产品等，产品线上（电商）线下（实体店、展销店）、国内外全面开花的销售网络，以及以一、二、三产业融合发展的主链突出、副链为辅的较完整的循环经济产业链。2019年，宜州区桑蚕茧丝绸循环经济第一、二、三产业合计总产值达87亿元。宜州茧丝绸产品已出口到意大利、巴西、日本、越南、印度及罗马尼亚等国家。

2019年，环江毛南族自治县桑园面积超过19万亩，产鲜茧近3万吨，蚕桑生产遍布全县12个乡镇、151个村、4.39万农户，农民养蚕总收入13亿余元，养蚕农户户均收入超过2.5万元，桑蚕产业已成为全县农民增收尤其是毛南族群众脱贫致富的支柱产业。

3. 案例三：利用当地优势，种植适宜作物

除水稻、玉米外，由于优越的地理和气候条件，柑橘、柚树、茶树、蔬菜、木薯、花生、红薯等在全区范围内都基本适宜种植。

柑橘是广西各地均适宜种植发展的大宗水果，种植历史久远。2010年来，中国—东盟

自贸区的建成与升级给广西柑橘发展带来了大市场。广西柑橘以上市早、品质优、品种多、运距近的特点在抢占东盟市场中占有绝对优势，柑橘已成为目前广西水果中规模基础最好、发展潜力最大、出口竞争力最强的优势产业，也是全国除苹果、梨以外对接东盟的不可多得的优势品种。2017年起，广西柑橘产业发展迅猛，柑橘产量占广西水果总产量的40%，成为广西第一大水果品种；广西柑橘面积、产量也位列全国第一位，成为中国柑橘最大产区。2019年，柑橘种植面积55.49万公顷，占全区水果种植面积约41.5%；产量1 124.5万吨，占全区水果总产量的52.5%；产值约458亿元，占全区水果总产值的54.4%。广西柑橘栽培分布于全区14个地级市，主要集中于桂林、南宁、柳州，三市柑橘产量占全区柑橘产量约60%。其中，桂林市是广西柑橘的第一大产区，其种植面积、产量、产值占全区比分别是29%、40.7%、34.7%。2016年以来，广西柑橘的种植种类主要以橘类（砂糖橘）、杂交柑（沃柑）为主，脐橙、柚类、柑类、甜橙、夏橙、金橘也有一定比例。

木薯是我国主要热带作物之一，具有适应性强、种植地域广泛、可开发为生物能源等突出特性。广西土地条件、气候条件适宜木薯生长，是全国最大的木薯生产基地，木薯种植面积、产量及木薯淀粉产量都占全国总量的70%，燃料乙醇（木薯酒精）产量变性淀粉产量均居全国第一位。近年来由于各种原因，广西木薯种植面积徘徊不前，2019年，木薯种植面积178.04千公顷，总产量168.56万吨，仍占全国的60%以上。

生物燃料乙醇目前是世界上生产规模最大的生物质能源，在我国人均耕地不多的背景下，发展利用荒山、荒坡及盐碱地种木薯，生产燃料乙醇，是生物能源发展的必由之路。广西在这一产业方面大有作为，前景广阔。

广西高山环境、土壤呈微酸性、湿润云雾多，是茶树种植的最适宜区域。茶树生长周期长，开采早，产量高，可多次采（30多次），每年的2月~12月均有采。目前，广西种植茶树的县区不断增多，创品牌、产业化、搞营销是桂茶产业壮大的出路。

地处桂东的昭平县，境内山地面积广，素有"昭平不平"之称。云雾缭绕、层层叠叠的峰峦之中，十分适合建茶园植茶。种茶历史久远，宋朝昭平茶就已成为贡品。截至2019年年底，昭平县有茶园面积23.6万亩，年产干茶1.35万吨，茶叶种植覆盖全县10个乡镇、100多个行政村，从事茶产业人员超过10万人。茶产业已经成为昭平农村发展、农业增收、农民脱贫致富的特色优势支柱产业，既保住了绿水青山，也找到了金山银山。昭平县也先后荣获"全国十大生态产茶县""中国有机茶之乡""全国十大魅力茶乡""中国茶业扶贫示范县"等多项国家级荣誉。

位于桂北的三江侗族自治县，属云贵高原余脉边缘的中、低山和丘陵地带，属于亚热带南岭湿润气候区，20世纪80年代末引种绿茶，茶产业发展迅速。2019年，全县茶叶种植面积18.8万亩，干茶产量1.46万吨，产值达16亿元，成功打造了"三江春""三省坡茗""多耶楼""布央"等一批在国内外有一定影响力的茶叶品牌。还先后获得"中国名茶之乡""全国十大生态产茶县"称号。八江镇布央村拥有万亩茶园，近年来，该村以茶强村、以茶富民、以茶兴旅，着力写好茶文章，开发茶园观日出、采制茶体验、百家宴等旅游项目，倾力打造茶旅融合"金名片"，效果很好。

广西各地土质、自然环境形成的小气候有利于柚树的种植。据说早在清乾隆时就从浙江引到容县种植。中华人民共和国成立后，广西柚树栽种迅速发展，并扩种到浔江、桂江、漓江、柳江、龙江和红水河流域，成为柚类水果主产区。2018年，广西柚类水果种植面积

63.95万亩,产量73.41万吨。主要产地有桂林市、河池市、玉林市,种植面积均超过10万亩,其中桂林市达14.95万亩;来宾市、百色市、柳州市、贺州市、南宁市也有少量种植。广西柚类包括了沙田柚、红心柚、三红蜜柚等不同柚子品种。广西是沙田柚的原产地,最早从玉林市容县种起,现在广西遍地都种。2018年,广西沙田柚种植面积达33.35万亩,产量54.07万吨,占据广西柚类水果的主要市场。主要产地是桂林市、玉林市,其中,桂林市的种植面积和产量均居第一位,玉林市排第二位。

广西各地能充分利用秋冬闲田地和丰富的温度光照资源,大力发展以秋冬菜为重点的蔬菜产业。2019年,广西蔬菜种植面积、产量稳定增长,其中,秋冬蔬菜产量占蔬菜总产量比重超过60%。广西每年调出超过千万吨生态优质秋冬菜支持北方和粤港澳等地区。广西蔬菜成为本地种植业中继优质粮、糖料蔗、水果后年产值较大的优势产业,总产值达千亿元。广西因此成为全国秋冬菜面积最大、调出最多的省区,成为"南菜北运""西菜东运"重要基地及粤港澳地区的"后菜园",形成了农字号千亿元特色产业,成为支撑农民增收和乡村振兴的重要产业。

4. 案例四:各市县区利用资源优势种植成功的范例

如百色市种杧果,南宁市种火龙果,横州市种茉莉花、甜玉米、大头菜、右江区、田阳区、田东县种蔬菜,恭城瑶族自治县种月柿、椪柑,荔浦市、永福县栽砂糖橘,兴安县种葡萄、竹子,富川瑶族自治县种脐橙,浦北县、隆安县种香蕉,凌云县、金秀瑶族自治县种茶树,荔浦市种芋头,藤县种无籽西瓜,融安县、阳朔县种金橘,灵山县、北流、桂平市种荔枝、东兰、隆安、平乐县种板栗,防城区、金秀、藤县、岑溪市种八角,扶绥种剑麻,资源县种西红柿,武鸣区种沃柑,东兴市种红薯,上林县种籼稻等。

百色市右江河谷是干湿季明显的热带、亚热带季风气候地区,年均气温21.5℃~22℃,年降雨量1 200毫米左右,相对湿度75%。杧果喜热、喜光,是较耐旱、怕霜冻的热带果树,适宜生长温度为20℃~30℃,开花期需配合干旱少雨的气候条件,以满足开花、传粉、受精、坐果的要求。百色市种植杧果条件得天独厚,12个县市区除个别外基本种植杧果。2019年,百色杧果面积达132.5万亩,产量约62.74万吨,产值约39.86亿元,占全区杧果产量的78.6%,面积和产量分别占全国总量的27%和29%,成为全国最大的杧果生产基地,被誉称"中国杧果之乡"。杧果的主要产区有右江、田阳、田东、田林县区等,品种主要有台农芒、桂热芒82号(桂七)、金煌芒、桂热芒10号、红象牙芒、贵妃芒等。百色杧果品牌价值达到173亿多元,是受中国、欧盟保护的地理标志产品。

火龙果是广西特色水果品种之一,截至2020年年底,广西火龙果种植面积达30.5万亩,产量达35万吨,位居全国第一,是中国最大的火龙果产区。其中,南宁市火龙果种植面积15.1万亩,产量24.1万吨,排名广西第一,占全国火龙果总产量的1/5。钦州市、贵港市等也有栽培。这与广西适宜的气候、土地造就的火龙果得天独厚的生长环境有关,广西尤其是南部暖热,热量充足,光照好,台地、坡地、旱地不易积水。

横州市种植茉莉花有六七百年历史,除了与当地种植习惯有关外,还得益于其得天独厚的地理环境。横州市典型的亚热带季风气候,长年雨量充沛,日照充足,土壤有机质含量高,十分适宜茉莉花生长。2020年,横州市茉莉花种植面积超过10万亩,年产茉莉鲜花9万吨,产量占全国总产量的80%以上,年产值超20亿元。横州市已成为世界上最大的茉莉花生产基地,被命名为"中国茉莉之乡"。横州市茉莉花为双瓣茉莉,与单瓣、多瓣茉莉相比，产量更高、香气更浓、抗病力更强，并以花期早、花期长、花蕾大、饱满洁白、香气浓郁等特质而闻名。据权威机构评估，"横州市茉莉花"品牌价值达到53.27亿元，是受中国、欧盟保护的地理标志产品。此外，横州市还利用自身地理气候的独特条件种植甜玉米，2019年种植面积达25万多亩，年产鲜苞26万吨左右，年产值9亿元，是中国西南地区甜玉米种植面积最大的市县。

凌云县地处云贵高原向东南倾斜的延伸部分，属中亚热带季风气候，降雨量充足，云雾缠绕，十分适宜茶叶生长，是全国创建无公害茶叶生产示范基地县。中国农业科学院茶叶研究所对凌云白毫茶烘青绿茶的生化成分测定，其含咖啡碱4.91%，氨基酸3.36%，茶多酚35.6%，儿茶素总量每克含182.92毫克，以此制成的绿茶、工夫红茶、黄茶、白茶、青茶五大茶类品质均优，具有医疗保健功效。

阳朔县位于桂东北的桂林市中南部，所处位置正处于地球上最适宜种植柑橘类水果的环状地带上，加上境内岩溶地区和低海拔地区夏长冬短，东北、西南部高海拔山区冬长夏短，春秋温度适中，多泥夹火砂石的山坡地，一些丘陵地土层较厚，土壤含钾高，这些为金橘的发展提供了先天条件。2020年，阳朔金橘种植面积达18.6万亩，分布在白沙、金宝、葡萄、高田和兴坪等乡镇，年总产量达21.6万吨，是名副其实的"中国金橘之乡"，产品远销全国各地，并出口澳大利亚、俄罗斯和东盟国家。

融安县一年的日照时间长达1 400小时，阳光充足，雨水充沛，有利于有机物的产生和积累，对金橘种植有利。融安县种植金橘已有300多年的历史。2019年，金橘种植面积16.7万亩，产量约15万吨，产值约15亿元。金橘的品种、规模、产量、质量都居全国同类产品前列，产品大多远销区外的上海、广州、北京、武汉、成都等地，其中滑皮金橘品质极佳，深受消费者喜爱，产品畅销全国及东南亚和欧美市场。

沃柑是喜温作物，武鸣区地处亚热带季风气候区，位于栽培沃柑的黄金纬度，年均温21.7℃，最低气温-0.8℃，所产果品优良、颜值高、口感好。截至2018年年底，种植面达39万亩，成为中国沃柑种植面积最大的县区。

砂糖橘果树生长发育、开花结果与温度、日照、水分（湿度）、土壤以及风、海拔、地形和坡向等环境条件紧密相关，其中影响最大的数温度，不高不低的温度最有利砂糖橘的生长发育。荔浦市的地理、气候条件非常适合种植砂糖橘，是广西最早引进、大规模种植砂糖橘并取得显著经济社会效益的地区。2019年，荔浦市砂糖橘面积达30多万亩，年产量50多万吨。永福县和西林县等县的地理、气候条件类似荔浦市，砂糖橘种植也得到较快发展。2019年，永福县、西林县种植面积分别达到39.9万亩、18万亩，并取得了较好的效益。

东兴市"红姑娘"红薯主要栽种在十万大山南麓区域。这里海陆季风气候交汇、土壤条件独特，自然环境良好，十分适宜"红姑娘"红薯生长。2018年东兴"红姑娘"种植面积达1 133公顷，产量达3万多吨，产值1.2亿元，已经成为当地的重要产业之一。

上林县气候温和、雨量充沛、光照充足、水源丰富、水质优良、土壤肥沃，昼夜温差大，水稻生长周期长，种植的水稻（籼稻）其米粒呈细长或长椭圆形，颗粒丰满均匀，色泽光洁清亮，滋味清香，蒸煮柔软可口、营养丰富，被誉为"用矿泉水种出来的稻米"，是广西首个被列入地理标志产品保护的大米产品。

富川瑶族自治县的气候、土壤等环境条件十分适合种植脐橙。1981年仅197株苗起步至今，种植面积不断增加，2019年富川脐橙种植面积达30万亩，产量达到9.8万吨，总产值 14.33 亿元,是全国脐橙主产县之一,也是广西最大的脐橙生产基地。脐橙成为富川瑶族自治县农业经济的支柱产业之一。

(四) 拥有国家地理标志保护的广西地方特色产品

按我国现有的法规和有关制度,产品拥有国家地理标志标识须按照有关程序和规定向有关机关申报批准。按审批的机关不同,地理标志产品主要分为国家地理标志保护产品、国家农产品地理标志产品、国家地理标志证明商标产品三种。从 2000 年荔浦市"荔浦芋"获得证明商标授权,成为广西第一个获得地理标志保护的产品后,至 2020 年 9 月底(不完全统计),广西已有近 300 个产品成为拥有地理标志保护的产品。

国家地理标志保护产品,是指产自特定地域,所具有的质量、声誉或其他特性本质上取决于该产地的自然因素和人文因素,经国家质检总局(今国家市场监督管理总局)审核批准以地理名称进行命名并实施保护的产品。地理标志产品包括来自本地区的种植、养殖产品。原材料全部来自本地区或部分来自其他地区,并在本地区按照特定工艺生产和加工的产品。1999 年,《原产地域产品保护规定》由原国家质量技术监督局正式发布实施。

广西属国家地理标志保护产品的有:广西玉桂、永福罗汉果 1(取得 3 种地理标志产品的次数号)、荔浦芋 1、恭城月柿 2、阳朔金橘 1、龙脊辣椒(龙胜)、全州禾花鱼、桂林西瓜霜、桂林三花酒、桂林腐竹、全州湘山酒、石塘生姜(全州)、车田辣椒(资源)、车田西红柿(资源)、桂林腐乳、灌阳红薯粉。环江香猪 1、巴马香猪 1、罗城野生葡萄酒、东兰墨米酒、都安野生山葡萄酒、巴马火麻、都安书画纸、巴马矿泉水。田林八渡笋、百色杧果 1、凌云白毫茶 1、西林麻鸭 1、田阳香芒、西林砂糖橘、靖西大麻鸭、西林水牛、德保脐橙、乐业猕猴桃、西林火姜、西林姜晶、百色山茶油、德保山楂、隆林板栗、雅长铁皮石斛(乐业)。富川脐橙 1、黄姚豆豉(昭平)、昭平茶、黄姚黄精酒(昭平)、梧州六堡茶。上林八角 1、横州茉莉花茶 1、上林大米、横州大头菜、横州南山白毛茶、马山黑山羊、黎塘莲藕(宾阳)、古辣香米(宾阳)。东津细米 1(港南区)、平南石硖龙眼、桂平西山茶 1。梧州龟苓膏、梧州腊肠、梧州六堡茶、岑溪古典鸡。容县沙田柚、玉林香蒜、博白桂圆肉、容县霞烟鸡、陆川猪、北流凉亭鸡、玉林牛巴、博白空心菜、玉林正骨水、博白那林鱼。融安金橘 1、融水香鸭 1、柳江莲藕、融水糯米柚、三江茶油、三江茶叶、鹿寨蜜橙。灵山凉粉、灵山荔枝、浦北红椎菌、浦北香蕉。大新苦丁茶、天等指天椒、扶绥姑辽茶、龙州乌龙茶。金秀绞股蓝茶、大瑶山甜茶(金秀)、忻城金银花。防城金花茶、十万大山牛大力。合浦南珠、合浦大月饼等。

国家农产品地理标志产品,是指标示农产品来源于特定地域,产品品质和相关特征主要取决于自然生态环境和历史人文因素,农业部以地域名称冠名的特有农产品标志。2007 年,农业部颁布实施《农产品地理标志管理办法》。从 2008 年开始,农业部开启了地理标志农产品的保护,农业品牌逐渐受到重视。国家农产品地理标志产品可贴"农产品地理标志专用标志"。

广西属国家农产品地理标志产品的有:荔浦芋 3、恭城月柿 3、灌阳雪梨、恭城娃娃鱼、平乐慈菇、资源红提、桂林桂花茶、桂林马蹄、全州文桥鸭、平乐石崖茶、阳朔九龙藤蜂蜜、龙胜翠鸭、恭城竹鼠、全州东山猪、兴安葡萄、桂林葡萄、龙脊茶、龙胜凤鸡、龙胜红糯、兴安蜜橘、桂林砂糖橘、永福三皇西红柿、荔浦砂糖橘、荔浦马蹄、桂林罗汉果。天峨

第三章 八桂优势资源与科学合理开发利用

龙滩珍珠李、东兰板栗1、都安山羊1、东兰墨米、东兰黑山猪、天峨大果山楂、天峨六画山鸡、七百弄鸡、罗城野生葡萄酒、环江红心香柚、南丹黄牛、南丹长角辣椒、大化大头鱼、南丹黄腊李、环江香糯、南丹巴平米、天峨核桃、凤山核桃、南丹苞谷李、南丹瑶蚕平板丝。百色柽果2、西林麻鸭2、凌云牛心李、隆林黄牛、百色茶、百色番茄、隆林猪、德保矮马、田林灵芝、平果桂中花猪、德保黑猪、隆林山羊、西林水牛。富川脐橙2、贺州开山白毛茶、芳林马蹄、信都红瓜子、贺街淮山、昭平银杉茶、信都三黄鸡、钟山英家大头菜、八步南乡鸭。南宁香蕉、马山金银花、刘圩香芋、那楼淮山、武鸣砂糖橘、横州市甜玉米、南宁火龙果。麻垌荔枝、桂平西山茶2、覃塘毛尖茶、覃塘莲藕、平南墨底鳖、桂平黄沙鳖、白石山铁皮石斛、木格白玉蔗、平南余甘果、木梓阿婆茶。梧州砂糖橘1、藤县江口荔枝。都峤山铁皮石斛、陆川橘红、北流荔枝、北流百香果。柳江鲁比葡萄、柳城蜜橘、三江稻田鲤鱼、融水灵芝、融水田鲤。钦州大蚝、钦州石金钱龟、钦州青蟹、钦州鲈鱼、浦北黑猪、钦州黄瓜皮、浦北官垌草鱼、灵山香鸡、钦州石斑鱼、灵山荔枝、浦北妃子笑荔枝、灵山绿茶、浦北黄皮、钦州赤禾、钦州海鸭蛋。凭祥石龟、大新龙眼、大新苦丁茶。武宣牛心李、金秀红茶、象州砂糖橘、来宾甘蔗、象州古琶茶、忻城糯玉米。合浦香山鸡嘴荔、合浦文蛤、涠洲黄牛、涠洲岛香蕉、合浦鹅、北海沙虫。上思香糯、东兴"红姑娘"红薯。广西六堡茶、大苗山红茶、融水紫黑香糯、融安金橘3、柳州螺蛳、大新腊月柑、大新酸梅等。

　　国家地理标志证明商标产品，分两个层面理解，一是地理标志商标是标示某商品来源于某地区，并且该商品的特定质量、信誉或其他特征主要由该地区的自然因素或人文因素所决定的标志。二是申请地理标志证明商标是目前国际上保护特色产品的一种通行做法，在我国由国家工商行政管理总局（国家知识产权局商标局）批准作为集体商标、证明商标注册的地理标志。

　　广西属国家地理标志证明商标产品的有：永福罗汉果2、桂林辣椒酱、荔浦芋2、恭城油茶、恭城月柿2、平乐五彩金花酿、阳朔金橘2、恭城椪柑、桂林米粉。东兰板栗2、环江香猪2、巴马香猪2、都安山羊2、环江香牛、南丹瑶鸡、南丹椪柑、南丹瑶山红梨、南丹巴平米、天峨六画山鸡2。百色柽果3、凌云白毫茶2、田阳香芒、德保矮马。富川脐橙3、昭平银杉茶、昭平绿、昭平红。上林八角2、横州市茉莉花茶2、东津细米2、金田淮山。梧州砂糖橘2、融安金橘2、融水香鸭2、象州红米、钦州坭兴陶、柳州螺蛳粉等。

　　地理标志是知识产权保护的重要内容，获得地理标志保护的产品在国内外市场上可受到不被仿冒侵害等保护措施，且在进出口贸易中易获得关税、通关等优惠，产品可申请享受"绿色通道"待遇。因此，开展地理标志产品保护工作，是将名特优产品推向国内外市场、开展标准战略、品牌战略的重要举措。培育具有原产地保护的品牌产品，促进地理标志产品的市场流通，将区域资源优势转化为经济优势，带动地方经济的发展，是促进农业增效、农民增收、提升区域竞争力的有效途径。

　　为了加大对广西地方传统名优、特色产品的保护力度，广西应从保护和提高地方特色优势产品知名度、服务地方经济发展的角度出发，不断扩大保护品种范围，深化地理标志产品保护工作，巩固和扩大特色产品地域品牌优势。具体来讲：一要打好农副产品特色牌，以地理标志申报促进产业规模化发展。积极挖掘和开发利用特色农产品地理资源，把特色农副产品作为申报地理标志产品，做大、做强特色农副产品规模。二要把大力实施地理标志产品保护和实施名牌战略、技术标准化战略有机结合起来，做到相互补充，相互促进，进而促进农业规范化、品牌化发展。三要加强领导对地理标志保护工作的认识。引导地方政府挖掘地方名优、特色产品，加大特色农副产品申请国家地理标志产品保护力度，同时借助地理标志产品建立国家级农业标准化示范区，促进广西名优、特色产品标准化、产业化、规模化发展。

（五）积极预防各种灾害性天气

广西受季风影响，降雨和气温变化大，干旱、水灾、两寒、台风、冰雹等灾害性天气时有发生，其中以干旱、春寒对农业生产影响最大。因此，各地要高度注意，依靠科学技术，做好预防工作，减少各种灾害可能给农业生产带来的不利影响。

干旱主要有春旱、秋旱。大灾年一般又是春旱连夏旱，或者夏旱连秋旱。春旱以桂西南出现频率为高，其次是桂南、桂东，桂东北基本克春旱。秋旱则以桂东北、桂中较为常见。如1962年10月到1963年7月，广西许多地方没有下过一场大雨，春旱连夏旱，早稻无水下插，旱地作物无法播种，山塘干裂，溪水断流，人畜饮水困难，损失非常大。因此必须重视旱情，防旱抗旱才能最大限度地减少损失。桂中乐滩水库引水灌溉工程就是为解决桂中干旱而建设的。

洪涝即水灾。每年4~9月是我区的汛期，常有大雨、暴雨。由于我区地势起伏大，地表水集流快，洪涝来势猛，对江河沿岸、低洼地、山间田造成损害大。从历史上看，水灾以梧州市、桂林市地域多，河池市地域少。

低温寒潮指倒春寒、寒露风，这是我区春、冬季节主要的灾害性天气。寒潮通过三个风口进入我区。一是湘桂走廊风口；二是贺江上游各地风口，由富川、钟山、八步区直抵桂东、桂东南；三是黔桂山间谷地风口，从高原贵州由南丹六寨谷地进入，影响桂西北。

台风侵袭我区时间主要集中在7月、9月，主要从粤沿海入桂东南、桂中、桂西，从北部湾海域影响桂南沿海地区。台风破坏性大，但给农业生产也带来一定好处，可给塘库蓄水，缓解旱情。

冰雹也是一种灾害性天气，由冷暖气流快速交汇而形成，具有来势猛、范围小、时间短、破坏大的特点。在我区北多于南，西多于东，山区河谷多于平原。桂西北的金城江区、南丹、西林、隆林、凤山，几乎每年都有1~2次。1955年4月30日下午，百色下冰雹，最大直径35厘米，死伤400多人，耕牛死伤、房屋倒塌不少，农作物受损严重。前几年，南宁、贵港等地也下了冰雹，损失同样不少。

因此对于自然灾害，要重预防，早预测，提前采取措施，这样才能把损失降到最低。

课后复习思考题

1. 比较广西水资源和海洋资源开发利用与保护方面的异同。
2. 广西四大旅游区的主要特色是什么？请用具体例子加以说明。
3. 以广西某一地级市为例，列出其地方知名的特色产品，并分析其对当地产业发展有哪些重要影响。
4. 简列10种广西地方米粉，并简述其中5种米粉的重要特色。

第四章 八桂儿女历史功绩彪炳千秋

一、古代广西人民的各种斗争活动

（一）中央王朝在广西的活动

1. 秦朝用兵岭南与灵渠的凿通

秦始皇灭六国，统一中原后，为开拓疆土，于公元前219年派屠睢率领50万大军南下，进行对南方百越族的军事行动。南下大军共分五路：一军塞镡城之岭，一军守九嶷之塞，一军处番禺之都，一军守南野之界，一军结余干之水。即具体部署为：第一路军越过湘桂交界的越城岭（镡城之岭），向广西桂林进军，正面和西瓯接触；第二路军越过湖南江华瑶族自治县西南的萌诸岭（九嶷之塞）向广西钟山、贺州进军，在侧面和西瓯接触；第三路军越过湘粤交界的骑田岭进入广东西北，沿连江—北江直指番禺（番禺之都）；第四路军从赣粤交界的大庾岭（南野之界）进入广东北部，沿浈水—北江直指番禺，直接和南越接触；第五路军则集结在江西上饶江一带（"余干之水"，今信江），目标是向东直取闽浙南部地区。

战斗开始后，第五路军迅速平定闽浙一带的东瓯、闽越，在其地设会稽郡和闽中郡。第三、第四路军，进展也顺利，没有遇到多大抵抗就取得胜利，占领番禺，征服南越。第一、第二路军进入广西境时，西瓯人仓促应战，西瓯部落首领译吁宋在战中身亡。但西瓯人并不气馁，他们很快化整为零，分散退入深山老林，相置桀骏以为将，发挥自己的特长，并实行坚壁清野，秦军有心打仗，他们避开不打；秦军想要休息，他们却找上门来。西瓯人灵活机动的战略战术，把秦军折磨得精疲力竭，损兵折将，主帅屠睢被斩杀，秦军"伏尸流血数十万"，给养也十分困乏，三年不解甲驰弩，陷入进退两难的困境。为了扭转这种不利局面，解除秦军的后顾之忧，秦始皇命令监御史禄"以卒凿渠，以通粮道"。接着，倾全国力量，派名将任嚣和赵佗率军增援，继续对西瓯进行军事进攻。西瓯人尽管浴血奋战，顽强抵御，终因力量对比悬殊而失败。至此，秦朝经过长达六年的艰苦征战，于公元前214年，征服了岭南越人，并随即在其地设置了南海郡、桂林郡、象郡，还迁徙50万中原居民到这里与越人杂居。从此，岭南的越族成为中华民族的一员，岭南地区的两广地域成为祖国版图不可分割的一部分。

灵渠位于广西兴安县境，是史禄受命率秦军和广大民工于约公元前217—公元前214年开凿的一条人工运河，又称兴安运河。它扼三楚两粤之咽喉，沟通湘江和漓江，使长江水系和珠江水系互相连接起来，全长34千米。灵渠的主要工程由铧嘴、大小天平、北渠、南渠以陡门等部分组成，是一个完整的水道工程体系。铧嘴是用巨石在湘江中叠成一个前端尖锐如犁铧的石坝，使湘江水南北分流，叫作"湘漓分派"。大小天平是两道石堤，用以调节分派的水流量。连接天平的是北渠和南渠，北渠连大天平，河水顺大天平流转入湘江；南渠接小天平，河水顺小天平曲折注入漓江，分派的水流量大致是"三分漓水七分湘"。陡门就是水闸，南渠有32座陡门。船只进入陡门，将闸门关上，水位升高，船只就能一级一级地上驶，由漓江入湘江，或由湘江入漓江。当年，秦军就是通过灵渠，最终解决了军粮和其他后勤补给问题。

灵渠是世界上最早的人工运河之一，设计科学、结构灵巧、工艺精湛，与陕西的郑国渠、四川的都江堰一道并称为"秦朝三大水利工程"。我国著名诗人、历史学家郭沫若称之为："与长城南北相呼应，同为世界之奇观。"1988年1月，国务院将灵渠列为国家重点文物保护单位。

2. 赵佗经营岭南与汉武帝平定南越王国

秦始皇驾崩不久，各地反秦暴政风起云涌，天下陷入混乱。得到南海郡尉任嚣赏识的赵佗，聚兵自守，以南海郡为根据地，乘机掠取桂林郡，兼并象郡，于公元前207年，建立南越国，自立为"南越武王"。赵佗割据治理岭南期间，施行的各项政策考虑历史的沿袭性或民族地域性或切合实际可行性，因而岭南地区社会比较稳定，经济文化得到较大的发展，汉越民族团结得以增进。

第一，"以其党为假守"，继续推行郡县制，杂采秦汉中央王朝的官僚制度。如设丞相、大傅等，实行太子制等。

第二，注意吸收越族首领参加政权管理，发挥其稳定岭南、巩固政权的作用。如首任丞相由越人吕嘉出任，其权力仅次于南越王。还有部分越人在军中被委以要职。

第三，尊重越人习俗，消除汉越民族间的隔阂，改善民族关系。赵佗是河北汉人，自称"蛮夷大长老"，亲近越人，带头尊重和顺从越人风俗习惯，"椎结箕倨"，变服易俗。认为"越俗好相攻击"有弊，乃使"粤人相攻击之俗益止"，有"岭南华风之开，实始赵佗"之称。

第四，鼓励汉越通婚，推动汉越民族和睦关系的发展。南越王室带头与越人结"秦晋之好"。如，第三任越王婴齐之妻就是越女，丞相吕嘉宗族"男尽尚王女，女尽嫁王子弟宗室"，还与苍梧王赵光结成亲家。

第五，关心重视发展农业生产。吕后下令"毋予蛮夷外粤金铁田器，马牛羊即予，予牡，毋予牝"，赵佗即出兵袭击其认定出此主意的长沙王属地，虽有过激之失，但仍可察其一片苦心。同时，介绍中原文化，"以诗礼化其民"，岭南由此出现"冠履聘娶，华风日兴，入汉以后，学校渐兴"。

第六，面对汉初绥抚政策，审时度势，愿北面称臣奉贡，剖符通使，友好往来。

第七，针对各地实际情况，采取多种形式让"诸骆将主民如故"。如分封西瓯君后代为西于王，在交趾地区"以其故俗治"。

赵佗治理南越长达几十年，其"和集百越"的民族政策稳固了其在岭南的统治地位，并为后代所效法。公元前137年，他的孙子赵昩继位。昩死，子婴齐继位。婴齐死，子兴继位。赵昩、婴齐、赵兴三代，都谨守赵佗制定的臣服于汉朝基础上的基本政策，南越与汉朝保持和好，局势稳定。但在赵兴统治后期，当时正是汉武帝在位时期，南越统治集团内部互相倾轧，南越王赵兴仍主张内属汉朝，而丞相三王且掌握实权的吕嘉，则公开反对，阴谋叛汉，杀死了汉朝派去的官员和主张内属的赵兴及王太后，并另立越王赵建德，还设伏兵，诱杀汉军。于是，公元前112年，汉武帝决定用兵岭南，以卫尉路博德为伏波将军，出桂阳，下湟水；主爵都尉杨仆为楼船将军，出豫章，下横浦；故归义（郑严）、粤侯（田甲）两个为戈船、下濑将军，出零陵，或下漓水，或抵苍梧；使驰义侯（何遗）因巴蜀罪人，发夜郎兵下牂牁江，直逼南越都城番禺。路博德与杨仆率领的汉军于次年攻占番禺，吕嘉、赵建德等败逃被俘，传了五代的南越国灭亡。汉武帝平定南越后，在其辖地设置苍梧、郁林、合浦等九郡。从此，汉朝巩固了对南方的统治，岭南与中原内地的交往更加频繁，汉族和越人的融合得到进一步发展。

○凤凰型铜灯：1971年在广西合浦县望牛岭发掘的西汉晚期一号汉墓中，出土了铜凤灯一对，高33厘米、长42厘米、宽15厘米，外形仿凤鸟，双足并立，昂头回望，尾羽后曳下垂与足共同支撑全身，显得十分稳重。铜凤凰通体细刻羽毛，轮廓清晰，栩栩如生。凤背部有一圆孔，放置灯盘，颈内空，由两节套管相连，可以拆开和转动，腹腔可以盛水，嘴衔叭形灯罩，正好罩在灯盘上方。当灯点燃之时，蜡炬的烟灰通过凤嘴进入颈部，到达凤凰的腹腔并溶入水中，消除污染，以免影响人体健康。铜凤灯制作精巧，造型逼真美观，具有极高的文化艺术观赏性。环境污染已成为当今世界的一大公害，引起全球人类的广泛关注。我国古代人民早在2000多年前就已考虑到防止空气污染问题，制作了精妙绝伦的消烟灯具，实在难能可贵，为我华夏民族增光不少，是西汉古代青铜器中不可多得的精品。它曾漂洋过海，到日本、罗马尼亚、南斯拉夫、荷兰等国展出，外国观众赞叹不已，名扬四海，载誉而归。在国内外展出时，这一巧妙的设计，令不少专家对2000多年前中国人的环保意识和精妙设计惊叹不已。

3. 东汉马援南下平息二征起兵

东汉时期，属中国中央王朝辖治的交趾地区发生了征侧、征贰姐妹起兵。"二征"是交趾麓冷县（今越南永安、福安）人，征侧嫁与骆将子诗索为妻。当时，汉朝委派的交趾太守苏定"贪暴好杀，州人苦之"，苏定杀了诗索，征侧要为丈夫报仇，苏定便对她绳之以法，从而激化了矛盾。征侧便与其妹征贰于公元40年公开叛汉，"于是九真、日南、合浦蛮里皆应之，凡掠六十五城，自立为王。交趾刺史及诸太守仅得自守"。为了维护国家的统一，41年，光武帝拜马援为伏波将军，以扶乐侯刘隆为副手，督楼船将军段志等率长沙、零陵、苍梧兵万余人南下平息。各路兵马合浦会合后，马援率军"遂缘海而进，随山刊道千余里"，进入交趾地。次年，马援军在浪泊（今越南河内西北一带）大破二征部众。二征部众被斩首者数千，投降者万余人。第三年，擒斩征侧、征贰，传首洛阳。接着，马援挥军继续南进，在九真、日南境内平定二征余党，斩获5000余人，迁徙其首领。44年，马援还师北上，沿途做了许多有利于地方发展的工作：废除世袭的骆将制度、健全封建郡县制，废除奴隶制法律，推行封建法律，修城池、水利，推广中原的生产技术。这次南下用兵对发展岭南的经济、文化起到了积极的作用，马援在广西也成为一个有影响的历史人物，以其官职命名的桂林伏波山、横州市伏波庙、龙州县伏波庙、钦州市伏波庙等表明了后人对他的怀念。

4. 安州宁猛力归隋与钦州名始定

隋朝灭陈后，分兵向岭南进军。有崇高威望的岭南"圣母"冼夫人（高凉郡太守冯宝夫人，高凉郡今广东高州恩平市）不愿看到局势动荡，百姓遭殃，率众归顺隋朝，随隋诏使裴矩巡抚诸州。在冼夫人的影响下，苍梧首领陈坦、藤州首领李光略等前来参谒，裴矩委派他们为地方官，管理本部族事务。

597年，令狐熙被任命为"桂州总管十七州诸军事"，是广西地区最高军政长官。令狐熙对少数民族首领采取怀柔、团结政策，取得各族首领的信任。钦州少数民族首领宁猛力，陈时据有南海。隋统一后，改任安州（今钦州境）刺史，仍"恃险骄据，未尝参谒"桂州总管。令狐熙到任后，不以兵威相胁，亲笔写信给他，提出愿与他肝胆相照，交为朋友。得知宁猛力老母患病，又派人送去药物。宁猛力深受感动，随即亲到桂州总管府求见，表示愿意归附隋朝。后令狐熙知广西各地州县县名多有雷同，因而奏请朝廷改安州为钦州。钦州之名由此而来。宁猛力死后，其子宁长真继任钦州刺史。隋后期，侯莫、陈颖为桂州总管，继续贯彻执行令狐熙的政策，由此"民夷悦服，溪洞生越多来归附"。

5. 爱国将领马雄镇、傅宏烈平叛

1673年12月，平西王吴三桂在云南起兵叛乱，先后波及全国十一个省的清初"三藩之乱"爆发。次年3月，在吴三桂的鼓动下，广西将军孙延龄在桂林起兵作乱。他诱杀了都统王永年等十几名将领，围困广西巡抚马雄镇于衙署。马雄镇身处绝境，不考虑个人及家人安危，秘密派心腹及儿孙赴京奏报朝廷，请求中央政府派"大军速至，恢复广西"，遭孙延龄幽禁，后拒绝诱降，被叛首吴三桂侄孙吴世琮残酷杀害。

1674年9月，受孙延龄的胁迫及战中受挫，广西提督马雄等将领相继投降，广西的其他众多文武官员，"或望大兵赴援，或被群贼胁从"，旁观观望，广西被吴三桂叛乱势力控制。在这种情况下，曾因揭露吴三桂图谋反叛而被流放到广西苍梧县的原甘肃省庆阳知府傅宏烈，于桂林决定"投身贼地"，假意从叛，取得了叛军的信任。在征得孙延龄的许可后，他经南宁，到广西西部、云南东南部部分地方招募各族义勇。在募集了5 000名义勇后，从叛军手中收复不少失地。1677年5月，康熙帝升傅宏烈为广西巡抚，不久又加封抚蛮灭寇将军，主管广西军政全权，合力平叛。尽管装备不足，战马又少，更无大炮，粮饷也接济不上，但傅宏烈部官兵依然杀敌英勇，收复了梧州、昭平、郁林等地。1679年2月，吴世琮率叛军分三路猛攻梧州城，傅宏烈部与清将军莽依图部密切配合，团结作战，大败叛军，广西平叛战争的被动局面开始扭转。接着，在中央政府的部署下，傅宏烈与莽依图等发起平定广西叛军势力的总攻。此后，清军势如破竹，在广西征战连连告捷，各地纷纷收复。莽依图等在南宁与城内守军配合夹击，迫使久围南宁的吴世琮负伤而逃。傅宏烈也歼灭柳城、融县叛军。同年11月17日，泗城土知府岑继禄投诚。至此，整个广西的平叛战争取得了决定性胜利。1680年，傅宏烈受命率部将前往云、贵平叛至柳州，被叛军诱骗押送至贵阳，拒绝投降而遇害。

（二）广西各族人民反封建政权的斗争

1. 唐朝西原僚人起义

唐朝时，在今广西扶绥县一带，建立了西原羁縻州，并把"居广、容之南，邕、桂之西"，北接道州，西接南诏，依阻洞穴，绵地数千里的僚人，称为"西原蛮"。中唐以后，地方封建统治者对当地百姓的搜刮，一方面大大加重了百姓的负担，另一方面也侵害到各族上层分子的切身利益。由此，西原少数民族人民与汉族统治者之间，少数民族上层分子与唐封建朝廷之间的矛盾日益加深，最终酝酿成大规模的起义。

756年2月，西原黄洞少数民族人民在首领黄乾曜、真崇郁的领导下，联合陆州（今钦州西南）、武阳（今罗城仫佬族自治县北）、朱兰（今东兰）等一百余洞，共20万人，进行武装起义。他们推举武承斐、韦敬简作帅，号称中越王；廖殿为桂南王，莫淳为拓南王，相支为南越王，梁奉为镇南王，罗诚为戎成王，莫浔为南海王，下设各级官吏，建立政权。起义军所占地区，"方圆数千里，控带十八州"。杀贪官，开仓库，分财物给贫苦人家，深受百姓欢迎。由于唐统治者采取剿抚两面手法，经过近七个月的苦战，起义军主要首领黄乾曜、真崇郁等牺牲，个别变节投降，起义进入低谷时期。777年，西原各族人民在潘长安的指挥下，东山再起，继续斗争。起义军"连跨州邑"。在与唐军的激战中，潘长安被俘牺牲，所部损失2万余人，起义受挫。794年，少数民族首领黄少卿又领导西原人再次举行规模更大的斗争，他们攻重镇邕州，陷钦、横、贵、浔四州。其子骁勇善战，前后攻占13个州，势不可挡。黄少卿诈降复出后，又联合在邕州附近的黄少度共同作战，攻占宾州（今宾阳县）、峦州（今横州市）、严州（今来宾）等。唐调集的湘、鄂、赣等军及容管、邕管所部桂兵与之交战连遭惨败。823年，黄少卿又率部攻邕州，陷左江镇（今南宁市西），再入钦州境，第二年，向西入防城港境，所过地域守官或逃或死。至此，黄少卿领导的起义军占据了岭南西道十八州，范围包括广东西部、广西南部地区，起义进入高潮。后来，唐朝在军事镇压的同时，加大了对义军首领的诱降以及对起义部众施以恩惠进行分化瓦解，至879年，西原各族人民大起义失败。西僚人的起义有力地打击了唐王朝的反动统治，加速了唐朝的灭亡。在广西反封建斗争史上，西原少数民族人民谱写了壮丽的篇章。

2. 唐朝庞勋戍卒起义

唐朝在广西的统治由于西原各族人民的反抗斗争已遭到削弱，而西南地区崛起的南诏乘势不时进行的掠夺骚扰，更使其在广西陷入顾此失彼的状态。861年秋，七月，南诏攻邕州，陷之。弘源（经略使）与监军脱身奔峦州，二十余日，蛮支乃还。仅过三年，康承训至邕州，蛮寇益炽，诏发许、滑、青、汴、兖、郓、宣、润八道兵以援之。承训不设斥候，南诏帅群蛮近六万寇邕州。节度副使李行素帅众治壕栅，甫毕，蛮军已合围。后来，南诏兵虽"解围去"，然而邕州经过几次洗劫，已是满目疮痍，所以"时南诏知邕州空竭，不复入寇"。

南诏连年侵扰邕州，对唐朝政权造成了很大的威胁。南诏攻陷安南后，唐懿宗急下诏，在徐州、泗州（今江苏泗洪东南），招募3 000人前往岭南西道防守，其中有800人戍守桂州，约定期满三年即回原籍。这些人在桂州戍守了六年，徐泗观察使崔彦曾却一再食言背约，不许他们回归故里，戍兵苦于兵役，群情激愤。于是在868年，公推粮科官庞勋为首，劫库兵，夺路北归。他们从桂州进入湖南、浙江、安徽、江苏，攻占了彭城（今江苏徐州）、濠州（今安徽凤阳）等重要州城。这次起义征途数千里，历时一年多，沿途农民纷纷加入，使这支兵变队伍变成了拥有20多万人的农民起义军，控制了长江、黄河之间的广大地区。最后虽被镇压下去，但唐王朝的力量已受到很大的削弱，并从此逐渐走向衰亡，正如史书评说"唐亡于黄巢，而祸基于桂林"。桂林庞勋起义揭开了唐末农民起义的序幕。

3. 侬智高起兵反宋

侬智高（1025—？）是北宋广南西路广源州人，壮族。广源州在邕州西南，是邕州所属44个羁縻州之一，与交趾（后称安南）接壤，被交趾控制。侬智高的父亲侬全福曾是傥犹州（今扶绥、崇左一带）、广源州的知州，1039年交趾王李德政率军攻打侬全福，进占傥犹州、武勒州（今扶绥境）、万涯州（今大新境）等州，无恶不作，还俘获了侬全福、侬智聪（侬智高兄）等人，解往交趾京城并将其杀害。

侬智高和其母逃脱，投奔雷火洞（今大新县下雷镇）。1041年，侬智高母子回到傥犹州，建立大历国，与交趾抗衡。交趾李氏王朝获知，即派兵来攻，将侬智高掳去。交趾统治者见其父被杀，并未能征服侬氏势力，便改变手法，不仅不予加害，反而笼络收买，放回侬智高并派其任广源州知州，并将雷、火、频、婆四洞及思浪州归其管辖。第二年，又赐他高郡王印，拜为太保。然侬智高并未臣服交趾，反因屡受凌辱而立志报仇雪耻。他虚以委任，俟机再起。1048年他袭取安德州（今靖西境），建南天国，并控制右江地区的田州和云南的特磨州（今云南广南一带）。交趾王朝深恐侬智高势大，急忙派兵袭击。为了抵抗交趾的进犯，侬智高多次遣使邕州请求宋朝廷保护和互市，但均遭拒绝。在"既不得请，又与交趾为仇"而陷入"穷无所归"的情况下，侬智高因而决定起兵反宋。

侬智高和他的部属侬建侯、侬智忠以及广州进士黄玮、黄师宓经过周密策划，于1052年年初，正式举兵反宋。同年4月，侬智高率领部众5 000沿右江东下，首先攻破右江上游重镇横山寨（今田东县平马镇）。同年5月，占领邕州城，杀邕州知州陈珙，在此建立大南国，自称仁惠皇帝，年号启历，置官属，大赦境内。接着，侬智高又挥师沿江东下，除少数州官稍有抵御外，大多州官闻风夺路而逃。侬部依次攻破横、贵、龚、藤、梧、封（今广东封开）、康（今广东德庆）、端（今广东肇庆）诸州，直逼广州城下。侬军围攻广州57天，同年7月解围而去，向粤西撤退，攻贺州，占昭州，遭宋将疑兵之计迷惑，停止"北并衡湘"，折而往邕州方向撤退。同年10月，占宾州，入邕州。

侬军所到之处，所向披靡，队伍迅速发展到数万人。北宋王朝大为震惊，宋仁宗派大将狄青率军数万南下征讨。侬军准备在昆仑关与宋军进行决战。1053年正月，狄青率军至宾州。他一方面大力整顿军纪，严明赏罚，处死了数十名钩心斗角、敷衍了事的将校；另一方面按兵不动，下令征调10天粮草，制造假象迷惑侬军。侬智高探知，以为狄青不会立即进攻，麻痹大意。不料在正月上元节次日晚，狄青突然下令出击，乘夜偷渡昆仑关天险。两军在归仁辅（今南宁市三塘镇）摆开战场，狄青指挥骑兵分路冲击，侬军头一次与骑兵厮杀，不知如何对付，损失惨重，侬智高只好退回邕州。宋军追入邕州，侬智高见大势已去，弃城出走，败退特磨州，收集余部3 000多人，准备东山再起。1055年，余靖派兵袭击特磨州，俘侬智高母亲及其长子、次子，侬智高逃奔大理国（今云南大理），后不知所终。

侬智高起兵反宋，是一次反对北宋王朝的民族压迫和阶级压迫，反对北宋王朝对交趾统治集团的侵掠采取屈从忍让和纵容政策的战争，是壮族历史上一次大规模的反抗斗争。它反映了壮民族团结同心反抗外来侵犯的精神，打击了北宋王朝在岭南的统治势力，迫使北宋朝对岭南的统治政策做出某些调整，其中接受壮首领归附，增加在广西的驻兵，对维护国家统一具有积极意义，在广西少数民族地区逐步建立土司制度，并在一定时期对广西的发展产生了积极影响。

4. 明朝大藤峡瑶民起义

明朝时期，朱氏王朝加强对广西的统治，一方面控制和利用土司，施展"以夷制夷"的策略，另一方面又建立卫、所、巡检司等，加强军事弹压。朱氏王朝和土司强行侵占山中各少数民族世代耕种的田地，使阶级矛盾和民族矛盾不断尖锐。于是广西各族人民纷纷进行反抗斗争，这种斗争不仅规模大、范围广，而且几乎贯穿于整个明代，其中瑶族领袖侯大苟领导的大藤峡瑶民起义，波及两广，惊动全国。

侯大苟，桂平大藤峡附近罗渌峒田头村人，瑶族。他家境贫苦，办事公道，乐于助人，交际广，有正义感，具有强烈的反抗精神，深得人们的爱戴和信任。1442年，侯大苟等率众数百起义。在与官军交战的过程中，不断总结经验教训，化整为零，分兵作战，接纳来者，起义队伍迅速发展，有步、骑、水三军，共一万多人。1450—1456年间，起义军控制了梧州、柳州、浔州三府十余个州县。1463—1465年，起义军一支沿江下梧州，攻广东肇庆、罗定、阳江；一支往北流、陆川、博白、广东化州；一支经富川、贺州攻湖南江华、宁远。1463年12月22日，侯大苟率领义军七百多人，夜袭梧州城，入城义军杀布政使宋钦等作恶官员，执按察副使周涛，打开官府，缴获大量武器、金银财宝及粮盐等物资。这次夜袭是大藤峡起义军以少胜多的攻城战术的典型战例。此后，起义军又多次进占梧州，令封建统治者胆战心惊。明英宗下令悬赏捕捉侯大苟。1465年，受明宪宗之命的佥都御史韩雍和征夷将军、总兵官赵辅，率领北京、南京、江西、湖广等地官兵及湘桂部分士兵16万人，分水、陆两路推进大藤峡，残酷镇压瑶民起义。

侯大苟领导的义军，在众寡悬殊的条件下，毫不畏惧，英勇抗击敌人，他们先将妇女儿童转移到比较安全的崖洞，然后在要隘处构筑工事，准备利器，积极防守。敌人以优势的兵力进攻，义军据守的十余处山寨先后丧失，最后撤退到九层楼（山名）上。在山上，义军以石块、滚木和毒箭为武器，打退了敌人的多次进犯。官军一连好几天未能攻下，伤亡惨重。后来，韩雍改变战术，采用火攻，令兵士驱赶牛羊上阵，牛羊角束着火把，尾巴绑有燃着的鞭炮，牛羊受惊，四散奔逃，满山遍野，火光熊熊，官军趁机发射火药，引起森林大火，义军的防卫工事遭到严重破坏，难以坚守。侯大苟率780余义军，与敌拼死肉搏，最后全部阵亡。

韩雍镇压侯大苟瑶民起义后，把大藤峡改名为"断藤峡"。但大藤并未断，此后，大藤峡的农民起义仍不断发生。

（三）旧朝文武官员忠贞守节抗新朝

1. 南宋马墍、娄钤辖守静江（桂林）而亡

南宋都城临安失守后，1276年6月，元朝派阿里海牙率兵数万进攻广西。南宋守将马墍（今甘肃人，在广西为官）以经略使的名义统领屯戍诸军，保卫静江府。马墍带领军队3 000人坚守桂林北面的兴安县严关要塞，元军屡攻不克，其将乃以偏师出平乐，过临桂，前后夹攻静江府。马墍被迫退守静江府后，敌方多次劝降，许诺高官，他不为所动。在静江府内无粮草、外无援兵的情况下，他置生死于不顾，坚守府城达三月之久，历大小百余战，最后受伤被俘，壮烈牺牲。其部将娄钤辖率领200多名兵士，继续坚守十多天，但已饥饿不堪。娄钤辖登城要求元军送给粮食，吃饱投降。元军送入粮食、牛只，宋军椎牛、炊米、牛肉、米饭未熟即食，200多名壮士食毕即炸城献身，誓不死敌手。马墍及其部下宁死不屈、视死如归的英雄气概，赢得了后人无限崇敬。

2. 南明瞿式耜、张同敞保桂林成仁

入关的清军击败李自成农民军后，迅速向南方挺进。前明官僚地主建立的南京福王政权、浙江鲁王政权和福建唐王政权先后覆灭。1646年10月，广西巡抚瞿式耜和两广总督丁

魁楚等拥立桂王朱由榔，在广东肇庆建立政权。次年，改元永历，桂王就是永历帝。

永历帝是个贪生怕死之徒，当清军攻陷广州，进逼肇庆时，永历帝慌忙遁入广西梧州。肇庆一失守，梧州随之告急，他又由梧州仓皇逃到桂林。当时，瞿式耜守桂林，与湖南总督何腾蛟成掎角之势，他想把桂林组成抗清斗争的中心，要求桂王驻跸桂林，领导抗清运动。但朱由榔风闻清兵来攻，便急急忙忙逃往全州。因此，瞿式耜只好自请留守桂林，在兵微将寡、清军兵临城下的紧急关头，从1647年3月至1648年3月，他指挥军民坚守抗敌，取得了三次保卫桂林城的胜利，使抗清形势有了好转。不久，由于永历朝廷发生了内讧，何腾蛟兵败被俘殉难，反正的降清明将李成栋、金声桓也相继败亡，抗清的大好形势消逝。

1650年11月，清将孔有德率领清军攻陷严关，进逼桂林，南明部分守将不战而散。此时，瞿式耜的亲军焦琏部远在平乐，来不及回师，桂林便成了一座空城。这时，两广总督张同敞（张居正之曾孙）自灵川来到桂林，与瞿式耜共同防守。清军攻陷桂林，瞿、张二人被俘。囚禁期间，他们作诗唱和，坚持气节，拒绝清军种种诱降，后被害于桂林叠彩山前。后人在他们就义的地方树了块石碑，上刻"瞿张二公殉难处""常熟瞿忠宣江陵张忠烈二公成仁处"等字样，游人至此肃然起敬。

(四) 广西各族人民抵御外来侵略的斗争

1. 北宋苏缄宁死不屈，郭逵受命逐越军出国土

北宋初期，交趾（越南的前身）统治者借北宋北部事多难以顾及的机会，对广西一带屡屡侵扰，而且越来越嚣张。1075年，由李常杰统率的交趾兵10万人分水路、陆路大举进犯广西，在攻占钦州和廉州后，向邕州进围。当时邕州守兵有限，仅2 800人，但在知州苏缄（福建人）的指挥下，军民上下一心，分地防守，直到邕城被攻陷，无一人投降。苏缄与家人以身殉国，表现了崇高的民族气节。（邕州知州苏缄殉难处遗址已被列为南宁市文物保护单位，永久保护。）后人在今南宁市（三街两巷范围内）建城隍庙以记其功。

交趾兵进占邕城后，城内近6万无辜居民被害死，邕城也被烧得精光，犯下了难以数尽的罪行。第二年，北宋派遣郭逵率兵十万南下反击交趾侵略者。在广西各族人民的大力支援下，迅速收复了邕州、钦州、廉州，把交趾兵驱逐出国土，并大败交趾兵于富良江，直至其投降。

2. 瓦氏夫人率俍兵抗倭令敌胆寒

瓦氏夫人（1498—1557），明代归顺州（今靖西）土官岑璋之女，名花，壮族。她文武双全，年少时嫁给田州（今田阳）土官岑猛为妻。因当地有同姓不婚之俗，岑花以名代姓出嫁。汉语的花即是壮语的瓦，故又称瓦氏夫人。

明朝嘉靖年间，我国东南沿海一带倭寇猖獗，倭寇烧杀掳掠，无恶不作。为加强抗倭力量，嘉靖帝起用老将张经为南京兵部尚书兼抗倭总督。张经曾在广西为官，深知广西俍兵骁勇善战，便传令广西田州土官岑大寿率兵出征。由于岑大寿年幼，不便亲征。国家有难，匹夫有责，于是瓦氏夫人请求朝廷恩准由她领兵出征。朝廷准其所请，并授予"女官参将总兵"军衔。瓦氏夫人征前宣誓："是行也，誓不与贼俱生。"亲率田州、那地、归顺、南丹、东兰等州壮族俍兵近7 000人，经过四个月的行程，到达抗倭前线，隶属总兵俞大猷指挥。广西俍兵与各路官军密切配合，先后参加了金山卫、漕泾镇、王江泾等大小战斗十余次。尤其是在王江泾（今浙江嘉兴市）战役中，广西俍兵编为中路，与其他官军配合，围歼倭

寇 3 000 多人，取得了抗倭以来的第一次胜利。"花瓦家，能杀倭"的民谣从此在江浙一带广为流传。然而，由于朝中之争，忠良被害，前线俍兵的补给困难，瓦氏夫人愤恨不已，积劳成疾，乃告假还乡。1557 年病故，终年 59 岁。

因瓦氏夫人主动应征，英勇作战，屡败倭寇，战绩显著，嘉靖帝诏封她为二品夫人，有"石柱将军"之美誉。田阳县至今仍有瓦氏夫人墓碑。

二、近现代广西儿女的反帝反封建斗争

（一）历史背景

1. 鸦片流毒广西

鸦片早在鸦片战争前已被贩运到广西，一般从东部的广东或南部的合浦流入。那时在桂东各府的城镇就有人私食鸦片。虽然朝廷有令严禁，但因许多官吏从鸦片贩运中得到好处，所以难以禁止且越禁越旺。据调查，19 世纪 40 年代，郁林的长荣圩、贵县的大圩、桂平的江口圩等地已有数量不等的烟馆。鸦片战争后，鸦片更是肆无忌惮地贩入。

鸦片的泛滥，一是毒害了国民，危及了国民的生命；二是引起了银贵钱贱，影响了民生；三是百姓遭受更严重的盘剥，催逼旧税的同时又增新捐，激化社会矛盾。

2. 列强进行多种形式的经济侵略

第一，先后强迫开设口岸。1876 年，英国强迫清政府签订《烟台条约》，北海等被辟为通商口岸，第二年正式开放，是广西最早开辟的通商口岸。1887 年，法国与清政府签订《续订中法商务专条》，指定开辟广西龙州为通商口岸。1897 年，英国又强迫清政府签订中英《续议缅甸条约附款专条》，梧州被辟为通商口岸，英国取得了广西内河航行权。1899 年，各列强又强迫清政府开辟南宁为通商口岸，1907 年正式开放。口岸的开辟，极大地便利了外国侵略者在政治、经济、文化、宗教等方面的侵略活动。

第二，在口岸设立利于经济侵略的海关。在北海、龙州、梧州等口岸，各国侵略者设立海关，委任税务司，大幅度降低进出口关税，大肆掠夺广西人民的财富。

第三，倾销洋烟洋货，大肆掠夺土特产品及原料，不仅直接破坏了人民的生产和生活，而且使城乡民族经济遭到严重的摧残。

第四，开设银行，发行外币。法国在龙州开设东方汇理银行，发行纸币（法币）和银圆（法光），香港英国银行发行纸币"港纸"和银圆"港洋"。他们都以比我国货币高得多的票面价值，充斥广西全境。其目的是达到掠夺广西农副土特产品及原料，进而从金融方面控制广西。

3. 列强谋求更多的政治权益

第一，在口岸设领事馆，至今在龙州、梧州及北海等还有法英领事馆旧址，是列强侵略广西的罪证；第二，英法把广西划为其势力范围；第三，夺得矿山开采权和铁路修筑权。

4. 列强干涉广西地方政务

一是干涉清政府任用官员。1901 年 4 月，清政府任命湖北巡抚于荫霖为广西巡抚，英国却以其对外国人"心有成见"，使清政府改命他人；二是直接镇压民众的反抗；三是破坏政令的实行。

5. 列强从事宗教侵略

一是建立教堂；二是发展教徒；三是实施与传教布道无关的政治、经济、文教以及收买人心的"慈善事业"等侵略活动。至1949年解放，法、美在广西建天主教堂共138个，拥有教徒38 000人。英、美在广西建基督教堂共169个，发展教徒7 000多名。

6. 清广西地方官吏贪污腐败，弄得民不聊生，百姓只有铤而走险

据记载，广西"官吏恣意求索，以肥私囊"不是少数，而是"通省官吏莫不皆然"。这些官吏鱼肉百姓，使得"民生难安"。光绪末年，两广总督岑春煊承认，"广西乱源，咎在官吏"。黄槐森、王之春当广西巡抚期间，"用人惟凭贿赂"，各种捐税"盈千累万，尽入私囊"。

（二）反抗清政府的斗争

1. 太平军在八桂的斗争（1851年1月—1852年6月）

（1）拜上帝会在广西与团营

1843年，洪秀全和冯云山等在广东花县（今广州花都区）创立了拜上帝教。次年5月，洪秀全和冯云山来到广西贵县、桂平一带，以传教作掩护开展反清的宣传组织工作。在桂平紫荆山区，他们深入贫苦人家，宣传"天下一家，共享太平""男子皆兄弟，女子皆姐妹"，人人平等的主张，建立拜上帝会组织，发展拜上帝教的信徒，短短几年，便开辟了紫荆山拜上帝教基地。以桂平为中心，东到平南、藤县，西达贵县，北至武宣和象州，南到郁林、陆川、博白与广东的信宜、化州、廉江等地，也播下了反清的火种，有了拜上帝教的兄弟姐妹。

在拜上帝会组织不断扩展的过程中，拜上帝会的领导骨干初显端倪。除洪秀全、冯云山外，"机警多谋"的桂平人杨秀清入会后，伪托"天父下凡传言"，一度安定了会众。"勇敢刚强"的武宣人萧朝贵成为会中一员后，伪托"天兄耶稣下凡附身传言"，也有一批会众围着他转。桂平人韦昌辉以及贵县人石达开因受土著地主的嘲弄排挤，愤而举族携家加入拜上帝会。他们号召和带领着各地会众积极开展反清武装的组织和准备工作，起义条件逐渐成熟。

1850年7月，洪秀全召集各地拜上帝会首领，发布"团营"命令，要求各地会众一律依时到达桂平金田村集中，史称"金田团营"。一时间，各地会众变卖田产房屋，扶老携幼，向金田村进发，人数达一万多。12月，极度惊恐的清政府赶紧在平南思旺圩布防，封闭路口，想困死洪秀全等人。洪秀全一面命人固守，一面令金田出兵夹击。结果援兵直捣思旺圩，大败团练武装和清军，接着洪秀全等回到金田，史称"迎主之战"。1851年元旦，又在桂平附近的蔡村江大败清军。

（2）金田起义与局部推进

1851年1月11日，正是洪秀全38岁诞辰。桂平紫荆山前的田野上，2万多饱受压迫的贫苦农民在洪秀全的亲自领导下，拿起武器，汇集到金田村西边的犀牛岭古营盘周围，庄严誓师起义，史称"金田起义"。在万众欢呼声中，洪秀全颁布简明军律五条，命令会众一律蓄发易服，冠名起义军称太平军。（金田起义旧址已被列为国家级重点文物保护单位。）接着，洪秀全指挥太平军东进，一举攻占了浔江北岸的重镇江口圩。在那里，他们一面发动群众，对地主富户进行清算斗争；一面接受天地会首领罗大纲、苏三娘（八桂又一女杰，广西灵山县壮族农民，先为天地会首领，后响应洪秀全号召，率众加入太平天国起义，遵照太平军"男女别营"制度，组成一支约一万人的太平天国女军。她作战剽悍异常，且意志坚定，常令

清军闻风丧胆,后陷入湘军重围,身负重伤跳崖殉国,极为悲壮)所率二千余名天地会成员加入太平军,壮大起义力量;一面依江择险,设防固守,英勇迎战广西提督向荣、钦差大臣李星源、广西巡抚周天爵等部署的清军围攻,把敌人杀得一败涂地,四处逃散。

3月上旬,太平军主动撤出江口圩,西进武宣,与尾追而来的向荣、周天爵所率清军激烈拼杀,连战皆捷。23日,洪秀全在东乡正式称天王,建号太平天国,并以杨秀清为中军主将,萧朝贵为前军主将,冯云山为后军主将,韦昌辉为右军主将,石达开为左军主将。洪秀全称王建号,确立五军主将制,有利于反清斗争的胜利发展。

5月中旬,太平军主动撤离武宣,北击象州,连占部分乡圩。后来,由于粮饷日见短缺,又有清将乌兰泰与向荣的阻击,洪秀全决定回师桂平,在紫荆、金田地区驻防。7月至9月,清军又从西、南方向太平军防域进攻。在洪秀全的指挥下,太平军将士,声东击西,迂回作战,突出重围。9月中旬,太平军于平南官村大败乌兰泰军、向荣军。随后乘势向永安州挺进。

(3) 永安建制与突围北上

1851年9月25日,太平军攻克永安州(今蒙山县)。在永安,太平天国依靠当地群众,在和围攻的敌人顽强战斗的同时,积极进行军政建设。12月17日,天王洪秀全发布封王诏令,封杨秀清为东王,萧朝贵为西王,冯云山为南王,韦昌辉为北王,石达开为翼王,各王均受东王杨秀清节制。颁刻《太平条规》《太平军目》等,整顿军纪。定《太平礼制》,规定森严等级,官爵封号世袭。并颁行太平天历,以366天为一年,单月31天,双月30天。永安建制,初步奠定了太平天国建国规模,为推动太平天国反清斗争向前发展准备了条件。

1852年4月,面对清军的四面合围,太平军由于自身军需的匮乏,洪秀全命令太平军2万军民从永安突围北上。太平军过昭平,经荔浦、阳朔,进临桂,直逼桂林。不久,抵达桂林城下。乌兰泰追至桂林将军桥,太平军伏击成功,伤乌兰泰(不日死于阳朔),歼其大部。接着,太平军频频攻城。由于城墙坚固,缺乏器械,加之清军援兵将至,太平军只好趁夜主动撤出桂林北上,经灵川,克兴安,入全州。6月5日,太平军分水陆两路,顺湘江而下,向湖南进发。在全州蓑衣渡与清军的激烈战斗中,冯云山因伤势恶化去世,年仅37岁。7日,太平军进入湖南境。所到之处,深受群众欢迎。随后,又攻长沙,占武汉,进军江南,攻占南京,定都南京为天京。

2. 19世纪中期天地会再举反清义旗

天地会,是一种原始形式的民间秘密团体,又称三点会、三合会、哥老会等,约创立于17世纪后期,以反清复明为目标。18世纪初,天地会在广西就有了活动。至19世纪中期,其组织已遍及全省,并不断进行反清斗争。随着形势的变化,尤其是在太平天国的影响下,反清斗争进入了一个新高潮。其中有的已打破"非朱姓不为王"的老规矩,据地立国称王,建立天地会政权(如表4-1所示)。

表4-1　19世纪中期天地会反清斗争

组织者	先起事地点	活动范围	建立政权名称
吴凌云、吴亚终(父子)	新宁州(今扶绥县境)	左江一带	延陵国(扶绥)
朱烘英、胡有禄	南宁市	湘桂边界	升平天国(灌阳)
陈开、李文茂	广东佛山市	桂东南、桂中	大成国(桂平)

附：吴凌云、吴亚终父子，今扶绥县壮人；朱烘英，湖南人；胡有禄，今武宣县人，当地著名的天地会首领；陈开、李文茂，今广东人，当地有名的天地会首领。

3. 跨世纪（19世纪末20世纪初）的会党起义

会党是指以反清复明为宗旨的民间秘密团体的总称，又叫天地会，自孙中山创立的兴中会与天地会的首领联络后有此称。19世纪末20世纪初，广西会党起义再起（19世纪末20世纪初会党起义如表4-2所示），由于缺乏明确的斗争纲领，起义成员复杂，有农民、流民、游勇等，会党组织松散，缺乏统一指挥，虽然会党起义最终落败，但其斗争极大地鼓舞了资产阶级革命派的斗志，一些会党人员后来加入了同盟会，投入到资产阶级革命派的旗帜下，继续进行武装反清斗争。

表4-2 19末20世纪初会党起义

领导人物	起义活动范围	结局
李立廷	桂东南	失败
王和顺等	南宁一带	被苏元春、岑春煊镇压失败
陆亚发等	柳州一带	遭岑春煊及龙济光、陆荣廷围剿失败

附：李立廷，今陆川县人，天地会首领；王和顺，今南宁市邕宁区人，壮族，会党著名领袖，后加入同盟会，得孙中山赏识器重；陆亚发，今南宁市邕宁区人，壮族，游勇首领。

4. 20世纪初广西境内同盟会领导下的武装起义（如表4-3所示）

表4-3 20世纪初广西境内同盟会领导下的武装起义

领导人	起义名称	结果
黄兴、王和顺等	钦防起义（200多人参加）	失败退守
黄明堂	镇南关起义（上百人参加，占右辅山炮台；随后孙中山、黄兴、胡汉民亲临阵地）	遭陆荣廷镇压，失败退守
黄兴等	钦廉起义（200多人参加）	失败退守

附：黄明堂，今钦州市人，壮族，早年为边关一带游勇、会党首领，入同盟会，后在广东任职，曾任广西边防督办。

○扬美古镇更有两处胜迹，特别值得一看。其一为辛亥革命先贤梁植堂、梁烈亚在古镇金马街的故居，原来占半条街道的建筑，现仅存一厅三房一庭院。孙中山领导的镇南关起义，曾在这里召开过秘密会议，商讨有关事宜。梁氏父子追随孙中山先生，均为辛亥革命风云人物。梁植堂曾任孙中山机要秘书，武昌起义成功数年后辞世。梁烈亚参加镇南关起义、辛亥革命后，又积极投身抗日战争，参加新民主主义革命。中华人民共和国成立后任上海文史馆馆员，直到1982年逝世。其二为古镇建于乾隆元年（1736年）的魁星楼，主楼高15.3米。整座楼呈方形，上小下大，雄伟壮观，外形像帝王玉玺，故人称"帝印"。魁星楼不仅是一处珍贵的文物古迹，也是辛亥革命的一个重要纪念地。1907年10月，辛亥革命前夕，广西会党首领黄兴、王和顺、黄明堂先在梁植堂家开会，后又转移到魁星楼继续开会，部署桂南各地推翻清朝的革命武装斗争事宜，其后又在这里进行秘密活动。南宁市政府已于1996年将这里列为文物保护单位。

5. 广西独立

受辛亥革命影响，梧州的同盟会会员率队冲进府衙，于 1911 年 10 月 30 日首先宣布独立。随后广西巡抚沈秉坤等宣布省会桂林独立，广西提督陆荣廷也只得宣布南宁独立，柳州的同盟会也率众夺权，宣布独立。其他各州县也在革命浪潮的推动下宣布脱离清朝统治。清王朝在广西的统治宣告结束。

广西独立后，初由巡抚沈秉坤为省都督，布政使王芝祥、提督陆荣廷为省副都督。为独揽广西军政权力，陆荣廷暗中指使亲信部属通电桂林，推举其为省都督。于是，沈秉坤、王芝祥只好借口率师"援鄂"离开广西。1912 年，陆荣廷便取得了广西都督的职位，随后把省会从桂林迁到南宁。陆荣廷，1859—1928 年，武鸣人，壮族。幼年已失父母，被迫远走边关，在龙州县水口落脚，被当地谭姓招为女婿。曾参加过三点会，在中越边界专抢法国侵略者枪支钱财。中法战争爆发时，投身清军抗法。战后，又与一些游勇结成队伍，干起老本行。后由苏元春招抚，做营管带，率兵镇压过会党起义。不久又受岑春煊举荐，任统领，统十营兵力。1907 年，因镇压镇南关起义有功，升右江镇总兵官，不久改任左江总兵官。1911 年 6 月为广西提督，节制全省旧军 32 营，驻南宁。今南宁人民公园有其建的镇宁炮台，武鸣区有明秀园。

陆荣廷就任广西都督后，继续打出"桂人治桂"的招牌，网罗亲朋故旧，用人"非龙即马，不平则鸣"，逐渐组成了以他为首的政治军事集团，控制了广西军政大权，开始了旧桂系军阀在广西的统治。

上台后，陆荣廷的阶级本性暴露无遗，他仇视革命，为袁世凯集权独裁帮凶，大肆镇压革命，1913 年 9 月，在桂林杀害秘密潜入广西并继续策动反袁的蒋翊武（今在桂林立有孙中山亲题的"开国元勋蒋翊武先生就义处"碑和以蒋翊武名命名的"翊武路"）。10 月，又从南宁跑到柳州，按袁世凯的电示杀害讨袁的同盟会员刘古香。1915 年，袁世凯复辟帝制之时，又接受袁世凯的恩惠，做耀武上将军。为扩大自身的力量，又加紧勒索民众，致使广西地穷民贫。

(三) 反抗外来侵略的斗争

1. 广西近代史上的两位民族英雄

(1) 刘永福（黑旗军，抗法抗日）

刘永福，钦州人，先参加农民起义军，后创建黑旗军，活跃在越北山区。不久受越之请，率军援越抗法。1873 年 12 月率军在河内西大败法军，毙其头目安邺。1882 年 5 月再在河内西的纸桥，斩法将李威利，取得大胜。越王封他为三宣提督。后又与清军和越军配合，在临洮大败法军，令敌闻风丧胆。回国后，他又率黑旗军渡海到中国台湾抗日，不愧为民族英雄。钦州市的刘永福故居（即三宣堂）已被定为国家级重点文物保护单位。

刘永福厚爱百姓，当时民间就广为传颂一句话："远亲不如近邻，近邻不如刘大人。"故居内有个大谷仓，为百姓准备，可供千人吃三个月。刘永福一生只有一位妻子，并无侍妾，且对这位妻子十分敬重；到晚年时期，刘永福将古代一般认为最佳方位的主卧让给妻子。刘永福无论是在爱国情怀上，还是平时的生活品性中都是模范榜样。

(2) 冯子材（萃军，镇南关大捷）

中法战争爆发后，由于李鸿章的指使，在越北部的清军消极对敌，节节败退。法军攻陷与炸毁边防要塞镇南关，危急时刻，年近70的老将冯子材受命率所募萃军赶到抗法前线，并被推为前线主帅。他团结各路友军，重视边关各族人民与越南民众的力量，积极备战布防，并选择在关前隘（今凭祥市卡凤村境内）用土石构筑长墙。1885年3月23日法军头目尼格里纠合兵力3 000人，配备大炮，进入镇南关，直逼关前隘长墙。冯子材宣誓："誓与长墙共存亡。"第二天，战斗更加激烈。法军有的已越上长墙，冯子材当机立断，下令出击，并身先士卒跃出长墙，将士们"誓与长墙俱死"，杀入敌阵，肉搏冲击，迫使法军争相逃命。26日又指挥各军出关乘胜追击，不日据文渊，克谅山，占长庆，歼灭法军1 000多人，其统帅被击成重伤，取得了驰名中外的镇南关大捷，间接导致法国茹费理内阁的垮台。钦州市冯子材故居已被定为全国重点文物保护单位。

此外，在抗法战争中，英勇抗敌的还有为刘永福出谋划策的唐景崧（灌阳县人），抗法桂军主将苏元春（蒙山县人）、马盛治（蒙山县人），抗法桂军将领陈嘉（荔浦市人，今龙州县仍有陈勇烈祠），刘永福属下将领杨恩著（钦州市人）、黄守忠（宁明县人）、吴凤典（上思县人），时任云贵总督的抗法滇军统帅岑毓英（西林县人）。

中法战争后，时任广西提督兼任督办边防的苏元春，组织军民大力进行边防建设，增关隘、固边城、筑炮台、置火炮、造兵营、修军路、移民实边，为巩固国防做出了贡献。今存凭祥市区北的大连城和龙州县城西的小连城就是当年用石料砌成的御敌长墙。

2. 广西教案

教案指中国近代史上人民群众反对帝国主义控制的教会、教堂和传教士的种种罪行而引起的诉讼案件或外交事件的简称。它是反帝斗争的重要组成部分。据统计，从1856年开始，到1919年，广西境内共发生各种教案49起，广西各地域都有发生。其中比较典型的有1856年西林教案、1883年贵港三板桥教案、1884年上思教案、1897年田林乐里教案、1898年永安教案等。广西教案极大地打击了帝国主义宗教侵略势力，也充分反映了广西广大人民的爱国主义精神。

(四) 广西军民全力抗击日军

1. 六一事变

华北事变后，中华民族告急。大敌当前，与蒋介石有矛盾的地方军事实力派新桂系与陈济棠（广西防城港市人）粤军主张停止内争内战，共同对付外敌。而以蒋介石为首的南京政府却借要抗日必须先统一全国为名，铲除两广地方实力派。这就引起了新桂系头目与陈济棠的不满，于是决定逼蒋抗日。

1936年6月1日，李宗仁、陈济棠在广州召开联席会议，决定第一和第四集团军北上抗日。第二天，向全国发出通电，要求南京中央政府对日抗战，并领导全国抗日。随后两广的军队整编待命出发，往湖南开进。同时，积极高喊"中国人不打中国人""中国军队不打中国军队"等能唤起民众的口号。这就是"六一事变"，又称"两广事变"。

但是蒋介石仍一意孤行，并用收买的办法分化两广内部，迫使陈济棠离粤入港，并对新桂系下手，一是用明升暗降的手法夺取新桂系头目的兵权，二是派大军进攻广西，以彻底解决广西。而新桂系则不甘示弱，一面扩军、一面部署、一面进行抗日救国宣传。蒋桂之战一触即发。

此时，中国共产党派人到广西来做李宗仁、白崇禧的工作，一面谴责蒋介石的对日妥协政策，一面赞赏新桂系的抗日行动，一面又诚恳希望新桂系采取逼蒋抗日、不打内战的方法。救国会派来的杨东莼也向新桂系头目陈述以民族利益为重，团结一切抗日力量，不要轻率展开内战，要想法使蒋接受抗日主张，共同对外。最后李宗仁、白崇禧同意与蒋谋和，达成妥协。蒋撤兵解围，重用李、白、黄。新桂系表示，接受任命，服从中央。这就避免了内战，为全面抗战爆发后双方的合作铺平了道路。

2. 八路军桂林办事处和桂林抗日文化城

八路军桂林办事处简称桂林八办，是中国共产党在广西进行抗日统一战线的结果，是根据周恩来与桂系首领白崇禧达成的口头协定，于1938年11月中旬成立。地址设在桂林市中山北路，是一幢浅灰色的两层楼房。该处由李克农任处长，工作人员有100多人。对外它是八路军的公开机构，对内则是中共中央南方局的秘密派出机构，故在灵川县租民房设电台和仓库、招待所、物资转运站。

办事处成立后，在周恩来、叶剑英等领导的关怀帮助下，做了大量的工作。

第一，积极宣传中共抗日主张，进行统一战线活动，促进了广西当局与共产党的合作。

第二，领导桂林抗日文化运动，把中共各时期的路线方针政策传达到各抗日团体中。

第三，领导广西地下党工作，联络华南、南洋各地党组织。

第四，筹运抗日军需物资，输送过往人员。

1941年1月，皖南事变爆发，桂林形势恶化，办事处被迫撤销，部分人员转移到了延安，部分人员去了重庆。

桂林抗日文化城是在抗日战争时期形成的，是中国共产党利用国共合作造出的良好政治氛围，领导建成的抗日救亡前哨、堡垒，抗战文化的根据地。那时，全国各地从事文化工作的共产党员和进步人士纷纷到桂林，各阶层的群众也积极参加，桂林抗日文化事业空前繁荣。这在当时的中国是独一无二的。

一是文人云集，人才济济。当时在桂林的文人有1 000多人，著名的有200多人，如文学家郭沫若、茅盾、巴金、柳亚子、艾青、夏衍、叶圣陶等，戏剧家田汉、欧阳予倩等，美术家徐悲鸿、关山月、丰子恺等，学者陶行知、梁漱溟、马君武、雷沛鸿、李四光等，音乐家张曙，新闻工作者胡愈之、范长江等人才。二是文化团体众多，宣传活动效果明显。如巴金等发起的中华全国文艺界抗敌协会桂林分会，以范长江为首的国际新闻社，以田汉等为首的新中国剧社。漫画家余所亚的《前线马瘦，后方猪肥》表现了国民党达官贵人逍遥于战外，养尊处优，坐等胜利的丑态，深受人们的喜爱。三是报刊多，出版事业繁荣。在桂林出版的报纸由1家增到5家11种，如《救亡日报》《广西日报》《大公报》等。著名出版家赵家璧曾说：抗战时期国统区的书刊，有80%是桂林出版的。四是教育事业兴盛，科学学术活跃。桂林的大、中学校的共产党员和进步教师积极向学生宣传进步思想。著名学者纷纷前来从事科学研究与学术交流活动。

总之，桂林抗日文化城是大西南抗战文化活动和抗日民主运动的中心地之一，是生产抗战精神产品的主要基地。它大大推动了全民族抗战，促进了中华民族文化的繁荣。

3. 能文能武的广西学生军与南方抗大

广西学生军是抗日战争期间由国民党广西当局组建，得到中国共产党的大力支持，在思想上、政治上由共产党员起主导作用的抗日救亡团体。在抗战期间，广西先后组建了三届学生军。

1936年，新桂系头目白崇禧接受了中国共产党地下党员谢和庚的建议，于6月27日，由广西学生抗日救国联合会和广西师专学生发起组织"中华民国国民革命军广西抗日救国学生军",共有300人。他们被分派到湘桂边、粤桂边和黔桂边等地,在各县农村宣传"抗日救国"。同年,"两广事变"结束后,学生军随即回校。

1937年10月12日,国民党广西当局组建广西学生大队,即第二届广西学生军,参加学生约300人,其中有中共党员10人。学生军在桂林集训两个月后,于12月中旬开赴鄂、豫、皖抗日前线,担任战地宣传、救护、慰劳等工作。1938年建立了学生军中共支部。1940年3月由于国民党反共形势所迫,学生军党支部率领一批进步青年退到淮南、淮北的新四军根据地,坚持开展抗日救亡运动。

1938年10月,侵华日军先后占领武汉和广州,广西面临日军入侵的严重威胁。国民党广西当局接受周恩来的建议,决定组建广西学生军,即第三届学生军。当年11月底,共招大、中学生4 200多人,其中有近百名中共党员,且大多为军中骨干,掌握了基层领导权。学生军在桂林集训期间,叶剑英、郭沫若、夏衍、范长江等应邀到各团作演讲。1939年2月中旬,学生军三个团分别开赴平乐、桂平、宾阳继续集训。4月,学生军分别开赴桂东、桂东南、桂南等日军可能入侵的地区开展抗日救亡工作。他们以各种形式向群众揭露侵华日军的暴行,宣传全国军民抗战的英勇事迹,推动广西抗日救亡运动蓬勃发展。1939年桂南战事发生后,学生军先后两次整编,投入支前、参战和敌后工作,配合部队、游击队或单独直接进行阻击、偷袭、伏击、突围等战斗,共计130多次,成为一支能打仗的队伍。1940年,日军撤离广西。1941年6月,新桂系当局宣布解散学生军。

总之,广西学生军深入基层,奔赴前线,用自己的青春热血进行有利于全民族抗战的各种宣传、组训、支前活动及直接对敌奸作战,从而极大地唤醒了民众的抗日斗敌爱国情怀。在宣传抗日工作以及在与日军战斗中,学生军自身也受到了切身的教育,许多青年志士也因此加深了对中国共产党的认识,并最终选择跟着中国共产党走革命的道路。

1939年春,新桂系当局为培养基层干部,举办广西地方建设干部学校,由于中国共产党的努力,共产党员杨东纯担任该校的教育长,并派一些党员和进步人士到该校任职和学习,从而掌握了该校的领导权。该校参照中国共产党延安抗大的方法进行教学,被誉为"南方抗大"。参加学习的许多中共党员和进步人士毕业后,多被分派到基层县区乡政权中工作。他们在当时的抗日救亡运动和后来的解放战争中起到了很大的作用。

4. 日军两次入侵广西(1939年和1944年)

(1)桂南会战和昆仑关战役

1939年11月15日,日本侵略者为配合其战略的转移,切断经南宁通往越南的交通线,断绝国际的援助,迫蒋投降,出动约40 000兵力,在钦州湾强行登陆,对广西发动第一次军事侵略。24日日军攻占南宁。12月4日,占领战略要地昆仑关。当时国民政府为收复南宁,调集了9个军共25个师15.4万的兵力(桂系有2个军6个师3万人),与日军展开桂南会战。白崇禧任总指挥,陈诚任监军。18日,杜聿明率领的第五军发起主攻,苏联空军也给予大力支援。经过激烈争夺,历时13天,至30日,各军共歼灭日军官兵4 000多人,俘虏100多人,缴获大量的军用物资,取得攻克昆仑关战役的伟大胜利。为了最大限度地消灭敌人,攻下天险,我军也付出了较大的代价,伤亡1万人。因此,后人为纪念抗日阵亡的将士,在昆仑关附近的山上建了"昆仑关战役阵亡将士墓园",内有抗日纪念塔、纪念亭、纪念碑、牌坊,供后人凭吊。其中的两副对联:血花飞舞,苦战兼旬,攻克昆仑关寒敌胆;

华表巍峨,扬威万里,待清倭寇慰忠魂。战绩令人怀壮烈;国殇为鬼亦雄奇。颂扬了中华民族将士抗日救国,浴血捐躯,勇战外敌的民族气概。

后来日军虽一度又占领了昆仑关,但已是强弩之末,难以为继,1940年10月底,日军被迫撤出广西。侵桂期间,日军犯下了无数的罪行。

(2) 国民党军的溃退和日军的暴行

1944年年初,日军在太平洋战场逐渐失利,与南洋的海上交通线又被美军切断,迫切需要打通通往越南的大陆交通线,于是又发动了豫湘桂战役。6月兵临广西,11月桂林开始进行防守战,数千官兵为守城,壮烈殉国。桂林沦陷。接着柳州沦陷。24日南宁失守。面对日军的步步进逼,国民党一退再退,广西省府从桂林一迁再迁,但仍是"宜山不宜,都安不安,百色百变",不得不"北上凌云,安居乐业"。广西大片河山沦陷。

日军两次入侵广西,所到之处,天上用飞机轰炸,地上实行灭绝人性的"三光"政策,烧杀抢劫,奸淫掳掠,无恶不作。日军惨绝人寰的法西斯暴行给广西各族人民带来了深重的灾难。据不完全统计,日军在广西杀害无辜百姓22万多人,杀伤43万多人,失踪近6万人。仅邕宁县、武鸣县,第一次日军入侵,死亡达11 148人,重伤2 161人;第二次日军入侵死亡15 733人,重伤2 190人。永福县罗锦镇林村下岩洞内,就有当年被日军用火熏死的该村近80人的累累白骨。南宁市沙井乡乐贤村有一座"千人坟",就是当年附近村庄与逃难到此处的同胞被日军杀害的遗骸的埋葬地。

面对日军的暴行,沦陷区的人民进行坚决抗争。如邕宁那连乡群众,在日军第一次入侵时,组织了一支400多人的抗日游击队,与日军进行了大小一百多次的战斗,打死、打伤日军200多人。该乡的蒋村、四美、新丁、乌兰四个村,更是联合起来,自发组织武装壮丁,并自费购买重武器,打死不少日军,被誉为广西抗日模范村。日军第二次入侵时,河池市六甲镇足直村菜峒壮族韦老太太目睹日寇的暴行,带领儿子与同胞自发组织了菜峒自卫队50多人,她机智设伏,有一次毙伤日寇18人。国民党军驻六甲后,韦老太太又给部队充当向导,拦截日军,并提供急需的军用品。1945年3月23日出版的《中央日报》称韦老太太为"军队之母",12月8日的《广西日报》誉她为"女英雄韦老太太",当地政府通报中指出:"韦老太太慈母和儿子韦健生,协助国军抗战有功"。

5. 中共广西党组织领导的抗日武装斗争

在日军两次入侵广西期间,广西各族同胞与国民党军队中的爱国将士一起,在"一切为了救亡"的共同口号下,奋起抵抗野蛮日军的侵略。同时,广西各地的地下党组织,共建立了30多支抗日游击队,队员共7 000多人。其中,桂北人民抗日武装部队有:临阳联队,活跃在临桂、阳朔两县,约300多人;漓江自卫队,灵川政工队,活跃于灵川县,280多人;全灌自卫武装,抗日于全州、灌阳,260人。柳北人民抗日武装部队有:融县人民抗日挺进队,抗日于融县,800多人;镇国政工队,抗日于罗城、融县、柳城,50多人;《柳州日报》警卫队,活跃于柳城、融县、罗城,数十人;融县人民抗日挺秀队,抗日于融县,300多人。桂东南抗日武装部队有贵县抗日自卫军、横县自卫队、陆川抗日自卫军、博白县民主抗日自卫军、兴业县人民抗日自卫军等,共有3 000多人。钦廉四属抗日武装部队有合浦抗日游击队、抗日游击队灵山大队、钦县人民抗日解放军、钦防华侨抗日游击大队。此外,省内其他沦陷区,也纷纷组织了规模或大或小的抗日武装。

这些抗日武装队伍,在敌后广泛开展形式多样的抗日游击战争,消灭来犯日军。据统计，仅从1944年秋至1945年夏，广西各地游击武装就歼灭日伪军1 000多人。1944年12月，得知日军用木船运送日官兵与军用物资从贵县溯郁江开往南宁。贵县立即出动抗日自卫队与横县自卫队近400人，从两岸对日寇船队夹攻，击毙日军80多人，并缴获木船18条及各种武器弹药一大批，取得了党领导的广西游击战争的一次重大胜利。活跃于漓江之畔的临阳纵队共300多人，在1944年9月至1945年5月期间，就先后对日军作战十多次，毙敌18人，俘敌45人，全歼日军两个挺进大队，击溃日军三个大队共550多人的"围剿"，击沉日军运粮船四艘，击溃日军运粮队三支，缴获一批军用物资。

（五）反对旧军阀、国民党反动统治的斗争

1. 反对旧军阀的斗争

（1）陆荣廷控制两广

袁世凯复辟帝制，遭到革命党人和全国各族人民的强烈反对。因形势所迫，利益所系，1916年3月，陆荣廷在柳州通电全国，宣布广西独立，任广西都督兼两广护国军总司令，并发表讨袁檄文。袁世凯死后，陆荣廷命桂军进入广东。段祺瑞组阁后，陆荣廷任广东督军，其亲信陈炳焜为广西督军。1917年春，北洋政府命陆荣廷为两广巡阅使，其亲信谭浩明改任广西督军，陈炳焜为广东督军。这样，陆荣廷就控制了两广军政的全部权力，称霸一方，时称"北冯南陆"和"北张南陆"，在政治上与冯国璋同为副总统候选人，在军事上与张作霖南北称霸。当年秋季，旧桂系的势力又扩大到湖南。

（2）孙中山策划讨伐陆荣廷

旧桂系在广东骄横跋扈，不可一世。重征各种税收，大肆举借内外各债。文化专政，无所不用。民众声援五四运动，声讨卖国贼，竟遭拘捕。孙中山发表宣言，声讨陆荣廷。他积极扶持粤军陈炯明部，号召西南各省地方实力派联合讨陆。1920年夏，陆荣廷先发制人，进攻驻闽南漳州的粤军，孙中山下令陈炯明奋起迎战。由于粤籍官兵倒戈，桂军将帅不和，陆荣廷败退广西，粤军占领广州。次年，孙中山又命令陈炯明直奔广西梧州，许崇智直指桂林。湘军、黔军、滇军、赣军响应孙中山的号召，配合粤军共击桂军。桂军刘震寰于梧州倒戈，沈鸿英宣布"独立"，陆荣廷见大势已去，率残部遁入越南。陈炯明粤军控制广西后，8月，孙中山任命马君武为广西省省长，省会设在南宁。马君武上任后，提出了禁烟、禁赌、整顿金融、兴办教育、发展实业、开采矿山、建立新军、发展交通等计划，力图实现新政及改造广西的愿望。但随着粤军离桂，孙中山所率北伐军因故返粤，旧桂系残余势力卷土重来，马君武无法主政，次年5月便辞去省长职，广西又陷入四分五裂的混乱状态。

2. 两广统一和桂军北伐

（1）广西三方势力

粤军离桂后，处于四分五裂、各自为政的广西逐步形成了三支较大的势力：一是从旧桂系分裂出来的野心勃勃的沈鸿英部，有部众近2万人，在政治上依附北京政府，主要活动在桂东北和湘粤边地区，随时觊觎着八桂"霸主"的位置；二是重返广西，图谋东山再起的陆荣廷及其旧部，收容旧部2万余人，在政治上继续投靠北京政府，占据南宁龙州一带以及桂中、桂西地区，企图凭借昔日的声威，做着"广西王"的美梦；三是新崛起的原旧桂系下级军官李宗仁、白崇禧、黄绍竑等部，有兵力1万多人，他们接受过近代军事政治正规教育，以孙中山领导的广东革命政府为后盾，其势力由弱趋强，有"经营八桂"的抱负，控制着广西最富庶且离粤又近的桂东与桂东南地区。

（2）李宗仁等统一广西

为了实现统一广西的目的，李宗仁、白崇禧、黄绍竑利用陆沈矛盾激化之机，决定采取联沈倒陆，先陆后沈，各个击破的策略。1924年4月，沈鸿英在桂林包围了前来抢占地盘的陆荣廷，陆部南宁、柳州等地守军驰援桂林。随后，李宗仁、黄绍竑则抓住战机，乘南宁防守空虚，攻占了南宁。接着，又与沈军联合，占领柳州。陆率残部突围入湘，后通电下野，转赴上海、苏州，被迫退出政治舞台。其左右江一带的余部见大事不妙，或逃跑或归顺。桂中、桂南、桂西成了李、白、黄的地盘。

1925年年初，沈鸿英偷袭李、白、黄后方基地桂平。李部在广东革命政府粤军李济深部的大力支援下，经过多次激战，沈部大部分主力被歼灭，沈通电下野，逃窜广东，出逃香港。与此同时，和沈早有密约的云南军阀唐继尧，则派滇兵从桂西右江和桂北两个方向分别直指南宁和柳州，企图取道入粤，推翻广东革命政府。

针对唐继尧滇军的进逼，在民众的和广东革命政府的支援下，李、白、黄部又联合入桂的李济深等部粤军和驻粤滇军范石生部共同出击滇军。入夏，攻占被滇军占据的柳州，迫使滇军弃邕退回云南。至此，广西结束分裂动荡的局面，实现统一。接着，于南宁成立广西省民政公署，广州国民政府任李宗仁为督办；黄绍竑为民政长，主持全省政务；白崇禧为参谋长。广西民政公署的建立，标志着新桂系军事政治集团的形成和新桂系统治的建立。从此，广西进入以李宗仁、白崇禧、黄绍竑为核心的新桂系统治时期。

（3）两广统一

广西统一后的次年，在新桂系的支援下，广东也实现了统一。广州国民政府为争取两广统一的尽快完成，"使两省联合起来，团结在一起，一致的应会中国大局"，于1926年1月底，派出汪精卫等到广西慰问援粤桂军将士，并与李宗仁、黄绍竑就两广统一问题进行商谈，李、黄同意"毫无保留地统一"，并派白崇禧到广州，进一步协商两广统一具体事项。3月19日，国民政府通过了"两广统一方案"，即广西省政府受国民政府之命，处理全省政务；广西现有军队全部改编为国民革命军；两广财政机关及财政计划均受国民政府之指导监督。不久，李、黄、白的桂军改编为国民革命军第七军，李宗仁为军长，参谋长为白崇禧，党代表为黄绍竑。全军设九个旅，共有37 000多人。改组成立广西省政府，黄绍竑任省主席，两广实现了统一。两广统一，增强了国民革命阵营的力量，为以广州为中心的广东革命根据地的巩固，及北伐战争的发动提供了有利条件。

（4）八桂将士出师北伐

国共两党第一次合作建立后，在中国共产党的政治领导和积极推动下，以推翻北洋军阀为直接目标的北伐战争紧锣密鼓地准备。1926年4月，倾向于广州革命政府的湘军唐生智部遭吴佩孚军进攻而陷入困境，桂军第七军一个旅迅速北上，与援湘的广东方面的叶挺独立团并肩作战，取得援湘之战的胜利，揭开了北伐战争的序幕。

7月，国民革命军正式出师北伐。军长李宗仁率领的第七军（即桂军）与北伐友军第四军、第八军一起，在两湖英勇作战，重创吴佩孚军，占长沙，入武汉，捷报频传，战功卓著。后又奉命支援北伐军总司令蒋介石所率中路军，征讨江西孙传芳部，战绩颇多。接着，向安徽挺进，占据有利地盘，拖住敌军，有力地策应了友军在京沪一带的作战。黄绍竑则留守南宁，防止滇军东进，破坏北伐后方。

此外，投身北伐战争的广西将士还有李济深，北伐军总司令部总参谋长，北伐第四军军长，广西苍梧人（今苍梧县有李济深故居）。白崇禧，北伐军总司令部副总参谋长，东路军前敌总指挥，广西临桂人。陈铭枢，广西合浦人，爱国名将。早年参加同盟会，追随孙中山参加辛亥革命，参与指挥过北伐战争和一·二八淞沪抗战，历任国民革命军师长、军长、十九路军总指挥、京沪卫戍司令官、广东省政府主席、行政院代院长等职。1949年后，在中国共产党的领导下，参与中国人民政协的筹备工作，先后担任中央人民政府委员、法制委员会主任、中南军政委员会副主席、全国人大常委会委员、全国政协常委、民革中央常委等要职。今合浦县有陈铭枢故居。李品仙，广西容县人。廖磊，广西陆川人，在北伐第八军任职。程思远，广西宾阳人，参加了北伐战争。

3. 中国共产党反蒋独裁的斗争

（1）八桂先进知识分子宣传介绍马克思主义

20世纪初期，研究和宣传马克思主义逐步成为时代潮流。一批在省外求学或工作的广西籍先进青年，认真学习、研究和宣传马克思主义，积极投身到反封反帝的斗争实践中。他们还自觉地担当起向广西传播马克思主义的重任。黄日葵、谭寿林、宁培英等是典范。

黄日葵，广西桂平市桂平镇人。中学毕业后曾东渡日本留学，1918年罢学归国，考入北京大学文科预科学习，后转学英文系本科。五四爱国运动时，是一名组织者。1920年，与邓中夏等人在李大钊的指导下，发起成立了北京大学马克思学说研究会。同时，开始将如《社会主义浅说》等进步书籍邮回家乡，让乡亲们传阅。1921年，加入中国共产党，成为广西籍最早的共产党员。后来，又与在京的广西籍学生谭寿林等联络，从事向家乡广西传播马克思主义的活动。

谭寿林，广西贵县三塘乡谭岭村（今贵港市港南区桥圩镇震华村潭岭屯）人。五四运动期间，读中学的谭寿林就是县学生爱国运动的领导人之一。1921年，考入北京大学乙部预科英文班，后入国文系。受北大同乡进步青年的影响，积极学习宣传马克思主义，并先后加入中国社会主义青年团和中国共产党。曾利用假期回乡之机，在县中和街坊公开宣传共产主义，进行马克思主义的传播活动。1923年，又与黄日葵等人联络北大的广西籍学生，成立新广西期成会，并创办《桂光》半月刊，公开介绍马克思主义，并寄回广西发行。

宁培英，广西陆川县人。五四爱国运动时，是县学生爱国运动的主要组织者之一。在广东高等师范法科求学时，一面认真学习马克思主义，一面不断把进步书刊寄回家乡中小学。他负责编辑的《群言》，刊登宣传马克思主义的文章，运回广西发行。此刊拥有众多读者，为扩大马克思主义在八桂大地的传播，做出了积极的贡献。

此外，在广西工作的一批先进知识分子，也在学校和民众中介绍、宣传马克思主义，促进马克思主义在广西的传播。如高孤雁（龙州县人，壮族，在县下冻乡赤光小学任教）、朱锡昂（博白县人，在省立九中即今玉林高中任校长）、韦拔群、雷经天、陈勉恕、陈培仁等。

（2）广西第一个中共党支部：中共梧州支部

20世纪初期，马克思主义在广西的传播和广西工人运动的兴起，为中国共产党广西地方组织的建立提供了思想基础和阶级基础。1925年，中共广东区委决定在梧州建立党的地方组织，然后向广西各地发展。7月，中共广东区委调派中共党员龙启炎到梧州担任《梧州民国日报》总编辑，开展党的工作。8月，又派共青团员周济到梧州任《梧州民国日报》编辑和广西省立二中教师，协助龙启炎工作。9月初，龙启炎任书记，在梧州建立了广西共青团支部，通过报纸和开办劳工夜校等形式，宣传马列主义及共产党的革命主张，宣传国民革命运动和孙中山的三大革命政策。梧州的工农革命运动由此蓬勃发展。

经过精心的部署和准备，1925年10月，中共梧州支部在梧州马王街义路码头《梧州民国日报》社内正式成立，代号"梧竹枝"，龙启炎担任书记，还有党员周济、钟山、李血泪、李省群、李天和等。这是在广西建立的第一个中国共产党支部。12月，又成立了中共梧州地委，代号"梧祝迪"，谭寿林任书记，负责领导梧州、桂林、桂平等地支部的工作。1926年夏，为适应广西革命形势发展的需要，又成立了南宁地委，书记为陈勉恕，下辖南宁和左右江的党组织。此外，在柳州、桂林、桂平、容县、玉林、平南、贵县、苍梧、武宣、宾阳、东兰和左右江以及原属广东的北海、防城等地也陆续建立了党的支部。

(3) 韦拔群与右江地区农民运动发展

韦拔群，广西东兰武篆人，壮族。青年时代，求学于宜山庆远和桂林，并表现出强烈的革命倾向；到长江中下游各省考察，加深了对社会的认识，坚定了救国救民的信念；回乡后又率家乡有志青年前往贵州参加"护国军"讨袁战争。1920年，在广州参加了受孙中山支持的广西籍人建立的"改造广西同志会"，并积极参加讨伐旧桂系陆荣廷的革命活动。1921年，27岁的韦拔群回到东兰，开始从事农民革命运动。次年，曾三次带领农民攻打县城。1925年，他与战友陈伯民进入广州第三届农民运动讲习所学习，受到了较为系统的马克思主义思想教育，由一个激进民主主义者开始向共产主义者转变。农讲所结业后，受国共合作的国民党中央农民部委任为农运特派员回到家乡武篆，指导农民运动，发动和组织农民协会和农民自卫军。同时，在武篆举办了三期农民运动讲习所，指导学员学习马克思主义，强调理论与斗争实践的结合，为右江地区培训近600多名农运骨干，有力地推动了右江地区农运的蓬勃开展。至1926年底，右江各县普遍建立了农民协会，有农会会员10万人；农民武装2000多人。国民党右派制造的"东兰惨案"发生后，他利用国共合作的大好时机，揭露惨案真相，迫使广西省当局承认东兰农运的合法地位，进一步促进了东兰农运的发展。到1926年12月，东兰县农民协会有会员78 000余人，农民自卫武装500多人。韦拔群是广西农民运动的先驱，东兰是名副其实的广西农民运动的发源地。中共中央对韦拔群领导的东兰农民运动给予高度评价，称赞"韦同志在东兰已成了海陆丰之彭湃，极得农民信仰"。

(4) 革命低潮时广西地方党组织领导的农军斗争

北伐战争前后，蒋介石为达到其专权独断的目的，不择手段，打击革命统一战线中的革命力量。新桂系在广西也应声而起，对共产党人的打击进一步升级。拘捕了中共梧州地委书记谭寿林，架空第七军政治部副主任中共党员黄日葵职位，把广西省党部的中共党员及国民党左派人士几乎全部"清洗"掉。接着，在上海参与策划和发动"四·一二"反革命政变的同时，在广西又开始实行全省范围的"清党"反共行动。大肆通缉逮捕中共党员，刑判中共党员，屠杀革命志士。中共党员高孤雁、廖梦樵、黄士韬、钟山等被杀害，谭寿林、周济、龙启炎、李省群等遭通缉被捕，莫文骅、吴西、陈漫远等被判刑，各地农会干部及群众被惨杀的也不少。广西各地党组织和革命群众团体遭到严重破坏，农民运动也受到严重的摧残。革命暂时转入低潮。

面对新桂系反动派的野蛮屠杀，广西各族人民在党的领导下，以武装斗争的方式，进行英勇无畏的反击。1927年5月，在中共广西地委负责人邓拔奇、宁培英等人的领导下，苏其礼、古天民及邓誉声等党员,在桂平成立了广西武平桂三县农民协会军事委员会,统一领导武宣平、南桂平三县农军对敌行动。中旬,他们率领三县农军三千多人,分路围攻桂平三江大平土豪刘瑾堂家,与敌交火五昼夜才主动转移。不久,苏其礼等又指挥三县的瑶、壮、汉农军数千人在平南、大同等地出击反动团局,前来助剿的新桂系军也被击溃多次。7月,在右江一带,地方党特支书记余少杰和严敏与农运负责人韦拔群、陈洪涛(壮族)、黄治峰(壮族)、黄书祥(壮族)等建立广西临时军政委员会,统一领导左右江、南宁一带农军革命斗争,并组建右江农民自卫军,下设第一路农军、第二路农军、第三路农军,由韦拔群、黄治峰、余少杰与黄书祥分别统领。8月初,余少杰和黄治峰指挥第二路农军在奉议县仑圩(今属田阳)暴动,生擒当地团总黄锦升等人,消灭部分团局武装。下旬,黄书祥率第三路农军攻打果德县城(今属平果),守军只好弃城而逃,农军缴获大批武器。8月至9月间,韦拔群指挥第一路农军两千多人,包围已入凤山县城的黄明远营,战斗持续了十多天。11月,在桂南一带,邕宁县吴圩等成立邕宁农民自卫大队,并与左县(今属崇左)、养利(今属大新)等地的农民武装一起作战,攻占了左县县城。12月,在宁培英的指挥下,平南容县交界的劳五区农军分队,突然暴动,毙5人,伤2人,并高喊"建立工农兵政权的广西"的革命口号,令反动当局十分震惊。

广西地方党组织先后领导的多次武装起义,有力地回击了国民党新桂系的屠杀政策,粉碎了反动派试图以武力剿灭革命力量的企图。虽然由于缺乏斗争经验和敌我力量悬殊,这些起义大多受挫或失败,但相当一部分革命骨干和武装力量或分散活动,或转移山区坚持斗争,保存了革命火种。通过这些武装起义,广西的共产党人和广大人民群众经受了锻炼,逐步积累了斗争经验,为后来革命斗争的深入开展,以及广西红军和农村革命根据地的建立,奠定了初步基础。

(5)百色起义与龙州起义

北伐战争结束后,国民党内部四大派系(蒋介石、李宗仁、冯玉祥、阎锡山)为争夺权力和地盘,酝酿新的军阀混战。1929年夏,新桂系军阀在蒋桂战争中失败,李宗仁、黄绍竑、白崇禧逃往香港,广西政局由国民党左派军人俞作柏、李明瑞主持。俞作柏、李明瑞掌握广西政权后,为巩固其统治地位,要求与中国共产党合作,请求中共派干部到其军政部门协助工作。中共中央便利用这一有利时机,先后派出邓小平(化名邓斌)、张云逸、陈豪人等一批党员干部进入广西,与原先被派回的朱锡昂、雷经天、俞作豫等同志一起开展革命工作,由邓小平负责统一领导。他们被分别安排在省政府、公安局、警备总队等要害部门担任要职,一面积极做好俞作柏、李明瑞等上层人物的统战工作,一面恢复、建立和健全中共党的组织及群众组织。在中国共产党的推动下,俞作柏、李明瑞采取了一些进步措施:整顿政法机关,清除、逮捕反动分子;镇压"四·一二"反革命政变中的首恶分子;释放被关押的共产党员、共青团员和进步分子;下令实行民主,恢复工会和农民协会组织,拨给东兰、凤山农民一个营的武器装备。

1929年7月,邓小平到达南宁后,对俞作柏、李明瑞采取了团结、争取、教育的方针,帮助他们整顿和培训部队,组建广西教导总队,并通过共产党员俞作豫向其兄俞作柏、表哥李明瑞推荐,由张云逸任广西教导总队副总队长,并兼任广西警备第四大队大队长,俞作豫任广西警备第五大队大队长。他们到任后,派大批中共党员和骨干改造驻守南宁的广西警备第四、第五大队,撤换反动军官,并在部队中发展中共党员,从而使这三支拥有几千人的武装队伍的领导权掌握在中共党组织手中。

随着统战工作和兵运工作的顺利开展，广西工农运动也迅速恢复和发展。1929年8月，广西省第一次农民代表大会在南宁召开，会议决定成立以雷经天为主任委员、韦拔群为副主任委员的广西省农民协会。9月，在南宁津头村又召开中共广西省第一次代表大会。大会选举雷经天、何誓达、严敏、聂根等同志组成中共广西特委，并决定派人分赴左右江筹备武装起义。

10月初，正当广西革命形势有了转机之时，广西政局发生了急剧变化：受汪精卫之徒的游说，俞作柏、李明瑞不听中共的真诚劝告，仓促决定与广东军阀张发奎联合反蒋。结果俞、李出兵不到十天，便败退南宁。亲蒋的粤军军阀陈济棠趁势率三个师兵力入桂逼近南宁，引起极大骚动。在此关键时刻，邓小平、张云逸当机立断，决定把三支武装力量转移到农民运动基础较好的左右江地区。经过精心安排，由俞作豫率领警备第五大队开赴左江地区的龙州，并护送俞作柏、李明瑞同往龙州。不久，俞作柏取道去香港，李明瑞则留在龙州参加革命，领导起义。随后邓小平率领警卫部队和机关干部，指挥满载军械物资的船队，溯右江上驶百色。张云逸等则率领第四大队和教导总队共2 000多人，从陆路护送前进。这就是南宁兵变。

10月下旬，经邓小平、张云逸等同志的周密部署，广西警备第四大队在雷经天、黄治峰指挥的田东、田阳等县农军的配合下，一举歼灭熊镐控制的广西警备第三大队，共1 000多人，缴枪700余支。与此同时，韦拔群等指挥的东兰、凤山农军，重创当地的土豪武装，先后解放了东兰、凤山县城，从而为举行百色起义扫除了障碍。

1929年10月30日，中共广西前敌委员会（后改为红七军前敌委员会）宣告成立，邓小平任书记，统一领导左右江地区部队和地方党组织。11月初，在得知中共中央关于在左右江地区举行武装起义，创建红七军和革命根据地的指示时，邓小平立即召开前委会议，决定于12月11日，广州起义两周年纪念日这一天举行武装起义。

1929年12月11日，在邓小平和张云逸、陈豪人、韦拔群等领导下，革命武装人员和数千群众，在百色城举行大会，宣布起义，成立中国工农红军第七军，邓小平任政委，张云逸任军长，陈豪人任政治部主任，龚鹤村任参谋长。红七军下辖三个纵队和军部直属队，李谦、胡斌、韦拔群分任第一、第二、第三纵队队长，全军共4 000多人，其中右江地区壮族子弟约占半数以上。广西东兰县壮家子弟时年15岁的韦国清也参加了起义。中华人民共和国成立后因功勋卓著，被授予上将军衔。

1929年12月中旬，邓小平等一批干部前往龙州。邓小平在龙州主持召开了党员干部会议，决定举行武装起义。1930年2月1日，邓小平、李明瑞、俞作豫领导的广西警备第五大队在龙州举行起义。当天上午，在龙州召开万人群众大会，并宣布成立中国工农红军第八军。邓小平任政委，俞作豫任军长，何世昌任政治部主任，宛旦平任参谋长。红八军下辖两个纵队，何家荣、宛旦平分任一、二纵队队长，全军约2 000人。同时，大会宣布李明瑞为红七军、红八军总指挥。

在百色起义的同一天，右江各县第一届工农兵代表大会在恩隆（今田东）平马镇召开，工会代表、农民代表、士兵代表80多人出席。大会决定成立右江苏维埃政府，选举雷经天、韦拔群、陈洪涛等13人为右江苏维埃政府第一届执行委员，雷经天任主席。此后，右江东兰、凤山、百色、恩隆、思林（今田东县）、奉议（今田阳县）、果德（今属平果市）、隆安、向都（今属天等县）、凌云、那马（今属马山县）、都安、那地（今属天峨县和南丹县）、河池、恩阳（今田阳区）、镇结（今属天等县）等县相继建立苏维埃政府或革命委员会，天保（今属德保县）、隆山（今属马山县）等县部分地区也建立了革命政权，从而形成了16个县连成一片，拥有100多万人口的右江革命根据地。在龙州起义的同一天，左江革命委员会宣告成立，王逸任主席。随后，左江地区龙州、上金（今属龙州县）、凭祥、崇善（今属宁明县）、龙茗（今属天等县）等县先后成立了革命委员会，建成了拥有近百万人口的左江革命根据地。

百色起义和龙州起义是在革命低潮时，我党与执掌广西政权的国民党左派俞作柏、李明瑞建立较好的合作关系的有利条件下组织和发动的。它吸取了南昌起义、秋收起义和广州起义的经验和教训，没有在中心城市先举行起义，而是直接把正规军开赴农村，与农民武装会合，才宣布起义的，从而丰富了中国共产党以农村包围城市的革命道路的经验。百色起义和龙州起义的胜利给左右江各族人民以巨大的鼓舞，对全国革命形势的发展也产生了积极的影响。

(6) 红七军主力奉命北上与中共广西地方组织在艰苦斗争中发展

1929年冬，李宗仁、黄绍竑、白崇禧重新执掌广西政权，随即对革命民众进行反扑。1930年3月，新桂系调梁朝玑率兵4 000多人进犯龙州。留守龙州城的红八军二纵队等1 000多人浴血奋战，终因敌众我寡而被迫撤出。二纵队队长宛旦平、广西特委委员严敏等壮烈牺牲；军长俞作豫、政治部主任何世昌分别在广州和南宁被敌人杀害。一纵队在队长何家荣等人的带领下，按邓小平的指示，转移到右江地区与红七军会合。他们沿中越边境、滇桂边境北上，经数月艰苦转战，于同年10月在今乐业县上岗村与前来迎接的红七军会师，余下的三百多人编入红七军，成为红七军的一部分。

与此同时，新桂系军阀又派重兵进攻右江革命根据地。红七军主力转移到黔桂边界活动，1930年5月攻占黔东南军事重镇榕江，歼敌两个营，缴枪400余支，并缴获大炮、迫击炮数门。随即回师右江，于6月初消灭桂军警卫第四团，一举收复百色、恩阳、奉议、恩隆等县城，因此红七军声威大震。在此前后，邓小平、雷经天、韦拔群等组织右江各族人民开展土地革命，并采取有力措施，使右江革命根据地得到巩固和发展，红军人数大增。至10月，红七军发展到7 000多人，其中有一半是壮族青年；农民赤卫军有近万人。

1930年10月，受李立三主持的中共中央令红七军东进攻打柳州、桂林、广州等地。次月，红七军进抵河池，召开红七军第一次党代会，并对部队进行整编。全军改编为三个师，总指挥为李明瑞，军长为张云逸，政委为邓小平，参谋长为龚鹤村，政治部主任为陈豪人。三个师分别为：19师，师长为龚鹤村（兼），政委为邓小平（兼）；20师，师长为李谦，政委为陈豪人（兼）；21师，师长为韦拔群，政委为陈洪涛。接着，红七军主力7 000多人从河池出发北上。他们过宜山，到罗城，打融县，入三江，转向黔桂湘边，入湘境，1931年1月又转广西全县（今全州县），其间红七军强打强攻，兵力损失严重。于是军前委决定放弃攻打城市的危险做法，拟将队伍开到粤湘赣边与中央红军会合，同时缩编队伍为三个团。接着，过灌阳，入湘南，进粤西北，遭敌围攻，伤亡极大，于是决定北上与朱、毛红军会合。3月，到达江西永新县，红七军召开第二次党代会，停止执行李立三"左"冒险主义的做法。随后与兄弟友军在江西打了好几个胜仗，并配合中央主力红军取得了第二次反"围剿"的胜利。7月22日，到达江西于都县桥头圩与彭德怀率领的红三军团胜利会师，并编入红三军团系列，成为中央红军的组成部分。

红七军历时九个月，行程达7 000多里，历经桂、湘、粤、赣四省，大小战斗一百余次，英勇粉碎敌人的围追堵截，克服了难以想象的种种困难，遭受了很大的损失，从原来的7 000多人减至2 000多人。但他们经受了锻炼和考验，积累了经验和教训，为后来继续进行革命斗争打下了基础。

红七军主力北上后，韦拔群即与陈洪涛、黄松坚（副师长）等返回东兰和凤山等地组建21师。1931年1月，21师在恩隆县宣布成立，下辖四个团。1931年3月开始，新桂系先后派廖磊部与黔军王海平部、粤军陈济棠部等勾结，对右江东兰、凤山根据地进行三次疯狂的"围剿"。在中共右江特委的领导以及韦拔群、陈洪涛等直接指挥下，敌人每前进一步都要付出极大代价，仅第一次反"围剿"就用地雷炸死、炸伤的敌官兵不下一千人。在第二次反"围剿"中，针对敌人的严密封锁，红军弹尽粮绝之时，为保存革命力量，又灵活化整为零，分头到右江下游地区或黔桂边区，积蓄力量，俟机歼敌。在敌人第三次"围剿"中，南丹的红军战士又和地方的赤卫队联防抗敌，激战数昼夜，因敌众我寡，退守山中宁死不屈，有的战士抱住敌人跳崖壮烈牺牲。1932年10月，在非常艰难的情况下，正准备分头转移的时候，韦拔群于19日凌晨被叛徒杀害于东兰西山赏茶洞，终年39岁。不久，陈洪涛也不幸被捕，牺牲于百色，年仅28岁。右江革命根据地受到血洗而丧失，但是余下的红军游击队仍继续坚持不屈不挠的斗争。

百色起义、龙州起义以后，中共中央南方局为了加强广西白区的工作，1930年10月，重建了以吴茂祥为书记受南方局领导的广西特委，委员有黄德普、张第杰、麦锦汉。1931年6月，根据实际情况，广西特委改为郁江特委，机关设在贵县，由詹恒祥负责，成员有麦锦汉、陈嘉良、谢锐、陈岸、张第杰、杨建南，主要领导南宁、玉林、贵县的工作。不久，因叛徒招供，特委又迁到邕宁。后来由于受党内"左"倾冒险主义影响，郁江特委遭破坏，特委委员只剩下陈岸一人在玉林一带坚持革命斗争，特委所属各地组织也几乎均被破坏。随着抗日救亡运动的不断高涨，经过多年的艰苦斗争，广西各地的地方党组织逐步恢复发展起来，1936年11月在贵县召开了中共广西省代表大会，成立了中共广西工委，陈岸任书记。广西党组织又继续领导民众投入抗日救亡大潮中。

（7）红军长征过广西，浴血奋战渡湘江

1934年9月2日，中央红军长征先遣队红六军团在萧克、王震等率领下，经湖南，突破桂军防堵，从全县东南的清水关进入广西。他们英勇善战，经灌阳文市过灌江，经全县石塘、麻市，在凤凰渡过湘江。在资源县石溪村，击落国民党飞机一架。10日，按中央军委电令，为配合红一方面军行动，迅速进入湖南城步县。让尾追而来的桂军望红军留下的"此处是湘桂交界处，不劳桂军远送"木牌而叹。

1934年11月26日，中央红军八万余人，经湘南过灌阳县东北永安关、雷口关进入广西，向湘江挺进。蒋介石调集了30万兵力，在湘江以东地域部署了一个大包围圈，设置第四道封锁线，妄图从三面夹迫红军，依仗其数量和装备优势，歼灭红军于湘江东岸。中央红军决定多路强渡湘江。红军左翼的红四师从兴安县界首涉渡湘江，占据光华铺，与那里的桂军独立团对峙，以控制背后的界首渡河点。红四师与桂军血战三天三夜，胜利完成了阻击任务。红三军团红五师在师长李天佑的率领下，奉命赶到灌阳新圩，阻击桂军的三个师对红军的侧击，激战三昼夜，粉碎了桂军妄图拦腰截断红军左翼、吃掉红军一部的迷梦，保证红迅速抵达界首，抢渡湘江。

红军右翼的红二师，快速从全县大坪过湘江，并北上控制脚山铺，与从湖南远道而来的红一师协同阻击南下的湘军，随后又与红一军团部及所属二师经大坪过湘江，执行掩护红军大部队抢渡湘江的任务。与此同时，红九军团也在全县凤凰附近渡口渡过湘江。

红军强渡湘江时，彭德怀设指挥部于界首，指挥红军渡湘江。红军在界首镇搭起两道浮桥，毛泽东、朱德、周恩来、王稼祥等率领中央纵队从这里渡过湘江。至2日晚，经过七天七夜血战，红军主力胜利渡过湘江。

湘江战役是中央红军长征以来战斗最激烈、损失最惨重的一场恶战，红军和中央机关人员从8万多人锐减到3万多人。在惨痛的教训下，一些曾支持过"左"倾错误的领导人，逐渐改变态度。

○湘江战役三大阻击战遗址：新圩阻击战战场遗址位于新圩乡枫树脚、杨柳井一带，为都庞岭山脉之一。1934年11月27日，中央军委命令红三军团第五师及军委炮兵、红六军十八团等先后在此阻击由恭城返回灌阳之敌，新圩阻击战牺牲红军2 000多名。红五师参谋长胡震、第十四团团长黄冕昌在此壮烈牺牲。

光华铺阻击战战场遗址距兴安县城北约10千米。1934年11月29日至12月1日，为掩护红军首脑机关撤退，红三军团战士在此与从南部包抄过来的桂系军阀激战了两天三夜。战斗中，红军十团团长、政委相继牺牲，千余名战士血染沙场。如今，此处已建起光华铺阻击战牺牲战士的坟墓。墓侧分立杨成武、张爱萍、张宗逊、张震等6人题词。古柏参天，橘园青青，先辈们长眠的地方，成了一处对年轻一代开展爱国主义教育的重要基地。1984年，著名作家魏巍重走红军长征路时，来到界首光华铺红军烈士墓前，缅怀先烈，心潮澎湃。回京后，魏巍与聂荣臻元帅共同向国务院建议修建红军长征突破湘江烈士纪念碑园，以抚慰烈士英魂和教育革命后代。

脚山铺阻击战战场遗址北距全州县城16千米。1934年11月29日，红一军团第二师在此展开了对湘军3个师的阻击战，与敌人展开了生死存亡的搏杀，终于保障了中央军委安全渡过湘江。脚山铺阻击战中光荣牺牲的红军战士安葬于全州县才湾镇脚山镜附近。

红军渡过湘江后，花了两天时间，越过兴安县、资源县交界的险峻高山老山界，到达资源县塘洞等地。1934年12月6日到达龙胜江底，毛泽东当晚就住在江底。10日，红军住在龙胜平等乡龙坪。国民党特务为破坏军民关系，在这里纵火烧民房。周恩来等中央领导组织红军奋力抢救，保护了一百多间民房。并召开群众大会，处决纵火犯，发款救济灾民。至今仍保存有当年保护的红军楼。13日，红军最后一支收容部队离开广西，进入湖南通道县，改向敌人防御力量薄弱的贵州前进。

○老山界：位于兴安县华江瑶族乡与资源县两水苗族乡塘桐之间的猫儿山山脊上，起于兴安县华江瑶族乡，终于资源县两水苗族乡，海拔1860米。岭陡峰峻，最陡一段有3 700多个坎，十分艰险。1934年12月4日下午，中央军委一纵队开始翻越老山界，6日，中央红军3万余人分别从不同的线路翻越了老山界。毛泽东、周恩来、朱德等党和红军领导人都步行翻越。因此，为了纪念，1987年5月，老红军将领陆定一同志重返这里，为当年伟大的红军精神所感动，欣然挥毫题写"老山界"。现已在当年二纵队翻越的高峰观景处，立有陆定一《老山界》一文的碑刻及纪念碑亭。

红军长征在广西历时约一个月，与广西境内少数民族同胞结下深厚的情谊。红军到达龙胜泗水乡，与曾参加过1933年桂北瑶民起义的小头领冯书林等人座谈，红军表示坚决支持瑶民起义，送给他们一些武器，并在吞龙岩（今叫红军岩）壁上写下"红军绝对保护瑶民"和"继续斗争，再寻光明"等大字宣传党的民族平等政策，鼓励瑶民坚持斗争。瑶民群众为教育后代，永记红军的教导，怀念红军，在山崖壁上刻上诗文："朱毛过瑶山，官恨吾心欢。甲戌孟冬月，瑶胞把家还。"

（8）广西战役

蒋介石发动全面内战后，中共广西省工委于1947年在横县召开会议，传达中央指示，决定在各地开展武装斗争，创建游击根据地，以配合人民解放军正面战场作战。经过艰辛的斗争，至中国人民解放军入桂前夕，全省已拥有十多个支（总）队四万多人的游击武装，并先后建立了桂北、柳北、桂东、都宜忻、桂中、桂东南、桂中南、左江、右江、六万大山、十万大山等十多块游击根据地，一些县、区、乡建立了革命政权。

同时，各地党组织继续发动游击武装活动，抢夺敌人占据的军事据点和交通要道，攻占部分县城。动员各族人民筹集粮草，成立支前委员会或各种后援会、运输队、粮食供应站、茶水站、向导站、洗衣队等，做好各项支前准备工作。为加强领导，经中央批准，1949年9月底，成立广西省委，张云逸任书记，陈漫远、莫文骅、何伟、李楚离为副书记。这些都为人民解放军南下解放广西打下了坚实的基础。

1949年10月，在人民解放军的追逼下，败退回广西的白崇禧集团拥有五个兵团共12个军30个师约15万人的兵力，加上逃窜到粤、桂边的余汉谋残部4万多人，总兵力近20万人。白崇禧企图依靠其经营已久的广西地盘，勾结云南、贵州国民党残部，组织"西南联防"，负隅顽抗，等待救援，同时又做撤退海南岛和南逃越南的准备。

中央军委和毛泽东同志深刻分析了敌我斗争形势以及白崇禧的企图，制定明确的战略方针。为此，人民解放军第四野战军（司令员林彪）和第二野战军（第四兵团司令员兼政委陈赓）作出兵分三路挺进广西，围歼白崇禧集团、解放广西的战役部署，即以四野第十三兵团第三十八、第三十九两个军共8个师约10万余人为西路，由湘西奔袭黔、桂边，占领思恩（今环江毛南族自治县）、河池，关闭白部经贵州西逃云南的通道；以二野第四兵团第十三、第十四、第十五军及四野第十五兵团第四十三军4个军共12个师约18万人为南路，由粤西远距迂回粤桂边的信宜、化州、廉江、博白一带，切断敌经雷州半岛逃往海南岛的道路，与西路军构成对白部的钳形包围；以四野第十二兵团第四十、第四十一、第四十五军3个军共10个师约14万多人为中路，集结于湘、桂边待机，"示弱"于敌，以抑留白崇禧于桂北，待西、南两路形成钳形合击态势后，适时沿湘桂铁路及其以东地区突进，将白崇禧集团歼灭于广西境内。

11月6日，西路军在湘西南发起进攻，揭开广西战役的序幕。接着，由黔东入广西环江、河池、南丹、三江一带。白崇禧见西逃无望，以为我南线兵力薄弱，急令其主力第三、第十一兵团火速南下，控制粤、桂滨海地区，掩护全军从雷州半岛逃往海南岛或流窜越南。11月底12月初，解放军南路大军在广东廉江、信宜及桂东南陆川、北流、容县、玉林、博白一带发起了第一次围歼战，将桂军敌第三、第十一兵团及粤敌第十三兵团残部基本歼灭，俘敌华中军政长官公署，副长官兼第三兵团司令张淦、粤桂边指挥部中将司令喻英奇，毙敌第十一兵团司令胡若愚，使敌精锐丧失，逃海迷梦破灭，部署打乱，陷入总崩溃的境地。与此同时，西路军一部继续西进，直插南宁以西地区，一部直向柳州、宾阳，于 11 月 25 日进占柳州，并解放河池、百色、忻城、宾阳等地，12 月 4 日南宁解放；中路军沿湘桂线南下，11 月 22 日解放桂林，并抵荔浦、武宣，占富川，入贺县，于 25 日解放梧州。

在解放军各路大军的围歼和追击下，白崇禧见败局已定，急令各路残部向钦县、龙州一带撤退，企图从海上窜琼，或逃入越南。解放军各路大军发扬连续作战、不怕疲劳的顽强作风，日夜兼程，以每天 75~100 千米的速度追击。12 月 2 日至 7 日，我军先后于钦县及其北面的小董圩发起第二次围歼战，歼敌华中军政长官公署直属队及第十一兵团大部等 4 万余人。接着，又在中越边境的宁明、思乐、龙州、上思一带歼敌第一、第十兵团等各部残敌 2 万余人，并解放桂南边境各县。12 月 11 日，我军又冒雨勇追，攻占祖国南大门镇南关（今友谊关），把鲜艳的五星红旗插上中越边境要塞镇南关的城楼上，由此广西战役结束，广西全境解放。

在广西战役中，在中共地方党组织领导下，各地游击队除大力做好各种支前工作外，还积极配合南下解放军拦截、围歼、追歼敌军，共歼敌 1 万多人，解放城市 28 座，为解放广西做出了重要贡献。桂林、柳州、南宁、梧州市等地下党广泛活动，搜集国民党的大量重要情报及档案资料；组织群众，开展护厂、护校、护路斗争；利用各种关系，争取一批国民党高中级军政人员起义、投诚或接受和平改编，加速我军胜利进程；协助人民解放军接管城市，使四市完整地回到人民手中。

广西战役是我人民解放军军史上一次战果大、代价小的成功战役。历时 35 天，运用大迂回、大包围、大歼灭的战略战术，共俘敌 15 万余人，歼敌 17.3 万余人，除敌第一、第十七兵团残部及其他零散残敌 2 万余人逃入越境，白崇禧集团全部被歼灭。此役解放城市 80 座，缴获大批各种枪炮和军用物资。广西战役的结束，标志着新桂系在广西的统治彻底崩溃，广西获得解放，新民主主义革命在广西取得胜利。

1949 年 12 月 2 日，经中央人民政府委员会批准，任命张云逸为广西省人民政府主席，陈漫远、李任仁、雷经天为副主席。1950 年 2 月 8 日，广西省人民政府在南宁正式成立，省会设在南宁。3 月，建立南宁、柳州、桂林、梧州四个省辖市人民政府；建立 90 多个县人民政府。随后，各县逐步建立乡村基层人民政权。广西各族人民在中国共产党领导下获得翻身解放，真正成为国家的主人。广西由此进入新民主主义社会，并向社会主义发展。

三、当代广西军民的斗争

广西全境解放，宣告了广西反动政权的彻底覆灭。但是潜伏溃散在广西各地的国民党残余武装和地方封建势力，并不甘心失败。他们互相勾结，纠集反革命力量，向新生的革命政权反扑。因此，中华人民共和国成立初期，广西各族人民在中国共产党的领导下，为保卫革命胜利果实，巩固人民政权，又进行了一场长达三年（1949 年 12 月—1952 年 12 月）的艰难斗争。

1. 匪源匪患

据统计，中华人民共和国成立初期，广西境内公开活动的土匪多达 280 股，他们控制了许多乡村，集中活动在柳北、大瑶山、大容山、六万大山、十万大山、中越边境、桂黔边界、南宁周围、百色等地区。土匪武装按性质可分为四种类型，即政治土匪、游杂土匪、封建土匪和经济土匪。

政治土匪是指国民党残余部队、地方团队和特务人员，约占土匪人数的80%，主要有以甘竞初、甘竞生、杨创奇为首的股匪，有30 000多人，活动于大瑶山一带；以陈与参为首的股匪，有16 000余人，活动于黔桂边区；以何次三、向天雷为首的股匪，有近万人，活动于柳州北部地区；以吴中坚为首的股匪近万人，活动于百色地区；以姚槐为首的股匪活跃于中越边界；以韦秀英为头目的股匪活动于十万大山区等。游杂土匪是指中华人民共和国成立前由失势军官等游杂人员所组织的武装，他们的目的不一，占土匪的10%；封建土匪是指地主恶霸和封建会道门人掌握的武装队伍，他们以独霸一方为目的，约占土匪人数的7%；经济土匪，指以掠夺财富为目的，约占土匪人数的3%。

上述土匪，均独树旗号，自冠头衔，可谓"司令满山走，将军多如狗"。他们有自己所控制的区域，有些建立了政权，并不断向外窜扰，破坏交通，阻击车船，组织暴动，袭击、围攻县乡镇政府，杀人放火，抢劫财物，无恶不作，甚至还造谣惑众，制造排外情绪，挑动群众与人民政府、中国人民解放军对立。1950年1月底，以国民党桂军退役中将钟祖培为首的近3 000匪徒，利用征粮工作中的某些偏差和春荒等情况，以"反征粮""反北佬""抢仓库"等口号煽动不明真相的群众，围攻恭城瑶族自治县城，抢走公粮万余担，并杀害政府人员及军队家属，恭城商会会长被剖腹示众，手段非常残忍。为剿此匪，解放军和工作队牺牲176人（后人在恭城建了烈士纪念碑）。此后，暴动几乎遍及全省。7月，美军入侵朝鲜，土匪再次煽动大规模暴乱。据统计，1950年遭匪袭击围攻的县以下政权机关达220余个。全省区、乡政府有41个被匪摧毁，150个遭匪围攻。有的地区股匪还强迫群众举村暴乱，仅象县（今象州县）就有30多个村庄集体暴乱，被匪杀害的县以下干部、农会会员、民兵及进步群众有7 000余人。

2. 剿匪进程

在党中央的领导下，中共广西省委、广西军区在部队基本完成歼灭白崇禧集团残敌任务时，确定了1950年全省压倒一切的中心任务是清剿匪敌、巩固治安、发动群众。当时领导剿匪工作的广西政军领导是省政府主席兼广西军区司令、政委张云逸，副主席、副司令李天佑，副政委莫文骅等。他们按中央军委制定的"军事打击、政治瓦解、发动群众"三者相结合的方针和镇压与宽大相结合的政策，向全省各地委、各军分区发出命令，成立改编委员会，适时向残敌展开强大的政治攻势，发布剿匪布告，给残敌指挥官去函，晓以大义；利用开明绅士及敌军家属亲朋劝降，广泛宣传我党、我军对敌伪的宽大政策；对负隅顽敌者，坚决消灭。同时，号召各级党委与政府机关有计划有组织地配合军事行动。后来，为加快广西剿匪进程，中央又安排中南军区政治部主任陶铸和中共中央华南分局书记叶剑英到广西协助领导剿匪工作。

广西剿匪斗争从追歼残敌到全省清匪反霸肃特结束，大体分为三个阶段。

1949年12月—1950年11月，为第一阶段。此阶段前期，主要是接受改编归降的敌伪武装，消灭顽敌及进行暴乱的小股土匪。如歼灭横县镇龙山股匪800多人，绥渌县（今扶绥县）后寨石山区股匪500余人，宾阳县东的樟木、蒙公地区股匪700余人等。后期，调重兵对桂东南地区实施重点进剿，此地土匪的嚣张气焰被压下来。其他各地也有选择地进行重点进剿。不过，由于部队对匪情还不太清楚，地形不太熟悉，剿匪只取得局部的胜利，剿匪任务仍然十分艰巨。

1950年11月—1951年5月，为第二阶段。此阶段，由于加强了领导和增调了兵力，确定桂中大瑶山与桂南十万大山、六万大山为全省重点剿匪区,重兵进剿,剿匪作战较顺利。不久,又对柳北重点区、黔桂边重点区、百色重点区进行进剿。土匪大量被歼灭,主要匪首纷纷落网。至5月底,全省基本肃清股匪,如期完成了毛泽东主席要求的剿匪任务,毛泽东主席为此专给广西来电嘉勉。

1951年6月—1952年12月,为第三阶段。此阶段,参战部队与地方公安在当地党委统一领导下,积极发动群众,全面开展清匪反霸肃敌运动,围歼残余股匪,捕捉潜伏匪首,清除散匪、特务,镇压通匪、济匪、参匪的恶霸,彻底根除了匪患。至12月底,剿匪以全胜宣告结束。

在历时三年的剿匪作战中,中国人民解放军先后投入了2个兵团、4个军、19个师和包括民兵在内的全省武装力量约40万人,共歼灭土匪439 378人,缴获各种武器416 620件,收缴民枪237 551件。

3. 剿匪主要战事

(1) 桂南十万大山剿匪

十万大山地处桂南南部,与越南接近,是蒋介石指定的全国15个反共游击根据地之一。1949年12月中上旬,中国人民解放军先行歼灭了此地外围的多股土匪。25日,中国人民解放军向十万大山腹地开进,经过数天的进剿,该地区的3万多名土匪基本被消灭,匪首所谓"粤桂边反共救国军"总指挥韦秀英被击毙,一批重要的匪头或被生擒,或投降。

(2) 大瑶山会剿

大瑶山地处柳州、梧州、平乐、桂林等地区10多个县的交界地区,南北约150余千米,东西50多千米,北与小瑶山相连。那里山峦连绵,地势复杂,山高路窄,林木交错,历来为匪盘踞。集中于该地区的土匪计有8个军、13个师、19个团、7个旅、2个纵队、7个支队番号,共3万多人,组成外围区和中心区两层防线。它是全省土匪的指挥中心。1950年11月8日,大、小瑶山会剿作战开始,解放军以30多个连队为骨干,集中大瑶山外围7个县大队,数个区中队和数万民兵与群众,实行分段守备,并将沿江众多船只全部集中管制。由此构成了一道500多千米的大包围圈。然后于9日、10日开始进剿,以强大的兵力,由不同方向进行多路袭击,同时收拢部队,逐步缩小包围圈,把土匪分割包围在几个狭小的地区内。15日开始全面扫荡,12月2日,以10多个营的兵力分路进入瑶山内部。匪徒构筑工事,多次组织突围、偷渡,但没有一次成功。瑶山会剿历经50多天,彻底、干净、利落地消灭了此地的股匪,共歼匪3.8万多人,主要匪首甘竞山、杨创奇、林秀山、韩蒙轩等和重要骨干无一漏网。

(3) 郁林、兴业(六万大山)剿匪

郁林、兴业两县土匪,既有其历史根源,更有其社会基础。境内的六万大山和大容山,中华人民共和国成立前为经济土匪的剿穴,李宗仁曾屯兵于六万山。中华人民共和国成立前夕,国民党军途经这里时,也流散不少官兵和武器装备。这些国民党残余势力不甘失败,以甘定谋、庞积善为首,分别在郁林、兴业成立了8股"反共救国军"等组织,共计有政治土匪3 600多人,胁从匪众22 000余人。1950年2月25日晚,此地土匪公开暴乱。郁林25个乡镇中,有7个被土匪攻下,有8个被迫撤出,土匪还洗劫村庄,残杀干部,奸淫妇女,干扰解放军解放海南岛的作战行动。从1949年12月开始,经过准备时期、平息暴乱时期、重点进剿时期、搜捕散匪时期四个阶段,至1951年4月底,郁林县共歼匪18 200余名,缴获武器一大批。兴业县镇压了首要匪霸290名,捕匪200多人,自新1 000多人,缴获枪支一批,子弹万余发。

广西的剿匪在中共中央的领导下,由于有正确的方针和原则,制定了适宜的作战策略和目标,广大参战部队官兵英勇作战,人民群众大力支持,广大民兵积极配合,取得了伟大的胜利。剿匪战争的胜利,对于彻底打倒封建反革命势力,巩固广西人民民主专政,建设人民的新广西,维护社会的稳定,都具有极其重大的意义。

课后复习思考题

1. 简列宋朝至清代期间广西军民反对外来侵略的主要斗争活动。
2. 简述抗日战争期间,广西本土进行的主要抗日斗争活动。
3. 广西名人辈出,至今仍保存部分名人故居,试举出5例,并就其价值与保护谈谈你的看法。
4. 假如你有机会在广西进行红色游学活动,你会选择下列哪一条精品线路?并说出理由。

(1) 重温"工农武装割据"运动伟大创举的"邓小平足迹之旅"。

(2) 追寻中央红军在桂北艰难跋涉296千米壮烈足迹的"湘江战役之旅"。

(3) 追寻中共广西早期党组织活动足迹,聆听革命前辈工作往事的"桂东南革命之旅"。

(4) 走访擎起反帝反封大旗的金田起义遗址,探寻太平天国摇篮的"金田起义之旅"。

(5) 感受抗法斗争的光辉事迹,追忆为边疆永固做出伟大牺牲的英烈们的"红色边关之旅"。

第五章 八桂改革开放发展新成就回眸

一、由西南出海大通道到连接多区域的国际大通道的构建

西南出海大通道，指国家为推动西南区域经济的发展，根据广西地理区位优势，筹建的西南出海立体交通网络。中央确定这个决策后，广西积极筹措资金，大规模进行通道建设，基础设施得到明显改善，河、海、陆、空立体交通网络基本形成，较好地完成了构建西南出海大通道的历史使命。进入21世纪，广西在完善西南出海大通道的同时，积极向构建中国东盟国际大通道推进。2017年以来，国家又开始打造有机衔接"一带一路"的中新互联互通国际陆海贸易新通道（后称南向通道或西部陆海新通道）。该通道位于我国西部地区腹地，以重庆为运营中心，以广西北部湾为陆海联运门户，利用铁路、公路、水运、航空等多种运输方式，由重庆向南经贵州等地，通过广西北部湾等沿海、沿边口岸，通达新加坡及东盟主要物流节点；向北与中欧班列连接，利用铁路及西北地区主要物流节点，通达中亚、南亚、欧洲等区域；并协同衔接长江经济带，是西部大开发的又一重大举措，在区域协调发展格局中具有重要战略地位。

构建面向东盟的国际大通道，打造西南、中南地区开放发展新的战略支点，形成21世纪海上丝绸之路和丝绸之路经济带有机衔接的重要门户。进入新时代，5 690多万壮乡儿女正担当起党中央赋予广西的新定位、新使命，抓住中国东盟合作、"一带一路"建设等重大机遇，把扩大开放作为推动发展的关键举措，加快构建"南向、北联、东融、西合"全方位开放发展新格局，并取得了一系列新成就。

（一）公路交通网基本建成

1. 公路建设的巨大成就

广西公路建设通车里程、广西高速公路建设通车里程分别如表5-1、表5-2所示。

表5-1 广西公路建设通车里程

时间	通车里程/千米
中华人民共和国成立前	500
1950年	3 622
1977年	29 333
1990年	36 214

续表

时间	通车里程/千米
2000 年	52 900
2009 年	100 000
2020 年	130 000

表 5-2　广西高速公路建设通车里程

时间	通车里程/千米
1997 年	139
2005 年	1 400
2009 年	2 400
2011 年	2 754
2020 年	6 800

中华人民共和国成立前，广西公路交通十分落后，公路通车里程短，且标准低、质量差，路况不好，常年失修，利用率低下。1915—1919 年修建的邕武路，从南宁经武鸣至宁武庄，长 52 千米，是广西最早修建的公路。中华人民共和国成立后，公路建设有了一定的发展。1978 年改革开放后，公路建设进入了一个新的发展阶段，尤其是 20 世纪 90 年代以来，广西的公路建设突飞猛进，日新月异，既有高速公路、一级公路、二级公路等主干高等级公路，也有众多的三级、四级公路通达各乡镇行政村。至 2012 年，广西已实现高速公路连接 14 个地级市、连通周边省和出海、出边的网络化目标，形成了东部沿海省区"西进"和云南、贵州、四川、重庆等西南省市"东进"必经的高速公路网，完成县县通二级以上高等级公路、乡乡通柏油（水泥）路，实现行政村通公路的愿望，出海、出边、出省和区域内通畅的现代化公路交通网已经初步形成。现在正在加快高速公路网络的密集化和运行的高效化。

2. 广西境内建成的主要高等级公路（含二级、一级、高速公路）

（1）二级公路

桂林—阳朔二级公路：1982 年开工，1987 年完工。全长 65 千米，路基宽 18 米，路面宽 15 米。此前即 20 世纪 60 年代修建的南宁至永安（即南宁机场路）公路，是我区第一条二级公路。

南宁—北海二级公路：1986 年始建，1990 年建成。全长 204 千米，经邕宁、钦州、合浦，行车里程比原路短近 40 千米，行车时间由 8 小时缩短为 4 小时。

南宁—梧州二级公路：1990 年开工，1993 年建成。全长 400 千米，经邕宁、宾阳、贵港、桂平、平南、藤县、苍梧，路基宽 13～28 米，行车路程比原路缩短 100 千米，行车时间减少 6～7 个小时。这是南宁通往桂东南地区、出广东的重要通道。

南宁坛洛—平果—百色二级公路：坛洛—平果段于 1995—1998 年建设，长 87 千米；平果—百色段于 1992—1995 年建设，长 107.5 千米；总长 194.5 千米，是西南地区出海公路通道的重要路段。

此外，还有桂西北重要的二级公路，即南丹六寨—河池水任的二级公路，河池水任—金城江的二级公路等。

（2）一级公路

桂林—全州黄沙河一级公路：1988—1997年陆续分段建成，全长120千米，路基宽23米，四车道，经灵川、兴安，南与桂海高速公路干线连接，北经全州县黄沙河入湘，是八桂通往中原的重要通道，其中，桂林至全州段是我区第一条一级公路。

金城江—宜州一级公路：于1996—1998年建设，全长68千米。

此外，还有兴业—容县—岑溪的一级公路，东兴—防城港一级公路，滨海一级公路等。

（3）高速公路

20世纪90年代初，广西开始建设高速公路，至今硕果累累。

桂林—北海高速公路：北起风景名城桂林市，南至海滨名城北海市，纵贯八桂南北，经工业重镇柳州市、桂中来宾市与壮乡首府南宁市，往南与沿海港口城市防城港市、钦州市、北海市相接，全长652千米，是国家"五纵七横"国道主干线的重要部分，也是全国省区内最长的高速公路，于1993年10月开工，2000年8月全线开通，全程仅需5~6个小时。它的建成通车，对促进广西经济的腾飞，推动我国大西南乃至整个西部地区的开放、开发都具有重要作用。它主要由如下几部分组成。

1）桂柳高速公路：1993年动工，1997年建成，全长138.5千米，路基宽24.5米。四车道，全封闭，全立交，设计时速为100千米。它的建成，实现了广西高速公路零的突破。

2）柳南高速公路：包括柳州至宾阳王灵段，宾阳王灵至南宁段。前者长138千米，四车道，建于1996年11月—1998年12月，路基宽28米，时速为120千米。后者里程短些。

3）南宁至钦州南间段高速公路：1995年开工，1998年通车，全长65千米，六车道，路基宽33.5米。

4）钦北高速公路：起于钦州，止于北海。

习惯上又把上述3）和4）组成的高速公路称为南北高速公路。

钦州—防城高速公路：于1994—1997年建设，全长97.58千米，是广西建成的第二条高速公路。

宜州—柳州高速公路：1998—2001年建设，西起宜州区叶茂，与金宜一级公路相接，东止于柳州新兴，连桂海高速路，经宜州、柳城、柳江，全长112.7千米，是广西第一条东西向高速公路。

河池—南宁高速公路（分两段）：都安至南宁段，长140.12千米，2001年开工，2004年竣工；河池至都安段，长92.32千米，2010年开工，2014年9月通车。该高速公路是大西南出海大通道、广西境内的主通道路段，全程历时2个多小时。

南宁—友谊关高速公路：2001年动工，2005年完工，全长177千米，行程仅需2个小时，较原来减少一半时间。这是我国通往越南及东南亚地区最便捷通道。

南宁—梧州高速公路：是广西及西南地区连接粤港澳大湾的主要公路通道，全长300千米。

桂林—梧州高速公路：2005—2009年建设，全长346千米（含贺州段30千米），包括桂林至阳朔段、阳朔至平乐段、平乐至钟山段、钟山至昭平马江段、马江至梧州段、苍梧至粤郁南段，行程3个小时。这样，南宁、贵港、玉林、梧州、贺州、桂林、柳州、来宾市组成了我区高速公路第一圈。

南宁—百色高速公路：2007年年底通车，全长187千米，运行2.5小时。它的建成贯通，形成了我国西南地区通往广西沿海港口和粤港澳地区以及东盟国家的运输大动脉，对于加快形成广西通畅发达的高速公路网络，推动现代化综合交通运输体系建设，对于推动西部大开发战略深入实施，促进百色革命老区经济社会发展，以及对于加速构建广西出海出边国际大通道，推动广西北部湾经济区全面开放开发和泛北部湾区域经济合作，意义重大。

百色—隆林高速公路：全长177.516千米，项目批复概算投资107.84亿元人民币。起于黔桂两省区交界的隆林各族自治县平班镇，西连贵州省境内在建的安龙—板坝高速公路，东接南宁（坛洛）—百色高速公路，2011年1月通车。该路不仅从交通上解决了隆林、田林、西林走向北部湾、珠三角地区的通道问题，而且为革命老区经济社会发展带来了重大战略机遇，也成为联系云南、贵州两省最便捷的公路通道，打通了西南地区出海、出边大通道的瓶颈。

六宜高速公路：南丹六寨—河池、宜州—河池高速公路，全长179千米。公路起自河池市南丹县六寨镇龙里，止于河池市宜州区莫村，连接贵州与已经建成通车的柳宜高速公路，2012年7月通车。它的建成进一步缩短了东西部的距离，结束河池市不通高速公路的历史，实现广西所有地级市通高速公路，对广西进一步完善西南出海大通道及交通网络主骨架有着非常重要的意义。

钦州—崇左高速公路：起自钦州市黄屋屯镇米标村，与南宁—北海高速公路相连，经米标、那天、洞利、公正、龙楼、上思、柳桥、罗白，止于崇左市元井村，公路主线全长约130千米，双向四车道，设计时速为100千米。同步建设吴圩至上思连接线63千米、板利至东门连接线35千米。2012年通车。钦州—崇左高速公路将钦州保税港区与凭祥边境综合保税港区连接在一起，将促进北部湾沿海港口通过陆路通道与东盟对接，进一步发挥广西在中国—东盟合作中的国际通道、交流桥梁、合作平台的重要作用。

玉林—铁山港高速公路：位于玉林市和北海市境内，北起玉林市北流西埌镇，与岑溪—兴业高速公路设枢纽互通相接，终点位于北海市铁山港区。途经玉林市的北流市、玉州区、陆川县、博白县和北海市的合浦县、铁山港区，全长175千米。高速公路设计行车时速120千米，采用四车道高速公路建设标准，全线为水泥混凝土路面结构，项目总概算77.37亿元人民币，2013年建成通车。它的建成提升了北部湾的通道能力，有利于玉林等地与北海、粤湛江等沿海港口便捷连接，也为湖南和贵州等省（市）提供又一条出海陆路通道。

六景—钦州港高速公路：起自横州市六景镇新兴村，与南宁—柳州高速公路连接，沿线经过峦城、平朗、新福、沙坪、陆屋、久隆，止于钦州港大榄坪，与钦州市滨海一级公路相接。公路主线全长约143千米，双向四车道，设计时速120千米。同步建设刘圩—良圩连接线39千米。2013年通车。六景—钦州港高速公路北接柳南、南梧高速公路，南连广西北部湾钦州保税港区，使位于钦州港的保税港区获得物流上的便利，有力提升了北部湾沿海港口，特别是钦州保税港区的竞争力。

兴安—桂林高速公路：全长近54千米，双向四车道，设计时速120千米。2013年建成通车。该路的建成使桂林与国家高速公路网实现完全联通。

防城港—东兴高速公路：2013年通车。

百色—靖西高速公路：起于百色市田阳区那坡镇，终点位于靖西市新靖镇，途经田阳、德保、靖西3个县区。主线全长97.10千米，采用双向四车道高速公路标准建设，设计行车速度100千米/小时，连接线长40.15千米，总投资73.41亿元。2014年通车。

靖西—那坡高速公路：起于靖西市新靖镇，终点位于那坡县城厢镇，途经靖西、那坡2个县。主线全长90.371千米，采用双向四车道高速公路标准建设，设计行车时速100千米。连接线长13.91千米。总投资68.82亿元。2014年已通车。

桂平—来宾高速公路：起于桂平市石龙镇，终点位于来宾市良江镇，途经桂平市、武宣县、来宾市兴宾区3个市（县、区）。主线全长87.31千米，主线采用双向六车道和双向四车道高速公路两种标准建设，设计行车时速100千米。连接线长13.95千米，总投资45.53亿元。2014年建成通车。

梧州—贵港高速公路、来宾—马山高速公路、马山—平果高速公路、灌阳—全州凤凰高速公路、柳州—武宣高速公路，2015年均已通车。

来宾—马山、马山—平果高速公路：起于来宾市兴宾区良江镇吉利村附近，经来宾市迁江镇、平阳镇、上林县三里乡、西燕镇、马山县古零镇、白山镇、乔利乡、周鹿镇、武鸣区灵马镇、平果县四塘镇、坡造镇、马头镇，止于新安镇玻利村附近，与南宁—百色高速公路相接，全长198千米，设计时速100千米，总投资98.9亿元。

合那高速公路：呈东西走向，位于广西南部，线路为合浦县（山口）、钦州市、上思县、崇左市、大新县、靖西市、那坡县（弄内）。全长516千米。2016年5月建成通车。英国《镜报》称其为"中国高速仙境第一路"。

崇左—靖西高速公路（合浦—那坡高速公路的重要组成部分）：2016年5月建成通车，2018年12月被国家相关部门评为最美中国高速公路。

贵港—合浦高速公路、桂林—三江高速路、三江—柳州高速路、钟山—富川高速公路、梧州—柳州高速公路、岑溪—水汶高速公路、资源—兴安高速公路等，2017年均已通车。

桂林—三江高速公路：起于桂林市临桂区，止于柳州市三江侗族自治县独峒乡唐朝村，与贵州境内水口—都匀高速公路对接。桂三高速公路将进一步密切贵州与广西的联系，将桂东北、黔东南和湘西南等中西部地区连接起来，成为大西南地区通过广西连通粤港澳的便捷通道，对于充分发挥西南出海大通道的优势，构建中国与东盟交通大框架，实施西部大开发战略，加强泛珠三角经济合作具有十分重要的意义。公路主线长135千米，总投资约151亿元，2012年7月开工，2017年建成通车。

梧州—柳州高速公路经过长洲区、苍梧县、平南县、桂平市、金秀瑶族自治县、象州县、鹿寨县。

河池—百色高速公路、靖西—龙邦高速公路、南宁机场—良庆区大塘高速公路、梧州环城高速公路等，2018年均已建成通车。

河池—百色高速公路：连接河池、百色革命老区最便捷的公路通道。项目起点位于河池市金城江区拔贡镇寨熬村，接六寨—宜州高速公路，途经金城江区、南丹县、东兰县、巴马瑶族自治县和百色市田阳县，终点位于百色市右江区那务村，接百色—隆林高速公路。主线全长119.17千米，采用全封闭全立交双向四车道，设计时速80千米。该高速公路及连接线的建成，使东兰、巴马、凤山等革命老区实现了通高速公路目标。

贵港—隆安高速公路、阳朔—鹿寨高速公路、贺州—巴马高速公路（钟山至昭平段）、崇左—水口高速公路，2019年均已建成通车。

贵港—隆安高速公路：全长228千米，起于桂平市，经港北区、覃塘区、宾阳县、武鸣区、隆安县。该路东连接梧州—贵港高速公路,西接隆安—硕龙高速公路。

崇左—水口高速公路:长94.1千米,起于宁明亭亮镇,与南友高速公路、崇靖高速公路相接,止于龙州水口镇。该路的建成结束了龙州不通高速公路的历史。

乐业—百色高速公路、融水—河池高速公路、贺州—巴马高速公路(昭平至蒙山段)、玉林—湛江(粤)高速公路(广西段)、荔浦—玉林高速公路、博白松旺—铁山港东岸高速公路、大塘—浦北高速公路,2020年均已建成通车。

乐百高速公路:起于河池市天峨县下老乡百塘村,接贵州省惠水—罗甸公路,途经乐业县、凌云县,终于百色市右江区上宋村,主线全长170.6千米,全线采用双向四车道高速公路标准建设,项目概算总投资190.8亿元。乐百高速公路建成通车后,重庆—贵阳—乐业—百色—龙邦口岸高速线路贯通,进一步助力西部陆海新通道建设。贵州省到达龙邦口岸的时间大为缩短,西南地区能源、原材料等大宗物资通过乐百高速可以更加快捷地抵达北部湾。2020年1月8日通车。

玉湛高速公路:起于陆川县马坡镇,在博白县文地镇粤桂交界处接玉湛高速公路广东段。全长约75千米。该路是广西连接广东湛江的出海、出省通道,广西段的通车有效完善了广西高速公路路网结构,进一步提升了广西与粤港澳大湾区的互联互通水平。2020年6月通车。

昭平—蒙山段高速公路(贺巴高速公路一段):昭平至蒙山段起点位于昭平县北侧附近,沿线途经昭平、蒙山两县,终点位于蒙山县西马村附近。路线全长34.842千米,设计时速100千米,概算总投资47.8亿元。2020年10月底通车,结束了蒙山县不通高速公路的历史。

融水—河池高速公路:融河高速全长105.6千米,主线采用双向四车道高速公路标准建设,路基宽26米,设计时速100千米。2020年11月底,融水—河池高速公路正式通车,结束了全国唯一的仫佬族自治县罗城不通高速公路的历史。

松旺—铁山港东岸高速公路:起于博白县松旺镇周北村西南面,接玉林—铁山港高速公路,往南经龙潭镇,在合浦县白沙镇鸡公埇接上合山高速公路。项目主线路线全长21.4千米(博白县境内路线长9.7千米,合浦县境内路线长11.7千米)。设计时速为120千米,路基宽度为26.5米。2020年12月通车。该路缩短了广西北部湾经济区中没有出海口的玉林市与北海市铁山港(龙潭)组团、铁山港东港区间的时空距离,有力推动了玉林市与北海市两地级市间、广西北部湾城镇群间区域经济发展与合作。

大塘—浦北高速公路:途经南宁市良庆区(大塘)、钦州市钦北区、灵山县和浦北县,主线全长123.735千米,采用双向四车道高速公路标准建设,设计时速120千米。2020年12月底通车。西接吴圩—大塘高速公路,东接浦北—北流高速公路,形成南宁—钦州—玉林—茂名—珠三角地区较便捷的粤桂新通道。

荔浦—玉林高速公路:起点位于荔浦市,与阳朔—鹿寨高速公路相接,途经桂林、梧州、贵港、玉林4市8县,终点位于玉林市福绵区新桥镇,与玉林—铁山港东岸高速公路相接。项目主线长261.6千米,连接线长62.5千米,按照双向四车道标准建设,采用沥青混凝土路面结构。其中,荔浦至平南段设计行车时速为100千米,平南至玉林段设计行车时速为120千米。总投资为230.58亿元。2020年12月底通车。

此外,直接出邻省的瓶颈路段也建了高速公路,如全州—兴安高速公路、全州—黄沙河高速公路等，都可出湘；贺州市灵峰—八步高速公路、苍梧—郁南（粤省）高速公路、岑溪—筋竹—罗定（粤省）高速公路、合浦—山口高速公路等，都可出粤；百色—罗村口高速公路、那坡—富宁（滇省）段高速公路等，都可出滇。

灵川—临桂高速公路、南宁—坛洛高速公路、南宁机场高速公路、南宁绕城高速公路、南宁外环高速公路也已通车。

边境公路：2000—2002年，广西修筑了东起东兴竹山村、西到那坡弄合村，接云南富宁县的边境公路，全长725千米，虽属三级柏油路，但从此边境地区百姓出门难的问题得以解决。

截至2020年年底，广西形成了以南宁为中心，通达北部湾经济区城市、港口的两小时广西北部湾经济圈；构筑了南宁连接全区14个地级市的四小时交通圈，96%的县（111个县区）开通高速公路；打造了一日省际交通圈，实现南宁至邻省省会、邻国首都当日到达。

（4）在建的部分高速公路

截至2020年年底，广西在建的主要高速公路有：柳州—南宁高速公路第二通道（经合山市），桂林—柳城高速公路（经临桂、永福、融安县，泛称桂林—柳州高速公路第二通道），田林—西林高速公路，灌阳—平乐高速公路（经恭城），隆安—靖西硕龙高速公路，浦北—北流高速公路，南丹—天峨高速公路，贺州—连山（粤）高速公路，贺州—巴马高速公路（部分路段），融安—丛江（黔）高速公路，百色—平孟高速公路（经那坡县），武宣—忻城高速公路（经来宾合山），天峨—北海（经巴马、平果、南宁）高速公路，南宁—湛江（粤）高速公路，龙胜—防城峒中（经上思至峒中）高速公路，桂林—钟山高速公路等。

上述公路建成后，桂东南与云、贵、川、渝、湘的联系定将大大加强，扩大桂西、桂西南与云、贵、川、渝诸省市的联系，并更利于出边，南部北部湾出海口与西南各省市的往来更顺畅，北部上贵州、出两湖、达中原更便捷，西南出海大通道和连接多区域的国际大通道四通八达，畅通无阻的公路网络将更加进一步完善。

○1环12横13纵25联

2018年年底，广西公布《广西高速公路网规划（2018—2030年）》（以下简称《规划》）。《规划》明确，到2030年，广西高速公路总里程将达到15 200千米，形成"1环12横13纵25联"的高速公路网，届时形成"环广西高速公路"和内部城市节点环线，即"沿海—沿边—百色—河池—桂林—贺州—梧州—玉林—沿海"的环广西高速公路，"南宁—崇左—钦州—防城港—北海—玉林—南宁"的广西北部湾城市环线，"南宁—贵港—梧州—贺州—桂林—柳州—来宾—南宁"的东部城市环线，"南宁—百色—河池"的桂西城市环线。

1环："沿海—沿边—百色—河池—桂林—贺州—梧州—玉林—沿海"的环广西高速公路，全长1 850千米。

12横：横1指灌阳（湘桂界）—湖南通道（湘桂界）高速公路，全长180千米；横2指灌阳（湘桂界）—天峨（下老）高速公路，全长498千米；横3指贺州（粤桂界）—西林（滇桂界）高速公路，全长836千米；横4指贺州（灵峰）—隆林（板坝）高速公路，全长886千米；横5指梧州（粤桂界）—乐业（黔桂界）高速公路，全长662千米；横6指梧州（粤桂界）—那坡高速公路，全长637千米；横7指梧州（龙眼咀）—硕龙高速公路,全长574千米;横8指岑溪(筋竹)—百色(罗村口)高速公路,全长721千米;横9指岑溪(粤桂界)—大新高速公路,全长420千米;横10指北流(清湾)—凭祥高速公路,全长449千米;横11指合浦(山口)—那坡(弄内)高速公路,全长516千米;横12指铁山港—凭祥高速公路,全长348千米。

13纵:纵1指富川(湘桂界)—岑溪(粤桂界)高速公路,全长327千米;纵2指全州(湘桂界)—容县(粤桂界)高速公路,全长485千米(含平乐至荔浦段35千米);纵3指龙胜(湘桂界)—铁山港高速公路(含松旺—铁山港东岸段21千米),全长730千米;纵4指三江—北海高速公路,全长542千米;纵5指鹿寨—钦州港高速公路,全长334千米;纵6指全州(黄沙河)—友谊关高速公路(含南宁沙井—吴圩段20千米),全长731千米;纵7指桂林—钦州港高速公路,全长403千米;纵8指桂林龙胜(湘桂界)—峒中高速公路,全长606千米;纵9指南丹(六寨)—东兴高速公路,全长558千米;纵10指天峨(黔桂界)—北海高速公路,全长553千米;纵11指巴马—凭祥(友谊关)高速公路,全长260千米;纵12指天峨(黔桂界)—龙邦高速公路,全长307千米;纵13指贵州册亨至云南富宁广西段高速公路,全长90千米。

25联:联络线25条,全长2553千米(规划里程含重复里程);联1指桂林—恭城—贺州,联2指从江—融安—荔浦,联3指罗城—柳城—鹿寨,联4指柳州—金秀,联5指柳州—平南,联6指武宣—来宾—合山—忻城,联7指信都—梧州,联8指贵港—岑溪,联9指贵港—兴业—博白—湛江(广西段),联10指玉林—湛江(广西段),联11指北流—宝圩,联12指博白—清湖,联13指南宁—湛江(广西段),联14指梧州—玉林—钦州,联15指上思—平果,联16指崇左—水口,联17指崇左—爱店,联18指百色—那坡—平孟,联19指隆林委乐—西林—广南(含往兴义段),联20指岳圩口岸联线,联21指海棠至勒沟,联22指上思至防城港,联23指阳朔至荔浦,联24指资源至兴安,联25指河池至荔波。

(二)铁路建设的成就与发展前景

1. 广西境内铁路建设通车里程变化(如表5-3所示)

表5-3 广西境内铁路建设通车里程变化

时间	通车里程/千米
中华人民共和国成立前	539
1950年	573
1980年	1401(国有)、309(地方)
1995年	1893(国有)、580(地方)
1999年	2595.4(国有)、734(地方)
2009年	3100多(国有)、近900(地方)
2020年	5206(含高速铁路1792)

从表5-3可知,改革开放以来,广西境内的铁路建设得到迅速发展,铁路通车里程快速增多,尤其是铁路主要干线,通过全面技术改造,机车更新换代(蒸汽机车、内燃机车、电力机车、子弹头机车),列车运行速度全面提高,高铁建设成绩斐然,铁路货物及旅客运

送量也得到大幅度增长，钢铁大动脉在西南出海大通道和连接多区域国际大通道的作用已经体现出来。

2. 广西境内建成的普速铁路线

湘桂线：湘桂线是广西最长的铁路干线，是陆地国际通道。北起湖南衡阳，南至广西友谊关，长1 043千米，广西境内长835千米。开始修筑于抗日战争时期，后因战乱，一些路段遭到毁坏，中华人民共和国成立时衡阳至柳州段修复通车，1951年，来宾至南宁段修复通车，1955年，凭祥至睦南关（即今友谊关）段通车，湘桂铁路和睦南关至越南河内的铁路接通。湘桂铁路以柳州、黎塘、南宁站为起点，分别与黔桂线、焦柳线、黎湛线、南防线、南昆线相连，是广西、海南及粤西地区与华东、华北地区间客货交流的重要铁路运输主通道，亦是广西、湖南、贵州等省区通往东盟国家最便捷的国际运输通道。

黔桂线：北起贵阳，南至柳州，全长608千米，广西境内302千米，于抗日战争时期开工建设。西北端终点贵阳接川黔、贵昆、湘黔铁路，东端柳州接湘桂铁路、焦柳铁路，向南延伸，通黎湛铁路、南防铁路、南昆铁路，为沟通西南与华南、华中、华东等地区的重要铁路干线，是西南地区通向内地和出海通道。

黎湛线：北起宾阳县黎塘镇，南至广东湛江市，全长318.2千米，广西境内231.3千米，于1955年建成通车。后建成复线。途中至贵港站同内河港口贵港相接，至广东河唇站同河茂铁路相连，延伸三茂铁路至广州。南端终点站湛江同海港相接，是黔、贵、川和两广出海重要交通线之一。

焦柳线：沟通中国南北的又一条铁路干线。北起河南焦作，过广西三江、融水、融安、柳城、柳江，南至柳州南站，全长1 645千米，广西境内三江侗族自治县水团至柳州南站长256千米，1982年建成。北端月山站同太焦铁路联网，南端柳州南站同湘桂铁路、黔桂铁路接连，为联结华北、华中、华南地区的通道。

南昆线：1990年年底开工，1997年通车。是我国铁路网东西向又一条运输大干线，是建设大西南出海通道主要干线，是一条电气化铁路。东起南宁市，经广西隆安、平果、田东、田阳、百色、田林等县市区，经贵州若干县，后分岔支线到贵州红果，干线向西到达云南昆明。全长898千米，广西境内366千米，年输运能力达2 000万吨。南昆铁路东与湘桂铁路、黎湛铁路、南防铁路连接，西与成昆铁路、贵昆铁路、内昆铁路联通，构成了西南地区最便捷的出海通道，西南内地通向沿海港口的路程因之缩短数百千米。南昆线南宁—百色新建二线已通车。

洛湛线：北起河南洛阳，经湖南益阳，南至广东湛江，又称益湛线。经贺州、梧州、岑溪，接玉林。在广西境内约410千米，2009年通车。这是我国南北走向的又一条新的重要出海通道，它的建成，结束了广西东部无铁路的历史，实现广西地市全部通铁路，拉近了贺州与梧州、玉林两市的距离，使广西三个最东边的城市在东进粤港澳的过程中，互相呼应，为建设广西东大门创造了条件。

南防线：北起南宁，经邕宁、钦州，南到沿海城市防城港市，1983年开工，1987年通车。全长173千米，年运输能力700万吨，是我国第一条通向北部湾港口的铁路，它的建成通车，对加快港口、铁路沿线物流，构建西南地区出海通道，扩大对外开放，意义重大。

钦北铁路：北起钦州，南至沿海港口城市北海市的铁路支线，全长104.25千米，1991年开工，1995年通车。

钦港铁路：从钦州东站接轨至钦州港，全线长29.5千米，1993年动工，1996年通车。至此，广西沿海三个港口都通了铁路。

黎钦铁路：北起黎塘镇，南止钦州，全长156千米，于1996年开工，1998年完工，2000年通车。黎钦铁路的开通，使广西沿海铁路四线（南防、钦北、钦港、黎钦）连三港（防城港、钦州港、北海港）的新格局形成，广西北部和我国中西部地区的货物到达沿海港口的距离大大缩短，沿海各港口的货物吞吐量也随之快速增长。

田东—德保铁路：起于田东，接南昆线，至德保，连德保—靖西铁路。

德保—靖西铁路：北连田东—德保铁路，南接靖西—龙邦铁路，2012年开通，是通过中越边境龙邦口岸与越南对接的又一条铁路。

玉林—铁山港铁路：洛湛铁路广西段的延伸，是以货运为主、兼顾客运的区域性铁路，是广西北部湾港特别是铁山港的重要疏港通道。铁路北起黎湛线玉林站，经过福绵区、陆川县、博白县、浦北县、合浦县，南至地方铁路铁山港支线。国家一级铁路单线电气化工程，设计时速160千米，全长98.2千米（另有引入相关工程联络线32.7千米），全线设14个车站；投资估算总额为48.95亿元。2009年12月开工，2015年4月开通。它的建成进一步完善了广西铁路网布局，扩大了铁路运输的机动灵活性，优化了北部湾城市群产业分工与合作，促进了桂东地区共享北部湾开放开发的资源优势，促进了北部湾经济区与中原腹地的客货交流，推动了广西经济社会持续快速发展。

3. 广西境内建成的高速铁路

邕北高铁：含南宁—钦州高铁和钦州—北海高铁两段。南宁—钦州高速铁路全长98.79千米，总投资97.6亿元，为国家一级双线电气化铁路，时速目标值250千米，牵引质量为4 000吨，满足开行双层集装箱列车运输条件。设五象南、大塘、小董西及钦州北4个新建车站。2009年8月开工，2013年年底通车。它的建成在南宁、北海、钦州和防城港之间形成"一小时城市经济圈"，年运输能力从2 500万吨提升到2.15亿吨以上，进一步确立了以南宁为中心的区域性铁路交通枢纽地位，对于优化地区交通结构、改善投资环境具有积极意义，同时对大幅缓解北部湾经济区铁路运输压力，大大加快北部湾经济区崛起步伐具有十分重要的作用。钦州—北海高速铁路又称钦州—北海城际铁路，2009年动工建设，2013年通车。项目的建成，使乘动车组从南宁到北海仅需1小时。

钦防高铁：又称钦州—防城港城际铁路，2009年动工建设，2013年通车。项目建成后，乘动车从南宁到防城港仅需1小时。

衡柳高铁：包括湖南永州至桂林段、桂林段至柳州段，2008年12月动工，2013年通车。新建200~250千米时速的双线电气化铁路。这是广西、海南、粤西地区与华中、华东、华北等地区联系的主要通道，也是我国连接越南等东盟国家的国际铁路主通道。

柳南高铁：又称柳州—南宁城际铁路，2008年12月动工，2013年通车。新建200~250千米时速的双线电气化铁路。

南广高铁：起自南宁东站，经黎塘、贵港、梧州进入广东省，经云浮、肇庆、佛山，终至新广州站，正线长度577.1千米，其中广西境内线路长349.8千米，广东境内长227.3千米。2008年11月动工，2014年年底通车。它的建成缩短了南宁至广州间运输距离，运营时间在3小时左右，是桂、粤两省区之间最便捷的快速通道，它与云桂高铁等共同构成云南、广西与珠江三角洲地区便捷联系的交通纽带，对推进泛珠三角区域合作与发展，增强区域整体经济实力和竞争力，提升珠三角的影响力和辐射力，加强广西北部湾经济区建设，实现区域优势互补和共同发展具有重要意义。此外，南广高铁还可以和相关铁路共同构成东南沿海地区通往越南、老挝、泰国等东盟国家的陆路快速运输通道，为东南沿海地区与东盟间加强经贸合作、人员往来提供强大的运输支撑。

贵阳—广州高速铁路：2008年10月开工，2014年底通车。全长857千米，其中，贵州境内301千米，广西境内348.5千米，广东境内207.5千米，是设计250千米以上时速的双线电气化铁路，是穿越我国大西南腹地、连接珠三角的西部大能力快捷通道，成为区域经济合作的桥梁。该高铁线经过三江、桂林（临桂）、灵川、阳朔、恭城、钟山、八步等县区。

云桂高铁：位于广西和云南省境内，线路东起南宁枢纽的南宁东站，沿南昆铁路至百色站，之后经云南省文山壮族苗族自治州、红河哈尼族彝族自治州、玉溪市，最后到达昆明市。长727千米（广西境内323千米），是时速200千米以上的双线电气化铁路。2009年12月开工。南宁至百色段高铁，2015年12月11日建成通车。2016年12月28日百色至昆明段高铁开通运营。修建云桂高铁可提高广州至昆明铁路通道能力，对扩大西南地区出海通道的运输能力，促进云南、广西等西南地区经济社会发展都具有重要的意义。

南宁火车东站：位于南宁市凤岭北路北侧，西距南宁站10.4千米，东距屯里站2千米。南宁东站为枢纽主要客运站，南广、湘桂、广西沿海、云桂等多条快速铁路在此交会，是南宁市东部重要的区域综合交通枢纽中心，对促进以南宁为中心，辐射周边城市群的"1.5小时经济圈"的快速发展具有重要的意义和作用。2009年开工，2014年年底建成。

4. 广西境内正在建设的铁路

截至"十一五"中期，广西铁路建设取得了不少的成绩。然而，由于广西境内路网总体覆盖面较小，铁路通道少，修建年代早和资金、技术等方面的原因，铁路线路先天不足，铁路技术等级和装备水平不高，沿海铁路集疏运条件滞后，铁路运能未能很好地适应经济发展的需要，也影响广西对外开放开发和合作。为了适应广西经济社会发展需要，增强区域合作和交流，提升区位优势，拓展铁路网和提高铁路运输能力，满足快速增长的客货运输需求，自治区党委、政府在铁路相关部门的大力支持下，大力推进广西铁路建设，取得了历史性的重大突破，进入了铁路大建设、大发展、大跨越的新时期。2008年10月以来，贵广高铁、南广高铁、云桂高铁和城际铁路、一般铁路等重大项目接连动兴工改建，以全力打造西南、中南区域铁路出海大通道，全力打造连接泛亚铁路的国际通道。现在以上各铁路项目建设工作已完成。2020年年底，全区铁路营运里程达到5 206千米（含高铁线里程1 792千米），主要繁忙干线实现客货分线；形成以南宁为中心，到北部湾经济区1小时以内、到区内大部分主要城市2小时左右、到周边省会城市3小时左右的"123小时"快速城际铁路网。

广西正按规划的铁路建设项目，加快推进铁路建设工作，形成更加布局合理、结构清晰、功能完善、衔接顺畅的现代化快速铁路运输网络。

合浦—湛江高铁：起点合浦，终点湛江，途经铁山港、白沙、青平、遂溪，正线全长121千米，其中广西境内71千米，广东境内50千米。配套建设铁山港、北海联系线和湛江枢纽工程。该铁路为国铁一级客货共线，电气化双线铁路，设计时速350千米。项目预计总投资138亿元。2011年2月25日，国家发改委批准了此项目。几经周折，2020年开工。项目建成后,将使西南、西北地区和泛北部湾地区与珠三角、港澳等经济发达地区的联系更为密切,也将大大增强"泛珠三角"发达地区的经济辐射能力,推动"泛珠三角"地区产业转移,这对促进广西和广东西部地区经济社会的协调发展将产生深远影响。

贵阳—南宁高铁:线路北起贵阳铁路枢纽贵阳北站,经贵州龙里、贵定都匀、独山、荔波、广西环江、金城江、都安马山、武鸣,终至南宁铁路枢纽南宁东站,线路全长533千米,广西境内里程282千米。速度目标值每小时350千米,规划输送能力为每年4 000万人,项目总投资757.6亿元。2017年12月23日,贵南高铁全线土建正式开工,预计2023年12月20日建成通车。

南宁—崇左高铁:铁路全长约119.3千米,设计时速250千米,起点为南宁枢纽内南宁站,经吴圩机场、扶绥、渠黎,终点为崇左南站,线路共设车站4个,预留渠旧南开站条件和延伸至凭祥条件。南宁—崇左高铁是南宁—凭祥铁路的重要组成部分,估算总投资222.93亿元,其中工程建设投资184.34亿元,建设工期4年。2017年12月29日开工。该项目及在建的贵阳—南宁高速铁路项目竣工通车后,我区14个设区市将全部实现市市通高铁。

防城港—东兴铁路:线路长47.6千米,主要技术标准为一级双线,投资估算总额64.8亿元,建设工期3年。设计时速200千米,基础设施预留250千米/小时条件。全线自防城港北站南端引出,跨西湾后经江平镇至东兴站,预留江山半岛站。2017年12月18日开工。防城港—东兴铁路是广西沿海高铁的延伸线,同时又是中越互联、互通国际通道的重要组成部分。该铁路的建设,对落实中央赋予广西"三大定位"、把广西打造成我国西南、中南地区开放发展新的战略支点和打造"一带一路"重要门户、形成中国陆路东盟大通道均具有十分重要的意义和作用。

南宁—深圳高铁:分段建设。南宁—横州市—玉林段高铁项目按客运专线、双线、速度目标值350千米/小时设计,线路全长193.14千米。线路连接南宁市、横州市、玉林市、兴业县、北流市,直接吸引沿线常住人口约1 282万人。线路自南宁东站出,至既有邕宁站北侧并场设站,经六景工业园设站,经横州市设站,至兴业县南设兴业南站,而后经玉林城区北侧设玉林北站至本线设计终点。2019年1月开工。南玉城际铁路连接北部湾城市群和桂东南城镇群,是广西城际铁路网的重要组成部分,是沟通南宁市与桂东南城镇群的快速便捷通道,是规划建设的南宁—玉林—深圳高铁的一段,同时也是南广高铁通道的重要补充。2020年年底,玉林至岑溪(桂粤省界)段高铁正式开工。项目正线全长111.1千米,设计时速350千米,总投资184.2亿元。

崇左—凭祥高铁项目:属南崇高铁的延伸,2020年9月底开工建设。项目建成后,广西连接东盟的重要口岸凭祥将结束没有高铁的历史,有利于提升中国与东盟的经贸合作水平。

柳州—广州铁路:其中柳州至梧州段于2020年12月开工建设。该段线路长242千米,时速为160千米,属国铁一级、双线电气化铁路,线路从柳州起点,经象州(石龙)、武宣、桂平、平南、藤县,至梧州市。

5. 广西铁路规划愿景

根据广西壮族自治区国民经济和社会发展第十四个五年规划和2035年远景目标纲要,今后若干年,建设贵州黄桶至百色、云桂沿边、岑溪至广东罗定等普速铁路;推动南防铁路钦州至防城港段增建二线、黔桂铁路增建二线、湘桂铁路南宁至凭祥段、南昆铁路百色至威舍段增建二线等既有线扩能改造;建设南宁市郊机场线和武鸣线等市域(郊)铁路。规划研究柳州经河池至百色、贺州经梧州至玉林、大塘至吴圩机场动车联线、怀化至桂林等铁路(高铁)。

○ "五纵五横"干线铁路网

1) 加快推进"五纵"干线铁路网建设(其中,第一、二、三纵时速为350千米标准高铁通道)。第一纵:张家界—桂林—玉林—湛江—海口铁路,包括怀化—桂林高铁、桂林—玉林—湛江高铁。第二纵:衡阳—桂林—柳州—南宁—北部湾沿海铁路(含怀化—柳州)铁路,包括湘桂铁路衡阳—南宁段、衡柳铁路、柳南客专、焦柳铁路怀化—柳州段、黎钦铁路、南防铁路、邕北高铁、钦防高铁、南宁—合浦高铁、南宁—桂林北—衡阳高铁。第三纵:贵阳—河池—南宁—北部湾沿海铁路,包括黔桂铁路、贵南高铁、沿海铁路、邕北高铁、南宁—合浦高铁。第四纵:威舍—百色—南宁—北部湾沿海铁路,包括南昆铁路威舍—南宁段、南昆客专、沿海铁路、邕北高铁、南宁—合浦高铁。第五纵:永州—贺州—梧州—玉林—北海铁路,包括益湛铁路永州—贺州—梧州—玉林段、玉铁铁路。

2) 加快推进"五横"干线铁路网建设(其中,第一、三、五横时速为350千米标准高铁通道)。第一横:柳州(三江)—桂林—贺州—广州铁路,包括贵广高铁柳州(三江)—桂林—贺州—广州段。第二横:河池—柳州—贺州—韶关(含柳州—广州)铁路,包括黔桂铁路河池—柳州段、柳州—贺州—韶关铁路(柳州—广州铁路)、河池—柳州—贺州高铁。第三横:南宁—玉林—江门—深圳铁路,包括南宁—横州市—玉林城际铁路、玉林—江门高铁、深茂铁路深圳—江门段。第四横:凭祥—南宁—贵港—梧州—广州铁路,包括湘桂铁路南宁—凭祥段、南宁—崇左—凭祥城际铁路、南广铁路。第五横:东兴—防城港—钦州—北海—湛江铁路,包括防城港—东兴铁路、钦防高铁、钦北高铁、合湛高铁。

(三)沿海港口与内河航运的迅速发展

1. 沿海港口发展概况

广西有较长的海岸线,沿海港湾多,可开发的港口多,其中有可开发泊靠万吨以上船舶的港口,如防城港、北海港、钦州港、铁山港、珍珠港等。改革开放以来,尤其是广西北部湾经济区上升为国家发展战略至今,广西加快了对沿海主要港口的开发建设。2007年年初,广西批准成立广西北部湾国际港务集团有限公司,防城港、北海港、钦州港三港实行全面整合,并从2009年3月23日开始,三港区统称为"广西北部湾港"。"广西北部湾港"实现统一规划、统一建设、统一管理,投入巨资进行深水码头等基础设施建设,软硬件条件和环境均得到极大改善。截至2020年年底,北部湾港共有生产性泊位260多个,其中万吨级以上泊位90多个(含钦州港30万吨级原油码头泊位、10万吨级集装箱码头泊位,防城港20万吨级散货码头泊位),开通集装箱班轮航线近50条,同世界100多个国家和地区的200多个港口通航,形成了内陆腹地走向东南亚、印度洋、太平洋、地中海等地的海上大通道;北部湾港总吞吐能力超过2.7亿吨,各港区港口总吞吐量3亿吨,集装箱吞吐量超过500万箱。北部湾港总货物吞吐情况简表如表5-4所示。目前,广西正充分依托北部湾港作为国际枢纽海港这一国家重大红利,加速建设北部湾国际门户枢纽海港。

表 5-4 北部湾港总货物吞吐情况简表

时间	吞吐能力/亿吨	货物吞吐量/亿吨
1978 年	—	0.005 9
1997 年	—	0.117 8
2001 年	—	0.160 0
2006 年	0.412 0	0.495 0
2011 年	1.370 0	1.530 0
2020 年	2.700 0	3.000 0

2010 年 1 月，广西北部湾港至天津港直达航线开通，从此结束了广西北部湾经济区没有南北直达航线的历史。2011 年，北部湾开辟了第一条集装箱远洋干线：防城港—南沙—马尼拉（菲律宾）—路易斯港（毛里求斯）—蒙巴萨（肯尼亚）—纳卡拉（莫桑比克）—新加坡港，结束了北部湾港没有远洋干线的历史。2017 年年底，由阿联酋航运运营的"北部湾港—印度/中东"远洋航线开通。北部湾港—香港天天班开通，北部湾港—新加坡天天班公共航线开通。

2. 广西沿海主要港口

防城港：是我国西南部最大深水港口，全国 12 个主枢纽港之一。位于防城河口，南临北部湾，是一个隐蔽、避风且有天然海湾深槽的大型良港。1968 年动工兴建，1975 年建成广西第一个万吨级深水泊位，至 1983 年已建成 2 个万吨级泊位，开始正式运营并对外国籍船舶开放。截至 2018 年年底，防城港已建成万吨级以上泊位 40 多个，其中 20 万吨级泊位 3 个，与 100 多个国家和地区的 250 多个港口实现通航。2018 年港口吞吐能力超 1.5 亿吨，2019 年货物吞吐量 1.014 亿吨。按规划，防城港继续以大宗散货运输为主，加快发展冷链集装箱运输，逐步成为具有运输组织、装卸储运、中转换装、临港工业、现代物流、信息服务及保税、加工、配送等多功能的现代化综合性港口。

北海港：位于北海市，是港湾航道畅通，港阔水深的天然良港。1984 年北海市成为全国 14 个开放沿海港口城市之一，加快了港口建设的步伐。北海港全港所辖海岸线东起英罗湾，西至大风江，岸线总长 500.13 千米，全港共划分为铁山港港区、石步岭港区、涠洲港区、大风江港区、海角老港区、侨港客运旅游泊位港区、榄根港区、沙田港区八个港区，其中铁山港区、石步岭港区是建设重点。北海港正在加快铁山港区和石步岭港区建设，修建 15 万吨级泊位、10 万吨级泊位、5 万吨级泊位、5 万吨级以下泊位各若干个，力争港口吞吐能力有显著提升。2019 年，北海港吞吐量超 3 496 万吨。按规划，北海港的石步岭港区将以商贸和旅游服务为主，重点发展现代物流和旅游业，形成以商贸旅游和清洁型物资运输为主的综合性港口；铁山港区发展成以服务临港工业为主，兼顾大宗散货中转运输及物流、保税、加工等，相信未来几年铁山港区和石步岭港区会发展成吞吐能力强、配套服务优、功能设施齐、管理水平高、辐射范围广的现代化大港。

钦州港：广西沿海深水有极大发展潜力的大港，位于钦州湾内。1992 年 8 月 1 日举行建港工程奠基典礼。1994 年，2 个万吨级起步码头建成使用。1994 年 6 月，广西钦州港口岸获国务院批复设立为国家一类口岸，1997 年 6 月正式对外开放，结束了钦州市长期以来"有海无港、有港无口岸"的历史。经过多年港口基础设施的建设，截至 2018 年年底，钦州港已建成万吨级以上泊位37个，30万吨级航道和码头全面投入运营，港口吞吐能力达到1.2亿吨。2019年港口货物吞吐量达1.193亿吨，集装箱吞吐量达302万标箱。开通了至越南海防、马来西亚关丹、新加坡等的40多条海上航线，已与世界上90多个国家或地区的200多个港口建立贸易往来，形成油品、国际集装箱、煤炭、粮油、化工、汽车、港口等综合物流体系，中海、中远、上海新海丰和新加坡港务集团、太平船务、香港永丰等多家航运公司、物流企业加盟钦州港运营内外贸班轮航线业务。按规划，钦州港要先主要依托临港工业开发，形成以能源、原材料等大宗物资运输为主的规模化、集约化港区；后发展成以服务临港工业为主，兼顾为港口腹地，利用国际国内两个市场、两种资源服务的多功能现代化港口。

3. 西南内河水运出口通道的建设

根据广西内河规划，广西共有通航河流53条，主要有西江航运干线、右江、南盘江、红水河、柳江、黔江、左江、绣江、桂江、贺江等，呈叶脉状分布。全区内河水运基本形成以"一干三通道"（西江航运干线和西南出海水运右江南通道、红水河中通道、柳江黔江北通道）为主骨架的发展格局。

（1）西江航运干线的建设

西江航运干线是国内一条仅次于长江的黄金水道，是广西及云贵等西南地区与粤港澳地区沟通的一条重要纽带，其中从南宁到广州、香港、澳门的水上航道，全长850多千米，是西南内河水运出海通道的主动脉。改革开放以来，广西对这条主动脉的建设步伐迅速加快，一方面，对南宁—梧州航道的险滩恶水进行了清理整治；另一方面，在航道的关键地段又先后投入巨资建成了桂平航运枢纽工程（一线、二线）、贵港航运枢纽工程（一期、二期）和梧州长洲水利枢纽工程（一、二期，三、四期），加上以前建成的西津水电站工程一期（兼航运），西江航运干线已形成桂平、贵港、横州市西津三个航运梯级，大大提高了南宁—西津—贵港—桂平—梧州的航道通航能力。从此，2 000吨级船舶可在南宁—广州数百千米的航道上畅通无阻。

桂平航运枢纽工程（一线）：位于桂平市城郊浔江河段，是一个兼具通航与发电功能的内河渠化工程，也是西江航运建设的骨干工程，主要包括近400米的大坝，长190米、宽23米的船闸，上下引航道，装机容量不少的河床式水电站。其中，船闸一次可通过两个2×1 000吨顶驳的船队，年通过能力1 000万吨。整个工程于1986年8月开工，1993年9月竣工。该工程已经开始产生巨大的经济社会效益。

桂平航运枢纽工程（二线）：2011年10月31日竣工通航，总投资8.58亿元，按3 000吨级标准建设，设计代表船型为3 000吨级货船和2×2 000吨级顶驳船队及港澳线2 000吨级集装箱船，设计年通过能力为3 100万吨。船闸有效尺寸280m×34m×5.6m（长×宽×门槛水深），船闸门槛水深超长江三峡船闸0.6米，是目前我国内河已建成的最大单级船闸。桂平二线船闸的启动，大大缓解了一线船闸船舶通过能力不足的压力，改善西江通航条件，提高船舶运力与降低成本，促进当地沿江产业的崛起和兴旺，促进大西南和泛珠三角的经济发展。

贵港航运枢纽工程（一期）：继桂平航运工程之后西江航道建设的又一骨干工程。它以航运为主，兼发电、防洪、灌溉，由拦河大坝、船闸、水电站等组成。其中，船闸年通过能力为1 200万吨。整个工程投资20亿元人民币，于1994年开工，1999年竣工。该工程的建成，对千吨级以上船舶往来于南宁—广州起到了关键性的作用。二期（新建一座3 000吨船闸)于2020年12月初也建成通航,船闸通过能力为3100万吨,这样贵港船闸成为西江流域仅次于长洲水利枢纽的广西第二大船闸,解决了贵港枢纽船闸通过能力不足的问题。

梧州长洲水利枢纽(三、四期船闸)工程:是广西打造西江亿吨黄金水道的关键工程、龙头工程,工程概算投资约37.56亿元,按一级船闸设计和建设,最大通过船舶为3000吨级。2015年建成投入使用。每年单向通过能力约9600万吨,加上原有的一、二期船闸工程,整个长洲水利枢纽每年总通过能力达1.36亿吨,有效解决了枢纽的通航压力。

西津水利工程二期在建。贵港—梧州3000吨级航道工程一期(清礁疏道,267千米)、二期(梧州长洲岛下游约24千米长工程)已于2019年开工建设。

(2)西南水运出口通道三支线的建设

随着西江航运干线主动脉的畅通,主动脉的作用充分发挥,加快了西南地区的开放与开发。建设西江支流通道,进一步打通西南地区出海的水上通道,已显得十分必要和非常迫切。西江支流通道建设分中线通道、南线通道、北线通道建设。中线通道建设主要是清除整治南盘江、北盘江、红水河河段的急流险滩,如2000年12月—2004年8月对乐滩—石龙三江口段进行整治。另外,河段上未建船闸的少数水电站(如岩滩、大化、百龙滩、乐滩等)建了过船闸,水位提升,可通行500吨级船舶。南线通道建设主要是打通左右江和驮娘江,如,右江航运田阳那吉枢纽工程和田东右江鱼梁航运枢纽工程,建了船闸,渠化河道。加上2009年始建设的南宁老口航运枢纽工程已完工,今右江河段、左江扶绥段可通航1000吨级的船舶,实现西江航运往上游发展。北线通道建设主要是打通柳江、融江,经2009—2011年对柳江的整治,500吨级船舶可在柳江航行。

柳州红花水利枢纽二线船闸在建(建好后2000吨级船舶可过)。

来宾兴宾港区—桂平的2000吨级航道工程于2020年年底正式开工。

忻城乐滩—象州石龙三江口航道整治工程:是西南水运出海通道中线起步工程。恶滩—石龙三江口航道整治工程位于广西中部,红水河中下游,始于忻城县恶滩(现称乐滩),途经合山市、来宾市,终于象州县石龙三江口,全线长175.1千米,为天然航道。整治前枯水水位落差36.27米,平均坡降0.25‰,共有滩险40处,其中重点碍航滩险8处。该整治工程的36个险滩于2000年12月开始整治,2003年正月完工,并于2003年7月通过交工验收;辅助导航及通信工程于2003年5月开工,2004年8月通过交工验收。经过整治,该航道尺度达到五级标准,可通航250吨级机动驳,使船舶通行时间大为缩短,增大了船舶的通过能力,减少了航行事故的发生,极大地促进了红水河水上通道的建设。

4. 广西主要内河港口

中国近代时期,广西就有北海(1876年)、龙州(1887年)、梧州(1897年)、南宁(1907年)对外开放,但那是帝国主义侵略欺凌中国、强加给中国的产物,是国家主权遭到破坏的见证,是被迫对外开放的无助。中华人民共和国成立后,国家正式批准内河港口梧州对外开放。改革开放以来,尤其是提出建设西江亿吨黄金水道战略后,广西内河港口建设成绩斐然。现有7个内河港口,按照规划,这些港口的级别和功能将划分为主要港口、地区性重要港口和一般港口三个层次,以南宁、贵港、梧州3个主要港口为核心,百色、来宾、柳州、崇左4个地区性重要港口为重要组成部分,其他一般港口为补充,形成布局合理、层次分明、功能明确的内河港口体系。

截至2018年年底,广西内河通航里程达5600多千米,内河港口泊位近500个,千吨级以上泊位超过100个，港口吞吐能力1.1亿吨，港口货物吞吐量超过1亿吨，成为大西南地区货物出海中转运输的重要基地。2020年，广西内河港口货物吞吐量达1.7亿吨。西江黄金水道已成为仅次于长江的大能力内河运输通道，直通粤港澳大湾区，为促进和深化广西及西南地区和珠三角地区的区域合作发挥了重要作用。

梧州港：对外开放港口，广西重要的内河港口，位于梧州浔江、桂江、西江的交汇处，扼广西内河水运之咽喉，素有"水上门户"之称。往下东航可直达广州、香港、澳门，溯浔江西上可到桂平、贵港、南宁、百色、柳州，沿桂江北上可至阳朔和桂林，是广西各地和云贵川等地进出口货物的集散地。目前已与100多个国家及地区有贸易往来。2019年，梧州港货物吞吐量为5 000多万吨，仅次于贵港。今后梧州港将逐步发展成以集装箱、件杂货、能源和矿建材料运输为主，相应发展临港工业和现代物流业，兼顾旅游客运的综合性港口。

贵港港：对外开放港口，是广西最大的现代化水路、铁路联运中转内河港，是华南、西南地区内河第一大港，全国内河十强港之一。位于贵港市东郊郁江河段，下可达梧州、广州和港澳等地，溯郁江而上可通南宁、百色，有铁路专线与贵港火车站连接，是桂东南地区物资和云贵川出口物资中转站。截至2020年年底，贵港港现有货运码头泊位150多个，年港口货物吞吐能力为7 000万吨，占广西内河港口吞吐能力的50%以上。2020年贵港港口的货物吞吐量超过1亿吨，成为珠江水系首个吞吐量突破亿吨的内河港口。未来贵港港将加快发展成西南地区煤炭、矿石、集装箱等大宗物资，以及外贸物资运输服务和以矿建材料运输为主服务临港工业的综合性港口，并相应发展港口物流业。

南宁港：广西重要的内河转运港，新作业区在六景，位于南宁市邕江河段。上溯左江能达龙州港，溯右江可通百色；下行能抵贵港、梧州、广州、港澳。目前，2 000吨级船队可从南宁直抵广州及港澳地区。今后南宁港将逐步发展成以集装箱、件杂货、矿建材料及煤运输为主，相应发展临港工业和现代物流业的综合性港口。2019年南宁港区货物吞吐量近800万吨。

此外，来宾市新港区（宾港区、象州港区猛山作业区）正在建设中，显现出生机盎然景象。2019年来宾港区货物吞吐量突破4 000万吨。柳州港、百色港、桂平港等也是广西有一定吞吐能力的内河港，随着港口改造工程的完成，其货物吞吐量会有进一步的提高。

5. 广西独特的三条出海、出边大通道形成

第一条：南向出海主通道，以防城港、北海、钦州三个出海口为龙头。

第二条：东向西江内河航运黄金通道，主要经贵港、梧州方向直达珠三角，经粤港澳出海。

第三条：西南向出边大通道，以凭祥为主通向东南亚各国。

从地理位置来看，广西已从祖国边陲，到祖国西南出海大通道，到中国与东盟交往发展、与"一带一路"对接的多区域国际大通道枢纽。从社会发展来看，广西已从老少边山穷，人们少有问津，到多区域开放合作交汇中心。

（四）航空建设的发展

1. 航空事业的发展

改革开放以前，广西航空建设属起步阶段，1952年广西第一条航线即昆明—南宁—广州航线开通。改革开放以后，随着航空建设项目的推进，广西航空事业得到了一定的发展。

跨入20世纪90年代以后，其更是快速发展。广西已建成桂林两江国际机场、南宁吴圩机场、北海福成机场、柳州白莲机场、梧州长洲岛机场、梧州西江机场、百色田阳巴马机场、河池机场、玉林福绵机场。形成以桂林机场为国家重点旅游枢纽机场，南宁机场为面向东盟的国际门户枢纽机场，北海、柳州机场为国内次干线机场，百色、河池、梧州和玉林机场为国内支线机场的广西航空群体。由广西辐射出去的中外航线大大增加，覆盖国际（地区）城市和国内城市数量也显著增多。截至2019年年底，广西全区民航飞行客运航线330条，全货机航线3条，通航国内外城市110个，广西机场管理集团顺利实现旅客吞吐量超过2 900万人次。尤其是以南宁为枢纽的面向东盟的空中桥梁初步建成。南宁至东盟10个国家的首都定期航班全部开通。这标志着广西航空事业的发展迈上了新台阶，实现了历史性的飞跃。广西民航客运量如表5-5所示。

表5-5　广西民航客运量

时间	客运量/万人次
1978年	10
1985年	43
1990年	69
1995年	282
2000年	360
2007年	800
2010年	1 201
2019年	2 900

除航空客运外，广西机场在充分挖掘国内货运市场潜力的同时，全面实施广西航空物流大通道的规划。2011年10月20日，由广西机场管理集团牵头统筹规划的南宁首条国际航空货运航线——南宁至孟加拉国达卡国际货运包机航线顺利开通。广西至香港、越南胡志明、新加坡、印度马德拉斯、斯里兰卡科伦坡等地的货运航线开通，进一步推进了把广西建设成面向东盟的国际航空物流枢纽的工作。今后，广西还将进一步加快航空物流大通道建设，努力打造三个航空物流中心：在南宁空港城项目的基础上，将南宁打造为国内乃至亚洲最大的水产品集散中心、水果和特色农产品集散中心，将桂林打造为面向珠三角和长三角的物流转运中心。

此外，广西通用航空事业开展的飞播造林、航空护林、人工降雨、物理探矿、航空摄影等项目也取得显著成绩。其中，飞播造林面积几乎占广西森林面积的一半。

现在，无人机航拍已成常态。

2. 广西境内主要机场

桂林两江国际机场：位于桂林市临桂区两江镇东，离桂林市约29千米。1993年开工，1996年竣工。该机场跑道长2 800多米，可起降大型客机，同时停放二十架飞机，年吞吐能力500万人次，高峰期旅客吞吐量可达每小时2 500人次。机场设备先进、环境优美，是我国现代化的国际航空港之一，曾被评为全国首批五大文明机场之一。2018年9月底，投资30.83亿元的T2航站楼启用。T2航站楼按照2025年旅客吞吐量1 200万人次、货邮吞吐量

9.5万吨、飞机起降量10.12万架次的目标设计。据统计，2019年桂林机场通航航线112条，通航城市76个，旅客吞吐量突破855万人次，内地排名第40位。

南宁吴圩机场：位于南宁市江南区吴圩镇，始建于1959年，后经两次扩建。尤其是2012年开始建设的T2航站楼，2014年建成启用。T2航站楼按照满足2020年旅客吞吐量1 600万人次、货邮吞吐量16.4万吨的目标设计，项目建设包括在现有跑道东侧建设一条长3 200米的平行滑行道，新建18万平方米的航站楼，50个机位的站坪及配套建设助航灯光、通信、消防、供电、供冷、供热、供气及雨水、污水、污水处理和辅助生产生活服务设施等，工程总投资68.88亿元。截至2018年12月底，南宁吴圩国际机场年旅客吞吐量首次突破1 500万人次。2019年，执飞南宁航线航班的中外航空公司达50余家。已累计开通航线170多条，其中，国内航线130多条，国际（地区）航线30多条。累计通航城市达100多个，其中，国内城市70多个，国际（地区）城市30多个。旅客吞吐量1 576万人次，内地排名第26位。2020年，南宁吴圩机场国际货物运量首次突破万吨大关。

北海福成机场：位于北海市东北部。1985年开工，1986年完工。1992年又进行了扩建改造。目前，该机场跑道长3 200米，年旅客吞吐能力270万人次，高峰每小时达1 350人次，能起降大型客机。在政府政策支持下，2019年，北海航空市场逐步发展壮大，在北海投入运力的航空公司增至8家，航线达到33条，可以通达全国32个热点城市。2019年机场吞吐量超268万人次。

柳州白莲机场：2011年下半年开始，柳州机场在飞航线11条，从柳州可直飞北京、上海、广州、深圳、成都、重庆、武汉、三亚、海口、厦门、温州、西安、长沙、青岛14个城市，每周航班达110多班。2011年柳州机场旅客吞吐量完成60.09万人，同比增长86.8%，位居全国运输机场的67位；货邮吞吐量完成5 035.3吨，同比增长31.0%，位居全国运输机场的53位；航班起降架次完成9 136架次，同比增长131.3%，位居全国运输机场的71位。2016年12月20日，柳州白莲机场新建的2.2万平方米两层结构的新航站楼正式投入使用，旅客吞吐量率先突破100万人次大关，升级为国内中型机场。2019年，运营航线17条，通航城市21个，机场吞吐量157万人次。

梧州长洲岛机场：2011年，梧州机场旅客吞吐量完成3.3万人次，同比减少22.9%，位居全国运输机场的154位；货邮吞吐量完成14.7吨，同比增长9.6%，位居全国运输机场的145位；航班起降架次完成5 357架次，同比减少55.8%，位居全国运输机场的85位。2019年1月，新建成的梧州西江机场（藤县境）启用开航，当年机场旅客吞吐量23.64万人次。

百色田阳巴马机场：属军民合用机场，在区域内开设直升机或小型飞机旅游专线，直飞旅游景区，区内开设至桂林、柳州、南宁、梧州航线，区外开设至广州、昆明、贵阳、北京、三亚、海口等航线，百色老区与外界的距离大大缩短。2011年，百色机场旅客吞吐量完成2.6万人次，同比减少56.2%，位居全国运输机场的158位；航班起降架次完成1 167架次，同比减少16.6%，位居全国运输机场的142位。2019年机场吞吐量22.52万人次。

河池机场：是削平63座山头，投资8亿元，于2008年开始建设的，2014年建成启用。2019年机场吞吐量2万人次，内地排名第232位。

玉林福绵机场：2020年8月底建成正式通航，首期开通5条航线，可通达北京、上海、深圳、西安、杭州、昆明、海口7个城市。

第五章 八桂改革开放发展新成就回眸

广西"十四五"规划和2035年远景目标纲要草案显示,将新建防城港机场、贺州机场、贵港桂平机场。

广西通用航空机场有桂林高田机场、桂林溶江机场、南宁伶俐通用机场、吉航东盟通用机场(南宁)。

2012年开通了兰州—南宁—三亚航线,结束了广西与甘肃不通航的历史;开通南宁—南京—长春航线,有利于广西与吉林的往来交流。

北部湾航空公司:2015年初正式运营的本土航空公司。2019年初,北部湾航空机队规模达到26架,在飞国际、国内航线58条,通航城市57座。作为广西首家本土航空公司,北部湾航空以优异的运营业绩和稳健发展的机队规模助力地方经济发展和航空枢纽建设。

(五)邮电通信的迅猛发展

中华人民共和国成立前,广西邮电通信建设极其缓慢。中华人民共和国成立后,特别是改革开放40多年来,广西邮政通信获得了飞速发展,已成为广西国民经济基础产业中发展最快的产业。邮政业从传统步入现代,电信业从无到有,构建了全方位、多层次、多方式的网络体系,加快了信息化进程。

1. 邮政从传统步入现代,服务水平明显提升

1)邮政综合支撑能力显著增强。中华人民共和国成立前,广西邮政业基础差、规模小、网点稀少、设备陈旧、技术落后,大多依靠人工完成,工作效率低下。中华人民共和国成立后,逐年加大资金投入,重点增加邮政局(所)经营设施、投递网建设、速递物流专业化经营,加强主要城市邮件处理中心包裹分拣系统的技术改造,进一步提升了广西邮政业的生产运营能力,邮政作业逐步由手工向机械化、自动化、信息化转化,邮政综合支撑能力显著增强。

2)邮政业务网络更趋优化完善。广西在提升邮政业基础设施水平的同时,十分注重邮政网络的建设,特别是改革开放以来,进一步加大了邮政网络建设力度,初步建成了区域快速集散网络平台,已经形成了沟通城乡、覆盖全区、连通全国、通向世界的现代邮政网络。

3)传统邮政业务快速增长。2019年函件2 331.29万件,包裹41.42万件,订销报纸累计数32 592.28万份,订销杂志累计数2 318.20万份,汇兑40.78万笔。

4)邮政新业务快速崛起。改革开放前,邮政业务种类比较单一,改革开放后,邮政业在大力发展传统业务的同时,不断开拓新业务,相继推出了特快专递(EMS)、集邮业务、邮政储蓄、邮政物流等业务新品种,且发展迅猛。近年来,邮政速递物流与中外运快递、民航快递等国有快递企业,以顺丰、申通、宅急送等为代表的民营快递企业,以及以DHL、联邦快递等为代表的外资快递企业一起推动了我区快递市场的发展,快递企业服务能力显著提升。2019年,快递业务总量达56 386.31万件,收入74.65亿元。

5)服务水平逐步提高,服务质量明显改善。邮政部门在认真履行普遍服务的同时,增设窗口服务、上门服务、电话服务、网上服务、手机短信服务,为城乡居民提供多种形式的服务套餐,服务范围的广度和深度不断扩展。此外,继续优化畅销报刊作业的接报、交运、运输、投递流程,进一步压缩内部处理时限,并不断提高服务的质量。邮政公司还利用邮政网点的优势,积极为"三农"服务,有力支持了我区农村经济的发展。

6)邮政业务总量不断增加。2019年,广西邮政业务总量累计159.44亿元,邮政行业

业务收入（不包括邮政储蓄银行直接营业收入）累计126.24亿元。

2. 电信建设超常规发展，电信业务丰富多彩，通信能力突飞猛进

广西信息通信业发展迅猛。2019年，广西信息通信行业投入近百亿元，持续深入推进基础设施建设，信息通信行业总体保持较高速发展，支撑广西经济社会发展能力不断增强。

1）信息通信综合服务能力持续提升。2019年，全区电话用户总数达到5 529万户，全国排名第11位，电话普及率达112%；电信业务总量持续高速增长，电信业务总量累计完成3 241亿元，同比增长79%，增速排全国第6位。2020年年末全区电话用户总数5 667万户，其中移动电话用户5 333万户。固定互联网宽带接入用户1 651万户；移动互联网用户4 799万户；互联网用户共6 450万户。全年移动互联网接入流量60.20亿GB，比上年增长42.7%。

2）高水平全光网络基本建成。全区省级出口带宽达到2 235万兆，光缆线路长度达到168.6万千米，共完成2 900个千兆光纤小区建设。2018年12月实现光纤网络覆盖100%行政村，提前两年实现国家"十三五"目标任务。

3）新一代移动通信网络覆盖水平明显提升。2019年，全区4G基站规模达到15.7万个，4G移动电话用户数达到4 222.2万户。全部行政村开通4G基站，提前一年实现国家"十三五"目标任务；边境0～3千米带状地区基本覆盖4G网络。截至2019年11月底，全区50户以上自然村4G网络覆盖率达99%。14个设区市均已开通5G网络，实现重点景区、交通枢纽、重点商圈、重点城市干道等区域的5G网络覆盖。

4）物联网和IPv6网络基本建成。窄带物联网已建成，实现按业务需求完成重点区域深度覆盖，到2019年10月物联网用户达到475.8万户。各基础电信企业完成各类数据中心、骨干网、城域网、接入网IPv6改造，开通IPv6业务承载功能。

5）提速降费效果明显。截至2019年10月底，全区光纤到户用户占比达到90.7%；100 Mbit/s及以上用户占比82.8%，网速提升让老百姓充分享受到互联网发展带来的红利；通信资费大幅下降，2019年1—10月移动流量资费水平为4.5元/G，同比下降44.2%，手机流量资费水平为4.5元/G，同比下降43.4%。

6）网络扶贫成效显著。我区信息通信行业不断推进贫困地区通信网络建设力度，截至2019年10月，贫困县50户以上的自然村光纤网络覆盖率为94%、4G网络覆盖率为99%，131万贫困户已经享受通信资费优惠，优惠总金额9 570万元。

此外，2019年年底，广西数字政务一体化平台正式上线运行，标志着我区深化"放管服"改革、推进"互联网+政务服务"又有新突破，政务服务全面进入"掌上办、指尖办"时代。加上统一云平台，广西实现了"自治区、市、县（自治县）、乡（民族乡）、村"五级贯通，有效破解"云资源分散、专网林立、系统壁垒"等问题，大大提高了审批时限，显著提升了企业、群众办事效率，降低了办事成本，也避免了重复建设、运行维护，节约了资金。2020年8月，广西县级以上城市千兆入户光网项目竣工，以云计算、大数据、物联网、人工智能等技术为核心的广西智慧家庭发展将进入快车道，通过千兆宽带，人们能畅享4K与8K高清影院、互动游戏、在线教育、智慧家居。

为方便群众办事，自治区大数据发展局不断推动一体化平台向移动端延伸，开发上线"广西政务"APP、"爱广西"APP、政务服务微信公众号、政务服务微信小程序等服务。截至2019年年底，"广西政务"APP用户注册量已超过50万户，汇聚可办理事项超过40万项，基本实现"让数据多跑路，让企业、老百姓办事少跑腿，甚至不跑腿"。

近年来,在国家的大力支持下,广西加快建设中国—东盟信息港。中国—东盟信息港,是建设中国—东盟命运共同体和21世纪海上丝绸之路的重要举措和标志性工程,由中国和东盟各国共同建设,以深化互联互通、加强信息合作为基本内容,形成以广西为支点的中国和东盟信息枢纽,推动互联网经贸服务、人文交流和技术合作,发展更广范围、更宽领域、更深层次的互联网经济,携手共筑"信息丝绸之路"。

2015年9月,中国—东盟信息港建设在中国—东盟博览会开幕式上宣布启动。2016年4月,经国务院同意,国家发展改革委、中央网信办、外交部、工业和信息化部、商务部等5部门联合印发《中国—东盟信息港建设方案》,中国—东盟信息港建设拉开序幕。至2017年年底,面向东盟的北斗导航与位置公共服务平台完成一期建设,数据覆盖越南、老挝和柬埔寨东盟3国。中国—东盟技术转移协作网络建成,成员已超过2 000家,覆盖国内主要省市和东盟各国,成为我国各领域先进技术和产品向东盟输出的重要渠道。广西电子口岸公共服务平台、南宁市跨境贸易电子商务综合服务平台的开通,推动进出口贸易高速增长。至2018年,信息港南宁核心基地等一批立足广西、面向东盟的重点工程相继落地,中越、中老、中缅等跨境陆缆和亚太2号等国际海缆为中国与东盟国家搭起了高速信息通道。截至2019年年底,中国—东盟信息港已建成或投入运营的项目有30多个,如广西电子政务云计算中心、中国东盟新型智慧城市协同创新中心,华为、浪潮、阿里、腾讯等入驻核心基地。正在推进建设的项目40多个。

总之,经过多年的建设,基本形成区内综合交通网络主骨架,建成通往周边省份和东盟国家的快速运输通道,沿海内河现代化港口群初具规模,区域性国际航空枢纽基本建成,拥有国内、国际信息交流的平台,表明西南出海大通道进一步完善,出海、出边国际大通道初步建成。可以预见,把广西建设成海、陆、空运输发达,各种运输方式全面发展、互相衔接的现代化综合立体国际大通道、大枢纽为时不远。

二、八桂经济新发展概述

中华人民共和国成立以来,广西经济发展硕果累累。其一,综合实力实现历史性跨越。1950年广西生产总值只有9.4亿元,1978年为75.85亿元。改革开放以来,广西生产总值总量连续迈上新台阶,2018年广西生产总值总量达到20 352多亿元,人均生产总值达到41 489元;财政收入方面,1950年为0.67亿元,2018年为2 790亿多元。其二,经济结构发生历史性变革。1950年,广西三次产业结构比例为72.3∶16.5∶11.2,1993年为28.7∶36.8∶34.5,2018年为14.8∶39.7∶45.5,为"三二一"结构,第三产业成为拉动经济增长的第一动力;1978年,三次产业就业人员的构成比例为80.4∶10.5∶9.1,2018年发展为49.3∶17.3∶33.4,第三产业成为扩大就业的主要领域。改革开放后,国有、集体、个体、外资、合资、私营等多种经济成分互补共营、和谐共赢的发展新格局,使经济发展的活力进一步增强。

(一)农业经济的发展

长期以来,广西农业以种植业为主,农业生产单一化。改革开放以后,尤其是20纪80年代后期以来,广西在稳定粮食生产的同时,因地制宜,积极发展多种经营,大搞农业综合开发,推动生产全面发展,农业产业结构逐步得到调整并趋于合理。种植业在农业总产值中的比重明显下降,而畜牧业、渔业的比重则明显上升,农、林、牧、渔业结构由单一的种植业为主向种养相结合结构发展，广西农业总产值构成如表5-6所示。从表5-6中可以看出。进入21世纪，自治区党委、政府认真贯彻党中央一系列三农惠农政策，积极适应经济发展新常态，立足当前、着眼长远，坚持农业、农村优先发展，实施乡村振兴战略，经济结构发生了深刻变化，全区农业经济发展成就显著，农业综合实力明显提高。2017年广西农、林、牧、渔业总产值达4 742.8亿元，比1958年增加4 724.2亿元。

表5-6　广西农业总产值构成

农业产业结构分类	1978年	1998年	2003年	2006年	2017年
种植业	80.1%	50.4%	48.6%	49.8%	53.7%
林业	4.9%	3.9%	5.2%	4.9%	7.3%
畜牧业	13.9%	36.4%	33.3%	33.3%	24.0%
水产业	1.1%	9.3%	11.2%	8.4%	10.6%

注：2003年、2006年、2017年农林牧渔服务业的数据未列入。

1. 种植业

广西种植的农作物分为粮食作物、经济作物、水果和蔬菜。

粮食作物：广西种植的粮食作物主要有稻谷、玉米、大豆、薯类四大类，其中，稻谷、玉米种植的面积最大，产量共占粮食总产量的96%。稻谷主要种植在以湘桂铁路为界的东部地区，如玉林市、贵港市、贺州市、梧州市及柳州市、南宁市、桂林市、来宾市、钦州市部分县市。该地区灌溉条件好，水田比重大。广西主要的粮源基地分布在东部地区。玉米也是广西种植的主要粮食作物，人能食，又可作饲料用，种植面积仅次于稻谷，主要在桂西地区种植，如河池市、崇左市、百色市、来宾市。大豆分黄豆、青豆、黑豆、褐豆，广西以黄豆、青豆种植为主，主要分布在桂中及桂西山区，以南宁市、来宾市、崇左市、百色市、河池市种植最多。薯类包括红薯、芋头及马铃薯，尤以种植红薯普遍。红薯耐旱不怕地瘠，适应性强，在全区各地旱地及坡地种植。桂东南和沿海地区马铃薯种植面积不断扩大。

由于农业生产条件有了明显改善，农民的生产积极性已经调动起来，尤其是改革开放以来，通过实施"星火计划"，广西种植产量高、质量好、适应强性的优质品种，粮食生产单位面积产量大幅度提高，粮食作物总产量稳定增加，至1997年，达到1 669万吨，人均有粮360多千克，全区实现了粮食基本自给。2018年，全区粮食作物种植面积达2 802 100公顷，总产量达1 373万吨。广西粮食作物总产量如表5-7所示。

表5-7　广西粮食作物总产量

年份	粮食总产量/万吨
1950年	432.0
1978年	1 082.0
1990年	1 403.0
1999年	1 722.0
2007年	1 396.6
2019年	1 332.0

广西大力发展优质稻，推广超级稻。重视发展再生稻（灌阳），试种海水稻（北海），

保护野生稻（隆安等），科学发展"富硒米"（贵港等）。形成一些特色品种，如东兰墨米、靖西香糯、环江黑糯、忻城糯玉米、东兴"红姑娘"红薯、横州甜玉米、象州红米、贵港东津细米、上林大米、南丹巴平米、荔浦芋等。全区各地从实际出发，因地制宜，已先后总结创立具有广西地方特色的10大稻渔综合种养新模式。一些地方创新发展稻田艺术，提升稻旅融合效益。推广新的耕作技术如"三免"技术（水稻免耕抛秧、玉米免耕栽培、马铃薯免耕栽培三项技术）、"三避"技术（避大雨暴雨、避高温暴晒、避低温霜冻）、粉垄深耕技术，推广科学节水灌溉的方法等。

〇2019年获得产粮大县（区）奖励的县（区）名单：武鸣区、宾阳县、横县、临桂区、全州县、藤县、岑溪市、合浦县、钦北区、灵山县、浦北县、港南区、覃塘区、平南县、桂平市、容县、陆川县、博白县、兴业县、北流市、靖西市、宜州区、兴宾区。

经济作物：广西经济作物种类较多，其中以种植甘蔗、花生（油料作物）、木薯、蚕桑、茶等为主。

甘蔗是广西优势经济作物，多年来，年种植面积在1 000 000公顷左右，年糖料蔗总产量稳定在7 000万吨左右。其中2011年种植面积达到1 091 600公顷，2019年为892 300公顷；2011年糖料蔗总产量为7 269.96万吨，2019年为7 491.1万吨。糖料蔗种植面积、糖料蔗总产量及蔗糖产量连续多年排名全国第一。甘蔗成为八桂土地上的"糖罐子"。一些县市区通过种植甘蔗，财政收入大增，农民的"钱袋子"也鼓了起来。崇左市江州区就是靠种植甘蔗脱贫发展起来，其人均产蔗、产蔗糖居全国首位。

甘蔗是热带性经济作物，生长所需热量和水较多。北回归线横穿广西中南部，这里气候湿热，红色土壤富含甜蔗生长所需的多种矿物质，甘蔗生长环境得天独厚。左右江流域、邕江—郁浔江流域、红水河流域、柳江流域、南部沿海区是广西甘蔗种植主要分布区。

花生是广西重要的油料经济作物，是广西民众食用油的基本原料。广西气温高，作物生长周期长，宜种花生的沙壤土和沙土面积广。2019年广西花生种植面积达218 400公顷，总产量67.23万吨。

木薯是一种重要经济作物，用途广泛。除加工成干片、淀粉外，还可进行深加工，提高产品的科技含量和附加值。木薯是生物质能源的重要材料，种植前景不错。目前，南宁市、崇左市、钦州市、北海市等种植木薯，经济效益渐现。2018年广西木薯种植面积182 260公顷，产量达166.67万吨。

茶是广西种植的重要经济作物。三江侗族自治县、昭平县、凌云县、乐业县、灵山县、西林县、苍梧县、融水苗族自治县、横州市、金秀瑶族自治县是我区10个生态产茶大县（市）。"一花二黑三红四绿"茶产业（茉莉花茶、六堡茶、红茶、绿茶）初成。一批"桂"字号茶叶公用品牌确立。凌云县白毫茶久负盛名，乾隆时成为贡品，全国21个优良茶品种之一。该县是全国创建的无公害茶叶生产示范基地。八桂凌云牌白毫茶、浪伏牌有机茶有一定知名度。昭平县积极加快茶叶地理标志产品申报，昭平茶、昭平绿、昭平红、昭平银杉茶成为地理标志产品，将军峰茶、象棋山茶、亿健有机茶是当地茶企的特色品牌。苍梧县六堡茶名闻海内外。改革开放40多年来，横州市的茉莉花茶享誉全国，该市茉莉花茶加工量占全国一半，被命名为"中国茉莉花之乡"，西南地区最大的茶叶交易市场就在该市。茉莉花茶香飘国内外，财源滚滚来，品牌价值近2百亿元。南宁市、崇左市部分县区种植苦丁茶也获得了较好的经济效益。茶产业开发茶叶药物、保健品、功能食品、化妆品等深加工新产品，重点培育了富硒茶，并延伸茶产业链条，拓展茶园观光和休闲功能。

水果与蔬菜：广西属亚热带季风气候，种植亚热带、热带水果条件优越。加上重技术、重品种、重改良，水果种植得到很大发展。2019年园林水果面积1 332 000公顷，园林水果产量达2 147.4万吨，已经形成了一批水果生产基地，如容县、平乐、宜州、融水等沙田柚基地，博白、武鸣、大新、贵港、灵山等龙眼基地，南宁、防城港、钦州等菠萝基地，右江河谷（田阳区、田东县、右江区）杧果基地（全国最大杧果生产基地），灵山、北流、桂平、藤县、合浦等荔枝基地，南宁、浦北、灵山、崇左等香蕉基地，阳朔、融安、柳江、富川、恭城、灌阳等柑橘、橙基地。其中，传统大宗水果荔枝、龙眼、杧果、香蕉、菠萝、沙田柚产量继续保持全国前列的地位。白果（兴安、灵川）、月柿（恭城、平乐）、板栗（隆安、东兰）、核桃（河池、百色）、南方梨（灌阳）、夏熟葡萄（兴安）、两熟葡萄（南宁）生产基地初步形成，并开始在全国崭露头角。时令水果如桂北、桂中地区种植的桃、李、杨梅、枇杷、枣，桂南地区如南宁、钦州、北海、防城港等生产的火龙果、番石榴、阳桃、青枣等已有一定的生产规模，市场前景看好。新品种砂糖橘（荔浦市、西林县、永福县等）、沃柑（武鸣区等）、百香果（北流市等）等种植面积不断增加。总之，水果的种植在广西农业经济中占有举足轻重的地位，水果生产已成为不少县的经济支柱产业和当地群众脱贫致富的主要门路。各地正抓住中国—东盟自由贸易区建成升级的历史机遇，选准互补优势品种，壮大生产企业，发展规模化经营，培育水果品牌，提高我区水果竞争力。

发展蔬菜业，大力种植蔬菜，是广西调整农业结构的结果。2019年广西蔬菜播种面积1 485 150公顷，总产量3 636.36万吨。初步形成四大蔬菜产业带：北部湾、右江流域、湘桂通道、西江流域。要利用调减的农作物土地，秋冬闲田，种植有市场需求潜力的蔬菜品种，扩大优质蔬菜品种种植面积，发展优质蔬菜产品。特别是要针对北方市场的季节空档，根据各地的资源状况，通过调整蔬菜品种和种植期，抓好秋冬菜种植，做到秋菜上市延期，冬菜上市提前，满足北方市场的需求，以进一步提高种菜的经济效益，让蔬菜业成为农村城郊百姓的"钱袋子"。如，桂北、桂东、桂东南、桂中要继续注重秋菜的生产，桂东南、桂南、右江河谷、桂西、桂北、桂中继续巩固冬菜的种植。据统计，2019年，广西秋冬菜种植面积约957 000公顷，秋冬蔬菜产量达2 201万吨，占全国"南菜北运"主产区（广东、广西、海南、云南）秋冬菜种植面积的近一半，秋冬菜种植面积和产量均居全国第一，广西已成为"南菜北运"基地和"西菜东运"基地及粤港澳大湾区优质"菜篮子"。继续培育夏秋反季节蔬菜，如，贺州、梧州、河池栽种白菜、茄瓜、菜豆等，玉林南部、钦州、北海种植辣椒、萝卜、胡萝卜等，防城港生产芥菜、菜心、黄瓜等。同时，蔬菜生产进一步规模化，推广无公害生产，进行商品化处理，走品牌营销策略，实行产供销一条龙服务。广西右江河谷一带、桂中武宣及宾阳一带、南宁市区及横州市一带、贺州八步一带、玉林市、北海市、资源县等有成功的做法和经验。南宁、右江河谷、玉林、贺州八步、北海、横州市等已成为广西"南菜北运"的重要基地。

为带动农民增加收入，引导农业追赶高科技，树立广西农业现代化成功典型，广西陆续在全区投入巨资建设十大农业示范园区，收到较好效果。百色、北海国家农业科技示范园建设起到了引领作用，玉林海峡两岸农业合作试验区、钦州钦南台湾农民创业园、贺州海峡两岸青年农业创业园等国家级平台的建设，增加了农业发展活力。

○2019年百色蔬菜种植面积11.73万公顷，产量达到291.23万吨。这些蔬菜以外调为主,大白菜、西红柿、青椒、菜心、四季豆等多是当年10月至次年4月上市。目前百色已经形成三大蔬菜种植区:一是右江河谷秋冬菜种植区,包括右江区、田阳、田东、平果四县市区,涌现田阳小番茄、田东甜椒、右江区福禄大肉芥菜、平果霸王花等品牌;二是北部土山绿叶蔬菜及多年生蔬菜种植区,以绿叶类蔬菜为主,商品菜以八渡笋、生姜为主要特色产品,田林八渡笋、西林生姜成为产业化程度比较高,具有国际市场竞争力的名特优蔬菜品种;三是南部石山区蔬菜种植区,包括德保、靖西、那坡3县,出现了靖西大肉姜、德保指天椒等地方名牌产品。为了方便蔬菜外销,2013年12月11日,百色一号果蔬专列开通。近年来又借助淘宝、京东、苏宁易购、一号店、微店等大型电商平台进行线上促销,效果明显。

○广西十大农业示范园区:南宁心圩镇(133.4公顷)的南宁现代农业科技示范园;田阳百育镇(566.95公顷)的右江河谷现代农业实验区、钦州尖山及兴港镇(480.24公顷)的沿海现代农业实验区、来宾凤凰镇(600.3公顷)的桂中现代农业实验区、宜州矮山乡(53.36公顷)的桂西北现代农业实验区、贵港根竹(566.95公顷)的贵港现代农业实验区、桂林雁山(80.04公顷)的桂林现代农业科技示范园、玉林名山及城西(66.7公顷)的玉林现代农业科技示范园、苍梧大坡镇(133.4公顷)的梧州现代农业科技示范园、贺州仁义镇(76.705公顷)的贺州现代农业科技示范园。

食用菌被誉为21世纪的健康食品。近年来,由于原食用菌强省栽培原料资源短缺、种植成本上升,我国食用菌产业出现"北移西扩"的发展趋势。广西喀斯特地貌、亚热带气候和丰富的桑枝、蔗渣资源为食用菌生产准备了最佳天然条件。为做强、做大食用菌产业,21世纪初,自治区政府把发展食用菌产业列为自治区重点支持的农业新兴优势产业之一,由自治区农业厅组织实施。多年来,陆续引进、选育和推广一批名特优新品种。蘑菇"二次发酵"栽培、反季节栽培和代用料栽培等一项项新技术得到迅速推广,"蚕粪—蘑菇—桑园""桑枝—香菇、木耳种植"等多种生态栽培模式不断创新。引进扩建了数十家食用菌加工销售企业,年综合加工能力得到提高,推动了全区食用菌产业化发展。各地涌现了一批菇菌生产专业村和专业大户。阳朔县阳朔峒村采用山涧水浸润培育出的香菇不用化肥、农药,香气沁人,味道鲜美,全村年产香菇量和产值双增,村民盖上了"香菇楼"。横州市栽培食用菌面积扩大,产量、产值增加。全州县绍水镇蘑菇质好价高,菇农效益明显。广西食用菌生产已初步形成桂中桂东南蘑菇种植区、桂北桂西北香菇种植区、桂西木耳种植区、城市城郊珍稀菇种植区等产业带。2019年,全区食用菌行业从业人口33万多人,从事食用菌菌种生产经营的单位(大户)300多家。食用菌总产量达到128.6万多吨,产值达115.3亿元。红椎菌、金福菇、秀珍菇、茯苓/猪苓、毛木耳、竹荪、双孢蘑菇及灵芝8个品种产量排名全国居前,其中红椎菌和金福菇产量排名全国第一。涌现出横州双孢蘑菇、宜州桑枝秀珍菇、贺州黑木耳等一批"桂菌"区域品牌,"谊人牌"桑枝秀珍菇、"仙回牌"黑木耳等多个产品通过了"三品一标""富硒农产品"认证认定,浦北红椎菌、田林灵芝获得国家地理标志保护。

2. 林业

在历史上,广西曾有丰富的森林资源。但因乱砍滥伐、毁林开荒及山林火灾,所剩林木不多。中华人民共和国建立初期,广西森林面积少,森林覆盖率仅8.2%,成为缺林少材的省区。20世纪70年代以来,广西大力开展人工造林、飞播造林、封山育林,林业迅速发展。

"十一五"至"十三五"时期,是广西林业发展较快的时期。截至2019年年底,广西森林覆盖率由2005年的52.7%提高至62.45%,森林总面积达2.226亿亩(其中人工林面积1.2亿亩)。桂北、桂东、桂西北三大林区地位得到巩固,桂东南、桂南林区茁壮成长。

我区大力培育优质森林资源。深入实施珠江防护林、沿海防护林、退耕还林、石漠化综合治理、造林补贴5个国家重点造林工程。全力实施"绿满八桂"造林绿化工程和"美丽广西·生态乡村"村屯绿化专项活动、林业"金山银山"工程三个综合性工程。扎实抓好森林抚育补贴、公益林提质增效、通道森林景观改造提升三个森林经营项目。加快建设国家储备林基地、全国亚热带珍贵树种培育基地和特色经济林三大基地。大力加强森林资源保护。建成全区和县域林地"一张图",利用遥感技术首次建立"天地空一体"森林资源监测,全面加强林地保护管理,停止天然林商业性采伐,完成古树名木数据录入14万多株。

科学有序推进林种结构调整工作已取得成效,经济林木自改革开放以来迅速发展,2011—2020年,我区规划建设9个千百万亩特色经济林基地:一是在柳州、百色、河池、贺州、桂林、梧州等地建设千万亩油茶基地;二是在十万大山、六万大山、大瑶山、大明山、金钟山等区域建设百万亩八角基地;三是在玉林、梧州、贵港、崇左等地建设百万亩肉桂基地;四是在百色、河池等地建设百万亩油桐基地;五是在河池、百色、桂林和南宁等地建设百万亩板栗基地;六是在河池、百色等地建设百万亩核桃基地;七是在贺州、来宾、南宁、梧州、贵港、百色、柳州、桂林和崇左等地建设百万亩茶叶基地;八是在百色、南宁、柳州、桂林、玉林、贵港和来宾等地建设百万亩笋材两用竹基地;九是因地制宜建设四个百万亩热带水果基地,都取得良好效果。八个经济林加工"百亿元产业",即油茶产品加工、八角产品加工、肉桂产品加工、油桐产品加工、板栗产品加工、核桃产品加工、木本药材加工、鲜果产品加工有了一定规模。

特色林产品产量占比在全国地位保持稳定。八角、松香及其深加工产品占世界贸易总量的50%以上,茴油、玉桂、桂油、栲胶产量占全国的90%以上。八角、茴油、玉桂、桂油、松香、木衣架等特色林产品产量稳居全国第一位。此外,人工林面积、经济林面积、速丰林(速生丰产用材林)面积和年木材产量均居全国第一位。

以林浆纸一体化、木材深加工、林产化工、特色经济林、森林旅游等优势产业为主体的现代林业产业体系得到巩固,并取得明显的经济效益。全区造纸与木材加工业产值增加,截至2020年底,产值达到2 900亿元,构成广西林业经济大支柱。林下经济从小到大,发展面积超过333.5公顷,惠及林农超过1 500万人,森林旅游异军突起,接待游客大幅增加。依托国有林场、自然保护区和森林公园的森林旅游总经营面积已超过50万公顷,年均接待游客超过100万人次,已成为林业新的经济增长点。如,十万大山、姑婆山、大桂山、八角寨、龙胜温泉、良凤江、石门、大明山等地的森林旅游资源得到开发,森林康养基地在一些地方建立起来。2020年,广西林业总产值超过7 500亿元。

3. 畜牧业

广西地处亚热带,山地丘陵面积广大,雨水丰富,发展畜牧业有良好的条件。其中,桂西山区草坡、草场多,产量高,气候温和,水源充足,牧草常长,牲畜越冬方便,是广西食草牲畜的主产区。东部地区种植粮食作物水稻多,粮食丰富,稻谷皮糠能为家畜、家禽提供饲料,是广西猪、禽的主产区。它们生产的禽畜已成为广西重要的出口物资,畅销港澳及东南亚。

据有关资料显示，1978年广西生猪存栏为1 246万头，出栏650.6万头，人均猪肉占有量仅10.7千克；1985年广西生猪存栏为1 435万头，出栏693.43万头，人均猪肉占有量仅15.6千克；2017年广西生猪存栏为2 293.69万头，出栏3 355.06万头，人均猪肉占有量达52.2千克；2019年广西生猪存栏为1 599.6万头，出栏2 505.8万头，有所下降。2017年猪、牛、羊禽肉类产量407.2万吨，猪肉产量254.9万吨，禽肉产量134万吨。2019年猪、牛、羊禽肉类产量370.8万吨，猪肉产量192.1万吨，禽肉产量162.9万吨；牛奶产量8.7万吨，有所下降；牛肉产量12.4万吨，羊肉3.4万吨，禽蛋产量25.1万吨，均平稳增长。

广西积极打造优质家畜产业集群。重点发展生猪、肉牛肉羊、奶水牛等产业，引导产业向资源环境承载力强的地区转移。大力开发巴马香猪、环江香猪、陆川猪、德保猪、隆林黑猪等地方特色品种。推进肉牛"北繁南育"和饲草料"南草北运"，实施国家粮改饲项目。提升屠宰行业工艺机械化、自动化水平，推进集中屠宰、分拣、冷链配送和生鲜上市。引进培育龙头企业，推动发展畜产品精深加工业。振兴广西奶业，扶持高端奶制品精深加工，做大、做强水牛奶品牌，打造南方奶业强区。广西水牛存栏、水牛奶产量、水牛肉产量居全国第一。2019年广西存栏水牛225万头，奶水牛存栏4.42万头，能繁母牛2.69万头，水牛奶产量2.76万吨；有主要从事水牛奶加工企业十多家，产品特色鲜明。

桂林、南宁、武宣、来宾、北流、河池、上思、灵山等奶牛基地建设取得了较好效益。牛羊产业助推了脱贫攻坚，都安瑶族自治县"贷牛还牛""贷羊还羊"产业扶贫模式，带动数万贫困人口脱贫，成为全国学习的典范。

同时，提升打造优质家禽产业集群。发展优质黄羽肉鸡、禽蛋等产业。开发利用三黄鸡、麻鸡、乌鸡等地方优良品种，打造了"广西三黄鸡"等区域公用品牌。扶持创建国家肉鸡核心育种场，打造全国最大的优质禽苗供应基地。大力推广林下养殖、果园养殖等种养融合模式。推进优质禽产品加工，打造面向东南亚的清真食品，打造海鸭蛋等特色品牌。

4. 水产业

广西有众多的江河、星罗棋布的山塘水库和池塘，有利于淡水水产业的发展。改革开放以来，全区淡水产品产量大幅度提高，2019年达到142.7万吨。稳定发展稻田养鱼和草鱼、鲢鱼、罗非鱼的养殖。如浦北官垌草鱼、三江稻田鲤鱼。推广名特优品种如中华鳖、毛蟹、本地塘角鱼、罗氏沼虾、彭泽鲫的养殖。同时抓好江河水产资源保护繁殖工作，坚决制止急功近利的捕捞做法，恢复江河的生态平衡。

海水水产业是广西水产业的重头戏，2019年海水产品产量197.7万吨。由于广西沿岸浅海和滩涂广阔，可供养殖海产品种面积多，利用浅海、滩涂搞好海水养殖潜力巨大。沿海地区加大依靠科技，利用海水搞养殖的力度，创新养殖方法（沿海滩涂养殖、深水抗风浪网箱养殖、陆基工厂化养殖、海洋牧场人工鱼礁养殖），发展对虾、青蟹、珍珠、文蛤、牡蛎、鲍鱼、海水名贵鱼类、中华鳖等养殖品种，提高了海水养殖在海水水产业的比重。近江牡蛎（即大蚝）产量居全国第一。同时，合理利用北部湾优良渔场的资源，海洋捕捞注重依靠科技，更新捕捞设备，捕捞地或转向深海、外海和远洋，减轻近海捕捞强度，并在一定时节实行休渔禁令，防止海洋水产资源的衰竭，海水水产业得到持续发展。

广西水产畜牧业发展过程中，涌现出了一批龙头企业。有以下几个。

广西扬翔股份有限公司（以下简称"扬翔股份"），成立于1998年，是农业产业化国家重点龙头企业，旗下有数十家分、子公司，员工5 000余名。公司主营猪产业，拥有自养猪和服务养猪两大板块，是集种猪、肉猪、猪精、猪饲料、养猪设备为一体的全产业链科技型农牧企业，致力于打造"基因+产品+服务+互联网"服务赋能养猪业的全产业链生态平台。2017年扬翔股份生猪出栏量150多万头。扬翔股份大力发展"公司+基地+农户（农场）"的合同肉猪代养共享经济模式，这一共享经济模式已成为公司持续发展猪产业，解决土地、环保、成本等问题的有效模式。2019年公司营业收入65.7亿元。

广西凉亭禽业集团有限公司，是一家以禽业为主，多元发展的省级农业产业化重点龙头企业。集团总部位于广西北流市，占地面积66.7公顷，建筑面积28.3万平方米，在区内、外设有分支机构，拥有员工数千人，采取"科技+公司+基地+农户"发展模式。

百洋产业投资集团股份有限公司，成立于2000年，2010年实现股份制改制，集团总部位于南宁市，是一家集水产科技研发、水产种苗选育、水产养殖、水产技术服务及水产饲料、水产食品、水产生物制品、水产即食菜品、美容保健品的生产、加工、出口和国内贸易于一体的农业产业化国家重点龙头企业，具备完整的水产产业链。目前下辖广西南宁百洋食品有限公司、北海钦国冷冻食品有限公司、广东雨嘉水产食品有限公司、湛江佳洋食品有限公司、广东百维生物科技有限公司、广西嘉盈生物科技有限公司、百洋饲料公司、桂平百洋渔业公司、平果百洋渔业公司等20多家全资子公司、控股公司和养殖基地。集团创立以来，始终坚持可持续发展经营原则，致力建设水产循环经济，发展绿色生态产业。集团拥有具备国际先进水平的水产食品。2019年营业收入31.3亿元。

桂林市力源粮油食品集团有限公司，成立于1953年，位于桂林市中山北路122号，是一家集粮食收购储藏、粮油饲料生产经营、禽畜养殖服务及农、畜产品经销于一体的大型农、工、科、贸企业。目前，集团拥有粮油食品、粮油饲料、家禽养殖、种禽育种、生物科技5大支柱产业，共24家生产经营企业。集团被认定为农业产业化国家重点龙头企业，被评为"全国粮食系统先进集体""中国饲料工业百强企业"和"广西企业50强"等。2019年营业收入191.8亿元。

皇氏集团股份有限公司，成立于2001年5月，公司主营液态乳制品的生产、加工、销售以及与此产业关联的奶牛养殖、牧草种植业务，主要产品是以水牛奶、黑白花牛奶为主要原料的巴氏杀菌奶、水牛奶系列、特色果奶、酸奶等各类液态乳制品和乳饮料。短短十余年时间，皇氏集团成为享誉中国的水牛奶加工企业，荣获"农业产业化国家重点龙头企业""全国优秀乳品加工企业"称号。

广西桂柳牧业集团，总部位于山水甲天下的桂林，创立于20世纪80年代末，是一家鸡、鸭、鹅育种、种鸡、种鸭、种鹅养殖、孵化、销售，肉鸡、肉鸭、肉鹅、蛋鸭养殖、屠宰、深加工，饲料生产、销售，梅花鹿养殖及保健酒研发的国家级农业产业化重点龙头企业。集团旗下子公司、中外合资企业共80余家，业务分布在全国十几个省区。集团秉承"诚信、让利、发展"的合作理念，创业至今已超万名员工、2万多个商业合作伙伴。

广西玉林市参皇养殖集团有限公司，2000年成立。集团以"创优质产品，树百年大计"为宗旨，科技创新贯穿于创业成长过程。集团拳头产品"参皇鸡"，是在地方土种三黄鸡的基础上，采用现代生物制剂技术提取人参、天麻等20多种中草药的有效成分调配到饲料中喂养而成的新一代药物保健鸡。鸡放养于广西山高林密、草木长青的六万大山中，啄食天然虫草，饮用山涧清泉，放养期长达120多天（快大鸡只需60天左右）。食用中草药配方饲料并在空气清新、无污染环境中生长的参皇鸡，营养丰富、风味独特。集团率先为活鸡戴上防伪标识。2019年营业收入23亿元。

广西富丰集团有限公司，2019年营业收入20.4亿元；玉林双胞胎饲料有限公司，2019年营业收入10.2亿元。

由于龙头企业推动优势产品和产业集中度逐步提升，广西畜牧、水产养殖业初步构建起"四带四区"发展格局：以沿海三市为主的优势水产品养殖带，以桂西北为主的亚冷水性鱼类特色渔业养殖带，以桂东南为中心的生猪、优质鸡养殖带，以桂西北为主的草食畜禽养殖带；以北部湾经济区为主的罗非鱼养殖区，以河池、百色为主的大水面网箱高效生态养殖区，以南宁、钦州、贵港、崇左为主的龟鳖养殖区，以大中城市城郊为主的奶牛养殖区。

广西第一至第四批中国特色农产品优势区（18个，一、二、三批次共13个，2020年年底第四批次5个）：第一批，陆川县陆川猪中国特色农产品优势区、田东县百色杧果中国特色农产品优势区、永福县永福罗汉果中国特色农产品优势区；第二批，融安县融安金桔中国特色农产品优势区、玉州区玉林三黄鸡中国特色农产品优势区、河池市宜州桑蚕茧中国特色农产品优势区、钦南区钦州大蚝中国特色农产品优势区、平南县平南石硖龙眼中国特色农产品优势区；第三批，恭城瑶族自治县恭城月柿中国特色农产品优势区、苍梧县六堡茶中国特色农产品优势区、容县沙田柚中国特色农产品优势区、田阳县百色番茄中国特色农产品优势区、全州县全州禾花鱼中国特色农产品优势区；第四批，荔浦市荔浦砂糖橘中国特色农产品优势区、容县霞烟鸡中国特色农产品优势区、武鸣区武鸣沃柑中国特色农产品优势区、灵山县灵山荔枝中国特色农产品优势区、三江侗族自治县三江高山鲤鱼中国特色农产品优势区。

（二）工业经济的发展

中华人民共和国成立前，广西工业经济非常薄弱。仅梧州、柳州有零星的家庭作坊式的手工业、小规模的食品工业、轻纺工业，河池、百色等地有零星的采掘工业、冶炼工业。中华人民共和国成立后，尤其是改革开放以来，工业经济快速发展，已逐步改变工业落后的面貌，形成了门类比较齐全的工业体系，工业总产值1998年达1 727.68亿元，比1950年增长476倍。至2017年，全区工业总产值达2.71万亿元。随着区内投资规模迅速扩大，一大批项目纷纷完工，各门类工业生产能力不断提高，一批具有地方特色的工业支柱产业和优势产业及一批有特色的产品得以培育，工业总产值不断增加。

1. 以制糖为主的食品工业

制糖业是广西食品工业的最大行业。广西种蔗制糖历史悠久，有"蔗糖之乡"之称。中华人民共和国成立后，制糖业发展较快，改革开放以来，制糖业飞速发展，1980年产糖40万吨，1990年产糖138.64万吨，1992年产糖214.18万吨，1999年产糖397.5万吨，2011年产糖702万吨，2019年成品糖约792万吨；自1992年以来，食糖产量连续27年居全国第一位。贵糖榴花牌、柳州凤糖网山牌、南糖云鸥牌、来宾QT白砂糖名闻区内外。广西成为全国最大的糖业生产基地，制糖业成为广西经济的支柱产业、优势产业、主导产业及地方财政的主要财源。

2018—2019年蔗季期间，广西有制糖集团21家，糖厂共90家。贵糖（集团）股份有限公司（贵港市）是全国著名的制糖企业，其糖蔗综合利用率处于国内先进水平。南宁糖业股份有限公司（南宁市）股票已获上市，可谋求更大的发展。广西凤糖生化股份有限公司（柳州）的组建也产生了规模经济效益。广西洋浦南华糖业集团股份有限公司（南宁）

与崇左市的部分糖厂进行整合，取得良好效果。来宾市的糖厂以来宾迁江糖厂为核心组建了广西来宾迁江糖业集团，广西来宾东糖迁江有限公司在来宾市运营糖业效果不错。广西南宁东亚糖业集团属中外（泰国两仪糖业集团）合资企业，在崇左市各县市区有生产。广西湘桂糖业集团有限公司、英糖博庆公司、广西永鑫化糖集团有限公司（大新、合浦、来宾、都安等有生产公司）在广西各地与糖厂合作也不错。制糖企业战略重组，多种合作形式运营，共谋发展，把糖业做大、做强，有利于广西蔗糖业竞争力的提高，有利于蔗糖业持续稳定地发展。

制糖业除做好精制糖及深加工外，还充分依靠科技，做好综合利用，拉长产业链，拓宽产业带，提高了制糖业整体的经济效益和竞争力。如蔗渣制浆造纸、发电和化工综合利用，渣汁再生产变成食用醋、饮料醋；糖蜜综合利用，如利用糖蜜生产酵母、朗姆酒，或生产酒精、燃料乙醇、液肥等产品；蔗叶和蔗梢主要用于生物质发电、生产青饲料及养牛；利用滤泥（甘蔗汁澄清后的余物）提取蔗蜡、生产生物菌肥和生物肥等产品。

此外，广西的酿酒、饮料、副食、卷烟及其他食品业也有了长足进步。桂林三花酒、桂平乳泉酒、德保蛤蚧酒、全州湘山酒、桂林漓泉啤酒、南丹丹泉酒、罗城天龙泉酒、宜州德胜红兰酒、陆川茶花山矿泉水、巴马丽琅矿泉水、昭平茶、梧州双钱龟苓膏、梧州冰泉豆浆、玉林牛巴、桂林豆腐乳、天等指天椒酱、昭平黄姚豆豉、荔浦芋扣肉、桂林桂花糕、合浦大月饼、田东增年牌山茶油、巴马莫老爷牌山茶油等在区内外已有一定的知名度。容县以南方牌黑芝麻糊为主打的系列食品已深入千家万户。广西皇氏乳制品已有一定规模。南宁真龙系列卷烟和柳州甲天下系列卷烟也有一定的市场占有率，销路不错。另外，横州市的大头菜、荔浦芋头、贵港（覃塘）莲藕、巴马香猪、北海鱿鱼、钦州大蚝、柳州袋装螺蛳粉、桂平罗秀米粉、南宁香蕉、融安金橘、百色杧果、德保脐橙等食品也深受消费者喜爱。

湘山酒是全州地方特产，是小曲米香型白酒的代表之一，它选用本地优质大米为原料，选用特制的纯种根霉白曲为糖化发酵剂，经过传统的酿造工艺生产而出。湘山酒清亮透明、蜜香清雅、入口绵甜、回味怡畅，具有"饮后不口渴，醉也不上头"的优良品质。湘山酒的发展历史深远，史料记载，宋代一知府范成大撰写的《桂海虞衡·志酒》中写道："燕西有金兰山，汲其泉以酿。及来桂林而饮'瑞露'，乃尽酒之妙，声震湖广。则虽'金兰'之胜，未必能颉颃也。"比范成大稍后的周去非，在《岭南代答》中也记录了这里酿酒的状况："广右无酒禁，公私皆有美酝，以帅司瑞露为冠。风味蕴藉，似备道全，美之君子，声震湖广。"

"柳州螺蛳粉"产业：近年来，柳州市坚持用工业化的理念谋划和发展柳州螺蛳粉产业，推动"小米粉"发展为地方特色经济"大产业"，预包装柳州螺蛳粉从2015年销售收入5亿元，发展到2019年的62.56亿元，注册预包装企业数量从2014年的4家发展到2019年的80家，约25万个就业岗位遍布产业链各个环节。柳州螺蛳粉产业园、螺蛳粉小镇因此出现。2020年上半年，在疫情的影响下，柳州螺蛳粉逆势而上，实现销售收入近50亿元，产业出口美国、加拿大、澳大利亚、新加坡、新西兰等国。

2. 以铝为主的有色金属工业

有色金属产业是重要的基础原材料产业，产品种类多、应用领域广、产业关联度高，在经济建设、国防建设、社会发展及稳定就业等方面发挥着重要作用。广西是全国重点有色金属产区之一，有色金属资源丰富，其中，锡、锑、钨、铝、铅、锌等矿种探明储量在全国居重要位置，素有"有色金属之乡"的美誉。

改革开放以前，广西有色金属工业发展较慢。改革开放以来，有色金属工业迅速发展，并已走在全国前列，形成了以铅、锡、锌为主，兼锑、铟，包括地质勘探、设计施工、科研生产、教育等配套齐全的有色金属工业体系，是全国著名的有色金属工业基地。十种常用有色金属总产量，2018年达309.6万吨，初步形成了以百色市平果铝、银海铝、华银铝、信发铝为主的铝冶炼基地和以百色市为核心而辐射南宁、来宾、河池等地的铝材深加工基地，以来宾冶炼厂为中心的锡冶炼基地，以柳州为中心的锌冶炼基地，以河池市为中心的锑铅冶炼及加工基地。一批有色金属企业脱颖而出，如广西平果铝业公司、广西南丹南方有色金属有限公司、广西南南铝加工有限公司、广西信发铝电有限公司（靖西市）、广西华银铝业有限公司（德保县）、广西金川有色金属有限公司（防城港市）、广西南国铜业有限公司（扶绥县）、广西百矿铝业有限公司（百色市）、广西百色—锭棒铝业有限公司（田阳区）。还创立了一批名优产品畅销海内外市场，如广西南丹南方有色金属有限公司的NF牌铅锭，广西华锡集团（广西有色金属公司）的金海牌锡锭，柳州锌品股份有限公司的三角牌锌锭，南南铝业股份有限公司的南南牌高端铝材。

目前，把百色打造成全国乃至亚洲的生态铝工业基地，将河池打造成中国西部有色金属基地的工作顺利推进。另外，梧州利用地理位置优势和海外资源发展再生铜、铜冶炼及铜深加工项目已投产，项目采取高效、低耗、低污染的工艺装备，形成回收、拆解、分选、熔炼和深加工体系，提高资源综合利用能力。

3. 以工程机械为主的机械制造业

中华人民共和国成立前，广西机械工业十分落后，无独立的机械制造业。中华人民共和国成立后，在党和政府大力支持下，机械工业迅速发展，成长壮大。已形成以工程机械、电工电器、石化通用机械、农业机械和机床工具五个行业为主，以及仪器仪表、重矿机械、机械基础件、食品及包装机械、其他民用机械等行业在内的较为完整的产业体系。机械工业的产值不断增加。

在广西众多的机械工业企业中，产销较大，有竞争力的企业主要有玉柴机器股份有限公司、柳工机械股份有限公司、柳州五菱柳机动力有限公司、玉柴工程机械有限责任公司、桂林橡胶机械有限公司、桂林机床股份有限公司、南宁五菱桂花车辆有限公司、钦州力顺机械有限公司、桂林电力电容器有限责任公司、桂林国际电线电缆集团、北海银河生物产业投资股份有限公司等。广西机械工业企业的一些优势产品和名牌产品已有较高的市场占有率，畅销区内外，并大量出口。中国工程机械行业的领军企业柳工集团，其主要产品包括装载机、挖掘机和压路机、搅拌机等，其中，装载机销量居全国第一、世界第二。电工电器、石化通用机械、农业机械和机床工具等行业也拥有一些较具竞争优势的企业和产品，桂林橡胶机械有限公司硫化机销量位列全球第一，桂林机床股份有限公司生产的数控龙门系列、数控床身系列铣床等产品是国家重点支持的高科技新产品，南宁五菱桂花车辆有限公司、钦州力顺机械有限公司的产品畅销东南亚市场，玉柴生产的各种规格的柴油发动机是国内汽车、工程机械、农业机械的首选配套动力，车用柴油机连续多年产、销量居国内首位。玉柴机器在美国纽约主板上市。柳州欧维姆预应力机其技术全国领先，柳空压缩机的国内市场竞争力也较强。

以柳州为中心，依托广西柳工集团，辐射玉林、桂林，建设工程机械产业集群已建成。

桂林机床、桂林橡胶机械生产基地和桂林、柳州、北海电工电器生产基地初步形成。一批以名牌产品为核心、主导产品优势突出、拥有自主知识产权、核心竞争力强、在行业中有支撑和带动能力的大型企业集团建立。我区还充分利用作为中国—东盟自由贸易区门户的区位优势，扩大了农机产品、机床等价格优势突出、技术水平适用、东盟国家需求量较大的机械产品的出口量。

广西玉柴机器集团有限公司，前身是"玉林泉塘工业社"，成立于1951年，是一家以多元化产业经营为主导的大型现代化企业集团，拥有30多家全资、控股、参股子公司，员工2万多人，总资产365亿元。全系列车用国六发动机、全系列非道路国四发动机，以及军工发动机、特种车动力等，受人称赞。港珠澳大桥采用了玉柴集团生产的吊具，可单向起吊4 200吨。玉柴早在2006年颠覆传统工艺，率先应用3D打印技术，开启无模快速制造创新之路，引领发动机行业的绿色革命。

4. 以乘用车为主的汽车产业

广西生产汽车的历史始于20世纪60年代末。近20年来，尤其是"十五"至"十三五"时期，广西汽车工业得到了快速发展，目前已形成了包括载货车（重、中、轻、微型）、客车（大、中、轻、微型）、微型轿车、农用运输车、新能源车整车制造业，车用内燃机制造业，汽车零部件制造业等在内的较为完整的产业格局，成为广西工业最具实力、最具发展潜力的支柱产业。汽车产业的企业分布在柳州、南宁、桂林、梧州、北海、玉林、钦州、河池、百色、贵港、崇左、来宾、贺州13个市，主要企业集中在柳州、玉林、桂林、南宁4个市。2017年，广西汽车整车产量超过260万辆，汽车工业完成总产值2 841.99亿元。

柳州市是广西汽车工业的主要基地，有汽车整车及零部件生产企业数百家，从业人员数万人，2017年，汽车总产量253.5万辆，占中国汽车比重的8.7%，居全国第3位，汽车工业总产值约2 544亿元。主要企业有东风柳州汽车有限公司、中国一汽集团柳州特种汽车厂、中国重汽集团柳州运力专用汽车有限公司、广西汽车集团有限公司（简称广西汽车集团，原称五菱集团即柳州五菱汽车有限责任公司）等整车生产企业；另外还有柳州五菱专用汽车制造有限公司、柳州延龙汽车有限公司等专用车、改装车生产企业，其主要产品有自卸车、加油车、混凝土搅拌车、洒水车、半挂车、货柜车、冷藏车、保温车、旅游观光车、垃圾车等系列产品。整车制造业快速发展的同时，也带动了一批汽车零配件企业的发展，如广西方盛实业股份有限公司（柳州）、广西方鑫汽车科技有限公司（柳州）、柳州一阳科技股份有限公司、柳州利和排气控制系统有限公司、柳州双飞汽车电器配件制造有限公司、广西双英集团股份有限公司（柳州）。同时，柳州已培育出"五菱"（商用车）、"宝骏"（乘用车）、"乘龙"、"风行"等具有自主知识产权的全国知名品牌，成为我国五大汽车城之一、我国七大汽车生产示范基地之一，也是我国十二个国家汽车及零部件出口基地之一。柳州还有多家企业如广西汽车集团、上汽通用五菱、东风柳汽、柳州延龙汽车，顺应发展潮流，积极进军新能源汽车领域，生产新能源汽车，为柳州汽车产业未来的发展注入了新鲜血液。

玉林市与汽车有关的主要企业有广西玉柴机器集团有限公司，该公司是国内最大的中重吨位车用柴油发动机生产企业。围绕柴油机配套的有广西玉柴机器配件制造有限公司、广西福达机电制造有限公司、广西中环机械等企业，配套生产曲轴、动力转向油泵、汽车电机、连杆、活塞环等零部件。

桂林市主要有桂林客车工业集团公司，主要生产城市客车、旅游观光客车。该公司下属桂林大宇客车有限公司、桂林客车发展有限公司、桂林桂联客车工业有限公司，其中，桂林大宇客车有限公司是桂林客车工业集团公司与韩国大宇汽车公司的合资公司，拥有大宇客车品牌。

南宁市的专用车生产企业有南宁专用汽车厂、南方五菱桂花车辆有限公司，主要产品有垃圾车、垃圾转运站、吸粪车、洒水车、自卸车、混凝土搅拌车等系列产品。零部件生产主要企业南宁八菱汽车配件公司、南宁市汽车配件一厂等企业，主要产品有汽车散热器、油箱、汽车灯具等。近年来，南宁引进一批新能源汽车重大项目，打造集新能源汽车整车、零部件、充电设施于一体的新能源汽车城，如广西申龙汽车制造有限公司（南宁）生产的新能源公交车已投放市场使用。

贵港市作为广西近年来工业发展后起之秀，引进了华奥新能源汽车、腾骏汽车等新兴产业项目，计划成为广西第二汽车生产基地。目前，华奥公司生产的新能源公交车已在本市区行驶。

5. 以炼油为主的石油化工产业

中华人民共和国成立前，广西石油化学工业是一片空白。广西石油开采炼制始于1961年田东县的2个小油田。1984年田东县炼油厂正式投产，这是广西第一座正规炼油厂，生产汽油、柴油、煤油等。1990年6月，田东炼油厂开始生产液化气。至21世纪初，我区石化产业规模仍然偏小。广西石化产业发生大的发展变化是从"十一五"规划时期石化大项目在沿海建设开始的。

在钦州市，2006年12月底列入国家"十一五"炼油发展规划、建设规模为年产1 000万吨炼油能力、总投资约153亿元的中国石油广西石化千万吨炼油项目在广西钦州港经济开发区举行启动奠基仪式，2008年起该项目陆续投产，生产汽油、柴油等轻质油及液化石油气、聚丙烯等石化产品。同年，钦州泰兴石油化工有限公司工业白油及溶剂油项目，钦州桂金诺磷化工有限公司年产30万吨食品级磷酸技改扩建项目开工建设。2017年11月，总投资228亿元的华谊钦州化工新材料一体化基地一期开工建设。2019年3月总投资400多亿的华谊（上海）钦州化工新材料一体化二期项目敲定。同年，投资额较大的浙江桐昆绿色石化一体化产业基地项目（510亿元）、浙江恒逸高端绿色化工化纤一体化基地项目（450亿元）也落户钦州，部分子项目已开工建设。

在北海市，铁山港临海石化产业基地建设成绩斐然。落户基地的重要企业有中国石化北海炼化有限公司、广西北海和源石化有限公司、新鑫能源公司等。中石化北海炼化项目，2010年年初建设，2012年年底全面投产，原油加工能力年640万吨，主要化工产品有汽油、柴油、航空煤油、石脑油、聚丙烯、石焦油、高等级道路沥青、硫黄、液化石油气等。配套建设有广东湛江至铁山港原油管道工程、320万方原油商业储备基地、北海至南宁成品油管道工程。

此外，2010年，田东锦盛化工有限责任公司年产20万吨离子膜烧碱、年产20万吨聚氯乙烯项目，柳州化工集团有限公司年产20万吨离子膜烧碱、年产20万吨聚氯乙烯项目，桂林东方肥料有限公司年产60万吨高浓度尿基复合肥技改项目，梧州市联溢化工公司年产15万吨烧碱项目，还有南宁化工、明阳生化、柳州化学集团、鹿化公司等重大技改项目均建成投产。广西基本形成了北部湾沿海石油化工、桂中化肥化工、桂南氯碱及精细化工、桂北橡胶化工四大石油和化学工业基地，行业总体规模快速扩大，已形成炼油、化肥、农药、氯碱、橡胶、磷化工、林产化工等20多个行业的石油和化学工业体系，成为广西重要支柱产业之一。2019年，石油化工产业产值超过1 600亿元。

6. 以火电、水电为主的电力工业

广西电力工业开始于1909年。至1949年，广西仅有小型电站32座，总装机容量仅1.02万千瓦，年发电量只有2 700万千瓦时，人均用电仅1.5千瓦时。供电范围有限，农村几乎无法用上电。

中华人民共和国成立后，广西采取"水电为主，火电为辅，大中小并举"的电力建设方针，先后建成一批中小型水电站和火电站（厂），电力工业得到初步发展。改革开放以来，广西又集中力量加快开发"水电富矿"红水河梯级电站，多个大型水电站建成，一些火电站（厂）也扩建或新建完工，电力工业快速发展。至1998年年底，广西发电装机容量达610.56万千瓦（水电375.28万千瓦，火电235.28万千瓦），社会用电量达273.58亿千瓦时，发电装机容量和人均用量比1949年分别增长596.58倍和388倍。2011年，广西发电装机容量达2 690万千瓦（水电1 500万千瓦，火电1 185万千瓦，风电5万千瓦），发电量达1 057.4亿千瓦时（火电642亿千瓦时，水电415亿千瓦时，风电0.4亿千瓦时），社会用电量达1 112亿千瓦时。至2019年底，广西境内电厂发电装机容量达4 655万千瓦（火电2 300万千瓦，水电1 682万千瓦，核电217万千瓦，风电310万千瓦，光伏146万千瓦），全社会用电量1 907亿千瓦时。广西境内电厂发电量为1 827.47千瓦时，其中，火电完成发电量987.62千瓦时，水电完成发电量593.41千瓦时，核电完成发电量171.53千瓦时，风电完成发电量61.33千瓦时，光伏完成发电量13.58千瓦时。电力工业已成为广西基础产业和支柱产业，在广西经济建设和百姓生活中发挥重要作用。

与此同时，随着低中高压输电线路（35千伏、110千伏、220千伏、500千伏）和变电站的建成，区内电网覆盖全区，广西已实现乡镇100%通电，行政村95%以上通电，绝大部分农户用上电；并实现了与云南、贵州、广东的联网运行，形成了南方区域性大电网。广西成为"西电东送"的基地。

广西已建成的电站（厂）主要有郁江上的西津水电站、贺江上的合面狮（八步）和龟石（钟山）水电站、龙江上的拉浪等梯级电站（宜州）、融江上的麻石水电站（融水）、红水河上的天生桥一级水电站（隆林）、天生桥二级水电站（隆林）、岩滩水电站（大化）、大化水电站（大化）、百龙滩水电站（马山）、乐滩（忻城）水电站、龙滩水电站（天峨）、平班水电站（隆林）、桥巩水电站（来宾）、浔江上的长洲水电站一二期、右江上的百色水电站。建成的规模容量大的火电厂有合山火电厂（大唐集团）、田东火电厂、柳州火电厂、来宾火电厂（广西投资）、桂林火电厂（中国华能）、防城港火电厂（香港中电）、贵港火电厂（中国华电）、钦州火电厂（国开投）、百色火电厂、北海火电厂（国开投）、南宁火电厂（国家能源）。黔江上的大藤峡水电站左岸机组已运行发电，右岸机组在建。防城港红沙核电厂一期已于2015年建成运行，二期在建。

风电建设也快速推进。资源县金紫山风电一期工程于2011年9月建成发电，成为广西第一个投产的风电项目。此后，在全州县天湖、兴安县漠川、高尚、兴安镇等地，恭城瑶族自治县燕子山、龙胜县南山、灌阳县马头山、玉林大容山、富川龙头山、北海冠头岭等地建成了多个风电场。广西绿色能源电源建设步入快车道。根据风力资源调查显示，广西可开发风电装机容量在1 300万千瓦以上，前景乐观。

7. 以钢铁为主的冶金产业

中华人民共和国成立前，我区钢铁锰业十分落后。生铁产量少，采锰矿数万吨，没有锰矿加工业。我区钢铁工业始于1958年。改革开放前，钢铁工业生产能力有限。1982年后，钢铁业得到初步发展，产品种类规格增多。进入21世纪，冶金产品猛增，主要有生铁、铸造生铁、钢、中板、薄板、中小型材、线材、无缝管和焊接管等钢材，高炉锰铁、电炉锰铁、锰硅合金、硅铁、钒铁和电解金属锰等铁合金，化工锰粉、电池锰粉、碳酸锰粉、硫酸锰及电解二氧化锰等高新技术产品，一些产品如钢材、铁合金、硫酸锰还出口。经过多年发展，广西冶金已经形成钢铁、不锈钢、铁合金、锰等产业，拥有较为完备的产业链体系。钢铁锰业较有名的企业有柳钢集团（柳州本部、防城港基地、玉林基地博白龙潭）、盛隆冶金（防城港）、北海诚德、贵钢集团（贵港市）、贵丰特钢（贺州市）、梧州金海、桂林铁合金厂、八一铁合金厂（来宾市）、中信大锰公司（崇左市）、新振锰业（崇左市）、八一锰矿冶炼厂（来宾市）等。2019年钢锰冶金产业产值3 000多亿元。

柳钢集团，全称为广西柳州钢铁集团有限公司，具备铁1 400万吨、钢1 480万吨、钢材2 250万吨的年综合生产能力，集成了以用户需求为导向的低成本、高效率、洁净钢生产服务平台。主导产品为冷轧卷板、热轧卷板、中厚板、带肋钢筋、高速线材、圆棒材、中型材、不锈钢等，已形成60多个系列、500多个品种。品牌名柳钢。产品在满足华南，辐射华东、华中、西南市场的同时，还远销至东亚、南亚、欧洲、美洲、非洲等10多个国家和地区，广泛应用于汽车、家电、石油化工、机械制造、能源交通、船舶、桥梁建筑、金属制品、核电、电子仪表等行业。2018年，实现营业收入888亿元，年末资产总额达764亿元；利润103亿元，是广西首家年度利润超百亿的国企。

广西冶金产业正按照一核、三带、九基地总体布局来推进。一核指以防城港为广西冶金产业发展布局的核心；三带指以防城港—贵港—来宾—柳州为钢铁产业带，以防城港—北海—玉林—梧州为不锈钢产业带，以防城港—崇左—百色为锰产业带；九基地指防城港经济技术开发区综合性冶金基地、柳州钢铁基地（含来宾铁合金）、贵港钢铁基地、北海铁山港工业园不锈钢基地、玉林博白龙潭产业园不锈钢制品基地、梧州不锈钢供应基地、百色锰产业基地、崇左锰产业基地、贺州矿山装备铸造基地。

广西盛隆冶金有限公司始建于2003年，地处西部地区第一大港防城港，是由福建吴钢集团联合闽籍民营企业家在防城港市投资创办的股份制民营企业，是在西部大开发浪潮中由广西福建商会牵线引进的"百企入桂"重点项目。公司注册资金30亿元人民币。以含镍铬热轧带肋钢筋、热轧光圆钢筋的生产和销售为主。品牌名为桂万钢。2017年生产含镍钢坯、含镍铬低合金钢各超过500万吨。2019年实现营业收入360多亿元。2019年9月1日，2019中国制造业企业500强榜单发布，广西盛隆冶金有限公司名列第308位。2019年9月9日，广西壮族自治区工商联在南宁发布2019广西民营企业100强榜单，广西盛隆冶金有限公司排名第一；广西壮族自治区工商联在南宁发布2019广西民营企业制造业100强榜单，广西盛隆冶金有限公司排名第一。

广西北港新材料有限公司是由广西北部湾国际港务集团有限公司、广东佛山市诚德特钢有限公司联合组成的混合所有制企业，地处北海市铁山港临海工业园区。公司生产工艺和装备达到国内外同行业先进水平,目前已具备年产340万吨镍铬合金板坯、300万吨热轧板卷、120万吨固溶板卷、120万吨冷轧板卷的生产能力。2019年公司营业收入268亿元。

贵钢集团,全称广西贵港钢铁集团有限公司,前身为始建于1958年的贵县钢铁厂,2003年改制为一家集炼铁、炼钢、轧钢于一体的民营企业。集团现具备年产300万吨钢生产能力,主要产品为钢坯、热轧带肋钢筋、热轧光圆钢筋、盘圆、盘螺等。品牌名为桂宝。2019年营业收入189多亿元。

8. 前景广阔的建材业

广西有丰富的建筑材料,石灰石、重晶石(来宾市象州)、石膏(北海市合浦)、滑石(桂林市龙胜)、高岭土(北海市合浦)、膨润土(崇左市宁明)、大理石(贺州市等)、花岗岩(贺州市、岑溪市等)储量大、品位高,为建材业发展提供了物质基础。至今,广西建材业已拥有以水泥、水泥制品、建筑用玻璃、建筑卫生陶瓷、砖瓦为代表的非金属矿物制造业和以石灰石开采业、滑石采选业、建筑装饰用石开采业为代表的非金属矿物采选业等较完整的产业链,主要生产水泥、平板玻璃、石材、滑石、建筑卫生陶瓷和新型墙体材料等产品。

2008年建材业实现总产值351.5亿元,提供就业岗位超过35万个,是广西就业岗位最多的行业之一。高标号水泥、釉面砖、墙面砖、浮法平板玻璃、卫生陶瓷、水泥制品(压力管、排水管、电杆)、滑石制品、大理石及花岗岩板材、装饰材料等均有一定的生产规模,有些被认定为优质产品、名牌产品,畅销国内外市场。主要建材工业企业有生产水泥的华润水泥(贵港)有限公司、华润水泥(平南)有限公司、台泥(贵港)有限公司、扶绥新宁海螺水泥有限公司、鱼峰集团、华润水泥(南宁)有限公司、南宁汇鸿基水泥制品有限公司、河池广驰水泥有限公司、红河水泥股份公司(黎塘镇)等,生产玻璃的南宁浮法玻璃有限公司,生产人造大理石成品板和石材定制产品的广西利升石业有限公司(贺州市),生产重质碳酸钙超细粉的贺州德隆粉体有限公司。

9. 浆纸业

广西依托丰富的林、竹、蔗渣、桑枝等资源,积极引进企业和技术、资金,大力发展林浆纸一体化产业,初步形成了钦州、北海、梧州林浆纸产业群,柳州竹浆纸产业,桂南、桂中蔗渣浆纸产业和桑枝纸等包装纸产业群,涉及各类文化生活用纸及纸制品。

2019年,广西原生浆产量达220万吨,其中化学浆产量100万吨,化学机械木浆产量120万吨。机制纸及纸板产量323万吨(含白卡纸、生活用纸、文化用纸、特种纸、瓦楞原纸、纱管纸),蔗渣浆板产量13万吨,纸浆模塑制品产量3.5万吨。浆纸工业总产值286亿元。

广西主要大型产纸企业有北海斯道拉恩索纸业、钦州金桂林浆纸业、广西太阳纸业有限公司、广西宏瑞泰纸浆有限公司(文化用纸)、广西金荣纸业有限公司(瓦楞原纸)、梧州理文造纸、广西华劲集团等。生活用纸知名品牌有清帕、卡西雅(南宁市佳达纸业有限公司)、婉庭、天力丰(广西天力丰生态材料有限公司)、纯点(广西广业贵糖糖业集团有限公司)、节节高(南宁香兰纸业有限公司)。擦手纸品牌有广西横县江南纸业有限公司的桂纤、爽手,高档包装用纸品牌有金蝶兰、帝王松、富桂等。

10. 木材加工业

广西是全国林业产业大省区,木材加工产业发展迅速,2019年,木材加工产业产值达2 335亿元，直接就业人数约26万人。人造板行业是木材加工工业的核心产业，截至2020年年中，全区有规模以上人造板生产企业1 680多家，生产胶合板、纤维板、刨花板、指接板和细木工板等，另有板式家具制造企业50多家。广西木材加工企业主要集中在南宁、贵港、柳州、玉林、钦州等市。重要的企业有广西丰林集团、国旭集团、祥盛公司、华劲集团、贵港裕泓木业、贵港业成木业等，"高林""丰林""三威"品牌纤维板以产量大、质量优而享誉全国。

此外，林产化工业也稳定发展。广西万山香料有限公司、广西六万山生物科技有限公司、广西梧州松脂股份有限公司、广西梧州日成化工有限公司是全国知名的林化企业。林化产品得到应用，松脂深加工产品（歧化松香、松油醇等）广泛用于胶黏剂、油墨、涂料、合成橡胶、表面活性剂、食品、医药、电子等工业领域，八角系列产品（干果、茴香精、茴香醇、莽草酸等）在食用调味、医药、精细化工中得到应用，肉桂系列产品（肉桂醛、肉桂醇、桂酸乙酯等）应用于香料及其医药中间体。天峨县天泉桐油加工厂是全国最大的桐油籽加工企业，其生产的桐油达国标二级，产品远销俄罗斯、日本、美国和东南亚各国。木竹制品业也亮点突出，桂林、柳州、百色成为广西特色木竹制品生产基地，荔浦市木竹衣架生产厂家多、产量大，产值超百亿元，衣架生产总量和出口量约占全国同类产品的50%左右。

2020年中国最具价值品牌500强广西上榜企业：玉柴，573亿元，排100名，广西玉柴机械集团有限公司；漓泉啤酒，209亿，排305名，燕京（漓泉）股份有限公司；五菱，207亿，排309名，上汽通用五菱汽车股份有限公司；新宝骏，162亿元，排359名，上汽通用五菱汽车股份有限公司；三金，104亿，排393名，桂林三金药业股份有限公司。

（三）生机盎然的旅游业

旅游业是利用风景名胜、文物古迹、风土民情等旅游资源和各种旅游设施，为满足游人各种不同旅游目的而提供服务的一个独特的社会经济部门，有"无烟工厂"之称，是朝阳产业。广西旅游资源极丰富，旅游业是最符合广西区情、最富有广西特色、最能充分利用广西资源、最能吸引人气的一大优势产业和特色经济。

改革开放以来，广西加快发展旅游业，旅游业已初具规模。进入21世纪，广西旅游业发展迅速。2006年，自治区党委和政府提出了建设旅游强区的目标，实施广西旅游业发展十一五规划，随着广西旅游业发展"十一五"规划、"十二五"规划、"十三五"规划的落实，重大旅游项目的建设，特色旅游名县（镇、村）的建设，旅游业发展成绩斐然。

第一，确定了构建"一个旅游龙头、两大国际旅游集散地、三大国际旅游目的地、四条旅游发展带、一批特色旅游名县和旅游产业集聚区"的发展框架或格局。一个旅游龙头即桂林旅游的龙头带动作用（定位提升、范围扩大、内涵拓展）；两大国际旅游集散地指南宁、桂林两大国际旅游集散地；三大国际旅游目的地指打造桂林国际旅游胜地、北部湾国际旅游度假区、巴马长寿养生国际旅游区；四条旅游发展带即重点建设"桂林—柳州—来宾—南宁—北海、钦州、防城港"南北旅游发展带，"梧州、贺州—贵港、玉林—柳州、来宾—南宁—崇左、百色、河池"东西（西江）旅游发展带，培育推进"防城港—崇左—百色"边关风情旅游发展带，"广州—贺州—桂林—贵阳"粤桂黔旅游发展带。

第二，旅游规模实现显著增长。据统计，2019年全区接待国内外游客共8.76亿人次，同比增长28.2%，实现旅游总消费10 241.44亿元，同比增长34.4%。其中，接待国内游客

8.70 亿人次，同比增长 28.4%；国内旅游消费 9 998.82 亿元，同比增长 34.5；接待入境过夜游客 623.96 万人次，同比增长 11.0%，国际旅游（外汇）消费 35.11 亿美元，同比增长 26.4%。

第三，旅游产业体系全面完善。截至 2019 年年底，A 级景区总数达到 557 家，星级以上酒店 403 家，旅行社总数接近 1 000 家。

第四，旅游景区实现提档升级效果明显。截至 2019 年年底，景区创级数量不断增加，557 家 A 级景区中，5A 级景区有 7 家，即桂林漓江景区、桂林乐满地景区、桂林独秀峰·王城景区、南宁青秀山风景旅游区、桂林两江四湖·象山景区、德天瀑布景区，4A 级景区 247 家，3A 级景区 290 家，2A 级景区 13 家。百色起义纪念园景区，于 2020 年年初正式获评国家 5A 级旅游景区。2021 年初，北海市涠洲岛南湾鳄鱼山景区获评国家 5A 级旅游景区。国家级重点风景名胜区 3 处，即桂林漓江风景名胜区（含桂林市、阳朔县、兴安县等）、桂平西山风景名胜区、花山风景名胜区（含宁明、龙州、江州、大新、凭祥等县区）。国家级旅游度假区除北海银滩旅游度假区外，桂林阳朔遇龙河旅游度假区被评升为国家级旅游度假区。国家级水利风景区建设也有进展，至 2017 年共建成北海市洪潮江水利风景区、百色市澄碧河水利风景区、南宁大王滩水利风景区、南宁天雹水库水利风景区、德保鉴河水利风景区、鹿寨县月岛湖水利风景区、柳城县融江河谷水利风景区、南丹县地下大峡谷水利风景区、象州县象江水利风景区、靖西龙潭鹅泉水利风景区、河池市都安澄江水利风景区、桂林灵渠水利风景区、隆林万峰湖水利风景区 13 个国家级水利风景区。国家全域旅游示范区创建取得新成果，阳朔县、金秀瑶族自治县、兴安县、融水苗族自治县、东兴市成为国家全域旅游示范区。

自治区级旅游度假区（13 家）：北海涠洲岛旅游度假区、防城港江山半岛旅游度假区、金秀山水瑶城旅游度假区、桂林桃花江旅游度假区、上林壮韵线城旅游度假区、大新明仕旅游度假区、桂林猫儿山旅游度假区、贺州黄姚旅游度假区、玉林大容山旅游度假区、河池宜州下枧河旅游度假区、巴马盘阳河旅游度假区、桂平西山泉旅游度假区、梧州市石表山旅游度假区。

德保鉴河国家水利风景区：该景区位于德保县境内鉴河流域，风景区西起鉴河源头都安乡三合村三合水电站，东至城关镇那龙水电站下游流域段，东西贯长 23.3 千米，总面积约 4.8 平方千米，总投资 2.08 亿元。该景区是以鉴河流域喀斯特自然生态景观以及丰富多彩的壮乡民俗特色风情为背景，以鉴河曲折蜿蜒的优美造型，丰富多样的河道空间变化，以及世外桃源般的田园美景为特色，集休闲度假、游览观景、民俗体验、水上活动、自然保护与科普教育于一体的具有区域特色的综合型水利风景区。

第五，地县市积极发展旅游业，争创优秀旅游城市和特色旅游名县，部分成为行业示范。如，桂林市、南宁市、北海市、柳州市、玉林市、梧州市、钦州市、百色市、贺州市、桂平市、凭祥市等获中国优秀旅游城市称号。兴安县、阳朔县、资源县、龙胜各族自治县、荔浦市、容县、东兴市获广西优秀旅游城市称号。此外，通过 6 个批次，计有阳朔、兴安、东兴、龙胜、金秀、凭祥、上林、钦南区、容县、大新、巴马、三江、宜州区、桂平、昭平、荔浦、涠洲岛旅游区、靖西、融水、蒙山、龙州、合浦、资源、雁山区、北流、马山、乐业、灵川、恭城、邕宁区、鹿寨、凌云 32 个市县区等评定为广西特色旅游名县。

第六，随着旅游业的发展，广西旅游产品由单一的观光产品向观光、度假、休闲、文化

（历史、民族、红色文化）和专项、特色产品相结合的多类产品发展，并适时推出重要旅游线路，争创旅游名牌旅游精品，例如，近年来优化形成的山水观光、休闲度假、健康养生、边境跨国、民族文化、乡村旅游、绿色生态、红色旅游、历史文化、会展商务十大旅游产品，铸就的桂林山水、滨海度假、长寿养生、边关揽胜、民族风情、红色福地六大旅游品牌，整合优化培育桂林山水文化体验游、北部湾休闲度假跨国游、巴马长寿养生休闲游、中越边关风情游、桂西北少数民族风情游、左右江红色之旅、环大瑶山历史文化生态游、桂东岭南风光及文化之旅、海上丝绸之路邮轮游精品线路。

第七，住、食、购、娱、行等各项服务和机构也得到迅速发展。比如旅游酒店，截至2019年年底，全区共有星级酒店473家，其中五星级12家，即桂林喜来登饭店、桂林帝苑大酒店、北海香格里拉大酒店、桂林漓江大瀑布饭店、柳州饭店、广西沃顿国际大酒店（南宁市）、白海豚国际酒店（永福县）、广西红林大酒店（南宁市）、阳朔碧莲江景大酒店、柳州丽笙酒店、金秀盘王谷深航假日酒店、桂林香格里拉大酒店，四星级共111家，三星级共276家，二星级共74家。购物方面，满足不同层次人们购物需要的数个商业中心在南宁逐步形成，如朝阳商业圈、金湖商业圈、航洋华润商业圈、华南城商业圈。

（四）非公有制经济的进一步发展

改革开放以来，我区个体、私营等各种形式的非公有制经济得到较快发展，对广西的经济建设发展作出了重要贡献。

民营经济总量不断增加，企业数量稳步增长。据统计，截至2019年6月底，广西共有个体工商户199.8万户，共有注册资金1 992.03亿元，从业人员461.6万人。私营企业69.77万户，注册资本35 978.8亿元，从业人员已达504.92万人。农民专业合作社5.68万户，出资总额902.06万元，成员总数47.93万个。2020年，广西全区私营企业有84.15万户，个体工商户有276.68万户，分别比2013年增长180.87%、104.8%。

企业规模逐步壮大。2018年广西民营企业百强，营业收入额达3 633.1亿元，比2017年提高了398.7亿元；户均36.33亿元，比2017年提高了3.99亿元。2019年百强民营企业总营业收达到4 224.52亿元，比2018年增长16.3%。以广西盛隆冶金有限公司为例，2018年营业收入达230.17亿元，蝉联广西民营企业榜首。2019年该企业营业收入增加到360.34亿元，再次名列第一。2018年列入广西民营企业百强的最低营业收入是8.6亿元，2019年列入广西民营企业百强的最低营业收入是9.8亿元，入围总量提高了。

企业创新驱动发展加速。2018年广西民营企业百强中，研发人员占比在10%以上的企业有35家，超过30%以上的企业3家，分别是象翌微链（53%）、三创科技（30%）、三诺数字（30%）。

此外，企业加快了"走出去"步伐。2018年百强民企中，以对外直接投资为主的走出去企业增加到34家，以产品和服务为主的走出去的企业增到26家，以对外工程承包为主的走出去企业增到16家，开展对外劳务合作的企业增到6家。同时，民营企业对营商环境满意度提高，市场环境、政务环境、法治环境均有进一步改善，增强了民企投资信心。

但是，与经济发达地区相比，广西民营经济高质量发展仍存在数量少、规模小、核心竞争力不足、管理方式粗放、市场份额偏低的问题，同时，也受到优惠政策落实不到位、融资难、融资贵，竞争环境不够规范等方面的影响，这些都是迫切需要解决的问题。

1. 2020年广西民营企业50强

2020年广西民营企业50强如表5-8所示。

表5-8 2020年广西民营企业50强

排名	企业名称	地域	行业	营收/万元
1	广西盛隆冶金有限公司	防城港市	黑色金属冶炼和压延工业	3 603 360
2	广西南丹南方有色金属有限公司	河池市	黑色金属冶炼和压延工业	2 326 317
3	桂林力源粮油食品集团有限公司	桂林市	农副食品加工业	1 984 531
4	广西贵港钢铁集团有限公司	贵港市	黑色金属冶炼和压延工业	1 893 454
5	广西区机电设备有限责任公司	南宁市	其他服务业	1 593 234
6	广西柳州医药股份有限公司	柳州市	批发业	1 485 683
7	广西洋浦南华糖业集团股份有限公司	南宁市	农副食品加工业	1 110 253
8	桂林彰泰实业集团有限公司	桂林市	房地产业	1 097 836
9	广西信发铝电有限公司	百色市	有色金属冶炼和压延工业	1 006 872
10	强荣控股集团有限公司	南宁市	建筑安装业	997 332
11	广西裕华建设集团有限公司	钦州市	房屋建筑业	950 215
12	广西裕达控股集团有限公司	南宁市	房地产业	908 349
13	广西平铝集团有限公司	百色市	金属制品业	834 404
14	广西渤海农业发展有限公司	北海市	农副食品加工业	834 000
15	广西贵港建设集团有限公司	贵港市	房屋建筑业	737 264
16	广西方盛实业股份有限公司	柳州市	汽车制造业	681 574
17	南宁市政工程集团有限公司	南宁市	房屋建筑业	626 460
18	广西湘桂糖业集团有限公司	南宁市	农副食品加工业	613 107
19	广西扬翔股份有限公司	贵港市	畜牧业	591 396
20	广西大业建设集团有限公司	玉林市	房屋建筑业	533 589
21	广西华业投资集团有限公司	防城港市	综合	527 402
22	广西中鼎文华实业集团有限公司	南宁市	房地产业	521 378
23	广西城建建设集团有限公司	玉林市	房屋建筑业	506 463
24	广西云天实业集团有限公司	南宁市	房地产业	480 644
25	广西鑫坚农业有限公司	南宁市	渔业	454 659
26	南方黑芝麻集团股份有限公司	玉林市	食品制造业	447 563
27	桂林国际电线电缆集团有限责任公司	桂林市	电气机械和器材制造业	430 147
28	广西松宇企业投资集团有限公司	南宁市	金属制品、机械和设备修理业	411 982
29	桂林建安建设集团有限公司	桂林市	房屋建筑业	411 322
30	广西盛天投资集团有限公司	南宁市	房地产业	403 805

续表

排名	企业名称	地域	行业	营收/万元
31	广西贺州市恒信废旧金属回收有限公司	贺州市	废弃资源综合利用业	377 337
32	贺州市兆鑫五金制品有限公司	贺州市	黑色金属冶炼和压延工业	371 584
33	福达控股集团有限公司	桂林市	汽车制造业	360 575
34	润建股份有限公司	南宁市	软件和信息技术服务业	360 146
35	广西威壮投资集团有限公司	南宁市	房地产业	353 100
36	广西登高集团有限公司	百色市	其他制造业	351 118
37	广西东糖投资有限公司	来宾市	食品制造业	350 750
38	广西南城百货有限责任公司	南宁市	零售业	337 532
39	广西博世科环保科技股份有限公司	南宁市	生态保护和环境治理	324 360
40	广西荣和企业集团有限责任公司	南宁市	房地产业	322 155
41	广西盛丰建设集团有限公司	桂林市	房屋建筑业	284 863
42	百洋产业投资集团股份有限公司	南宁市	农副食品加工业	284 413
43	广西三创科技有限公司	北海市	计算机、通信和其他电子设备制造业	272 210
44	广西参皇养殖集团有限公司	玉林市	畜牧业	256 705
45	皇氏集团股份有限公司	南宁市	食品制造业	249 564
46	防城港澳加粮油工业有限公司	防城港市	食品制造业	246 997
47	广西桂川建设集团有限公司	玉林市	房屋建筑业	244 720
48	广西江川资产管理有限公司	南宁市	房地产业	237 846
49	广西田东锦鑫化工有限公司	百色市	有色金属冶炼和压延工业	230 919
50	柳州利和排气控制系统有限公司	柳州市	汽车制造业	229 420

2. 2020年广西民营企业制造业50强

2020年广西民营企业制造业50强如表5-9所示。

表5-9　2020年广西民营企业制造业50强

排名	企业名称	地域	行业	营收/万元
1	广西盛隆冶金有限公司	防城港市	黑色金属冶炼和压延工业	3 603 360
2	广西南丹南方金属有限公司	河池市	有色金属冶炼和压延工业	2 326 317
3	桂林力源粮油食品集团有限公司	桂林市	农副食品加工业	1 984 531
4	广西贵港钢铁集团有限公司	贵港市	黑色金属冶炼和压延工业	1 893 454
5	广西洋浦南华糖业集团股份有限公司	南宁市	农副食品加工业	1 110 253
6	广西信发铝电有限公司	百色市	有色金属冶炼和压延工业	1 006 872
7	广西平铝集团有限公司	百色市	金属制品业	834 404

续表

排名	企业名称	地域	行业	营收/万元
8	广西渤海农业发展有限公司	北海市	农副食品加工业	834 000
9	广西方盛实业股份有限公司	柳州市	汽车制造业	681 574
10	广西湘桂糖业集团有限公司	南宁市	农副食品加工业	613 107
11	南方黑芝麻集团股份有限公司	玉林市	食品制造业	447 563
12	桂林国际电线电缆集团有限责任公司	桂林市	电气机械和器材制造业	430 147
13	广西松宇企业投资集团有限公司	南宁市	金属制品、机械和设备修理业	411 982
14	广西贺州市恒信废旧金属回收有限公司	贺州市	黑色金属冶炼和压延工业	377 337
15	贺州市兆鑫五金制品有限公司	贺州市	黑色金属冶炼和压延工业	371 584
16	福达控股集团有限公司	桂林市	汽车制造业	360 575
17	广西登高集团有限公司	百色市	其他制造业	351 118
18	广西东糖投资有限公司	南宁市	食品制造业	350 750
19	百洋产业投资集团股份有限公司	南宁市	农副食品加工业	284 413
20	广西三创科技有限公司	北海市	计算机、通信和其他电子设备制造业	272 210
21	皇氏集团股份有限公司	南宁市	食品制造业	249 564
22	防城港澳加粮油工业有限公司	防城港市	食品制造业	246 997
23	广西田东锦鑫化工有限公司	百色市	有色金属冶炼和压延工业	230 919
24	柳州利和排气控制系统有限公司	柳州市	汽车制造业	229 420
25	广西纵览线缆集团有限公司	南宁市	电气机械和器材制造业	204 086
26	柳州市双飞汽车电器配件制造有限公司	柳州市	汽车制造业	198 845
27	广西北海和源石化有限公司	北海市	石油、煤炭及其他燃料加工业	198 402
28	广西双英集团股份有限公司	柳州市	汽车制造业	194 374
29	广西丰林木业集团股份有限公司	南宁市	木材加工和木、竹、藤、棕、草制品业	194 272
30	广西丹泉酒业有限公司	河池市	酒、饮料和精制茶制造业	185 828
31	桂林三金集团股份有限公司	桂林市	医药制造业	180 712
32	广西玲珑轮胎有限公司	柳州市	橡胶和塑料制品业	170 318
33	柳州市龙昌再生资源回收有限责任公司	柳州市	废弃资源综合利用业	164 588
34	广西田东锦盛化工有限公司	百色市	化学原料和化学制品制造业	158 831
35	广西方鑫汽车科技有限公司	柳州市	汽车制造业	153 901
36	广西贵丰特钢有限公司	贺州市	黑色金属冶炼和压延加工业	150 028

续表

排名	企业名称	地域	行业	营收/万元
37	广西三诺数字科技有限公司	北海市	计算机、通信和其他电子设备制造业	141 508
38	广西三环企业集团股份有限公司	玉林市	其他制造业	135 119
39	广西新振锰业集团有限公司	崇左市	黑色金属冶炼和压延工业	121 127
40	广西金茂钛业有限公司	梧州市	化学原料和化学制品制造业	117 665
41	华劲集团股份有限公司	南宁市	造纸和纸制品业	116 953
42	广西佳信企业投资集团有限公司	南宁市	橡胶和塑料制品业	116 178
43	广西百色—锭棒铝业有限公司	百色市	有色金属冶炼和压延加工业	114 406
44	广西申龙汽车制造有限公司	南宁市	汽车制造业	106 378
45	贵港市裕泓木业有限公司	贵港市	木材加工和木、竹、藤、棕、草制品业	105 962
46	贵港市业成木业有限公司	贵港市	木材加工和木、竹、藤、棕、草制品业	105 369
47	钦州天恒石化有限公司	钦州市	石油、煤炭及其他燃料加工业	105 157
48	梧州神冠蛋白肠衣有限公司	梧州市	食品制造业	100 263
49	广西华著树脂有限公司	贺州市	化学原料和化学制品制造业	98 865
50	柳州一阳科技股份有限公司	柳州市	汽车制造业	98 056

3. 2020广西最具竞争力民营企业（15家）

1）广西南丹南方金属有限公司，河池市，铅锌冶炼产量全国行业前三。

2）广西洋浦南华糖业集团股份有限公司，南宁市，制糖全国行业前三。

3）皇氏集团股份有限公司，南宁市，水牛奶生产销售国内排名第一。

4）梧州神冠蛋白肠衣有限公司，梧州市，国内最大胶原蛋白肠衣生产企业。

5）广西田园生化股份有限公司，南宁市，农药制剂全国位列第二，获全国科技进步二等奖。

6）南宁汉和生物科技股份有限公司，南宁市，中国生物刺激素生产技术先进制造商，中国最大的液体肥生产销售商，广西最大水溶肥料、微生物菌剂生产销售商。

7）柳州科路测量仪器有限责任公司，柳州市，铁路专用计量器具类产品占据国内市场额60%以上，创新水平和研发能力处于行业领先水平。

8）桂林智神信息技术股份有限公司，桂林市，照相机、手机的云台稳定器及其配件的研发，技术水平国际领先，市场占有率40%，行业排名第一。

9）桂林光隆科技集团股份有限公司，桂林市，激光半导体、激光芯片及芯片相关产品，隔离器芯片技术工艺达到国内领先水平，隔离器产品全球行业排名前三。

10）桂林思奇通信设备有限公司，桂林市，微波通信设备，国内宽带发射机设计市场占有率超过50%，全国科技进步二等奖。

11）桂林市啄木鸟医疗器械有限公司，桂林市，口腔医疗器械，主导产品市场占有

70%以上份额，创汇额度在国内口腔医疗行业排名第一。

12）广西新未来信息产业股份有限公司，北海市，压敏电阻芯片生产商行业排第三。

13）北海石基信息技术有限公司，北海市，在中国星级饭店信息系统市场占有率25%，四星级以上市占有率40%，五星级以上占有率80%。

14）广西利升石业有限公司，贺州市，全国最大的人造大理石成品板和石材定制产品生产企业，石材定制产品销售额排名同行业领先。

15）广西新振锰业集团有限公司，崇左市，电解锰行业全国排名前三。

4. 2020广西最具潜力民营企业（16家）

1）广西盛隆冶金有限公司，防城港市，国内首次利用红土镍矿作为原料冶炼含镍铬高强抗震耐腐蚀系列钢筋，其耐腐蚀性能优于普碳钢2倍以上。

2）广西博世科环保科技股份有限公司，南宁市，申请专利377件，其中发明专利160件；拥有授权专利213件，其中发明专利34件。获全国科技进步二等奖。

3）福达控股集团股份有限公司，桂林市，汽车曲轴、船用曲轴生产技术达到国内先进水平。

4）广西华银医学检验所有限公司，南宁市，具有全球第一的远程病理图像传输诊断系统，完全自主知识产权，国内首个将远程病理应用于常规诊断的服务平台。申请专利21件，其中发明专利5件；拥有授权专利15件。

5）南宁市迈越软件有限责任公司，南宁市，拥有12项权利，其中1项实用新型专利，2项发明专利；25项软件著作权。承担省级科技项目共30多项。

6）广西真诚农业有限公司，南宁市，拥有葡萄苗快速繁殖、组培、育种核心技术。申请专利13件，其中发明专利13件；拥有授权专利19件，其中发明专利10件。

7）广西尚食科技有限公司，南宁市，公司独立研发的小程序"群接龙"是群消费场景的应用产品创新。目前，累计用户7 000万以上，日访问次数3 000万以上，日活跃用户350万以上，日MV播放量400万次以上。

8）联科华技术股份有限公司，南宁市，以科学领域最前沿的单原子催化技术为核心进行的研发、生产及应用推广，现已制备出200种以上的单原子催化剂，组织编制全国首个单原子企业标准，申请国家发明专利5项。

9）广西七色珠光材料股份有限公司，柳州市，全球合成云母技术的领军企业，是国家工信部工业强基工程人工合成云母项目唯一承担单位，具有多项核心发明专利技术。申请专利32件，其中发明专利32件。

10）广西易德科技有限责任公司，柳州市，生产汽车空调系统、微通道液冷热管理系统、冷藏冷链；拥有国家专利11件，其中发明专利1件；特斯拉微通道液冷热管理系统具有全球唯一性；西南最大智能冷链生产基地。

11）柳州市金元机械制造有限公司，柳州市，生产汽车配件、液压器械、五金工具、金属材料；拥有国家授权专利45件，其中发明专利13件；自治区级工程技术研究中心、工业设计中心、企业技术中心。

12）广西清鹿新材料科技有限责任公司，柳州市，生产特种石墨、石墨烯、活性炭；拥有国家授权专利1件，其中发明专利1件；广西唯一一个生产低成本二维石墨烯的科技企业。

13）桂林海威科技股份有限公司，桂林市，生产智能交通、轨道交通、智能显示、城市照明、教育照明、智慧系统；拥有国家授权专利96件，其中发明专利7件；国家知识产权优势企业、高新技术企业、自治区技术创新示范企业。

14）桂林星辰科技股份有限公司，桂林市，主营伺服控制、伺服电机、电磁兼容、消隙控制、装备智能化控制，公司变桨伺服系统在全国国产变桨伺服系统占有率在60%以上。

15）北海星石碳材料科技有限责任公司，北海市，核心产品为超级电容材料活性炭，是中国超级电容产业联盟制定的《有机体系超级电容器用椰壳基活性炭》团标主要起草牵头单位，《超级电容器电极用多孔炭规范》标准起草单位之一。

16）广西天山电子股份有限公司，钦州市，生产LCD液晶显示屏、LCM模组、TFT模组和背光模组；拥有国家授权专利33项，其中发明专利4项，实用新型专利29项；行业排广西第1；国家级高新技术企业、自治区级研发中心。

三、"两区一带"区域发展战略的实施

2009年，《国务院关于进一步促进广西经济社会发展的若干意见》中提出，将广西划分为北部湾经济区、西江经济带和桂西资源富集区三类区域，明确了广西通过实施"两区一带"的区域发展总体布局，实现区域互动、协调发展的新思路，为广西区域协调发展指明了方向，对推动广西科学发展、和谐发展、跨越发展具有重要战略意义。通过实施"两区一带"的区域发展总体布局，实现区域互动、协调发展，把广西打造成区域性现代商贸物流基地、先进制造业基地、特色农业基地和信息交流中心，构筑国际区域经济合作新高地，成为中国沿海经济发展新一极。

广西北部湾经济区位于北部湾顶端的中心位置，主要包括南宁市、北海市、钦州市、防城港市所辖区域范围，同时，包括玉林市、崇左市的交通和物流。土地面积4.25万平方千米，海岸线长1628.6千米，人口1250多万人。北部湾经济区地处中国西南、华南、东盟三大经济圈结合部，地处中国—东盟自贸区、泛北部湾经济合作、大湄公河次区域经济合作、中越"两廊一圈"、泛珠三角合作区、西南六省（区、市）协作等多区域合作的交汇点，南拥北部湾，背靠大西南，东连珠三角，面向东南亚，西南与越南接壤，是中国沿海与东盟国家进行陆上交往的枢纽，是促进中国与东盟全面合作的重要桥梁和基地，区位优势明显，战略地位突出，发展潜力巨大。

广西北部湾经济区是我国西部大开发地区唯一的沿海区域，岸线、土地、淡水、海洋、农林、旅游等资源丰富，环境容量较大，生态系统优良，人口承载力较高，开发密度较低，发展潜力较大，是我国沿海地区规划布局新的现代化港口群、产业群和建设高质量宜居城市的重要区域。

根据"两区一带"的发展思路，北部湾经济区成立以来，我区高起点优先发展北部湾经济区，开放开发取得了显著成效。

一是现代产业体系快速兴起，产业规模不断壮大。从2008年起，自治区每年安排北部湾经济区发展专项资金，加快重大项目布局，如钦州的中石油千万吨炼油一二期、金桂林浆纸一二期、恒逸钦州高端绿色化工化纤一体化基地、钦州华谊石化、北海的中石化炼油、中国电子、诚德新材料、斯道拉恩索纸业、信义玻璃、太阳纸业、胜宝钢铁、惠科电子一期项目、川桂绿色化工园，防城港的柳州钢铁基地、金川有色、红沙核电、嘉里粮油、生态铝工

业基地、敬业集团（钢铁）、南宁的富士康、亚马逊电子商务、百威、瑞声科技光学南宁产业园、浪潮项目等一批重大产业项目，规划建设了10多个重点产业园区。经过多年的不懈努力，经济区临港工业从无到有，从小到大，产业不断加快集聚，逐步迈向中高端，向海经济发展势头正在加快，形成了以电子信息、石油化工、冶金、新材料、现代装备制造产业、粮油食品等为主的现代临海工业体系。截至2018年年底，已有3家园区产值（贸易额）过千亿元大关。随着国家新一轮全方位开放格局的形成，北部湾经济区正充分把握西部陆海新通道、粤港澳大湾区等战略机遇，通过"强首府、一体化"战略，打造一批产业发展示范区，加快构建现代产业体系，推动园区高质量发展。

二是经济实力显著增强，成为广西发展龙头。从2006年发展至今，广西北部湾经济区（六市）综合实力显著增强，主要经济指标成倍增长，增速全面领跑全区，占全区比重不断提高。2018年，北部湾经济区实现地区生产总值9 861亿元，约占全区的48%。2006—2018年间，北部湾经济区地区生产总值增长近4倍，年均增速14.1%，财政收入增长5倍，固定资产投资增长10倍，进出口总额增长11倍；北部湾港货物吞吐量超2.4亿吨，增长了近4倍，集装箱吞吐量超290万标箱，增长了近13倍，呈现出质和量齐头并进的势头。2019年，广西北部湾经济区生产总值达到10 305.85亿元，增长6.4%，约占全区的48.43%。

三是沿海港口加速崛起，向海发展能力明显增强。整合沿海三港，在服务水平、集疏运能力、管理体制改革等方面取得长足进步，整合后的北部湾港快速崛起为亿吨大港。目前，已实现与世界100多个国家和地区、200多个港口通航，已开通渝桂、川桂、滇桂、黔桂、陇桂5条海铁联运线路，成为我国西南、中南地区重要的出海口和我国对东盟海上贸易的重要口岸。2019年6月底，钦州铁路集装箱中心站正式建成运营，打通了西部陆海新通道海铁联运"最后一公里"，极大提升了服务新通道能力。2020年4月中旬，连接铁山港公共码头和玉铁铁路的北海铁山港进港铁路专用线也正式开通，进一步强化了北部湾辐射玉林等桂东南城市以及湖南、湖北等地区的物流能力。

泛北部湾经济合作取得务实成果。中马钦州产业园区和马中关丹产业园区、中国—印尼经贸合作区、中泰（崇左）产业园、中泰（玉林）国际旅游文化产业园等一批国际产业合作园区加快建设。

西江经济带是一个区域经济板块的概念，包括广西以及广东、云南、贵州的部分地区，其中广西占整个经济带80%的面积。按照《广西西江经济带发展总体规划（2010—2030年）》，广西境内的西江经济带地区包括西江沿江南宁、柳州、梧州、贵港、来宾、百色、崇左7个地级市，土地面积为13.09平方千米，人口达2 522万人。西江经济带是我国西南地区重要的出海大通道，也是华南、中南地区与东盟国家陆路交通的必经之地。西江经济带面向珠江三角洲，背靠西南腹地，交通运输便利，工业基础较好。打造西江经济带，不仅有利于发挥西江黄金水道的水运优势，促进粤港澳产业转移，也有利于促进大西南的资源开发，发挥我国东中西的互补优势，有利于打造我区沿江新兴的加工制造业基地、现代农业示范基地、区域性航运物流中心。

打造西江经济带，要加快西江黄金水道开发，打造亿吨黄金水道，提高通航能力，形成铁路、公路、水路相互衔接、优势互补的综合交通运输体系，有效降低综合物流成本，为产业拓展、提升、集聚提供强有力的支撑。以区域内重点城市为节点，以产业园区为载体，分工明确、优势明显、协作配套的产业带初步形成。柳州加大产业结构调整力度，做优做强汽车、机械、冶金、化工等产业，建设先进制造业基地。来宾提升糖蔗综合加工利用水平，积极发展铝、锰深加工，培育壮大新兴资源加工型产业。梧州、玉林、贵港、贺州等地加快与珠江三角洲地区的市场对接，改善投资环境，增强配套能力，积极招商引资，贺州做广西东融示范区，梧州建粤桂合作特别试验区，主动承接东部产业转移，壮大产业规模，提升发展水平。贵港引资构建新能源汽车电动车、电子信息、林木业、健康养生产业树。2019年西江经济带七市生产总值为12 556.23亿元，占广西的生产总值59.01%。西江附近的桂林充分发挥旅游资源优势，打造国际旅游胜地，推进机械、汽配、橡胶、医药、特色农林产品精深加工等产业升级换代。玉林引资打造新材料产业、环保循环产业。

桂西资源富集区范围包括百色市、河池市、崇左市3市，这一区域属大石山区连片的贫困地区，是边疆地区，属水库淹没区，有丰富的矿产资源、水能资源、农林资源、旅游资源、文化资源及其他一些特色资源，产业结构上以资源密集型产业为主。要依靠特殊政策，增强自我发展的能力。

桂西经济区各市根据自身的资源优势，选择铝、锰、有色、糖、电力等资源型重大产业项目建设，延伸产业链，促进集群发展，形成特色支柱产业。百色市生态型铝产业、能源工业、红色旅游业基地形成，同时在右江河谷地带发展特色农业及农产品深加工业，现代生态农业中心在构建，生态红色休闲养生旅游得到开发；河池市环保型有色金属产业、水电产业建成，大健康产业、文化与生态旅游产业积极推进，特色食品（双泉酒和优质水）、桑蚕茧丝绸产业得到优化；崇左市近年推进蔗糖业"二次创业"，形成了完整的甘蔗产业链，积极引资推进锰业高端产品项目，木材加工纸业持续发力，结合边境贸易，建设中国—东盟重要的物流基地，借创5A景区成功，大力打造以德天瀑布、明仕田园为代表的自然、边境旅游和以花山岩画为代表的历史遗迹旅游，成为受游人喜爱的国内旅游目的地。

四、广西经济开发区（高新区、工业园区）的建设

据有关资料显示，截至2018年年底，广西有各类工业园区100多个，面积1 272平方千米，园区就业人数120余万人。年产值超千亿元的开发区有4个，即南宁高新技术产业开发区、柳州高新技术开发区、北海铁山港临海工业区、防城港经济技术开发区；年产值超五百亿元的有8个，除前述4个外，还有柳州河西高新区、北海工业园区、钦州港经济技术开发区、南宁江南工业园区；年产值超百亿元的有36个。

桂林高新技术产业开发区：广西第一个国家级高新技术产业开发区，成立于1988年，1991年被国务院批准为第一批国家级高新技术产业开发区，享受市级经济管理权限。现辖四个街道（七星、东江、漓东、穿山）、朝阳乡和桂林华侨旅游经济区。现有近千家企业（含高新技术企业），基本形成电子与信息（光纤、微波通信产品）、机电一体化（数控机床系列产品、电子数显量具产品）、新材料（航空轮船、汽车安全玻璃、人造金刚石及其制品、导电材料及绝缘材料）、生物医药和环保（高效复合催化剂产品）五大支柱产业。2018年开发区工业总产值约488亿元。

南宁高新技术产业开发区：于1988年成立，1992年经国务院批准为国家级高新区。现有规划面积182.15平方千米，下辖心圩、安宁、相思湖、综保区、武鸣产业园五个片区。重点发展新一代信息技术、生命健康、智能制造产业，同时积极培育和发展战略新兴产业、现代服务业。高新区设有创业者中心、留学人员创业园、南宁软件园、大学创业园、生物产

业孵化园等科技企业孵化器。开发区现有入驻企业6 000余家,初步形成了先进装备制造、新一代信息技术、生命健康、科技服务四个产业微集群,产值超亿元企业180多家。2019年南宁高新区工业总产值达1 276亿元,实现财政收入45亿元。

柳州高新技术产业开发区:经自治区人民政府批准成立于1992年9月,建区宗旨为发展高新技术产业的基地,利用高新技术改造和提升传统产业的示范区。1996年柳州高新区设立管委会,2005年起,柳州高新区开始进驻官塘,2008年与柳东新区合并,合署办公。2010年经国务院批准成为国家级高新技术产业开发区。汽车产业是柳州高新区特色和支柱产业。目前,柳州高新区战略性新兴产业所占比重在加快提升。智能交通产业园、联合电子二期等重点战略新兴产业项目投入使用。发展新能源、新材料产业。现代服务业蓬勃兴起,国家汽车质量监督检验中心、柳州保税物流中心(B型)、苏宁易购等生产性服务业投入使用。2018年开发区工业总产值约1 943亿元。

北海高新技术开发区:广西北部湾经济区国家高新技术产业带规划的核心区,2001年11月经广西壮族自治区人民政府批准成立,2006年与北海华侨投资开发区实行两区合并并通过国家发改委等五部委审核。2015年2月,经国务院批准升级为国家级高新区。高新区坚持实施"一区多园"发展战略,构建了核心区和政策辐射区"优势互补、错位发展"的产业空间布局,形成了软件、电力电子、海洋生物三大主导产业和电子商务、文化创意、服务外包、互联网等特色产业。2018年开发区工业总产值约358亿元。

钦州港经济技术开发区:位于钦州市南部沿海,1996年6月设立省级经济技术开发区,2010年11月升级为国家级经济技术开发区。辖区面积约152平方千米,内设有中国与东盟最前沿的开放合作平台—钦州保税港区,以及中国—马来西亚(钦州)产业园等"国字号"平台。开发区地理位置优越,处于南宁、北海、防城港等广西沿海地区的中心位置;港口优势明显,现已建成30万吨级码头及航道、8个10万吨级集装箱码头、30多个万吨级以上泊位,港口吞吐能力达到1.2亿吨;产业基础良好,众多知名企业进驻,基本形成以石化、装备制造2个千亿元产业和能源、造纸、冶金、粮油等百亿元产业为重点的现代产业体系框架。2019年,开发区规模以上工业总产值达732.4亿元,港口货物吞吐量达11 930.8万吨。

南宁经济技术开发区:位于江南区,创建于1992年,2001年经国务院批准为国家级经济技术开发区,面积504平方千米,代管那洪街道、金凯街道、托管吴圩镇,分为中心区和空港经济区两大区域,中心区分为金凯工业园、银凯工业园、北部湾科技园和中央商住区,重点发展生物制药、装备制造和轻工食品;空港经济区重点发展空港物流、空港商务、航空维修制造、临空高新技术产业。开发区现有企业13 038家,产值超亿元企业70多家。2019年,南宁经开区工业总产值达181亿元,实现财政收入44亿多元。

广西—东盟经济技术开发区:位于南宁市北部,始建于1960年的广西武鸣华侨农场,1990年更名为南宁华侨投资区,2005年更名为南宁东盟经济开发区,属省级开发区,由南宁管辖。2013年,南宁东盟经济开发区经批准更名为国家级广西—东盟经济技术开发区,辖区面积180平方千米(全属国有土地)。开发区规划有综合产业园区、南宁教育园区、文化旅游休闲区、现代农业示范区等功能区,是中国—东盟博览会的重要载体。重点发展食品加工、机械制造、生物医药等产业。现入园企业达270多家,成功引进了美国嘉吉、美国百威、美国波尔、美国皇冠、印尼金光等9家世界500强企业,外资企业33家,台资企业15家,成为广西世界500强企业和台资企业最多的开发区。产值超亿元企业25家。2019年开发区全年工业总产值达103多亿元,实现财政收入约14亿元。

北海铁山港(临海)工业区:位于北海市铁山港区东部、铁山港西岸,设立于2007年,属于广西区重点支持的产业园,是广西北部湾经济区重要的临海工业区之一,工业区规划面积123平方千米,规划人口30万人,重点发展石化产业、临港新材料产业、林纸产业、海洋装备产业等。2018年,工业区实现总产值1 035亿元,税收127亿,是北海首个产值超千亿元、税收超百亿元的园区。

防城港经济技术开发区:防城港经济技术开发区位于防城港市东南部沿海,2017年2月18日正式成立,开发区规划面积216平方千米,由企沙工业区、大西南临港工业园、东湾物流园三大省级重点园区融合而成,是国家级示范物流园区,已形成钢铁、有色金属、能源、化工、新材料、装备制造、粮油食品和现代物流产业基地,产业集聚效应日显。2020年广西民营企业百强榜首广西盛隆冶金有限公司属区内企业。2018年,开发区工业总产值约1 067亿元。

南宁江南工业园区:位于南宁市江南区,按照"一区三园",即沙井分区(规划总面积31.97平方千米)、富宁经济园(7.9平方千米)、石柱岭铝加工产业园(1.16平方千米)、园中园(沙井分区中设置南宁光电产业园、江南区中小企业园等园中园)的模式规划管理,园区规划总面积41.03平方千米。园区重点发展电子工业、医药制造业、铝加工产业、仓储物流业及商贸业。广西海吉星农产品国际物流中心,就建在园区内。2018年园区工业总产值约603亿元。

柳州河西高新技术产业开发区:位于柳南区,起于2009年建设的河西工业区。2015年,自治区政府批复同意设立区级柳州河西高新技术产业开发区,规划面积17.96平方千米。开发区着重"两大核心产业",即汽车和工程机械整机及零部件产业;培育"四大拓展产业",即高端装备制造业、新材料、新能源、现代服务业。2018年开发区工业产值约504亿元。

北海工业园区:位于北海市区半岛东北部,成立于2001年8月,属自治区级开发区。规划面积41.05平方千米。园区依照规划功能分为电子信息产业区、汽车(机械)产业区、食品药品产业区、仓储物流区、科研及生活配套区,正在逐步形成以电子信息、食品药品、机械制造、新能源新材料等为主导的产业。2018年园区工业总产值约562亿元。

玉柴工业园区:玉柴工业园区是机械产业示范基地,获得国家工业和信息化部批准,成为广西第二个获得国家级牌匾的新型工业化产业示范基地。基地规划面积90.78平方千米,已开发面积6.69平方千米,现集中了以玉柴为龙头的机械制造及零部件生产企业60多家,机械行业从业人员2.3万多人,资产总计近129亿元;目前已形成柴油机、工程机械企业—部件企业—零件企业的三级产业链格局,产业集群初步形成。基地的主体园区(即玉柴工业园)2010年完成工业总产值230亿元、工业增加值53亿元。2020年,营业收入517.28亿元,完成工业总产值298.02亿元,同比实现双增长。

北海电子产业园:是全区唯一的电子类专业园区,依托北海工业园区建设,规划面积21.67平方千米。北海电子信息产业拥有中国电子、广西长城计算机、银河科技、冠德科技、建兴光电、创新科存储、景光电子、中电兴发、永昶电子、惠科电子、新未来、深蓝科技、石基信息等40余家电子信息企业,产品主要包括计算机整机、显示器、开关电源、存储设备、光头及光驱、液晶电视、电力系统自动化及电气设备、压敏电阻、手机、测量仪、软件等，产业布局逐步形成。广西第一台笔记本电脑、第一块笔记本电池、第一条海量存储器、第一台电脑电源、第一台LED自适显示器均产自此园。部分企业已经发展成全区乃至全国的领军企业。

梧州高新技术开发区：自治区级开发区，位于梧州市区北面，规划用地19.2平方千米，首期开发面积9.5平方千米，已开发面积7平方千米。已有130多家企业落户园区。其中，规模以上企业30家，形成药品、食品、保健品、电子信息（"三品一电"）四大支柱产业。

五、各项社会事业的全面发展

（一）教育科技

1. 教育

中华人民共和国成立后，尤其是改革开放以来，广西的教育事业有了长足的发展，初步形成了初等教育、中等教育、高等教育相衔接，正规教育与继续教育相结合的社会教育体系；高等民族院校、民族中专、民族中小学和中小学寄宿制民族班的民族教育体系；有自己教育特点的成人教育、职业教育、师范教育、特殊教育，也取得了突出的成绩。

（1）基础教育稳步发展

首先，基本普及九年义务教育，基本扫除青壮年文盲工作取得重大成绩。全区大部分县市区通过了"两基"验收。其次，幼儿园、小学、初级中学、高级中学办学条件得到明显改善。现代化教学手段已进入课堂。再次，接受初等教育的人数大幅增加，入学巩固率高，辍学率大大降低。最后，逐步从应试教育向素质教育转变，素质教育观念逐步形成。据统计，2019年，全区小学8 036所，在校学生495万人，小学专任教师26.7万人；普通初中1 753所，在校学生220.5万人，初中专任教师14.2万人；普通高中490所，在校学生109.1万人，高中专任教师6.3万人。此外，幼儿园13 112所，在园幼儿216.8万人，专任教师9.58万人；特殊教育学校82所，在校学生37 730人，专任教师1 823人。

（2）高等教育快速发展

第一，形成了一个层次结构合理、学科门类齐全、科研力量强的普通高校教育体系。

据统计，截至2020年6月底，广西有高等学校85所，包括普通本科院校38所（其中独立学院9所）、高等专科学校6所、高等职业学院38所、独立设置的成人高校3所。

据统计，2019年广西各类高等教育在校学生1 419 758人，包括研究生38 222人、普通本科生522 722人、普通专科生553 686人、成人高等教育本科生142 415人、成人高等教育专科生162 713人；高校专任教师49 160人。广西高校民族预科生招生人数也稳步增长。2019年，全区高校民族预科生年招生人数4 000多人，分民族预科和普通预科两大类招生，集中在"广西少数民族预科教育基地"广西民族大学和百色学院学习。

广西大学为大学本科类国家211工程学校，入选世界双一流大学建设名单（一流学科建设高校）。除本科教育为主外，研究生教育实现了从无到有，并有一定的规模，广西大学、广西医科大学、广西师范大学、桂林电子科技大学、桂林理工大学、广西民族大学、广西中医药大学、广西艺术学院、广西科技大学、南宁师范大学、桂林医学院、右江民族医学院、广西财经学院、北部湾大学是硕士学位授予单位，广西大学、广西师范大学、广西医科大学、桂林电子科技大学、桂林理工大学、广西民族大学、广西中医药大学是博士学位授予单位。南宁职业技术学院（确立）、柳州职业技术学院（确立）、广西机电职业技术学院（培育）为高职类国家 211 工程学校（国家示范性高职院校）。广西机电职业技术学院、广西职业技术学院、广西水利电力职业技术学院为国家骨干高职院校。入选中国特色高水平高职学校和专业建设计划（以下简称"双高计划"）的高职院校有 4 所，其中，南宁职业技术学院高水平学校建设单位（C 档）的专业群为建筑室内设计、软件技术；广西职业技术学院茶树栽培与茶叶加工、柳州职业技术学院机电设备维修与管理均入选高水平专业群建设单位（B 档），广西建设职业技术学院建筑工程技术入选高水平专业群建设单位（C 档）。

广西大学的工程学、材料科学、农学、植物与动物学和化学 5 个学科进入 ESI 全球排名前 1%，广西医科大学拥有国家级一流本科专业建设点 6 个（临床、口腔、护理、药学、公卫、检验）。广西师范大学拥有国家文科基础学科（中国语言文学）人才培养基地，在全国第四轮学科评估中，6 个学科（马克思主义理论、教育学、中国语言文学、化学、软件工程、美术学）跻身全国前 40%。广西民族大学拥有国家外语非通用语种本科人才培养基地，民族学、中国语言文学、外国语言文学、化学工程与技术学科的教学研究在国内有一定的知名度。

第二，高校注重科技创新，努力服务社会，产生了一批有重大影响的原创性成果。广西大学张先程研究员主持的"籼型杂交水稻"项目获 1981 年国家特等发明奖；黄日波教授主持的"高活力 α-乙酰乳酸脱羧酶的研制与应用"项目获 2007 年国家科技进步二等奖；王双飞教授主持的"造纸与发酵典型废水资源化和超低排放关键技术及应用"项目和"大型二氧化氯制备系统及纸浆无元素氯漂白关键技术及应用"项目，分别获 2016 年国家科技进步二等奖和 2019 年国家技术发明二等奖；郑皆连院士领衔的"大跨拱桥关键技术研究团队"荣获第二届全国创新争先团队奖牌，主持获得 2018 年度国家科技进步奖二等奖。广西医科大学在区域高发肿瘤防治、地中海贫血防治、血红蛋白研究、蛇毒研究、心血管疾病防治、药物创制研究、肝脏移植、断指再植、外周血造血干细胞移植等研究领域，达到国际国内领先水平。广西中医药大学赵一教授，早在 1970 年开始参与屠呦呦"523"的疟疾防治科研项目工作，在青蒿素的药理作用、作用机制等方面作出了重要的贡献；韦贵康教授提出的"脊柱相关性疾病及颈性高血压学说"，邓家刚教授的"化学中药学说"，刘力红教授的《思考中医》等均在行业内具有广泛影响。

第三，校办产业从无到有，取得了新的成绩。广西师范大学的校办产业取得了社会效益和经济效益双丰收，广西师范大学出版社在行业中占有重要地位，在近些年行业机构组织的综合评估中，其综合实力稳居中国大学出版社前十。广西中医药大学以学校第一附属医院、附属瑞康医院、制药厂为依托，学校有 36 个国药准字号药品、200 多种院内制剂、10 多种成果转化产品，复方扶芳藤合剂、龙血竭、芒果止咳片已成为广西中医药大学制药厂的拳头产品，青蒿素、绞股蓝等系列产品也为广西多个制药企业的发展创造了良好的经济效益。

（3）中等高等职业教育后来居上

首先，近年来，高等职业技术学院纷纷设立。年招生人数、在校生人数迅速增加。2019 年，广西招生的大专生（主要是高职大专生）23.8 万人，比上年增长超 41%；在校大专生（主要是高职大专生）达 55.4 万人，比上年增长近 23%。其次，中等职业学校数量略减，在校生人数平稳增加。再次，各类职业学校整体素质有较大的提高，培养了大量适应社会需求的技能型人才。最后，各类职业学校培养的人才对广西的经济建设起到了重要的促进作用。

(4) 从业人员继续教育平稳发展

独立设置的成人高校3所,含广西开放大学、广西教育学院、桂林市职工大学。从业人员通过各种形式进入各级高校学习的机会比以前大大增多。

(5) 民族教育越办越好

广西是个多民族的省级自治区,少数民族人口约占广西总人口的1/3,少数民族教育是我区教育事业的一个重要组成部分。中华人民共和国成立后,尤其是改革开放以来,由于党和政府采取了特殊政策和措施,少数民族教育迅速发展,各类各级学校少数民族学生比例提高。国家还通过不同的政策、具体措施解决少数民族上学难、生活困难的实际问题。广西各级教育事业发展情况如表5-10所示。

表 5-10 广西各级教育事业发展情况表

年份	小学		初中		高中阶段		高等学校	
	学校数/所	学生数/万人	学校数/所	学生数/万人	学校数/所	学生数/万人	学校数/所	学生数/万人
1950	13 248	48.99	116	3.13	65	0.94	3	0.10
1953	29 128	226.37	142	3.16	67	1.79	3	0.14
1956	22 855	261.01	257	13.60	135	4.07	3	0.17
1964	42 589	333.51	478	18.10	142	4.05	9	0.76
1982	60 034	513.85	1 794	89.54	1 100	25.46	16	2.11
1990	54 712	560.55	2 294	119.62	839	36.64	24	6.82
2000	16 109	536.79	2 555	253.05	1 038	74.63	41	22.09
2001	16 077	525.59	2 554	249.36	1 034	78.53	41	28.84
2009	14 290	436.78	2019	206.55	870	138.17	75	69.15
2019	8 036	495.00	1 753.00	220.50	780	190.00	82	142.00

2009年年底国务院《关于进一步促进广西经济社会发展的若干意见》中,明确提出了优先发展教育事业的战略任务,提出要巩固提高义务教育,大力发展职业教育,稳步发展普通高中教育,积极发展高等教育,逐步缩小与全国教育平均水平的差距。它为我区教育事业发展指明了方向,成为新时期我区教育工作的行动纲领。

2. 科技

中华人民共和国成立初期,广西科研机构、科技人员数量有限。改革开放以后,科技事业发展迅速,至2020年,科技研究机构不断增多,基本形成门类齐全、学科配套的科学研究和技术开发体系。科研院所纷纷升级壮大规模,科研条件得到较大改善,一批重点实验室和科研中试基地纷纷建立,如广西科学院、广西农业科学院、广西中医药研究院、广西甘蔗研究所、广西水牛研究所、广西化工研究院、广西交通科学研究院、广西水产科学研究院、广西电力设计研究院等。科技队伍迅速壮大,科技人员超过百万人,一批科技创新人才脱颖而出。

改革开放至20世纪末,在广大科研人员的刻苦努力下,取得了一大批科技成果。广西大学成功研究的牛体外受精移植技术等均达到世界或国内先进水平。广西农科院无籽西瓜"广西一号、二号"新品种育成技术，使广西成为全国西瓜出口的主要基地。跨径拱桥技术、碾压混凝土筑坝技术等都居国内领先水平，其中，跨径拱桥技术研究成果获得1998年国家科技进步二等奖。广西农科院克隆荔浦芋技术，将结束种荔浦芋用芋头块茎繁殖的历史。北海形状各异的象形珍珠养殖技术，是世界珍珠业取得的历史性突破；打破传统，培育彩色海水珍珠的技术，更令世界刮目相看。平果铝业公司的铝电解槽燃气焙烧控制技术方法迈入世界先进行列。科研成果推广应用也取得了巨大效益。选育出桂糖11号甘蔗新品种，甘蔗单产、含糖量大幅度提高，在全国累计推广种植在133.4万公顷以上，创效益75亿元以上。水稻"浅、湿、露、干"节水减排灌溉技术，推广应用到66.7万公顷稻田，取得巨大成功，荣获1996年国家科技进步一等奖。

进入21世纪，科技创新研究成果更显著。广西农科院无籽西瓜广西三号、广西五号新品种选育与应用推广，2005年获国家科技进步二等奖。截至2009年年底，广西五号和广西三号，已在全国19个省（市）累计推广面积近23.345万公顷，累计总产量900多万吨，累计总效益超过90亿元，出口创汇1 454万美元，成为全国无籽西瓜新品种中推广面积最大、推广时间最长、经济效益最高的品种。它们不仅成为广西和全国无籽西瓜主产区主栽和出口创汇的主要品种，并使广西一跃成为我国的无籽西瓜大省。我国最大的轮式装载机2008年在柳工等研制成功。世界首台可再生空气混合动力柴油发动机，2009年在玉柴诞生，这是世界上第一台利用现有零部件技术实现可再生空气混合动力功能的发动机，标志着玉柴在新能源技术的研发和应用领域里取得了新突破，达到了国际先进技术水平。2009年，在桂林橡胶机械有限公司成功研制世界最大的机械式硫化机。广西农科院超级稻桂两优2号，2010年通过农业部超级稻品种认定，是广西自主育成的第一个超级稻品种；超级稻特优582，2011年通过农业部超级稻品种认定，是广西自主育成的第二个超级稻品种，成为国家和广西的水稻主导品种。

广西大学作为第一完成单位、王双飞教授作为第一完成人的项目"造纸与发酵典型废水资源化和超低排放关键技术及应用"荣获2016年度国家科学技术进步奖二等奖。该项技术打破了国外在该领域的垄断技术，成果应用于国内外200多家大型企业。桂林电力电容器有限责任公司参与完成的"特高压±800kV直流输电工程"成果获得2017年度国家科技进步奖特等奖。玉柴机器股份有限公司参与的"内燃机气流快速检测与评价技术及应用"和"复杂铸件无模复合成形制造方法与装备"两个项目均获得2017年度国家技术发明奖二等奖，玉柴股份参与的"新一代超低排放重型商用柴油机关键技术开发及产业化"项目获2017年度国家科学技术进步奖二等奖。广西农业科学院水稻研究所参与研究的"中国野生稻种质资源保护与创新利用"项目获2017年度国家科技进步二等奖。广西环境监测中心站参与的"流域水环境重金属污染风险防控理论技术与应用"获2017年度国家科学技术进步奖二等奖。广西石化分公司参与的两个项目，即"重型压力容器轻量化设计制造关键技术及工程应用"项目、"高汽油收率低碳排放系列催化裂化催化剂研制与工业应用"项目获2017年度国家科技进步奖二等奖。

广西大学郑皆连院士作为第一完成人、广西路桥工程集团有限公司作为第一完成单位牵头完成的"超500米跨径钢管混凝土拱桥关键技术"项目获2018年度国家科技进步奖二等奖。广西丰林木业集团股份有限公司参与完成的"农林剩余物功能人造板低碳制造关键技术与产业化"、广西大学参与完成的"废旧混凝土再生利用关键技术及工程应用"和"重载水泥混凝土铺面关键技术与工程应用"、广西中医药大学第一附属医院参与完成的"葡萄膜炎病证结合诊疗体系构建研究与临床应用"4项成果,均获得2018年度国家科技进步奖二等奖。

广西大学教授王双飞作为第一完成人的"大型二氧化氯制备系统及纸浆无元素氯漂白关键技术及应用"科技成果获2019年度国家技术发明奖二等奖。杨小龙教授(广西科技大学)参与完成的"耐酸碱、高速、分瓣式磁性液体旋转密封关键技术与应用"、彭铁雁教授参与完成的"面向一体化无线网络的多域资源认知与虚拟化关键技术"等2项科技成果获2019年度国家技术发明奖二等奖。中国化学工业桂林工程有限公司参与完成的"特种高性能橡胶复合材料关键技术及工程应用"、柳州欧维姆机械股份有限公司和柳州欧维姆工程有限公司参与完成的"混凝土结构非接触式检测评估与高效加固修复关键技术"、广西田园生化股份有限公司参与完成的"防治农作物主要病虫害绿色新农药新制剂的研制及应用"、广西中医药大学参与完成的"基于中医原创思维的中药药性理论创新与应用"4项科技成果获2019年度国家科技进步奖二等奖。2019年,玉柴股份研发的新型船电用柴油机填补国内该功率段高速船用发动机空白,累计增加产值超20亿元。

(二) 文学艺术

1. 歌舞戏剧与文学创作

早在20世纪五六十年代,广西各地以彩调剧、壮剧等表演形式演唱《刘三姐》。众剧团合排的彩调剧《刘三姐》曾在北京等城市巡回演出500多场。1960年,广西桂林歌手黄婉秋主演的彩调剧电影《刘三姐》,轰动全国,受到海内外的普遍赞誉。

改革开放后,歌舞戏剧成绩显著。舞蹈音乐诗《咕哩美》获文华奖;歌曲《老王》《三月三九月九》《乡村社戏》荣获中宣部"五个一工程奖";歌曲《三月三九月九》获得全国音乐最高奖——金钟奖。壮族舞剧《妈勒访天边》(创作于1999年)获中国舞蹈荷花金奖、中宣部"五个一工程奖"、国家舞台艺术精品工程"十大精品剧目"奖;壮族歌手韦唯(《爱的奉献》)、唐佩珠、罗宁娜、李卫红、黄春燕等相继脱颖而出,其中唐佩珠代表作《赶圩归来啊哩哩》等曾唱响全国。南宁人汪小敏演唱的歌曲《花儿朵朵》、南宁人胡夏演唱的歌曲《那些年》为人们所熟知。南宁著名作家古笛,目睹隆林彝族同胞生活场景编词的歌曲《赶圩归来啊哩哩》是中国文化部举办声乐比赛指定必唱曲目之一,编入全国音乐院校及各大、中、小学音乐教材,联合国教科文组织指定这首歌为亚太地区音乐教材。始于1993年至今的南宁国际民歌艺术节,誉满海内外,大地飞歌唱响中华大地、大江南北。新版歌舞剧《刘三姐》演出足迹遍布20多个省区市,以及美国、新加坡等国家。2018年推出的歌舞剧《桂林千古情》(阳朔县),用独特的导演手法、全新的表现形式,彰显宋城品质、国际水平。全剧分为《远古的呼唤》《大地飞歌》《米粉传情》《靖江王府》《刘三姐》等场,金戈铁马,再现了一段三生三世的桂林绝恋。

桂剧方面,《瑶妃传奇》(1991年创演)获文华奖,《风采壮妹》(1996年创演)获中宣部"五个一工程奖",《大儒还乡》(2004年公演)获中国戏剧奖、国家舞台艺术精品工程"十大精品剧目"奖。

壮剧方面,《歌王》(1995年始演),梅帅元任编剧,先后获得中宣部"五个一工程奖"、文化部（今文化和旅游部）文化奖、曹禺戏剧文学奖，该剧把广西风情风俗和戏剧进行了完美结合，让人对广西少数民族文化有所了解。剧中羽人、铜鼓、崖画、傩舞、板鞋舞等展示了壮族历史风俗的画卷。《天上恋曲》（2009年首演，该剧改编自小说《没有语言的生活》），获2009—2010年度国家舞台艺术精品工程重点资助剧目。该剧以戏剧特有的方式讲述了"瞎父亲、聋儿子、哑媳妇这三个'不正常人'之间特殊的沟通方式，特殊家庭的和谐以及他们身上的人性的闪光点"，体现了残缺的美和美的残缺。

彩调剧方面，《哪嗬咿嗬嗨》（1995年始演）获得文华奖、曹禺戏剧文学奖。

广播剧方面，《千条水总归东》和《山外有个世界》等获中宣部"五个一工程奖"。

另外，民族音画《八桂大歌》，荟萃了近40首质朴美丽的民歌，用音乐艺术的表现形式，尽情地演绎和礼赞八桂大地上苗、瑶、侗、壮、京等各族人民劳动和爱情两大主题。该剧获得"国家文化大奖"、国家舞台艺术精品工程"十大精品剧目"奖、"第七届中国艺术节观众最喜爱剧目"三项国家级大奖，成为广西继《刘三姐》之后又一全国知名的文化品牌。先后在国家舞台艺术精品工程授牌仪式、2008北京奥运重大文化活动、上海国际艺术节、新疆国际民族舞蹈节、泛珠论坛开幕式、东盟博览会开幕式、广西文化舟晋京展演等重大文化活动中得到了充分展示。

音乐剧方面，在2012年举行的第四届全国少数民族文艺会演上，广西的大型原创音乐剧《桂花雨》大放异彩，获得会演最高奖剧目金奖，并囊括最佳导演、最佳编剧、最佳音乐、最佳舞美、最佳演员、最佳新人、演员奖等单项奖。舞剧《百鸟衣》，2013年首演获得成功，是具有国际视野、中国水平、广西气质的佳作。

大型新编历史壮剧《瓦氏夫人》是近年国内历史题材戏剧创作和民族戏剧创作的成功之作，取材于瓦氏夫人奉命率领壮乡儿女到沿海抗击倭寇的史实，艺术地再现了当年守护家园的英雄故事，荣获第七届中国戏剧节曹禺戏剧奖和第三届全国少数民族文艺会演戏剧大奖。

《印象·刘三姐》（2004年公演、阳朔县），桂林山水实景演出，名闻国内外。广西与越南合作的下龙湾海上实景演出《越南越美》，与柬埔寨合作的吴哥窟实景演出《微笑的高棉》，开创了广西与东盟交流合作的新境界，被列为对外文化贸易重点项目。巴马的《梦—巴马》、宁明的《花山》、三江的《坐妹—三江》等演艺精品也受到人们喜爱。

演艺主持方面，近年来，桂林人乔振宇的参演作品有《龙腾虎跃》《烽火佳人》《七剑下天下》《雪花女神龙》等，南宁人王鸥参演的作品有《镖行天下前传》《桐柏英雄》《精忠岳飞》《花木兰传奇》《伪装者》《琅琊榜》等。

广西文学创作成绩显著。陆地，扶绥县东门人，壮族，抗战时开始创作的老作家，中国作家协会的20个顾问之一，是广西现代文学的奠基人之一。代表作有长篇小说《美丽的南方》《瀑布》，有《陆地作品自选集》《浪漫的诱惑》等。其创作的长篇小说《瀑布》于1981年获全国少数民族文学创作一等奖。李栋、王云高（壮族）的《彩云归》荣获1979年全国优秀短篇小说奖。东西的《没有语言的生活》、鬼子的《被雨淋湿的河》分别获得1997年首届鲁迅文学奖、2001年第二届鲁迅文学奖。2018年，梧州人黄咏梅的作品《父亲的后视镜》获得第七届鲁迅文学奖。2019年，作品《给猫留门》荣获第十八届百花文学奖"短篇小说奖"。另外，作家李冯被评为1997年全国十大新锐作家。林俊超等合作编剧的《苦楝树开花的季节》获得全国"五个一工程奖"。韦俊海的小说《等你回家结婚》获2000年人民文学·贝塔斯文学奖。朱山坡的《灵魂课》获得首届郁达夫小说奖，陶丽群的《母亲的岛》获第11届少数民族文学创作骏马奖，红日的《驻村笔记》获得第18届百花文学奖长篇小说奖。2018年10月，白先勇（桂籍）以短篇小说《Silent Night》荣获郁达夫小说奖。

此外，广西作家还积极参加影视剧改编，电影《幸福时光》编剧是作家鬼子，电影《英雄》《十面埋伏》编剧是作家李冯，作家东西的作品《没有语言的生活》被改编为电影《天上的恋人》，《耳光响亮》等多部小说被改编为电视剧等。作家凡一平的作品《寻枪》《理发师》被改编成电影。作家朱山坡小说《美差》改编为电影《八只鸡》，获得国际奖。网络作家辛夷坞的小说《致我们终将逝去的青春》被改编成电影《致青春》，在全国热映。网络作家十四夜的小说《醉玲珑》被改编为电视剧。一些作品渐渐走向海外，受到关注。如作家东西的小说被翻译为法文、韩文、英文、意大利文、越南文、俄文等出版或发表，凡一平的小说被翻译成瑞典文、越南文、俄文出版，朱山坡的小说也翻译出版了。

在长期的文学创作过程中，八桂大地涌现了一大批文学优秀人才。既有老当益壮至今仍耕耘不止的老作家，也有充满活力勇于探索的中青年作家。老作家除陆地外，还有苗延秀（侗族）、周钢鸣（仫佬族）、曾敏之（仫佬族）、韦其麟（壮族，曾任中国作协副主席，创作《百鸟衣》《凤凰歌》）、蓝鸿恩（壮族，著有《广西民间文学散论》）、黄勇刹（壮族，创作《歌海漫记》）、聂震宁（著《长乐》）、黄福林（壮族，创作《蹄花》）、农冠品（壮族，著《泉韵集》）、韦一凡（壮族，著《姆姥韦黄氏》《劫波》《百色大地宣言》）、潘荣才（壮族，著《上梁大吉》）、包玉堂（仫佬族，著《虹》）、蓝怀昌（瑶族，曾任广西文联主席，创作《波努河》）、周民震（壮族，著《花中之花》）、潘琦（仫佬族，著《琴心集》）、梅帅元（著《歌王》）、黄佩华（西林人，壮族，广西作协副主席，作品多，小说有《远风集》《红河湾上的孤屋》《涉过江水》《生生长流》《瓦氏夫人》《杀牛坪》；编剧《边关丽人》）、常剑均（仫佬族，著《哪嗬咿嗬嗨》）等。中青年作家有东西、鬼子、凡一平（壮族，著有小说《寻枪》《理发师》《跪下》《上岭村的谋杀》《卧底》《浑身是戏》等；编剧有《爱情海》）、光盘（盘文波，瑶族，作品有《摸摸我下巴》《请你枪毙我》《王痞子的欲望》等）、张燕玲（《南方文坛》主编）、常弼宇（创作《搬家》《籍贯》）、杨长勋（田林人，著《余秋雨的背影》）、贺晓晴（创作《花瓣糖果流浪年》）、胡红一（创作《真情三人行》）、朱山坡（北流市人，创作小说《马强壮的精神自传》《玻璃城》《风暴预警期》等）、李约热（都安人，壮族，著有小说《青年》《戈达尔活在我们中间》《涂满油漆的村庄》等）、红日（都安人，瑶族，著有《述职报告》《驻村笔记》《钓鱼》等小说）、刘春（荔浦市人，诗人，诗集有《忧伤的月亮》《运草车通过城市》等）、王勇英（博白县人，作品有《弄泥小时候》《弄泥的童年风景》《巫师的传人》《水药》等）、杨映川、陆辉艳、盘妙彬、沈祖连、拓夫等。上述作家的作品常常刊登在全国的文学刊物，或选刊本上，如《青年文学》《当代》《作家》《上海文学》《钟山》《花城》《山花》或《小说选刊》《中华文学选刊》《中篇小说选刊》等，在全国有一定影响，从而在中国文坛上渐渐形成了一支重要的力量——"文学桂军"。

"文学桂军"崛起于20世纪90年代，以东西的首届鲁迅文学奖和鬼子的第二届鲁迅文学奖为标志。他们曾经被称为"文学新桂军"，作品以小说为主，后来扩大了队伍，改称为"文学桂军"，包括诗人和散文家。因地域、学派或性别关系，广西各地又分别涌现了不少作家群和诗群，如桂西北作家群（周钢鸣、曾敏之、潘琦、蓝怀昌、包玉堂、聂震宁、常剑均、梅帅元、东西、鬼子、黄佩华、常弼宇、凡一平、杨长勋等，他们创作的作品已引起了中国文坛的广泛关注与认可）、河池作家群、相思湖作家群（校址在南宁的广西民族大学，改革开放以来，文学创作人才辈出，形成了不断壮大的以蓝怀昌、王一桃、梁超然、容本镇、杨长勋、黄神彪、杨克等为代表的作家群而得名，他们在广西文坛日趋活跃，影响力逐步扩大）、独秀峰作家群、天门关作家群、绿城玫瑰作家群、扬子鳄诗群、漆诗群等。

广西文学创作成果显著的原因可以归结为：第一，作家本人具备创作毅力和才华；第二，区党委重视支持，创新一些制度和机制，营造良好的创作氛围，1997年实行作家签约制，建成南丹、贺州、资源三个创作基地，对新人进行培训、送去深造、体验生活、传帮带培养；第三，广西有厚重的文化底蕴，有12个世居民族，民间文学、民族文化丰富；第四，有良好的表现作品的平台，使新人辈出，广西创办有《南方文坛》《三月三》《广西文学》《红豆》《南方文学》等刊物；第五，评论家团队以饱满的热情对文学桂军的创作进行了大量的评论，使他们的创作得到及时的解读和有效的传播；第六，影视剧改编扩大了文学影响。

2. 雕塑、书法与绘画

铜雕《最后的防线》《走向奥林匹克》分别获第三届、第四届中国体育美术作品特等奖。李骆公的篆书、李雁的草书、伍纯道的楷书也有一定的影响。老一辈著名画家有帅础坚、阳太阳、黄独峰、涂克等，他们创作了不少优秀的漓江山水作品。20世纪80年代中期以来，以黄格胜为首的广西一批画家，把创作重心放在描绘漓江山水和广西南方的风景上，逐渐形成了有鲜明地域特色和独特艺术追求的画家群体，这些画家以共同的艺术表现对象和相近的绘画风格，在国内画坛上独树一帜，引人瞩目，进而形成著名的"漓江画派"。"漓江画派"的代表人物还有张复兴、郑军里、张冬峰、刘绍昆、石向东、雷务武、阳山等。宁明县周氏山作和周氏大荒，是从壮乡走出去的国际著名画家，其绘画雕塑作品多次获国际大奖。宁明花山壁画曾带给他们无数艺术创作源泉。

此外，起源于明朝的广西临桂区五通农民画，历史悠久，绘画种类多，绘画内容有人物、风景、山水、动物等，尤以画动物、山水、梅竹牡丹等出名，如今成为当地农民增收的新产业。三江侗族农民画，源于清代的侗布画，以鼓楼为核心，涵括风雨桥、戏楼、吊脚楼等和谐主题的民俗建筑、民俗风情、生活习俗等文化现象，出名的农民画家有杨共国、杨梅香、吴凡宇、罗耘等。

3. 广播电视电影

中华人民共和国成立后，特别是改革开放以来，经过广播电视工作者的努力工作，截至2000年年底，广西实现了广播电视"村村通"的目标。随着科技的发展，设备的改进与更新，资金投入的增加，制作水平大大提高，广播电视节目越来越多，内容越来越丰富，播出时间越来越长，接收节目也越来越清晰，极大地满足了人们的各种需求，对精神文明的建设起到了积极的推动作用。据统计，广西广播调频转播发射台由1995年的32座增加到2018年的714座，广播节目由1995年的31套增加到2018年的75套，广播综合人口覆盖率由1995年的66.3%增加到2018年的97.6%，全年公共广播节目播出时间由1995年的117 560小时增加到2018年的426 426小时。2009年10月23日开通了广西北部湾之声，用英语、泰语、越语、广州话、普通话5个语种开播。广西电视节目由1995年的20套增加到2018

年的41套，电视综合人口覆盖率由1995年的79.5%增加到2018年的98.8%，全年公共电视节目播出时间由1995年的42 572小时增加到2018年的604 617小时。近年来，广西积极推进数字广西"广电云"村村通、户户用工程，2020年基本完成此目标。2018年，广西卫视创新性精品栏目《讲政策》《八桂新风行》，获得国家广播电视总局监听监看中心专文点评表扬；广西重点打造的"一带一路"题材电视剧《沧海丝路》、庆祝自治区成立60周年献礼电视剧《北部湾人家》已分别于2018年11月、12月在央视8套播出。

广西的电影业经过四十多年的努力，取得了不少的成绩。广西电影制片厂拍摄了大量的电影和电视片，其中不少作品在国内外享有一定的声誉。《春晖》《一个和八个》《黄土地》《流浪汉与天鹅》《大阅兵》《血战台儿庄》《共和国不会忘记》《百色起义》《长征》《一个都不能少》《我的父亲母亲》《幸福时光》等获得过国家大奖（"金鸡奖""百花奖""华表奖""优秀影片奖"）及世界各大电影节大奖（"金狮奖""银熊奖""银豹奖"）。享誉中外的中国第五代导演张艺谋、张军钊、肖峰就是从广西电影制片厂崛起的。

4. 新闻出版

19世纪末，维新派首领康有为在桂林创办了广西最早的综合性报纸《广仁报》。1949年11月，《广西日报》在桂林创刊。改革开放后，广西报业不断发展，截至2018年年底，广西有以《广西日报》为龙头的公开出版的报纸49种，有省级报、地市级报、县报，有综合报、专业报。发行量大的主要有《广西日报》《广西法治报》《南方科技报》《广西市场报》《南宁晚报》《南宁日报》《左江日报》《桂林日报》《桂林晚报》《柳州日报》《梧州日报》《右江日报》《桂中日报》《南国早报》《当代生活报》。《南国早报》是广西最具品牌影响力的报纸，发行量稳定。

公开发行的期刊，改革开放以来快速发展，截至2018年年底，编入国家统一刊号的期刊有180种。《海外星云》《求学》《当代广西》《小聪仔》《农村新技术》等期刊是广西最具特色的期刊，社会效益和经济效益均佳。《求学》已成为广西期刊业的后起之秀。

广西的出版业在抗战时期有过短暂的繁荣，在桂林文化城氛围下，出版了上千种书籍。1978年以来，广西出版业迅速崛起，截至2018年年底，共有9家图书出版社：广西人民出版社、广西民族出版社、漓江出版社、广西师范大学出版社、广西教育出版社、广西科技出版社、接力出版社、广西美术出版社、广西金海湾电子音像出版社。其中，接力出版社、广西师范大学出版社、广西美术出版社等已跻身全国同类出版社前列。出版图书从1978年的179种，猛增到2018年的6 855种。其中有不少精品佳作获国家图书奖、中宣部"五个一工程奖"、中国图书奖、国家图书提名奖、省级奖。目前，广西出版行业拥有广西日报传媒集团、广西出版传媒集团、广西师范大学出版社集团、广西正泰印刷包装集团四大新闻出版集团。广西一些出版社在全国已居于重要地位。比如，2018年的100强出版社名单中，广西师范大学出版社进入海外图书馆系统的图书共215种，排名第18名，在高校出版社中位列第二。广西师范大学出版社已连续五年进入该榜单20强，成为海外图书馆人眼中最能代表中国文化生产力水平的品牌出版社之一。

5. 社会文化的发展

改革开放以来，随着社会的稳定、经济的发展，社会文化事业也发生了巨大的变化。截至2018年年底，广西有群众文化服务业机构（含艺术馆、文化馆）共1 297个，文化民生进一步改善。公共文化服务设施建设增加，例如，2013年年初，包括美术馆、书法馆、篆刻艺术馆、阳太阳艺术馆"四馆一体"的广西美术馆建成，填补了广西大型美术艺术作品展馆的空白。南宁大桥南侧的广西文化艺术中心的建成，使各种文化艺术交流欣赏更便利。除了加强硬件设施建设以外，还以广场文化、农村文化、社区文化、企业文化、校园文化、节庆文化为载体，开展各种丰富多彩的群众文化活动，提升百姓的文化生活质量。同时，社会文化建设做了一些有益的尝试。早在20世纪90年代开始实施的"边境文化长廊"建设，经过几年的努力，使边境沿线的县市、乡镇、行政村的文化事业迅速发展，建立了一批城镇文化娱乐室、农村文化室、农村业余演出队、农村电影院、放映队，涌现了一批文化个体户、民间艺人，对当地精神文明建设和丰富群众的文化生活起到了积极作用，得到了国家的肯定和推广。百里右江文明河谷的建设也取得了举世瞩目的成效。同时，针对农村乡镇图书馆室缺书少书，不能适应农村经济发展的需要的问题，在全区开展乡镇"知识工程"建设，以爱书、读书、捐书、助农、建设、服务为主旨，促进社会读书热、营造读书、求知的社会氛围。在社会力量的大力支援和帮助下，早在2000年年底，全区所有乡镇，全部建立了乡镇图书馆室，实现了广大农民读书求知用知识的愿望。为此，中宣部、文化部等9部委推广广西经验，发出了《在全国组织实施"知识工程"的通知》，充分肯定了广西的做法。此外，截至2018年年底，广西有属区级、地级市级公共大图书馆共116个。

此外，有利于群众丰富知识，陶冶情操，提高思想道德水平，培养国民爱国主义精神的各种馆所、基地（文物产业机构）等不断增加，截至2018年年底，此类机构215个，从业人员2855人，如广西博物馆、广西民族博物馆、桂林博物馆（馆藏梅瓶），百色起义纪念馆，兴安红军突破湘江烈士纪念碑园，广西地质博物馆，南宁市李明瑞、韦拔群烈士纪念馆等。

特别需要指出的，广西积极加强对重要自然、文化遗产的保护，申报国家或世界级自然、文化遗产项目，并取得良好效果。桂林—环江木论喀斯特作为南方喀斯特二期列入2014世界自然遗产名录。2016年，左江花山岩画文化景观成功列入世界遗产名录，实现了广西世界文化遗产和中国岩画类世界文化遗产两个"零"的突破。2016年，天等向都霜降节作为24个节气的拓展名录项目列入联合国教科文组织人类非物质文化遗产代表名录。2018年，龙胜龙脊梯田被列入全球重要农业文化遗产名录，兴安灵渠被列入世界灌溉工程遗产名录。

（三）卫生体育

1. 卫生

中华人民共和国成立后，经过70多年的发展，广西缺医少药的状况有了根本性的改变，医疗卫生事业取得巨大成就，城乡医疗卫生保健体系基本形成。行政村有卫生室，乡镇有卫生院，县有综合、专科医院，地市省级医院有较高的医疗服务水平，医疗设备先进。中医中药和少数民族医药宝贵资源得到积极挖掘与开发应用，并取得可喜的成绩。中西医医务人员和护理人员明显增多，绝大部分接受了正规医学教育。截至2018年年底，广西医院（综合医院、中医医院、中西医结合医院、民族医院、专科医院、护理院等624个，含三级甲等医院46个），卫生院计1888个，其中乡镇卫生院1264个，各类执业医师105974人，注册护士140412人，较1995年成倍增加。高等医科学校有广西医科大学、广西中医药大学、桂林医学院、右江民族医学院等，学校除培养本专科生外，还开展了研究生教育，并有了硕士、博士学位授权资格。中医药壮瑶医药高层次人才培养得到加强，2人被评为国医大师，2人获全国名中医称号。医学研究成果及应用成绩显著，广西医科大学研究的"感染人工型肝炎病毒动物模型"和"α-地中海贫血产前诊断技术"达到国际先进水平，获国家奖励。鼻咽癌与肝炎防治技术居国内领先水平。试管婴儿在广西也能育成。异体手移植成活技术，居世界先进水平。1999年，广西医科大学第一附院何巍教授作为第一完成人承担的课题"浅低温体外循环心脏跳动中二尖瓣置换术的临床研究"获国家科学技术进步三等奖。2012年9月，广西医科大学第一附属医院莫曾南教授以并列第一作者，在国际顶级杂志《自然》(Nature) 系列期刊 Nature Genetics 在线发表了论文《中国男性人群全基因组关联研究发现2个位于9q31.2和19q13.4的前列腺癌易感基因位点》，这是广西医学研究人员作为第一作者首次在该期刊上发表论文，也是广西科学界"零"的突破。同时，壮医药治疗白血病获重大突破。

另外，随着生活水平、医疗水平的提高，全区各县市区新型农村合作医疗实现全覆盖，农民参合率由2009年的91.22%上升到2017年的99.3%，城镇居民基本医疗保险制度全面建立，人们的医疗健康有了保障。尤其是行政村卫生室，实行了标准化建设，每个村卫生室面积都达到了约80平方米，基层服务条件得到极大改善，老百姓看病很方便，基本实现了"小病不出村，大病不出县"的目标。据统计，广西居民人均预期寿命由1949年的47岁上升到2018年的77.03岁。广西百岁及以上老年人口数由1953年的177人上升到2018年的6 000人以上。

2. 体育

中华人民共和国成立以来，广西体育事业有了长足的进步，群众体育蓬勃发展。不论是乡村，还是城镇，到处都可以看到各种各样的体育活动及体育比赛。少数民族传统体育重放光彩，有些已登大雅之堂，一展风采，如打陀螺、爬竿、抢花炮、打磨秋、高空舞狮、抛绣球、跳竹竿。竞技体育更是取得辉煌成就，一些项目在全国有一定的知名度，涌现了一批名闻国内外的优秀运动员，如体操王子与20世纪世界最优秀运动员李宁（壮族）、乒坛骁将梁戈亮、谢赛克、韦晴光、大力士吴数德、奥运会举重冠军唐灵生、举重冠军兰世章（侗族）、跳水名将李孔政、羽毛球冠军农群华、亚洲体操皇后陈永妍、蹼泳世界冠军梁军、体操国际冠军王维俭、奥运跳水冠军李婷等。2008年北京奥运会上，三江侗族陆永获得举重冠军。2012年，广西南宁人何姿在伦敦奥运会与吴敏霞搭档获得女子双人3米板冠军。近年来，广西竞技体育出现了止跌回暖的势头。2019年，时隔33年，广西体操运动员兰星宇再次获得吊环世界冠军。时隔22年，广西拳击运动员傅庭婷再次获得全国冠军赛冠军；时隔20年，"亚洲女飞人"广西韦永丽成为中国第二个跑进百米11秒的女运动员；时隔10年，广西男子举重运动员（韦胤廷）再次夺得举重世界杯赛冠军（抓举、挺举、总成绩三项冠军）。在泰国举行的2019年举重世界锦标赛女子49公斤级比赛中，广西选手蒋惠花包揽两金一银，以212公斤获得总成绩冠军并创造世界纪录。在天津举行的2019年举重世界杯上，蒋惠花再次夺得女子49公斤级比赛总成绩金牌。广西运动员在参加全运会、亚运会、奥运会等综合运动会和单项比赛上均取得过优异成绩，为广西、为祖国争得荣誉。

近年来，广西加强深化国际体育赛事合作，举办了"中国杯"国际足球锦标赛、环广西公路自行车世界巡回赛、苏迪曼杯世界羽毛球混合团体锦标赛、"一带一路"国际帆船赛、攀岩世锦赛、中国—东盟国际汽车拉力赛、中国—东盟龙舟赛，以及南宁、桂林、百色、贺州国际马拉松赛等国际顶级赛事，让老百姓在家门口就能观赏精彩赛事，有利于广西成为面向世界特别是东盟区域体育赛事的中心。

(四) 人民生活水平步步高

中华人民共和国成立后，人民当家作主，过上了安稳的日子。党的十一届三中全会以来，随着改革开放的深入、经济的发展，广西城乡居民收入明显增加，生活有了巨大的改善。至2019年，广西全区全面建成小康社会取得新的重大进展，地区生产总值、居民人均可支配收入比2010年翻一番，提前一年实现两个翻番目标，精神生活比较充实。2020年，全区居民人均可支配收入达24 562元。

1. 城镇居民生活

改革开放以来，社会生产力得到解放，人民劳动积极性大大提高，国民经济快速发展，城镇居民赚钱途径广，收入迅速提高。1997年，城镇居民可支配收入达5 110元，1999年增到5 620元，2008年增到14 000元，2011年增到18 855元，2020年增到35 859元。居民收入大幅度提高，购买力明显增强，消费支出和消费水平不断提高。居民消费由量的增加转到重质，逐步由生存型向发展型和舒适型转变。

第一，饮食重营养和健康。多数居民在解决温饱后，随着收入的提高，开始讲究吃得有营养、有品位，由此，主食消费明显下降，肉蛋、水产品、豆制品、乳制品、果菜制品消费大幅上升，特色食品、绿色食品、保健食品、定制食品受到大家的追捧。"花钱买健康，花钱买长寿"成为人们追求的一种时尚。

第二，住得舒适。改革开放以来，尤其是20世纪90年代以来，居民住房条件有了很大的改善。一是住房面积提高，1998年，人均自有现住房面积为16.38平方米。2017年，人均自有现住房面积达39.54平方米。二是住房设施完备。已有各种厨房设备、卫生设备、空调暖气与空气净化器、精致的家具、数字电视与宽带接入等。三是住房地段重交通便利，治安、卫生、绿化好。

第三，穿着重质地、款式、色彩，讲究穿出品位、气质。一衣多季或一衣多用的历史一去不复返。春夏秋冬衣有几套储备。挑选服装追求款式，重材料质地。

第四，出行更方便和舒适，对信息获取更加便捷。随着交通运输业的迅速发展，可供人们选择的出行方式多种多样，汽车、火车（普铁高铁）、飞机可自由选择。手机、网络的普及，使人们联系方便，获取信息及时有效。

第五，家庭耐用消费品更新换代快。70年代老三件（自行车、手表、缝纫机），80年代新三件（彩电、电冰箱、洗衣机），90年代又逐渐替代为家用电脑、家庭影院、摩托、空调器，还添置了消毒柜、微波炉、抽油烟机。现在，家用小汽车、太阳能热水器、数码相机进入普通居民家庭。

第六，精神文化生活多姿多彩。或购书、进图书馆、上培训学校、上网获取信息；或搞健身活动；或外出旅游；或进行群体娱乐。近几年，人们又玩起自媒体等。

2. 乡村农民生活显著改善

党的十一届三中全会以来，农村实行家庭联产承包责任制，各级政府以农民增收为工作中心，开展农业综合开发，倡导进行多种经营，大兴种养业，组织剩余劳动力外出务工，农民人均纯收入逐年增加，1985年为302.95元，1990年为639.45元，1995年为1 446元，1999年达到2 048元，2008年增到3 690元，2011年达到5 100元，2020年达到14 815元。

伴随着农村居民收入的增长,农村居民的生活也有了极大的改善。温饱问题基本解决,并迈进小康生活。消费支出出现多样化,消费结构有了新变化。吃穿住行逐渐追求质量和品位,逐渐打破城乡差别。此外,农村居民在自身子女教育、科技、文化娱乐方面的投入也明显增多。

"中国村民自治第一村":在刘三姐的故乡——广西宜州合寨村,有一棵老樟树。1980年1月7日晚,就在这棵老樟树下亮起一盏马灯,当时的大队党支部书记蒙宝亮召集了党员干部和村民代表会,经过合议,做出一项决定:通过群众选举成立"村委会"。第二天,村前的球场上搭起了松门,拉上了横幅,全村男女老少参与。经过群众投票选举,蒙宝亮当选第一任村委会主任,并通过了村规民约。全村143户人家的代表一个个走上前去,在那份公约上签名盖章并按上手印,此外,合寨村直接行使民主权利,依法管理自己的事情,创造自己的幸福生活。合寨村也由此成为"中国村民自治第一村"。此后,广西宜山、罗城各地纷纷效仿成立"村委会"。作为中国农民创造的一种基层民主体制,得到了党中央、国务院、全国人大的高度重视。全国人大法制委员会、民政部等迅即派出工作组进行实地考察,充分肯定了广西农民的伟大创举。1982年,"村委会"这一组织形式被写进了修改后的宪法当中。村民自治这一农民的创举在短短不到两年的时间内即得到国家根本大法的法律定位,在全国农村迅成燎原之势。1984年,全国82万多个村委会的成立,终结了"人民公社—生产大队—生产队"的历史,完成了村级组织与管理制度在法律和实践上的历史性转换。目前,中国农村建立了村民大会或村民代表会议制度,90%以上的农村建立了村民民主理财小组,村委会干部基本做到了由村民直接选举产生。正如,安徽凤阳小岗村的"一包"改变了中国农村的经济命运一样,广西宜州合寨村的"一选"则改变了中国农村的基层民主格局。

恭城瑶族自治县莲花镇红岩村:全国十大魅力乡村之一,获绿色家园奖项。以集农业观光、生态旅游、风情表演、休闲度假于一体的特点而出名。

课后复习思考题

1. 列出广西出边、达海、出省的主要高速公路、一般铁路线、高铁线的名称(截至你入学次年年初)。
2. 你觉得广西农业经济哪些方面在全国有竞争优势?如何继续保持这种优势?
3. 广西工业经济有哪些主要产业,并各列举3个重要的企业名称。
4. 广西特色旅游名县不少,试以其中一个为例,谈谈建设特色旅游名县对当地经济、社会发展的重要影响。
5. 查找并逐一列出广西本科院校的校训,并选出你最喜欢的一个院校校训,谈谈你的看法。

第六章　广西与东南亚各国

一、东南亚各国概要

东南亚指亚洲东南部，包括越南、老挝、柬埔寨、缅甸、泰国、马来西亚、新加坡、印度尼西亚、菲律宾、文莱、东帝汶11个国家，其中东帝汶是2002年从印尼独立出来的，是东南亚最年轻的国家。东南亚总面积约448万平方千米，人口5.3亿，其中大多数为黄种人，包括汉藏语系、印地语系、南亚语系、南岛语系的多个民族。地理上包括中南半岛和马来群岛两大部分，多是沿海国家或岛国，其中，越南、老挝、柬埔寨、泰国、缅甸五国称为"陆地国家"或"半岛国家"，马来西亚、新加坡、印度尼西亚、文莱、菲律宾五国称为"海洋国家"或"海岛国家"。东南亚以热带季风气候和热带雨林气候为主，资源物产丰富，矿产、热带作物、热带水果较有名。历史上，除泰国外，其他东南亚国家均被不同的西方帝国侵略和统治过。东南亚国家的政治体制是多种多样的，当今世界的基本政治体制类型都可以在东南亚找到。文化多样，主要有佛教、伊斯兰教、天主教和东方的儒家传统文化。东南亚各国多属多民族国家，又是发展中国家（新加坡除外），还是世界上华侨、华人最集中的地区，有华侨、华人2 000万人以上，是当今世界经济发展最有活力和潜力的地区之一。东南亚是中国的南邻，文化相通，中国与各国自古以来就有密切的交往。

越南：全称越南社会主义共和国，地处中南半岛东部，东面与南面临海，北部与中国云南、广西接壤，西部和西南部与老挝、柬埔寨为邻。陆地边界总长3 920千米，海岸线总长3 260千米。越南地形狭长，呈"S"形，全国总面积32.9万多平方千米，人口约9 620万人（2019年），女性略多。首都河内，面积3 340平方千米，人口805万人（2019年）。越南有54个民族，其中京族占总人口的86%，岱依族、傣族、芒族、汉族、侬族人口均超过50万，有华人100多万。通用越南语。全国划分为58个省和5个直辖市。主要宗教：佛教、天主教、和好教与高台教。越南属发展中国家之一，经济以农业为主，大米、咖啡出口量均居世界第二。矿产资源丰富，煤、铁、锰储量大。越南下龙湾有"海上桂林"誉称。越南受汉文化影响深，传统节日与民俗与中国基本相同。越共九大确定"建立社会主义定向的市场经济体制"，包括6种经济成分（国有经济、集体经济、个体和小业主经济、私人资本主义经济、外资经济）。2016年越共十二大通过了《2016—2020年经济社会发展战略》，提出截至2020年年底，人均GDP增至3 200～3 500美元。近年来越南经济持续以较快速度增长。越南是广西和东盟十国贸易额最大的国家。2020年广西对越南进出口贸易额达1 762.39亿元，其中出口额达1 343.92亿元，进口额达418.47亿元。越南著名高校有河内国家大学、胡志明市国家大学、顺化大学、岘港大学等。

泰国：即泰王国，位于中南半岛的中部，西邻缅甸，东北接老挝，东南与柬埔寨接壤，南临泰国湾，国土面积51.3万平方千米，首都曼谷。除大陆部分外，泰国领土还包括马来半岛的东北部和中部地区，以及半岛东岸边的部分岛屿，属热带季风气候。人口6 900万，有30多个民族，泰族占40%，其余为老挝族、汉族、马来族、高棉族，以及苗、瑶、桂、汶、克伦、掸、塞芒、沙盖族等山地民族。90%以上的民众信仰佛教。泰语是泰国的官方语言，曼谷的大部分地区及大部分旅游景点英语被普遍接受。泰国是君主立宪制国家，国王是一国之君。国会由下议院和上议院组成。泰国实行自由经济政策，鼓励私人投资和竞争，引导私营部门在国民经济发展中起主导作用；增加政府在基础设施上的投资，改善投资环境，大力引进外资和技术，努力扩大出口。加快经济体制改革步伐，解除经常项目下外汇交易管制，允许外国银行在曼谷经办"离岸业务"。积极参与区域性经济合作，是亚太经济合作组织（APEC）和东盟自由贸易区（AFTA）成员国。泰国正由以农产品出口为主的农业国逐步向新兴工业国转化，是东南亚最大的白色家电生产基地，工业制成品成为泰国主要出口商品。泰国米是世界名米，泰国是世界头号大米出口国；虾、橡胶产量与出口量十分突出，是世界第一的产虾大国；盛产热带水果，榴莲和山竹名扬天下。货币名称为铢。旅游业发展很快，已成为泰国外汇收入的主要来源之一。服务业比较发达，著名的曼谷东方饭店以其优质服务而连续多年位居世界著名旅游饭店之首。中泰双方自1975年建交后，保持了高层次的友好往来，经贸关系发展良好，泰国进口中国的机电、机械、服装及苹果、雪梨等。泰国著名高等院校有朱拉隆功大学、泰国国立法政大学、玛希敦大学、泰国农业大学、清迈大学、孔敬大学等。

缅甸：即缅甸联邦共和国，位于中南半岛西部，北接中国；西北与孟加拉国、印度为邻，西南濒临孟加拉湾，东和老挝、泰国接壤，是东南亚中南半岛上最大的国家。面积67.7万平方千米。全国地势北高南低，几条大河流都源于中国。首都仰光。人口5 458万（2020年4月），共有135个民族，主要有缅族、克伦族、掸族等，其中缅族约占总人口的65%。华人、华侨约250万。全国85%以上的人信奉佛教。属热带季风气候。国家最高权力机构是国家和平与发展委员会，由13人组成。军政府执政期间，致力于民族和解进程。缅甸自然条件优越，资源丰富，缅甸玉有名，仰光大米也名闻遐迩。但多年来工农业发展缓慢。1987年12月被联合国列为世界上最不发达国家之一。1989年3月31日，政府颁布《国营企业法》，宣布实行市场经济，并逐步对外开放，允许外商投资，农民可自由经营农产品，私人可经营进出口贸易。目前私营经济占主导地位，约占国民生产总值的75%。由于美等西方国家的长期制裁，以及本身经济结构的封闭性和脆弱性，缅甸经济仍然未走出困境。全国和尚、尼姑、佛寺、佛塔众多，人称缅甸为"万塔之邦"。缅甸仰光大金塔、浦甘佛寺群、古典舞蹈吸引了众多游客。

新加坡共和国：属发达小国。地处马来半岛南端，东临南中国海，西朝马六甲海峡，南隔新加坡海峡与印度尼西亚相望，北隔柔佛海峡与马来西亚为邻。新加坡由一个本岛和附近63个小岛组成，本岛从东到西约42千米，从南到北约23千米。包括所有大小岛在内，总面积为724.4平方千米（2019年），是东盟面积最小的国家。新加坡居于东南亚地区的中心，是重要的港口，处海上交通十字路口，正当太平洋和印度洋两大洋交通的要冲，因此它是亚、澳、欧、非四大洲海上交通的枢纽。首都是新加坡市。总人口570万（2019年6

月），公民和永久居民 403 万。华人占 74% 左右，其余为马来人、印度人和其他种族。马来语为国语，英语、华语、马来语、泰米尔语为官方语言，英语为行政用语。新加坡是一个多元种族的社会，华人多信奉佛教或道教，其余信奉伊斯兰教、印度教等。新加坡实行议会共和制。总统为国家元首，内阁是新加坡执行行政权力的机构，总统委任国会中多数党领袖为总理。新加坡是新兴的工业化国家，东南亚的金融中心。以制造业为主体，着重发展资本密集型高技术产业，主要有炼油、石化、船舶与钻井台修造、冶金、机械、电子等，全国有 20 多个出口加工区。海运业、对外贸易发达。新加坡几乎没有农村，70 年代后推行花园城市运动，境内草茂花繁，整洁美丽，因此又被称作"花园城市国家"。旅游业发达，已成为国家经济支柱产业之一。新加坡人享有很高的生活水平。新加坡有"狮城"之称，是世界级的购物天堂，治安之佳享誉全球。

老挝：即老挝人民民主共和国，位于中南半岛的西北部，是东南亚唯一内陆国家。老挝北邻中国，西接缅甸、泰国，南接柬埔寨，东邻越南。属热带季风气候，以山地高原为主。面积 23.68 万平方千米，人口 723 万（2019 年）。首都万象，内多寺庙、古塔，其建筑体现热带风格和老挝艺术的特点。老挝是一个多民族国家，有 50 个民族，统称为老挝民族。通用老挝语。佛教为国教，居民多信奉佛教。华侨、华人约 7 万多人。水资源丰富，湄公河流经其境内；多名贵木材，如柚木、花梨等。经济以农业为主，工业基础薄弱，主要靠公路、水运和航空运输，国内仅有首都万象至老泰边境 3 千米铁路。中老铁路于 2015 年 12 月奠基，2016 年 12 月全线开工，目前土建任务已基本完工，线上施工已启动。1991 年起，老挝人民革命党确定和贯彻执行"有原则的全面革新路线"，提出与强调坚持党的领导和社会主义方向不变，对外实行开放政策。2001 年老挝党"七大"制定了截至 2010 年年底基本消除贫困、截至 2020 年年底摆脱不发达状态的奋斗目标。当前，老挝政治稳定、社会安宁，经济贸易发展势头良好。主要旅游城市有万象市、琅勃拉邦市等。

柬埔寨王国：位于东南亚中南半岛南部，东北部与老挝交界，西北部与泰国为邻，东和东南部与越南接壤，西南濒泰国湾，面积为 18.1 万平方千米，海岸线长 460 千米。中部和南部是平原，东部、北部和西部被山地、高原环绕，大部分地区被森林覆盖。首都金边。人口约 1 600 万，高棉族占总人口的 80%。华人华侨约 110 万。官方语言为柬埔寨语（又称高棉语）。国教为佛教，全国 93% 以上的人信奉佛教。柬埔寨属君主立宪制王国，实行多党制和自由市场经济，立法、行政、司法三权分立。国王是终身制国家元首、武装力量最高统帅、国家统一的象征，有权宣布大赦。国会是柬埔寨全国最高权力机构和立法机构。柬埔寨是农业国，工业基础十分薄弱，属世界上最不发达国家之一。民风淳朴，合十礼是传统的见面礼。洞里萨湖是世界上著名的天然淡水渔场。世界闻名的吴哥古迹，被联合国教科文组织列为世界文化遗产。

马来西亚：居东南亚的核心地带，全境被南中国海分成东马来西亚和西马来西亚两部分，面积约 33 万平方千米。西马来西亚为马来亚地区，位于马来半岛南部，北与泰国接壤，西濒马六甲海峡，东临南中国海；东马来西亚为沙捞越地区和沙巴地区的合称，位于加里曼丹岛北部，与印尼、菲律宾、文莱相邻。属热带雨林气候。海岸线总长 4 192 千米。首都吉隆坡。人口 3 268 万，其中马来人占 69.1%，华人占 23%，印度人占 6.9%，其他种族仅 1.0%。马来语为国语，通用英语，华语使用较广泛。伊斯兰教为国教。国家首脑为伊斯兰教领袖兼武装部队统帅，从各州的世袭苏丹中选举产生，拥有立法、司法和行政的最高权力，以及任命总理、拒绝解散国会等权力，任期5年。上下议院组成国会，是最高立法机构。自然资源丰富，石油储量丰富，曾是世界产锡大国，近年来产量逐年减少。橡胶、棕榈油和胡椒的产量和出口量居世界前列，其中，棕榈油出口居世界首位。盛产热带水果、梗木。电子工业发达，产品出口美国、日本，是亚洲地区引人注目的新兴工业化国家。主要旅游景点有吉隆坡、云顶、槟城、马六甲。

印度尼西亚共和国：地处亚洲东南部，北与马来西亚、文莱相连，西北隔马六甲海峡与马来西亚、新加坡为邻，东北隔海与菲律宾群岛相望，东南与澳大利亚相对，西南与西面临印度洋。陆地面积为191.4万多平方千米，是东南亚最大国家。岛屿众多，有近1.8万个，堪称"万岛之国"。为典型的热带雨林气候。首都雅加达。人口2.62亿，是世界第四人口大国，有数百个民族，其中爪哇族占45%。民族语言共有200多种，官方语言为印尼语。约87%的人口信奉伊斯兰教，是世界上穆斯林人口最多的国家。实行总统制，总统为国家元首、行政首脑和武装部队最高统帅。总统任命内阁，内阁对总统负责。人民协商会议是国家最高权力机构。石油、煤、天然气储量大，其生产居世界前列，森林资源丰富，木材、胶合板生产世界有名，橡胶、椰子、棕榈油产量居世界前列。旅游业是印尼创汇的主要行业，主要旅游景点有巴厘岛、雅加达缩影公园、日惹婆罗浮屠佛塔等。

菲律宾共和国：位于亚洲东南部、太平洋西部的海面上，是东南亚海岛地区仅次于印度尼西亚的第二大岛国，全国由7 100多个大小岛组成，素有"千岛之国"之称，属热带海洋性气候。国土面积29.97万平方千米，全国人口约1.08亿，有90多个民族，马来族占全国人口的85%。有70多种语言，都属于南岛语系，国语是以他加禄语为基础的菲律宾语，英语为官方语言。居民大多信奉天主教。实行行政、立法和司法三权分立的政体。实行总统制。总统是国家元首、政府首脑兼武装部队总司令。总统拥有行政权，由选民直接选举产生，任期6年，不得连任。国会由参、众两院组成，是最高立法机构。菲律宾是个农业国，椰子、甘蔗、马尼拉麻和烟草是四大经济作物。椰子产量和出口量均占全世界总产量和总出口量较大份额。鱼资源丰富，金枪鱼资源居世界前列。主要旅游景点有碧瑶市、伊富高省原始梯田、百胜滩、马荣火山、蓝色港湾等。菲律宾是全球主要劳务输出国之一，在海外工作的劳工有1 000多万。菲佣在世界上小有名气。

文莱：全称文莱达鲁萨兰国，位于加里曼丹岛北部，三面与马来西亚接壤，北临南中国海，面积5 765平方千米。首都斯里巴加湾市。人口45.95万（2019年），其中马来人占65.8%，华人占10.2%，其他种族占24%。马来语为国语，通用英语，华语使用较广泛。伊斯兰教为国教。苏丹为国家元首和宗教领袖，拥有立法、行政和司法等全部国家权力。石油、天然气资源丰富，油气业、建筑业、旅游业发展较快。

二、东盟

东南亚国家联盟简称东盟，由1967年的5国发展到现在的10国（印尼、马来西亚、菲律宾、泰国、新加坡、文莱、柬埔寨、老挝、缅甸、越南），其秘书处设在印度尼西亚首都雅加达。东盟的宗旨是在平等和协作基础上共同促进本地区的经济增长、社会进步和文化发展，同国际和地区组织进行紧密和互相的合作。东盟成立多年来，已日益成为东南亚地区以经济合作作为基础的政治、经济、安全一体化合作组织。从1995年起每年召开的东盟首脑会议已成为东盟国家商讨区域合作大计的最主要机制。不久，"10+3（中日韩）"和

"10+1（中、日、韩单方）"合作机制也随之产生。为了早日实现东盟内部的经济一体化，东盟自由贸易区从2002年1月1日正式启动。自由贸易区的目标是实现区域内贸易的零关税。文莱、印度尼西亚、马来西亚、菲律宾、新加坡、泰国六国已于2002年将绝大多数产品的关税降至0~5%。越南、老挝、缅甸和柬埔寨四国已于2015年实现这一目标。

三、中国—东盟自由贸易区与广西

1. 中国东盟博览会落户广西南宁

中国—东盟自由贸易区的设想于2001年提出，指在中国与东盟10国之间构建的自由贸易区，即"10+1"。2002年11月4日，第六次东盟与中国领导人会议在柬埔寨首都金边举行。中国领导人在讲话中提出启动中国与东盟自由贸易区进程的建议。中国领导人与东盟10国领导人签署了《中国与东盟全面合作框架协议》，决定到2010年建成中国—东盟自由贸易区。此后，广西向中国政府商务部提出申办中国—东盟博览会的报告。2003年10月1日起，按中泰两国签署协定，在两国间实行了蔬菜和水果产品零关税。中国—东盟自由贸易走出了实质性的一步。2003年10月8日，国务院总理温家宝在第七次中国—东盟领导人会议上建议，从2004年起每年在中国广西南宁市举办中国—东盟博览会。这一建议得到了各国领导人的普遍欢迎，并写入会后发表的主席声明中。在这次会议上，温家宝总理同时建议举办中国—东盟商务与投资峰会。2004年，首届中国—东盟博览会和首届中国—东盟商务与投资峰会在广西南宁市同期举办。

当时广西提出申办中国东盟博览会并得到认可并不是偶然。

首先，广西沿海、沿边处于中国与东盟结合点的独特地理位置上，或者说祖国大陆与中南半岛各国的交往和西南地区与国外的交往在广西交汇。为求得最短的运输距离和低廉的运输成本，我国大部分地方尤其是经济发达的华南广东、香港等地，华东的上海、江苏、浙江、福建等地，西南的贵州、重庆、四川、云南等地，向东盟特别是越南出口的商品，大都经陆路取道广西输出；我国西南各省出口世界各地的商品，也经广西的海港运出。而东盟各国出口到我国的大部分商品，陆路可经广西的对越边境口岸，海路可经广西的沿海港口，再销售到国内各地。多种物流在广西汇集，使广西物流中心的地位日益显现。同时，区域经济要素人流、信息流、资金流也将逐步形成，这无疑会使广西由国内边陲向国际枢纽转变，必然加快广西经济社会发展的进程。

其次，广西具备良好的交通条件。黎湛线、湘桂线、焦柳线、黔桂线、南昆线经过南宁、凭祥与越南的北南统一铁路连接，进而与正在修建贯通的泛亚铁路联网，经越南、柬埔寨、泰国、马来西亚直达中南半岛南端的新加坡，沿途连通6个国家。公路方面，已经完成或正在修建中的南宁—广州高速公路（可延伸至香港）、北海—成都高速公路、南宁—昆明高等级公路、桂柳高速公路（往北连接湖南等北面的省市）、钦防高速公路等，都与南宁—凭祥高速公路连接，再与贯通越南南北的1号公路、芒街—海防公路相连接。这一公路网同时与老挝、柬埔寨、泰国的公路网连接起来，从而实现了中国与东南亚大陆交通网络紧密相连。从友谊关、东兴进入越南后，往西南可到达老挝、缅甸、柬埔寨、泰国，进而到达中南半岛的马来西亚和新加坡。尤其是南宁到河内只有400多千米，开汽车大半天即可到达。海运方面，广西沿北部湾有防城港、钦州港、北海港，其中防城港是华南重要港口，其货物吞吐量已大大提高。这些港口都已有铁路和高速公路跟国内腹地相连接，是中国大陆通往东南亚各国运距最近的港口，通往世界其他地区的港口也很便捷。航空方面，南宁、桂林、北海等已建成通往国外多个国家的机场，其旅客吞吐量已有很大的提高。南宁—河内航线飞行只需半个小时，南宁—曼谷航线也是中国通往泰国最便捷的航线。

最后，广西与东盟各国在经贸领域已经开始了全面合作，东盟已成为广西第一大贸易伙伴。2002年，广西对东盟的进出口额为6.27亿美元，占全区进出口贸易总额的25.8%。进口的大类商品有植物类产品、各种橡胶原料、矿产品等，出口的大类商品有机电类产品、植物类产品、化工类产品、纺织产品、车辆、陶瓷产品等。一方面，从投资领域看，截至2002年年底，广西在东盟各国的非贸易类投资项目有39个，总投资额近3500万美元，所投资的国家有越南、泰国、新加坡、马来西亚、老挝、柬埔寨等，投资领域涉及医药、服务业、农业、轻工业和纺织业等。另一方面，截至2002年10月底，东盟有越南、柬埔寨、菲律宾、新加坡、泰国、马来西亚、印度尼西亚7个国家的客商在广西投资，项目累计300多个，合同外资额11亿多美元，实际利用外资6亿多美元。

2. 中国—东盟博览会

中国—东盟博览会，是由中国商务部和东盟10国政府经贸主管部门及东盟秘书处共同主办，内容涵盖商品贸易、投资合作和服务贸易，是集政治、外交、经贸、人文于一体的国际性盛会。2004年起每年在广西南宁市举行，同时举办中国—东盟商务与投资峰会。它的主题是贸易与投资、交流与合作，宗旨是"促进中国—东盟自由贸易区建设，共享合作与发展机遇"。它涵盖商品贸易、投资合作和服务贸易三大内容。打造中国—东盟交流合作平台，促进中国与东盟的友好、合作和发展。中国—东盟博览会举办以来，中国与东盟之间的合作领域不断拓宽。双方确定了农业、交通、信息通信、人力资源开发、相互投资、湄公河流域开发、能源、文化、旅游、公共卫生、环境11大重点合作领域，在法律、非传统安全、青年、新闻、质检、防灾减灾等20多个领域开展了务实合作，签署了农业、信息通信、建立中国—东盟中心等10个合作谅解备忘录和合作框架等。

3. 中国—东盟自由贸易区、中国—东盟博览会促进广西的开放发展

一年一度的中国—东盟博览会如期召开，中国—东盟自由贸易区2010年已建成，它大大促进了广西的开放发展。

2004—2020年中国—东盟博览会举办期间，共有83位中外领导人、3300多位部长级贵宾出席并通过开幕大会进行主旨演讲、领导人会见、部长级磋商、主题国活动、政商对话等，不断推动构建中国—东盟命运共同体。83.2万名中外客商一起来到广西首府南宁商讨国际区域合作，分享中国—东盟商机。数万多家企业参展参会，数百家中外商协会与博览会联手合作；此外，还有一些国内外城市在博览会上展示城市魅力和合作商机。让广西人民大开眼界，广交朋友。

目前，有6个东盟国家（越南、泰国、柬埔寨、老挝、缅甸、马来西亚）在南宁设立了领事馆。菲律宾在南宁设立了商务代表机构。日本、韩国商务联络部也相继运行。中国—东盟博览会每年在南宁举办，利用广西海、陆、空的区位优势，打通中国与东盟国家的合作渠道。博览会、峰会框架下共举办了200多个会议论坛，涵盖40多个领域，建立起多领域常态化合作机制，带动了中国—东盟信息港、中国—东盟企业家联合会等一批重大项目和平台落地，发布了《南宁共识》《南宁宣言》《南宁倡议》等一系列以"南宁"命名的合作文件，形成了独特的"南宁渠道"。截至2020年年底，中国—东盟博览会、中国—东盟商务

与投资峰会已连续成功举办17届，正从服务"10+1"向服务 RCEP（Regional Comprehensive Economic Partnership，区域全面经济伙伴关系）和"一带一路"延伸拓展。

中国—东盟博览会所形成的政治、外交、经济、文化的向心力和凝聚力，使广西的对外开放水平和层次显著提升。多年来，东盟在广西设立的外商投资企业不断增加，印尼金光集团、新加坡来宝集团、马来西亚常青集团和实达集团、泰国两仪集团等东盟国家知名企业已落户我区；广西在东盟的投资项目和设立的办事机构也在增加，对东盟10国投资实现了全覆盖，涉及农业、矿产、化工、通信器材、园区建设等多个领域。截至2019年年底，广西与东盟双向投资超过了110亿美元。中马关丹产业园、中国·印尼经贸合作区、中国（广西）—文莱渔业合作示范区、泰国正大—广西建工科技产业园、菲律宾亚联钢铁厂等项目进展迅速。另外，广西依托中国—东盟博览会、泛北部湾经济合作论坛、中国—东盟信息港等开放合作平台，积极拓展与"一带一路"沿线国家和地区的经贸往来。

中国—东盟自由贸易区建成促进了广西与东盟各国的进出口贸易。2003年，广西进出口总值为31.9亿美元，其中与东盟的贸易额仅为8.26亿美元。2009年，广西对越南进出口39.8亿美元，增长27.5%，占同期广西与东盟贸易总额的80.5%，其中出口31亿美元，进口8.8亿美元，分别增长36.6%和3.4%；贸易额超过1亿美元的国家还有马来西亚、新加坡、泰国和印度尼西亚，分别为2.7亿美元、1.9亿美元、1.6亿美元和2.6亿美元，对马来西亚、新加坡、泰国三国分别增长77%、29%和0.1%，对印度尼西亚则下降了10.7%；与文莱进出口不足1 000万美元，但也保持增长态势。2010年1月1日，中国—东盟自由贸易区建成。中国对东盟的平均关税从9.8%降至0.1%，东盟成员国文莱、印度尼西亚、马来西亚、菲律宾、新加坡、泰国对中国的平均关税从12.8%降低到0.6%，大大促进了广西与东盟的贸易。2010年，东盟成为广西第一大贸易伙伴和第一大出口市场，双边贸易总值65.3亿美元，增长31.9%。其中对东盟出口45.9亿美元，增长27.1%；自东盟进口19.4亿美元，增长45.1%。

2020年是中国—东盟自贸区全面建成10周年。10年来，中国和东盟经贸合作不断取得新成就，双边贸易额由2010年的2 928亿美元增至2019年的6 415亿美元。广西也不断提升与东盟国家的贸易合作。自治区商务厅提供的数据显示，双方经贸相融相通，进出口额一路走高。自2000年起，东盟连续20年成为广西第一大贸易伙伴，2010—2019年，广西与东盟贸易额从65.3亿美元提升到343亿美元，增长了4.3倍。2019年广西对东盟进出口总值中，对越南进出口1 753.9亿元，同比增长0.3%；对泰国进出口318.7亿元，同比增长2.5倍。广西开展跨境贸易人民币结算试点，成效显著。2010—2019年，广西对东盟跨境人民币结算由248.9亿元增长至659.6亿元，人民币成为广西与东盟第一大跨境支付货币。

中国—东盟自贸区建设以来，中国与东盟国家的教育合作与交流呈持续增长态势，我区因得地理之便，注重与东盟国家的教育交流与合作，获益更丰。据统计，2008年，广西有来自境外的留学生4 378人，其中来自东盟国家的留学生3 696人，占在华东盟国家留学生总量的一成。广西高校到东盟国家实施1~2年教学的学生每年接近5 000人。2019年在广西东盟国家留学生突破1万人，广西是全国东盟留学生最多的省区之一。

广西与东盟国家的文化交流颇有成效。广西文化厅多次组织文艺团体到境外演出。2008年2月，受文化部委派，由中国对外演出公司、广西杂技团、广西歌舞剧院组成的广西艺术团一行40人赴印尼演出。此外，每年的南宁国际民歌艺术节都专门组织东南亚风情歌舞演出，让来自东盟国家的演艺团体在南宁尽展异国魅力。广西与越南达成协议，把中国的资本、创意、运营模式等和越南的民族风情相融合，共同打造下龙湾大型海上实景演出项目。2008年年初，广西民族博物馆等与东盟各国博物馆联合举办了"广西民族博物馆与东盟十国博物馆工作交流座谈会"，就共同举办"东盟文化展"与"博物馆10+1联盟"项目进行了交流。同年12月，越南国家历史博物馆、广西壮族自治区博物馆等联合举办了为期3个月的"海上丝路遗珍——越南出水陶瓷精品展"，在广西共展出224件陶瓷器物。2017年，第12届中国—东盟文化论坛采用"开幕大会+专业会议+艺术呈现+配套活动"的架构，聚焦"中国—东盟传统艺术传承与发展"，并通过了《中国—东盟艺术院校校长圆桌会议南宁倡议》，出版了《中国—东盟传统艺术精粹》。2018年，第13届中国—东盟文化论坛紧紧围绕"传承创新 发展共赢——中国—东盟文化创意产业的交流与合作"主题，以"开幕+大会+展演+签约+会谈+配套"的架构，开展了"民族瑰宝，八桂神韵"广西非物质文化遗产展演活动、"创意点亮生活"文创产品展、中外企业现场签约、企业家会谈等活动，编印了中英图文版《创意点亮生活 中国—东盟文化创意产品集锦》，得到各方广泛关注。2019年，广西成功举办中国—东盟博览会文化展和中国—东盟博览会动漫游戏展，集中展示了中国和东盟特色文化形象、旅游文化、演艺文化、创意文化产品、期刊出版物、动漫游戏及相关产业的服务外包、开发制作、版权交易、出版发行、译制播放、衍生品等，吸引了中国、印尼、泰国、马来西亚、日本、韩国等国的200多家企业参展交流、洽谈签约，进一步推动中国与东盟国家在文化、动漫和游戏产业领域的交流合作，积极培育文化领域新业态。民族医药、出版等产业领域的交流合作也在不断加大，合作交流内容不断丰富，双边、多边共赢的局面逐渐形成。

旅游方面，广西与东盟各国已互为重要客源地，广西接待的外国旅游者中40%以上是东盟游客。广西与东盟的旅游合作交流趋于常态化。广西举办了两次"走进东盟——广西旅游国际大篷车"大型旅游宣传促销活动，并积极组团参加东盟国家举办的旅游活动。广西邀请东盟媒体和旅行商到广西采访、考察，邀请东盟重点旅行商参加中国—东盟博览会。在完善"新马泰"传统旅游线路的基础上，整合区域旅游资源，新开辟了"越老柬神秘之旅""中越跨国胡志明足迹之旅""中越边境探秘游""中越海上跨国之旅"等多条跨国旅游线路，东盟各国也加大了在中国的旅游宣传促销力度，通过博览会"魅力之城"专题，综合展示各国城市丰富多彩的旅游资源和深厚的历史文化。越南和马来西亚已成为广西排名第一、第二位的客源国。2019年，第14届中国—东盟文化论坛着重推广中国与东盟各国交流文化旅游产业发展的实践经验，探讨文化与旅游融合发展的趋势及路径，展望中国与东盟开展文化旅游交流合作的愿景，助推中国与东盟各国文化旅游共同繁荣。

交通方面，除公路、铁路、海运往来线路增加外，截至2020年年底，南宁机场至东盟国家定期航线数量26条，通航东盟10国23个城市，实现东盟国家主要城市全覆盖，通航东盟航点数量排名全国第6位。

课后复习思考题

查找相关材料，分析中国东盟博览会举办以来对广西开放合作发展产生了哪些重要的影响。

第七章　历代八桂名人与古今他乡来客

一、历代八桂名人

陈氏父子经学造诣冠岭南：陈钦，西汉末生于苍梧郡广信（今梧州市），著名的经学家。熟习五经，尤精《左传》。王莽曾师从其习《左传》，治五经。史称陈钦"举茂才为五经博士，钦治左氏春秋……与刘歆同时而别自名家"。陈元，陈钦之子，是东汉初有名的经学家。《后汉书·陈元》记载："元少传父业，为之训诂，锐精覃思……与桓谭、杜林、郑兴俱为学者所宗。"陈元在参与反东汉流行的谶纬思想的斗争中，有一定的贡献。

士燮：苍梧郡广信人，东汉末任交趾太守。他礼贤下士，附者众。三国时，士燮归属孙吴，为卫将军。精通古文经学，曾为《春秋》作注，对《左传》《尚书》研究的心得颇多。

牟子：名融，苍梧郡广信人，东汉末有名的佛教人士八桂传佛第一人。他博学多才，精通诸子百家。其就当时社会对佛教的疑惑所著的《理惑论》，糅合佛家、儒家、道家学说，为研究我国佛教发展的重要著作。该书曾被译成外文向外传播。

曹邺：广西阳朔县人，进士，唐代诗人。曾任京官及地方官。《全唐诗》收录其诗二卷，共108首。今阳朔县仍保存着其当年发奋读书所在的读书岩。

曹唐：广西临桂区人，唐代诗人。当过道士，中榜进士，做过幕僚。《全唐诗》收录其诗二卷，共140多首。后人辑有《曹从事诗集》。

韦敬办、韦敬一：唐初壮族诗家，唐澄州（今广西上林县）人，无著作传世。韦敬办袭父位，为唐代澄州刺史、澄州壮族首领。今存上林县的《智城碑》碑文为其所写。碑文兼用骈体文、四言古体诗，反映了当时当地少数民族的一些上层人物，已有较高的汉文水平。韦敬一为韦敬办的下属和同宗，无虞（今属上林）县县令，是《智城碑》碑文的刻制者。

广西籍状元：在科举史上，广西出过八位状元。第一位状元是赵观文（唐代，桂林人）。还有连中三元（解元、会元、状元）两位（历史上连中三元，全国16人），即冯京（宋代，今宜州区人）、陈继昌（清代，今临桂区人）。其他五位是梁嵩（南汉，今平南县人）、王世则（北宋，今永福县人）、龙启瑞（清代，今临桂区人）、张建勋（清代，今临桂区人）、刘福姚（清代，今临桂区人）。

肖云举：今南宁市人，南宋举人，官至礼部尚书，在青山顶上建龙象塔（抗日战争时炸毁，1987年重建，高60米，207级，是广西最高最大的塔，又称青山塔），并改原建的孤独寺为青山寺。

袁崇焕：明末杰出政治家、军事家，抗清将领。祖籍广东，落籍广西藤县，曾居平南，进士。受命在东北阻击清兵进攻，镇守宁远，大败努尔哈赤；于锦州且耕且战，有实绩，迁兵部右侍郎。皇太极进犯宁远、锦州，为袁所败，袁率军取得"宁锦大捷"。任兵部尚书时，在北京郊外，又败清兵。后因魏忠贤操纵朝政，皇太极用反间计陷害，袁崇焕下狱被杀。

抗击外敌的民族英雄：明朝，瓦氏夫人亲率壮家子弟数千人到江浙抗击倭寇，屡立战功，扬名海内外。民族英雄刘永福（今钦州市人），指挥黑旗军勇胜入侵的法军；民族英雄冯子材（今钦州市人），亲率萃军与友军团结抗法，取得镇南关大捷。

石涛（1642—约1707）：原名朱若极，石涛为其字，生于广西桂林，明靖江十三代王之子。曾在全州县湘山寺为僧，后云游大江南北，并潜心学画。精于画山水、兰竹、花果，兼工书法和诗。擅于承继国画传统，勇于创新，对扬州画派和当代、后世有较大影响。有《苦瓜和尚画语录》及后人所辑《大涤子题画诗跋》等。

陈宏谋（1696—1771）：广西桂林市临桂区人，清朝进士。从1729—1764年，历任浙、滇、苏、陕、赣、鄂、豫、闽、甘、湘及两广等十二个省的御史、布政使、按察使、巡抚、总督等职，后迁东阁大学士，兼工部尚书，后加太子太傅。任上多以除弊兴利，整饬吏治，解除民害，发展生产，倡行教化为根本，是清代名臣。平生著作甚多，主要有《湖南通志》《培远堂全集》《大学衍义辑录》等。

刘新翰（1701—1765）：清朝永宁州（今永福）人，举人。曾受聘在武鸣、桂林从教。又担任江苏省江阴县令，以体恤民众、平反冤狱出名。他工于诗，是清代桂北地区壮族文人的先驱，有诗集《谷音集》传世。

王拯（1815—1876）：清代柳州府人，进士。在京居官以通达政事，敢于直言著称。清代后期桐城派古文中的"岭南五家"之一；诗作意深而词粹，被评为"兼苏、黄二家之长"；词作与龚自珍等并称为清代词坛的"后十家"。他还长于书画。主要著作有《龙壁山房文集》《龙壁山房诗集》《茂陵秋雨词》等。

蒋良琪（1723—1783）：清代广西全州人，进士。历任翰林院编修、国史馆编纂、通政使司通政使等。所著《东华录》是研究清史的重要资料，至今仍受史学家重视。

杨延理（1747—1813）：广西柳州府马平县（今柳州市）人。1787—1812年先后三任台湾知府。任内绥靖台政，巩固城防，平乱息斗；发展生产，安民乐业，增加国赋；提倡文教，创办书院，重开科考；将宜兰（噶玛兰）收入清朝版图，设治开发，有"开兰名宦"誉称。

黎建三（1748—1806）：壮族，今广西平南人，18岁中举，诗词名家，著有《素轩诗集》《素轩词剩》等，诗作有较高的思想性和艺术性。在甘肃为官时，办案公正廉洁，关心百姓疾苦，注意开发水利。其子君弼也是诗人，著有《自娱集》。

农赓尧：宁明州人，清雍正年间举人，壮族。一生居乡间读书写诗。传世者百余篇，收入后人所编《宁明耆旧诗辑》。农赓尧与稍后的同乡郑绍曾、赵克广是左江地区壮族文人的先驱，对此地的文人流风深有影响。

刘叙臣：武缘县（今南宁市武鸣区）人，乾隆年间进士，翰林院编修。因不满大贪官和珅而离京返乡在各地从教而终。著有《灵溪文集》《四书讲义》等。他是广西清代中期的教育、文人大家，学问德行为人称道。有时人赞其"德行清如漓江之水，学问高如独秀之峰",为粤西"第一流人物"。

滕问海:清太平府(今崇左市人)人,善诗文,著有《梅溪山人诗稿》《杂言》《文稿》等,所作诗文在左江诗人中属较多者。其子滕楫也是诗人。其所教导的学生陆小姑名闻壮乡。

张鹏展:清代上林县人,出身于书香门第,乾隆年间进士。曾在全国部分地方任职。为官刚正不阿,同情民间疾苦,后不满仕场腐败,告假归乡后于桂林、上林、宾阳等地从教而终。一生著作丰富,有《峤西女范》《山左诗续抄》《宾州志》等,与刘叙臣同列为当时壮族文人大家和教育家。

陆小姑:清代宾州人,少从家学,通诗书。后师从壮族诗人滕问海,以填词作诗终生。惜仅散存诗作数十首传世。她是壮族历史上第一位有影响的女诗人。后来有诗人评价说壮人"女子能读书知咏者恒不多见,自来有以诗名称于世者,惟宾阳陆小姑一人而已"。

黄体元:宁明州人。家道贫寒,发奋自学,少能诗赋。多次应试不中内伤而亡。有遗诗260多首,是清代最著名的壮族"布衣诗人"。

郑献甫:广西象州人,道光年间举人,官至刑部主事,不久,辞官归乡,先后在广西、广东各地书院著书教授终生,是清末教育、诗文、哲学大家。其一生著述丰富,有《四书翼注论文》《辅学轩散骈文集》《辅学轩诗集》《象州志》等;诗作2 800多首,是壮族文人中最有成就的学者和诗人。

受太平天国封王命官的部分广西籍人士:东王杨秀清(桂平市人)、西王肖朝贵(武宣县人,壮族)、翼王石达开(贵港市人,壮族)、北王韦昌辉(桂平市人)、忠王李秀成(藤县人)、英王陈玉成(藤县人)、赞王蒙得恩(平南县人,壮族)、天官副丞相林凤翔(武鸣区人,壮族)、地官正丞相李开芳(武鸣区人,壮族)、慕王谭绍光(象州人)、补天侯李俊良(桂平市人)等。

况周颐(1859—1926):名周仪,号蕙风,广西临桂区人。所作词甚多,合刊为《第一生修梅花馆词》,后删定为《蕙风词》二卷。删定的《蕙风词话》,对历代词人的论述常有精辟之处,正如后人评说其"论词最工,细入毫芒,能发前人所未发"。

唐景崧(1842—1903):广西灌阳县人,进士。中法战争爆发后,招募"景字军"。1885年率部会同刘永福黑旗军与法军在越宣光激战,立战功。1894年由台湾道台、布政使升为巡抚。晚年旅居桂林,与康有为组织"圣学会",创办《广仁报》,进行维新变法宣传。著有《请缨日记》等。

苏元春(1844—1908):永安州(今蒙山县)人。为报父仇,投奔湘军,镇压太平军。升为参将,曾镇压粤、桂、黔农民起义。1884年,中法战争时,任广西提督,率军赴越抗法。曾协同冯子材大败法军,取得镇南关大捷。战后,督办广西边防,历时19年,组织修筑镇南关及沿边炮台130多座,为边防建设、巩固国防做出了贡献。1903年,被贬充军新疆。

王运鹏(1849—1904):桂林市人。1870年中举。他支持康有为改良主义政治改革,后有感于国家多难,仕途不遂,乃潜心填词,其作品造诣很深,被誉为"晚清四大词家之一",在词坛影响较大。著有《袖墨集》《虫秋集》等。

岑毓英:广西西林县人,壮族。祖辈屡世为土司官僚。早年在家乡办团练,后历任云南宜良知县、澄江知府、云南布政使、云南巡抚、贵州巡抚、福建巡抚、云贵总督等。镇压过杜文秀等人领导的回民反清起义，但也率滇军积极参加抗法战争。中法停战后，又守卫边防，参加中越边境划界工作。一生勤于疏奏，后人以《岑襄勤公奏稿》之名刊行传世。

岑春煊（1861—1933）：字云阶，广西西林县人，岑毓英之子。曾中举人，任广东布政使、甘肃布政使。后任陕西巡抚、山西巡抚、广东巡抚、四川总督、两广总督等职。20世纪初驻广西镇压会党起义。1907年任邮传部尚书，授两江总督。参加讨袁"二次革命"，遭通缉逃亡海外。后回国参加护法运动，与旧军阀排挤孙中山。日军进犯上海时，资助十九路军抗战。著有《乐斋漫笔》。

李济深（1885—1959）：广西苍梧县人。北京陆军大学毕业，先在粤军任职，1925年任国民革命军第四军军长。北伐战争期间，任总司令部参谋长、黄埔军校副校长、广东省政府主席。1933年，联合蔡廷锴等在闽组织联共反蒋抗日的"中华共和国人民革命政府"，任主席。为抗日响应中国共产党号召，同中共建立了合作关系，支持抗日民主运动。中华人民共和国成立后，历任中央人民政府副主席、全国人大常委会副委员长、中国人民政治协商会议全国委员会副主席。1959年在北京病逝。

李宗仁：广西桂林市临桂区人，曾为新桂系首脑。先在新式军事学校学习，毕业后曾在旧桂系军队任职至统领，后投靠孙中山。1925年和黄绍竑统一广西。北伐战争时任第七军军长、第三路军总指挥、第四集团军总司令、武汉政治分会主席。抗日战争时，任国民党第五战区司令长官兼安徽省主席、汉中行营主任，曾指挥所部抗击日军取得台儿庄大捷。抗战胜利后任北平行辕主任。1948年国民党行宪，当选副总统。蒋介石下野后，一度任代总统，欲以和谈挽救国民政府未果出走美国。1965年7月回国，受到毛泽东及其他中共领导人欢迎，于1969年1月30日在北京逝世。

黄绍竑：广西容县人，河北保定军官学校毕业。原为新桂系首脑之一。辛亥革命时参加广西学生军北伐敢死队。1925年与李宗仁统一广西，旋任广西省主席兼十五军军长。新中国成立后，历任中央人民政府政务院委员、全国人大常委会委员、政协全国委员会委员、民革中央常委等职。著有《五十回忆》等。

黄旭初（1892—1975）：广西容县人。北京陆军大学毕业，曾为新桂系首脑之一。初在旧桂系军队谋职，后协助李宗仁、黄绍竑统一广西，并任要职。

雷经天：南宁市津头村人，广西早期中国共产党党员。1929年2月，中共广西省委机关设在中山路，秘书处则设在今雷经天故居内。秘书处设立后，成为联络、宣传革命的阵地，在长期的革命斗争中发挥了重要的作用。1949年后，雷经天曾担任广西省副省长、上海社科院院长等职务。今津头村仍有其故居。

马君武（1881—1940）：桂林市人，著名政治活动家，教育家和诗人。早年留学德国，获博士学位。学识渊博，文理兼通，通晓多国语言。同盟会会员，曾为孙中山总统府秘书长。出任过含广西大学等多所全国大学的校长，为国家培养了大批人才；是广西高等教育的奠基人，为广西大学的创立与发展矢志不移。当时学界有"北蔡南马"之说。今桂林市雁山有其墓地及纪念碑塔，广西大学校园立有其高大塑像。

雷沛鸿：南宁市津头村人，先考入两广高等学堂预科，为同盟会成员，是广州黄花岗起义的勇士，后考取公费生赴英留学，又转到美国留学，取得美国哈佛大学硕士学位。回国后投身改造教育、改造社会事业中。曾五任广西教育厅厅长，倡导以教育大众化为目的的广西普及国民基础教育运动；创办广西高等教育，任期内区立医学院成立，新型国民大学西江大学在百色建成。作为教育家，强调革新教育理论与实践研究结合。

梁漱溟：桂林市人，自学出身的著名哲学家和教育家。早年受校长蔡元培聘请在北京大学从教多年；著《乡村建设理论》，倡导乡村建设实验以改造中国；所著《印度哲学概论》，反响强烈，出版的《东西文化及其哲学》，堪称首次倡导东西方文化比较研究的学术经典，受大师梁启超、诗人泰戈尔的称赞，对中国学术界影响很大。后人出版了《梁漱溟全集》，共八卷。

王力：博白县人，中国著名教授。早年求学清华园，受教于各大名师，留学法国，获巴黎大学文学博士学位。回国长期在北京大学等从教。他学问高深，著述丰富，其主编的大学教材《古代汉语》等好评如潮，世界各地大学的汉语专业都把它当作基础教材；桃李遍天下。后人出版有《王力文集》，共20卷，1 000万字。

中华人民共和国首批广西籍获授将军军衔人员：韦国清（东兰人，壮族）、李天佑（临桂人）被授予上将军衔；韦杰（东兰人，壮族）、冼恒汉（田阳人，壮族）、莫文骅（南宁人）、覃键（东兰人，壮族）被授予中将军衔；韦祖珍（东兰人，壮族）、卢绍武（武鸣人，壮族）、吴西（扶绥人，壮族）、欧致富（田阳人，壮族）、姜茂生（凤山人）、黄惠良（平果人，壮族）、黄新友（凌云人，壮族）、覃士冕（东兰人，壮族）、覃国翰（都安人，壮族）被授予少将军衔。

院士李京文：广西陆川县人，中国工程院院士，当代著名经济学家。参与了一大批国家重点工程的技术经济论证，是我国科技进步理论与测度方法的主要开拓者和工程管理理论的奠基者之一。

体操王子李宁：柳州市人，壮族，参加国内外大赛，获得金牌50多枚，仅1982年的世界体操锦标赛，一人独得6枚金牌，为国家、广西争了光。至今体操吊环上的"正吊"、双杠上大回环转体180度，被国际体联以"李宁"命名。由于李宁在体操上的突出成绩，被选为"20世纪最佳运动员"，与另外25名他国运动员一起，永远载入20世纪世界体育史册。

此外，还有梁烈亚（南宁市人，壮族）、李任仁（临桂人）、陈漫远（蒙山人）、朱鹤云（田东人，壮族，少将）、袁也烈（少将）、谢扶民（田东人，壮族）、冯振（北流人）、覃应机（东兰人，壮族）、甘苦（扶绥人，壮族）、罗尔纲（贵港市人）、梁羽生（蒙山人）、李沛瑶（苍梧人）等影响较大的名人。

二、古今他乡来客

颜延之（384—456）：字延年，今山东临沂人，南朝宋著名诗人。为人刚直不阿，因开罪于朝中权贵，被贬到岭南为始安郡（治在今桂林）太守，任期三年。他关心百姓疾苦，多次减免赋税，提倡垦荒，赈济百姓，受当地百姓爱戴。桂林独秀峰因他而得名。其当年避暑读书之岩洞后人称为"读书岩"（在今广西师大内独秀峰东面），有利于桂林文风的形成。

张九龄（678—740）：字子寿，今广东曲江人，唐朝名相、诗人。因受李林甫排斥，遭贬在桂州为官。他一心为岭南百姓效力，在桂期间，整顿吏治，"黜免贪吏，引伸正人"；亲理案件，使"狱无大小，咸得其平"；"按察五岭，德化而风美"，深受百姓称道。其留下的一些诗作，记下了当年八桂风物，也表达了对自己尽忠职守的问心无愧。

元结（719—772）：字次山，自称河南鲁县人，北魏鲜卑族的后裔，唐代文学家。被唐政府委任为持节都督容州诸军事兼容州刺史、御史中丞，充容管经略守护使来到广西。任上初期，容管有战事，他总结前任的得失，采取"抚谕"的政策，并深入少数民族居住的山区，和悦化解，终使他们诚心归服唐廷。在梧州所作《冰井铭》至今仍为当地人谈论。

柳宗元（773—819）：字子厚，河东（今山西省永济市）人，唐代著名文学家、思想家，唐宋八大家之一，官至礼部员外郎。805年，因参加王叔文发起的政治革新运动而被贬为永州司马，10年后调任柳州刺史，4年后死于任上，世称"柳柳州"。在柳期间，他关心百姓疾苦，实行了释放债奴、革除迷信陋俗、办学兴教、带头种柑植树、凿井取水抗旱、整修城墙街道等一系列有利于社会进步和发展生产的措施，受到当地民众的称赞。此外，他还写了不少赞美柳州秀美山水的名篇，以及反映柳州地方风俗民情、文物胜迹的佳作。他死后，柳州人民十分怀念他，在其休闲时常去的罗池边建祠以示纪念，后称柳侯祠。至今柳州市柳侯公园内还保存着柳侯祠、柳宗元衣冠墓、罗池、柑香亭等古迹。其中，祠内《荔子碑》碑文内容是唐朝大诗人韩愈写给柳州人民祭祀柳宗元的祭歌《迎享送神诗》，碑文字体系北宋著名文学家、书法家苏轼所写。由于碑文把"韩诗"（韩愈的诗文）、"苏书"（苏轼的书法集）和"柳事"（柳宗元的事）融为一体，而他们三人都在唐宋八大家之列，所以被誉为"三绝碑"，此碑是柳侯祠内现存最为珍贵的历史文物之一。

李渤（772—831）：字浚之，今甘肃泰安人，唐代诗人。唐敬宗时被贬到桂州出任桂州刺史、桂管都防御观察使。任上期间，组织百姓力量使灵渠能通航与灌溉。奏请朝廷在桂设成义仓，允官在灾荒年份开仓赈饥，深得民心。修治桂林山水并留诗作，后人至今仍受其惠，念其功。

李商隐（813—858）：字义山，今河南沁阳人，唐著名诗人。受唐末朋党之争的牵累，被排斥出朝，到广西做桂管观察使郑亚的幕僚。在桂期间，作文写诗的同时，向郑亚及朝廷提出不少关于治理桂管地区的政治、军事方面的建议。如，对少数民族实行安抚政策，忌横征暴敛等。其在桂的诗作有不少是描写当地风貌习俗的。

黄庭坚（1045—1105）：号山谷老人、八桂老人，洪州分宁（今江西省修水县）人，北宋诗人、书法家。他工诗能词，开创江西诗派。晚年被诬修实录不实，遭免职贬送宜州编管。在宜州期间，设馆讲学，勤奋写作，后病故宜州。后人为纪念他传播文化之功，在今城西立山谷祠，祠内有山谷先生画像碑刻，祠后有山谷衣冠冢。

秦观（1049—1100）：字少游，号淮海居士，扬州高邮（今属江苏省）人。北宋诗人、词人。曾任秘书省正字兼国史馆编修等职，因政治原因由湖南被送至广西横州编管。在横州期间，曾设馆讲学，后人在其居地建淮海书院，并在城西立祠以示纪念。后由广东北返经广西藤州时病故。藤州人哀其之死，建祠纪念。在桂期间，留有部分诗作，如《醉乡春》《鬼门关》等。

苏轼（1037—1101）：号东坡居士，四川眉山人，北宋著名文学家、书画家。1100年5月从琼州获赦迁廉州（今合浦）。在廉州期间，品尝廉州龙眼后，留下《廉州龙眼质味殊绝可敌荔支》的赞美诗篇。瞻仰当地海角亭时，写下"万里瞻天"四个大字，成为至今仍悬挂于此亭内正中上方的匾额。后人在其曾住之地建东坡亭以示纪念。10月，溯南流江北上，过博白、郁林、藤州、梧州出广西境，前往迁调地湖南永州。

柳开（947—1001）：宋初古文运动最早的倡导者。宋初知全州，为当地百姓做了不少好事，其中安抚西延（今资源）瑶民粟氏有功，受宋太宗赏赐。他又用赏钱修筑全州有史以来的第一所书院,还兴办学校,率士人讲读其间,使全州文风渐成。

李纲(1083—1140):字伯纪,今福建人,宋代抗金名相,爱国诗人。任高宗朝相期间,遭投降派攻击,被放逐海南。1132年重被高宗委任为湖广宣抚使兼知潭州(今长沙)。从琼回湘途中路经陆川、北流、玉林、容县、苍梧、象州、桂林、阳朔等地。他游览了北流勾漏洞、容县都峤山、桂林及阳朔等的山水名胜,留下了不少既赞美八桂美好景物又表现出自己对国家前途关切的诗篇。

张孝祥(1132—1170):字安国,今安徽和县人,南宋爱国诗人。知静江府兼广南西路经略安抚使。在桂期间,为当地百姓做了不少好事,如赈灾荒、减赋税、兴文教、修水利等,史称"治有声绩"。擅长书法的他还在桂林诸名山岩洞留下了珍贵的题刻,如伏波山"还珠洞"石刻至今仍存。

周去非:字直夫,浙江永嘉人,南宋进士。曾任广南西路桂州(今桂林市)通判与钦州教授。离任归乡后写成《岭外代答》,共10卷,分20门。今存辑本,共294条,对研究古代岭南地区社会历史地理、少数民族风土人情和中外交通等具有重要史料价值。

范成大(1126—1193):字致能,江苏人,进士,南宋诗人。曾任广南西路经略安抚使,多有建树。所著《桂海虞衡志》全面简要地介绍了宋代广西的风土物产和生活习俗,很有价值。桂林山水甲天下,也与他的极力推介有关。

解缙(1369—1415):字大绅,今江西吉水人,进士,明朝著名学者,《永乐大典》主纂。因批评朝政于永乐年间被贬到广西任布政使司参议,全州、兴安、灵川、桂林、阳朔、平乐、梧州、苍梧、藤县、桂平、北流、柳州、宁明、凭祥、龙州等地,都留下了他的足迹。从留下的在桂诗作看,既有对任上地山水的陶醉,又有因触景生情而产生的思乡之感。

王守仁(1472—1529):又称阳明先生,浙江余姚人,明著名哲学家、教育家。嘉靖年间受命为都察院左都御史巡抚广西,总督粤、桂、赣、湘四省军事。1528年,派人与乘八寨(今上林、忻城境)农民起义而叛乱的思恩、田州土官卢苏、王受谈判,和平解决思恩、田州问题,随后又利用土官兵力镇压了八寨农民起义。闲余还创办敷文书院(今南宁市共和路),开坛讲学,传播文化,使南疆读书之风大兴,至今在南宁市北宁街仍立有一块镌刻"王阳明讲学处"石碑。青秀山上有阳明洞或称撷青岩,石壁上书"阳明先生过化之地"。他与宋将狄青、孙沔、余靖,宋邕州知州苏缄以及清代莽依图等人曾被人请至原位于今南宁市人民公园的六公祠祭拜,至今在人民公园镇宁炮台还有一块"王阳明先生遗像"碑,一块"敷文书院碑记"。

董传策:明朝嘉靖年间任刑部主事,上奏参劾严嵩专权误国之罪。不料奏本竟落到严嵩手里,董传策随即被抓入狱中,大赦后,被贬到南宁做一个小官。其僚属左江兵备徐浦感其恩,在青秀山一泉边以其姓为泉名,刻石记之,曰董泉。后人又在泉边筑亭叫董泉亭。亭柱上刻有清人苏士俊的对联:"勺水为霖四野咸歌岁稔,一亭志感千秋永识神功。"

徐霞客(1586—1641):明代地理学家和旅行家,今江苏江阴人。他于1637年5月初由湖南进入广西,行程6 000余里,足迹遍及半个广西,撰写的《粤西游日记》,对广西的地质地貌及水源等作了记录,对岩溶地貌的考察研究成果显著,留下了明代广西政治经济等方面的宝贵资料。他游灵渠,考察桂林、阳朔,对当地山水惊叹不已;到柳州,印象颇深;往柳城、融水,途遇艰险,仍矢志不移;放舟浔州、邕州,停留南宁一个多月,依依不舍青秀山;考察左右江,到天等考察历时16天;转道宜山、河池、南丹等。同年底离桂入贵州、云南，继续西行。

邝露（1604—1648）：字湛若，广东南海人。诗界、书法界奇杰。他遍游八桂各地，所写《赤雅》是一部有一定价值的奇书，此书共分三卷，上卷记人，叙述了广西各兄弟民族的风俗习惯；中卷谈地，记述广西各地山川名胜；下卷写物，八桂大地上的特产异物、奇花异木、珍禽异兽都有所记载。

汪森：字晋贤，今浙江桐乡市人。清康熙年间曾先后任桂林、太平（今崇左市）两府通判。其所写的《粤西诗载》《粤西文载》各有 30 万字、100 余万字，分别辑录了历代广西著名作家和客桂著名文人的诗文。《粤西丛载》共 30 多万字，可以说是一部关于广西历代风物志综录，对研究古代广西历史有重要参考价值。

于成龙（1638—1700）：山西永宁州（今山西省离石区）人，生于明末。清顺治十八年，即 1661 年，他突然接到清朝的委任，要他到广西罗城仫佬族自治县做县令。来到罗城后，经过一番调查，他大刀阔斧进行了整治。首先，消除盗匪，加强治安，让百姓安居乐业。措施有建立基层政权，编制保甲，组织民兵，让百姓能自我保护。连坐互保，揭发和监督坏人。颁布严厉的法令，约束民众。其次，对由于历史原因造成的县境内各民族、各族姓的纠纷怨结，尽量采取劝谕、调解的办法进行化解，对邻县间的积怨先晓之以理，后严之以法，最终使冤家变睦邻。最后，重申正粮外，严禁额外摊派与克扣，减少派工且要不误农时，对因正当原因而无力负担者，给予减免。同时，他勤抚恤，崇节俭，曾把官府给他的奖赏用来给罗城农民购牛买种子，扶持百姓发展生产。还建书院，发展教育事业；设养济院，救济收养孤儿孤老。于成龙任罗城仫佬族自治县令七年，正如《清史稿》所言，他"居罗山七年，与民相爱如家人父子……凡所当兴罢者，次第举行，县大治"。于成龙自己也曾说"一生得力于令罗城"。于成龙的治绩得到了总督卢兴祖，尤其是时任广西巡抚金光祖的举荐，康熙六年（1667）被提升为四川合州知州。此后历任知府、道尹、按察使、布政使、巡抚，直至两江总督，官居一品大臣。他死后，康熙帝感慨而言："实乃天下廉吏第一也。"并谥"清端"，加赠太子太保。

赵翼（1727—1814）：字云崧，今江苏武进人，清代著名诗人和史学家。清乾隆年间，任广西镇安府（治今德保县）知府。在镇安期间，他废苛捐杂税，惩贪官污吏；严守边关清除边患；重视生产，引进八角栽种。尊重当地少数民族习俗，赞赏男女对歌择偶古风。

康有为，中国近代变法维新的领袖，曾两次到桂林。第一次在 1895 年 1 月，讲学于桂林风洞山景风阁。第二次在 1897 年 2 月。因"公车上书"，此次到桂林，他得到桂林、广西各界人士的大力支持。在桂林，康有为组织圣学会，通过此会扩大宣传，联络志士，推动政治改革。开办广仁学堂，宣传新学和维新变法。与弟子创办《广仁报》，议论时政，宣传变法维新，激发民族自尊心。这些对广西政界、学界和学术思想产生了重大影响，使桂林成为维新运动的活跃地区之一。

孙中山：为推翻清王朝的封建专制统治，孙中山亲自策划和领导了发生在广西边境的三次武装起义，其中，在 1907 年 12 月，孙中山得知黄明堂等革命军攻克了镇南关右辅山炮台后，立即连夜偕同黄兴、胡汉民等取道越南，从弄尧到镇南关，亲自登上右辅山犒赏将士，并登台燃炮轰击清军。1921 年 6 月，下令发动"援桂讨陆"战争，推翻了旧桂系军阀在广西的统治。1921 年 10 月 15 日—1922 年 4 月 20 日，为出师北伐，统一全国，在桂林设大本营，并到广西横县、梧州、南宁、桂平、昭平、平乐、阳朔、灵川等地巡视。其中在南宁各界人士举行的欢迎会上,孙中山发表了《广西善后方针》的演讲,他首先肯定了"广西是发展生产的好地方,是一个人才众多、物产丰富的省份""妇女的力量非常之大",提出"广西须大借外债,以筑铁路、开矿山、树农场、兴工厂""广西有许多石灰岩山,可以烧石灰,既能作建筑用,又能作肥料用",号召开发和建设广西。他还在《建国方略·实业计划》中提出了建设西南铁路系统的设计,其中设计的三条铁路线贯穿广西;强调建好广西钦州港,由钦州出海,是西南地区的一条最便捷的出海通道。还提出了整治西江、疏浚灵渠的计划,以打通内河交通网,为广西经济交通建设和发展勾画了蓝图。

此外,还有东晋葛洪、唐鉴真、宋之问(唐诗人)、沈彬(唐诗人)、刘克庄(宋诗人)、陈孚(元诗人)、汤显祖(明剧作家)、袁枚(清诗人)等名人或到八桂旅游,或任广西各级职官。

第八章　八桂乡情拓展篇

1. 八桂与桂海

八桂，广西的专称，一是依广西的物产（玉桂树）而定桂、桂林（桂树成林）、桂州之名，进而美名为八桂；二是由广西历代府治所桂林之别名扩展而作全广西别称。"桂林八树，在番隅东。"（《山海经·海内南经》）其八之意，一为言其大，二为丛生、繁多、茂盛。"八桂，广西桂林府郡名。"（《大明一统志》）这是官书中首次以八桂来诠释行政区划名，八桂由此成为官方指代桂林的别称。从宋至民国，桂林一直是广西行政区域治所驻地，以行政区域治所桂林代表广西全省是顺理成章的。因此，原指代桂林的桂、八桂便由省会别称扩展为广西全省的代名称，简称桂。明代以后文人诗中的八桂已泛指广西。且八桂常与五羊、三湘对举，指广西、广东、湖南。广西又名桂海。桂海原指岭南。岭南古时称南海，唐代以前，岭南多长桂树，故岭南又称桂海。唐以后，广西地区产肉桂增多，故桂海的含义逐步成为专指广西地区。南宋范成大写的《桂海虞衡志》，专述广西的山川风物。此后，桂海也成为广西的代名词。

2. 广西部分市县名称由来

柳州以柳岭或柳江而得名。据后晋刘昫《旧唐书·地理志》云，柳州"以州界柳岭为名"。柳岭在柳州北面，唐太宗时，取柳岭之名置柳州。

贵港古称贵州。境内北部平天山古称宜贵山，唐取该山的贵字而置贵州。后为县级贵港市，今为地级贵港市。

象州县因县城隔江对岸有座山，雨后初晴，常有云彩结成大象形状，此山因之得名象山，唐朝因此山之名置象州。

古时冬天，群众在石山前举行赛马娱乐活动，而壮话"岜"是石山之意，后称此石山为岜马山。明清与民国时在此地分置岜马巡检司、岜马乡。后改"岜"为巴。后置今县。

据民国《凤山县志》记载："环山似凤，环凤皆山……今治之得名以此。"

钟山县因县境有钟山，山峰峭立，形似钟鼎，叩之，声如钟鸣，故名钟山。

据民国《凌云县志》记载："县曰凌云，得名于山，治东有凌云山。"清朝以凌云山命名凌云县。

容县，唐初以大容山而设容州，明降为县得名。

灵山县古称南宾县。县境有灵山，其峰有六，雄壮奇特。唐中期改为灵山县。

蒙山县古称蒙州。据宋乐史《太平寰宇记》记载："贞观八年改为蒙州，取州东蒙山为名。"民国时置今县。

藤县古称藤州，因白藤山生长有白藤而得名。明时置今名。

永福县境内有永福山，唐时以山名乡，又以山名县，故称永福县，祈望永远赐福于民。

阳朔县原属于始安县地的一部分。隋初，以阳朔山之名置阳朔县。

三国时期，今忻城县境曾置军腾县。军腾是忻城的转音，唐太宗时置忻城县。县城四周是石山，壮语中忻城是石头城之意。

融水在隋朝以融山、融江名融州，明降州为县，曰融县。

鹿寨，初是明朝以鹿寨山之名置鹿寨堡，在永福县境。中华人民共和国成立后置今县。

合山市，以周围大山绕合于治所，故名合山。

桂林以玉桂树而得名。广西盛产桂树，桂木丛生成林。

玉林原为郁林，以郁金香成林而得名。

桂平以玉桂树而得名。据嘉庆重修《大清一统志》记载，南朝梁时以桂树（指药用玉桂）生长在浔江平原而置桂平郡。

苍梧县因苍梧花、苍梧郡而得名。汉代北山（今梧州北山脚）遍生桐树，春夏开花，古人称为刺桐或苍梧花。汉朝以苍梧花之名，置苍梧郡。隋置苍梧县。

天等县，以县治添等圩、添等乡而得名。因"添"与"天"同音，加之寄寓天下平等之意，将添等乡改为天等乡。

兴业县，唐初取隋代兴德县的"兴"字和祈望农业、畜牧业等兴旺发达之意，故称兴业县。兴安县得名始于宋代，取兴盛安宁之意。

乐业县名称源于清同治年间泗城知府朱腾伟在逻耶一带平乱胜利后，取"安居乐业"之意，将"逻耶"改为"乐业"，沿用至今。

初唐，置博白县，源于此地有博白江。

北流市名是因北流河从南向北流经此境而得名。

富川瑶族自治县于公元前111年置，因富水（江）而得名。

那坡县，清和民国时有镇边县。因与越南友好之故，1953年改为睦边县。因睦边县那坡公社粮食高产，故于1965年改睦边县为那坡县。以县治在那坡圩、那坡公社而得名。

隆安县是明中王守仁在广西平乱后奏请而置，祈望兴隆安宁。

全州以僧人之名而得名。明曹学佺《广西名胜志》记载："全州之名，本于湘山寺僧全真也。"

3. 广西壮族自治区成立纪念日的由来

1958年3月5日，广西壮族自治区第一届人民代表大会第一次会议在南宁召开，宣告广西壮族自治区正式成立。此次会议最后还通过了一项决议："从1959年起，每年3月5日为广西壮族自治区成立纪念日。"1977年，中共广西壮族自治区委员会作出了将自治区纪念日从3月5日推迟至12月11日的决定，并报请中共中央批准，得到中共中央同意。最初选择12月11日为广西壮族自治区成立纪念日，主要是因为该日是百色起义的日子，历史及政治意义深远。

4. 东巴凤

东巴凤（东兰、巴马、凤山）位于广西壮族自治区西部，三县（自治县）土地面积6 133平方千米，其中，东兰县2 414平方千米，巴马瑶族自治县1 981平方千米，凤山县1 738平方千米；耕地总面积3.1万公顷，其中，东兰县1.20万公顷，巴马瑶族自治县0.99

万公顷,凤山县 0.91 万公顷;总人口 70.33 万人,其中,东兰县 27.83 万人,巴马瑶族自治县 23.82 万人,凤山县 18.68 万人,主要民族有壮、汉、瑶、毛南、仫佬、侗、苗、回族等民族,少数民族占总人口的 85.3%。东兰、巴马、凤山是广西农民运动的发源地,是百色起义的腹地和左右江革命根据地的重要组成部分。在革命战争年代,东巴凤人民作出了重大牺牲和巨大贡献,其中,东兰县在 1932 年,全县人口由 11 万人减少到 5 万人;凤山县有 14 550 人为革命壮烈牺牲和被杀害;巴马瑶族自治县有 2 980 人参加百色起义,1 460 人牺牲。三县(自治县)被追认为革命烈士的共有 3 905 人。目前,东兰、巴马、凤山综合经济实力低,主要经济指标人均占有量低于河池、广西、全国的水平,经济落后,经济社会发展滞后。经过多年努力,截至 2020 年年底,东巴凤已全部摘帽脱贫,当地民众生产和生活有了很大改善。

5. 布洛陀的传说

布洛陀,壮语标准音为 Baeuq Rox Doh。"布",是对人的通称,亦是对长者的称呼;"洛",即知道、通晓的意思;"陀",是全部、一切的意思。整个名称的意思是:通晓一切的智慧老人。布洛陀被称为壮族的始祖男神,与他同时匹配的姆六甲被称为壮族始祖女神。自古至今,布洛陀的传说、歌谣和各种唱本在壮族地区广为流传。

传说,宇宙之初,万物俱无。有一天,布洛陀从山洞走出来,跟他一起走出来的还有雷王、图额和老虎。但只有布洛陀能为创造人类社会作出贡献。布洛陀首先创造了人类。他用蜂蛹造成人类之后,教人们学会采野果、打鱼,开垦土地种植农作物,他教人驯养牛马、羊群,造房子、造铜鼓,造火,人类才从此由生食进入熟食阶段。传说布洛陀还带子孙去疏通河道,从右江一带奔到左江,从左江奔到红水河。就在他挖通红水河时,被石头割破脚跟,血流水止。他由于过度劳累,便安详地躺在红水河边,他的身躯变成一座大山,他的血注入了红水河,一直到今天,红水河仍然奔腾着他的血液。通过这个传说,我们推断,壮族地区出现过英明贤能的部落酋长,像布洛陀这样的人物。由此人们为他立庙、供奉他。

6. 白莲洞古人类遗址

该遗址发现至今,共出土了动物化石 3 000 多件,动物牙齿化石 300 多枚,人类牙齿化石 2 颗;石制器 500 多件,包括打制石器、钻孔砾石、磨刃石锛;又找到了骨锥、骨针;还有木炭颗粒、烧骨与烧石等用火遗迹,以及原始夹砂陶片等。从出土的遗物看,白莲洞人世代生息繁衍在此,经历了旧石器时代晚期、中石器时代、新石器时代早期三个不同时代的文化层,距今 30 000～7 500 年,显示了人类由攫取性经济向生产性经济过渡的转变,丰富了古人类学和考古学的内容。1985 年 5 月,在此建成了白莲洞洞穴科学博物馆。著名的古人类学家裴文中为馆题词:"中国可以成为世界上古人类学研究的中心,而广西是中心的中心。"

7. 铜鼓

铜鼓是我国南方古代人民创造的富有地方特色的历史文物,是我国古代青铜文化中的一朵奇葩,是一种造型和装饰性很高的综合艺术品。

据现代学者的研究,铜鼓创始于春秋时期。铜鼓记载始见于《后汉书·马援传》,它记述了马援在出征途中获得骆越铜鼓一事。据考古,铜鼓分布在云南、贵州、广西、四川、广东之西部、越南之北部等广大地区。现收藏于我国各级文物博物单位的铜鼓有 1 600 余面。

铜鼓一般都铸成腰鼓形，整体分面、胸、腰、足、耳五个部分，鼓面和鼓耳铸有各种花纹和图案，画中有人、兽、鸟、鱼、植物、房屋、器皿和船。北流型、灵山型几乎都铸有蟾蜍数只，分蹲其上。鼓心星体是太阳，青蛙代表月亮，据说蛙的鸣声是雷鸣的象征，预示雨水充沛，五谷丰登；太阳则象征娱乐升平、国泰民安的安宁景象。

铜鼓的用途据类书所载，大致有五种。一是娱乐之乐器。这是最早最广泛的用途。《隋书·地理志》载："并铸铜为大鼓，初成，悬于庭中，置酒以招同类。来者有豪富子女，则以金银为大钗，执以叩鼓，竟乃留遗主人，名为铜鼓钗。"二是祭祀赛神。《宋史·蛮夷传》云："溪峒夷獠疾病，击鼓沙锣，以祀神鬼，诏释其铜禁。"三是战争、集众时以施放警号，因铜鼓音传播远。《隋书·地理志》曰："欲相攻则鸣此鼓，到者如云。"四是礼器（权力的象征）。屈大均《广东新语》载："富者鸣铜鼓，贫者鸣铛，以为聚会之乐，故谓铜鼓为大器，铛为小器。"五是陈设、炊具、更点、助兴、贡物、陪葬品和赏赐。"赏有功者，以牛马铜鼓。"授予英勇作战的英雄。

中国铜鼓有八种类型。一是万家坝型，以云南楚雄万家坝春秋战国墓出土的为代表。二是石寨山型，以云南晋宁石寨山汉墓出土命名。广西西林、百色、田东、贵港有出土，贵港出土的最为漂亮。三是冷水冲型，以广西藤县蒙江乡冷水冲出土的为代表。此类铜鼓于三国到隋朝时期流行于广西郁江、邕江以北和黔江、浔江两岸。鼓高大轻薄，纹饰繁复。鼓面除有大青蛙塑像外，还点缀着骑马、骑牛、马、牛、龟等塑像。四是遵义型，以贵州遵义南宋杨粲夫妇墓出土的为典型。广西西北流行此类型。它是从冷水冲型发展而来，鼓面青蛙不见了，青蛙所在位置只留下了四只蛙爪。五是麻江型，以贵州麻江县出土的为代表。分布于桂西，尤与云贵交界的县为多，在一些民族中一直流传至今。其上纹饰吸收汉文化因素，鼓上的龙生动形象，或张牙舞爪，或二龙戏珠，双龙献寿。六是北流型，以广西北流出土的为代表。分布于广西广东交界的云开大山，以玉林市为中心，以形体高大著称。铜鼓之王属此类型。七是灵山型，以广西灵山为代表，分布与北流型同。装饰花纹除几何图案外，还有骑兽、鸟形、虫形纹。八是西盟型，以云南西盟佤族地区为代表，现仍然流行。

8. 宋代壮族地区博易场

隶属于邕州的横山寨博易场，位于右江上游今田东地，处于当时我国南方通往云南、贵州、四川的交通要道上。来此贸易的有西南部的大理、自杞、罗甸等地的各个民族与内地的各个民族。西南各族群众带来的最大宗货物是"蛮马"，即大理、自杞、罗甸等地出产的马，其次是麝香及诸药、胡羊、长鸣鸡、披毡、云南刀等。他们与内地商人交换锦、缯、豹皮、文书及其他奇巧之物。宋王朝为了购买战马，于邕州经略司置买马官，专门管理买马一事。广西经略使也曾叫各州派遣数十人至横山寨押马，还用土丁、峒丁来护送。"蛮马"源源而来，买马官员多遣兵卒守于交通路口，制止商人截夺来马，使马匹入市，从轻纳税，定好马价，方可交易。邕州提举买马，年获"蛮马"3 000余匹。西南各族亦从贸易中获得需要的物品。桂北的宜州，在南宋初年也有马匹交易。但当地官员为避免生事，宜州马市不久即停止。

永平寨博易场亦隶属于邕管，位于左江上游地域，近中越边境（在今宁明县内），由永平寨知寨主管博易之事。当时来永平寨交易者多是交趾峒落之人，他们带来各种名香、犀角、象牙、金、银、盐、钱等物，与内地商人和群众交换绫、罗、锦、布之类。武缘县（今武鸣）壮族生产的狭幅布，成为交易的主要货品。交趾盐多易狭幅布，一罗盐可换布一匹。永平寨成为内地人与交趾人进行贸易的场所。

钦州博易场位于北部湾畔钦州郊外的江东驿，来钦州博易场进行交易的交趾人很多，其中有商人，也有平民百姓，他们的生计有许多仰赖于钦州。他们乘舟楫而来，以鱼虾交易斗米尺布。富商前来博易者，多持官府牒照而至，或遣使来。交趾人所带商品有沉香、光香、生香、熟香、珍珠、象齿、犀角等品种，而内地富商，则从蜀地"贩锦至钦""易香返蜀"，一次来回可赚钱数千缗（钱的数量单位，1 000 钱为 1 缗）之巨。双方交换，经纪人从中抑扬货价，始成交易，官府为使双方买卖公平，依法征收商税。钦州博易场，有富商和官府参与，范围很广，为壮族地区内较大的贸易中心场所。

桂北的义宁、融州博易场，是广西境内壮、瑶、苗、侗、汉各族人民贸易的场所，是名副其实的民族贸易市场。少数民族以所产之山货、沙板、滑石等，换取省民（汉族）之米、盐。凡下山、进山贸易，都得遵守所订的规约，不得违犯。

9. 山间的美丽精灵白头叶猴

白头叶猴是国家一级保护动物，动物学家研究表明，目前，白头叶猴在国外没有活体和标本，被公认为世界最稀有的猴类之一。白头叶猴的生存空间比大熊猫还小，与人类的亲缘关系更近，具有更多与人类相同的遗传基因，同时由于它们具有更加复杂的社会形态，白头叶猴的研究价值并不亚于大熊猫。1953 年被发现的白头叶猴性情温和，乖巧可爱，以一公多母的方式生活在喀斯特石峰之上。白头叶猴主要分布在由明江、左江和十万大山围成的狭小三角地带内。20 世纪 60 年代，它们分布区的总面积还有 500 多平方千米，到了 2000 年，除了在崇左和扶绥两县的小片石山中以外，其他的地区已很难看到它们了。目前，区地县保护白头叶猴的工作扎实进行，白头叶猴种群和数量都有了明显增加。

10. 南珠

中国海产珍珠最负盛名的是南珠。南珠是南海珍珠家族的总称，但尤以北海合浦珍珠，质量为冠。古合浦郡内营盘乡一带海域有六大古珠池盛产珍珠，以光质兼优而闻名于世。屈大均《广东新语》就有"合浦珠名曰南珠""东珠不如西珠，西珠不如南珠"之说。英国李约瑟博士也有"中国珠必产雷廉二地"之说（雷州曾属合浦郡）。关于珍珠，民间"珠还合浦"的传说流传最为广泛。东汉时，合浦南珠产业的发展达到了高峰期。然而，合浦郡军官因贪贿而关闭合浦珍珠市场，珠贩绝迹，珠乡经济支柱崩溃，饿殍遍野，珠蚌"惯"而"徙"于交趾，合浦成为夜海无光之黑暗世界。会稽孟尝替任郡守，"移风改政"，开放珠市，珠蚌重还合浦，经济复苏，合浦成为富庶之乡，此为史上著名典故"合浦珠还"。今日南珠资源之保护和人工养殖倍受重视。自 1958 年在北海海域培育出中国第一颗人工海水养殖珍珠至今，北海珍珠产业已成规模发展，1996 年全市养殖面积为 0.333 5 万公顷，比 1990 年增加 0.266 8 万公顷之多，珍珠质量和产量不断提高。中国南珠城在北海的落成，标志着北海珍珠的生产和销售进入了一个崭新阶段。现利用生物技术已能培育出彩色海水珍珠，它除了保持南珠颗粒圆润、凝重结实、光泽艳丽、宝光莹韵等优点之外，还突破了传统南珠的白、黄、黑三色，在色泽艳丽和夺目方面超过了传统南珠，提高了南珠产品的附加价值和市场竞争力。南珠作为中华民族的瑰宝，历经沧桑，随着北海与世界各地经贸往来与文化交流日益密切，它在新时代里定会绽放出更加璀璨的光彩。

11. 八桂风物威犹在

德保矮马在三国时就作为贡品进贡给吴主。巴马香猪，宋代以来一直作为贡品进入皇宫，明清时期远销南洋。

古凤荔枝：苍梧古凤荔枝出名，汉代被列为贡品。北宋苏东坡到了廉州后，对当地的龙眼大赞："廉州龙眼，质味殊绝，可敌荔支。"至今，桂平麻垌荔枝、北流荔枝、灵山荔枝广受欢迎。

广西象州在唐代是全国42个产茶地之一。凌云白毫茶乾隆时成为贡品，1915年在巴拿马世界博览会参展。20世纪30年代出口港澳，50年代出口阿尔及利亚和摩洛哥等国，1998年出口日本和韩国，2000年在韩国第二届国际名茶评比中获金奖。金秀红茶在清朝也是贡品。现在象州旧茶、新茶品牌不少。

桂布：唐代出产的桂布在全国享有盛名，大诗人白居易诗称："桂布白似雪，吴锦软于云。布重绵且厚，为裘有余温。"汉代郁林细葛布，远销中原。今玉林市福绵区成为中国西南最大的服装生产基地，有"牛仔裤之都"称号；贵港市港南区作为全国四大羽绒加工基地之一，加工量占全球的22%，运销世界各地。广西蚕茧产量保持全国第一，河池市成为"中国丝绸新都"。

西汉时，南丹丹泉酒为贡酒。宋代桂州（今桂林市）名酒瑞露，此酒与燕山名酒金蓝享有同样的声誉。

钦州坭兴陶：清代钦州制作的坭兴陶多次在国际上获奖，如在比利时"世界陶艺会"获得一等奖，在"南洋第一次劝业会"上获金牌。民国时期，坭兴陶分别在巴拿马太平洋万国博览会、世界陶瓷展览会上获金奖。至今仍大放异彩。北流市生活陶瓷品质较高。

宋朝时，南丹巴平米为贡米。靖西香糯，宋代时培育种植，曾被列为朝廷贡品。

桂林马蹄在清代是贡品。灌阳雪梨，果肉白如雪，吃在口里甜如蜜，乾隆时定为贡品。昭平黄皮糖，在清代是贡品。

12. 八桂名关

兴安县境的古严关，凭祥市境的友谊关、平而关，龙州县境的水口关，邕宁区、宾阳县交界的昆仑关，北流市境的鬼门关，恭城瑶族自治县境的龙虎关。

13. 桂林石刻

始于东晋，兴于唐，盛于宋，繁荣于明清。据不完全统计，桂林古代石刻有近3 000件，包括摩崖石刻、摩崖造像及石碑等，其中以宋代摩崖石刻最为有名，素有"汉碑看山东，唐碑看西安，宋碑看桂林""北有西安碑林，南有桂海碑林"之说。桂林石刻主要分布在龙隐岩、龙隐洞、象鼻山、伏波山等名山洞府中。有名的桂海碑林博物馆就设在龙隐岩、龙隐洞所在地域。如，现存于龙隐洞的宋代蔡京写的《元祐党籍》，真实地记录了北宋一次震惊朝野的党派斗争，司马光、苏轼、秦观等著名文学家都被株连其中；著名将领狄青写的《平蛮三将题名》，记录了北宋一代名将狄青奇兵飞渡天险，一夜扫荡壮族首领侬智高起事的历史；著名书法家石曼卿写的《饯叶道卿题名》，其间66个大字自然雄逸、沉着端重；清代王静山刻的一个高70厘米、宽82厘米的佛字草书，神似形似，引来了无数游人竞折腰。南宋时刻于桂林北鹦鹉山上的《靖江府城图》是国内现存的两件最古老的古代石刻地图之一。桂林石刻像一部鲜活的历史，让后人领略了桂林历史文化的博大浩瀚。

14. 广西境内的三条古运河

秦朝开通的位于兴安县境的灵渠；唐武则天时凿通的位于临桂中部，沟通了漓江与洛清江的相思埭运河；唐末开凿的位于防城港市西南江山半岛中部的长约 3 千米的潭蓬运河，它使防城港与珍珠港距离缩短。

15. 靖江王府

靖江王府位于桂林市中心的独秀峰下。宋代时这里是铁牛寺，元代改为大国寺，后又称万寿殿。明朝时，朱元璋封其重孙朱守谦为靖江王，此处为藩邸。在明朝两百多年里，靖江王传 11 代 14 王，即朱守谦、朱赞仪、朱佐敬、朱规裕、朱约麒、朱经扶、朱邦苎、朱任昌、朱履焘、朱任晟、朱履祐、朱亨嘉、朱亨歅，此外朱相承未封先死。靖江王府是朱守谦在 1372 年开始兴建的，历时 20 年才完工。它的主体布局是：王府正南门是承运门（今广西师范大学本部校门），正对着王城南面的端礼门；入内是承运殿（今广西师范大学本部办公大楼），此殿居于王府正中，是王府的正殿，高六尺九寸。每逢元旦、冬至佳节或其他庆典，靖江王便在此举行隆重仪式。殿左为宗庙、右为社坛。殿后（今广西师范大学本部大礼堂附近）是寝宫，均围以红色宫墙。寝宫后面包括独秀峰、月牙池在内是王府的花园。整个王府的殿台亭阁共有 40 多座，红柱碧瓦，画栋雕梁，十分壮观。王城城墙内外墙面均用大青石块砌成，中间填以碎石、灰浆和泥土，夯实打紧，十分坚固。王城辟四门，东为"体仁"（今东华门），西为"遵义"（今西华门），南为"端礼"（今正阳门），北为"广智"（今后贡门）。城门洞为圆拱形。城坚门深，气势森严。孔有德纵火自焚，使有 250 多年历史的王府化为焦土。现在王城尚完好，承运门、承运殿的台基、石栏、云阶、玉陛仍存，可供人游览。

16. 经略台真武阁

经略台真武阁在今容县县城东门外人民公园内。经略台相传为唐代诗人元结建于唐中期，因元结任容管经略使得名。台长约 50 米，宽 15 米，高出地面约 4 米，中间夯土，四周砌砖石。原作操练军士、朝会司仪用。明朱元璋时期，在台上建道士观，叫真武阁，传用以使当地免受火灾之苦。今存真武阁建于明中期（1573 年），为三层楼阁，通高 13.2 米，面宽 13.8 米，进深 11.2 米，用格木，采用杠杆原理，串联吻合，不须一钉而成。楼阁由 8 根巨柱支撑。二楼另有 4 根柱子，柱脚悬空，离二楼板面 2～3 厘米。我国著名古建筑学家梁思成称它为独具一格的"天南杰构"。

17. 龙胜的"龙脊"梯田

龙脊是个片区的统称，泛指龙脊山（兴安县的猫儿山延伸到龙胜境内的主要山脉）蜿蜒经过的地方，涵盖 10 个行政村，面积 70 多平方千米。人们常说的龙脊梯田由平安北壮梯田和金坑红瑶梯田共同组成。两处集中了天下田园建设的精彩之笔，构成了梦幻般美丽苍茫的梯田景观，吸引了众多中外游客及摄影家前来观光、创作。平安梯田和金坑梯田一南一北，相映生辉，一层层梯田似一道道天梯从山顶峰垂挂直到山脚，垂直落差之高、立体感之强，令天下梯田望尘莫及。

18. 《广西通志》

历史上记载一省之事的志书称省志，明代始称为通志。广西最早的通志是明朝周孟中等人编纂的《广西通志》，共八卷，可惜已失传。现存最早的《广西通志》是由明两广总督兼广西巡抚林富修、广西提学金事黄佐等编纂的。清嘉庆朝由广西巡抚谢启昆、胡虔纂的《广西通志》，是一部受人称赞的志书，被誉为"各省志书之冠""各省志书的楷模"。

19. 古今名人盛赞的桂林山水

唐杜甫:"五岭皆炎热,宜人独桂林。"
唐韩愈:"江作青罗带,山如碧玉簪。"
宋王正功:"桂林山水甲天下。"
宋刘克庄:"千峰环野立,一水抱城流。"

20. 历史名人与八桂物产

(1) 横州市连理荔枝与宋神宗

宋神宗吃过大理寺丞梁世基(今横州市人)从西江南岸老家送去的连理荔枝珍品后,赐诗一首:"横浦江南岸,梁家间世贤。一株连理木,五月荔枝天。"于是横州市产的荔枝名声在外。今天三月红荔枝和香荔仍是横州市的名优特品种。

(2) 容县沙田柚与乾隆帝

容县沙田柚的栽培历史已绵延两千余年,而沙田柚的大名是一位皇帝所赐。据载,清朝时在浙江宁波任职的容县人夏纪纲,在老家种的蜜柚又大又甜,就分享给同僚品尝,同僚口赞是极品。乾隆帝巡游江南时,夏纪纲将蜜柚献呈乾隆皇帝。乾隆帝尝后连声赞好,遂问其来历,夏纪纲如实禀告,称蜜柚来自家乡沙田村。乾隆帝点头道,就叫"沙田柚",从此沙田柚成为贡品,名扬四海。后来,容县被国家命名为中国沙田柚之乡。

(3) 恭城月柿与孙中山

恭城于明代万历年间就种植并开始加工月柿。据传,孙中山与恭城月柿有情缘。20世纪20年代,孙中山在生日将到时来到虎门避寿,虎门要塞守官恭城人何惠人知孙中山崇尚简朴,就从家乡购来一些月柿,饭后请孙中山品尝。孙中山一尝,赞不绝口,此事传出,恭城月柿知名度大升,畅销粤港澳地区,直至东南亚各国。今恭城成为中国月柿之乡。

(4) 恭城瑶族油茶(爽神汤)与乾隆帝

恭城瑶族油茶是桂北地区名声最响的一种。据传,清朝乾隆南下江南,沿途百官阿谀奉承,天天山珍海味,使乾隆帝见食生厌,众御厨束手无策。这时,来自恭城的御厨忽然想起家乡油茶之功效,家乡油茶能消食健胃,于是做了恭城油茶奉献皇帝。乾隆帝喝后口舌生津,胃口大开,欢喜之余,御赐恭城油茶为"爽神汤"。由此,恭城油茶名声大震,一直至今。

(5) 横州市南山白毛茶与明建文帝

横州市种植茶叶历史悠久,以南山白毛茶最为著名,相传此茶为明朝建文帝避难于南山应天寺时,将自带的七株白毛茶种于此地,故亦名"圣种",传种至今600年。早在清道光二年(1822),横州市南山白毛茶在巴拿马国际农产品展览会上荣获银质奖章;1915年美国为庆祝巴拿马运河通航,在巴拿马城举办的万国博览会上,南山白毛茶再次荣获二等银质奖。据《横县县志》记载:"南山茶,叶背白茸似雪,萌芽即采。细嫩如银针,饮之清香沁齿,有天然的荷花香。"《粤西植物纪要》更称"南山茶色胜龙井"。

(6) 广西荔枝与历史名人

据说,北宋诗人苏东坡从流放地海南岛儋州北归逗留合浦期间,品尝了从灵山送去的灵山荔枝,欣然提笔留下"日啖荔枝三百颗,不辞长作岭南人"的千古佳句。合浦县公馆镇香山村的香山鸡嘴荔,据载,是明末清初广东增城路过此地的官员食用带来的荔枝留下荔核而长成的,核小、爽脆清甜,回味无穷。

21. 西林教案

1854年夏，法国天主教传教士马赖非法从贵州潜入广西西北部的西林县传教。他网罗不法之徒，勾结土豪乡绅，强占民田，欺压百姓，激起民愤。1856年2月末，新上任的西林知县张鸣凤根据乡民控呈，依法将他逮捕审讯。公堂上，受害者纷纷控诉，罪证确凿，马赖却气焰嚣张，恃势辱官，拒不认罪，还大闹公堂。张鸣凤在群众的支持下，将马赖等人依法判处死刑，史称"西林教案"。

22. 贵港三板桥教案

1883年10月，中法战争即将爆发，贵港木格乡团总李亚英奉檄募兵入越，遭到已在三板桥占地放贷、盘剥当地百姓的法国天主教传教士百般阻挠。招募的新兵得知三板桥天主教堂横行霸道，就奔赴三板桥，找李神父理论。但李神父恃势压人，鸣枪恫吓，愤怒的新兵在当地群众的配合下冲进教堂，将粮食、财物分给群众，把李神父捆缚送官监禁，不久驱逐出境。是为三板桥教案。

23. 上思教案

上思地近越南，法国天主教将其作为重要的活动基地，在城内设教堂，诱人入教，购田放债，伺机破坏中国军队的抗法斗争及上思民众的支前活动。1884年1月4日，传教士周绍良、马若望等，勾结匪徒，从防城将一批军火偷运入城秘藏，激起公愤。26日，官府搜查教堂时，军火已被转移，周、马两人潜逃无踪，怒不可遏的群众冲入教堂，翻瓦拆墙，捣毁教堂，未溜的传教士富于道被押送出境，勒令暂停传教。

24. 乐里教案

19世纪中期起，法国天主教会就在田林乐里建了教堂，传教士置田地、买山林借以出租诱骗人心，不时为非作歹。1897年3月，人称邓神父的马仙回到乐里，他不顾当地作物歉收、百姓的苦诉，仍照旧催租逼债。时值乐于济困助人的游勇首领游维翰在乐里活动，群众报知，游便带部下去见邓神父，邓恶意伤游勇，游即下令还击，将作恶多端的马仙等三人击毙。接着进教堂，开仓济贫。史称乐里教案。

25. 永安教案

1898年3月，法国传教士苏安宁由象州到永安州（今蒙山县）开辟新的传教区。他恣意横行，为非作歹，欺压良善，激起民愤。4月21日，苏安宁等由永安州城取道古排塘上桂林时，竟将贴有禁教乡约的"联兴店铺"捣毁，还殴打店主和店员。当地群众闻讯，立即鸣锣集合，包围苏安宁等，苏安宁先开枪射击群众，群众忍无可忍，将苏安宁等三人打死。这就是永安教案。

26. 新桂系施政治桂

20世纪20年代末蒋桂战争失败后，新桂系痛定思痛，吸取教训，决心一切从头做起。于是于20世纪30年代，在全力安定社会、巩固统治的同时，积极开始着力建设广西。1932年，新桂系提出"三自""三寓"政策。"三自"即自卫、自治、自给。"三寓"即寓兵于团，寓将于学，寓征于募。1934年，新桂系又以广西党政军联席会议的名义颁布了《广西建设纲领》（以下简称《纲领》）。此纲领是根据"三自"政策制定的。《纲领》提出了"建设广西，复兴中国"的号召。《纲领》共27条，分政治建设、经济建设、文化建设、军事建设四大部分,简称"四大建设"。《纲领》是新桂系治理广西的总方针,是近代以来第一个全面规划广西的比较完整的方案。

军事建设是四大建设的轴心,其主要内容是寓兵于团、寓将于学、寓征于募。寓兵于团即兴办民团,组织全省壮丁进行军事训练,实行"全省皆兵"和"武力民众化,民众武力化",称新民团制度。为此还成立广西民团干部学校,培养民团基层干部。寓将于学即在普通学校实行严格的军事训练和军事管理,使学生均成为预备军官。寓征于募即以征兵制代替募兵制,用募兵的手段达到征兵的目的。同时购买武器,建厂生产枪炮,设立广西航空学校,在战略要地构筑防御工事。

政治建设方面,主要是"行新政,用新人",通过设立专门机构或专门训练班,加强训练干部,使各级干部"养成忠勇奋斗之精神";并整顿基层政权组织,推行保甲制度,建立乡村政权,并推行"三位一体制""政教卫合一",抵制蒋介石势力对广西的渗透。

经济建设方面,强调以自给为原则,即自己满足自己的需要,用以抵制外来的经济侵略。为此采取了很多措施推进经济建设,一是兴办工业,建了两广硫酸厂、广西酒精厂、广西糖厂、南宁制革厂、柳州机械厂、广西制药厂等。据统计,截至1936年年底,广西有12家省营工厂,大小民营工厂63家。二是开采矿产,在矿藏比较丰富的富川、钟山、贺县(今贺州)和南丹、河池等地设立省营矿场,开采锡、钨、煤、金等矿。还鼓励私人经营。三是发展农林业,设立省营农林试验场、示范场、垦殖实验区、林垦区,进行各种农作物和林木的改良育种和推广。各县成立县、乡苗圃和农场。四是发展交通,各地大力修筑公路,省建省道,贯通重要商埠和边境重镇。县修县道和乡村道路。到抗战前夕,全省有公路5 700多千米。大部分县通汽车,乡村交通得到很大改观。

文化建设方面最突出的是在全省范围内开展国民基础教育普及运动。在颁布修正的六年计划大纲里,规定每村(街)设立一所国民基础学校,每乡(镇)设立一所中心国民基础学校,由乡(镇)、村(街)长兼任校长,所有适龄男女儿童和失学成人强迫入学。国民基础教育是儿童教育与成人教育、学校教育与社会教育合并办理的一种初等教育,其"是以扫除文盲,打除政治盲,以至经济盲,助成各项建设为职志"。由于运用政治力量推行,各方协力支持,全省基础教育运动迅速发展起来。截至1938年年底,基础学校发展到1.9万余所,中心基础学校2 000余所,入学儿童163.8万余人,成人133.7万余人。许多边远山区和少数民族地区,以前没有学校,这个时期大都创办了国民基础学校。同时,注意发展中等教育、高等教育。国民中学以县立为原则,也可数县联立。桂西许多没有中学的县也办起了国民中学。还恢复广西大学,1932年创立广西省立师范专科学校,1934年创办广西省立医学院,并先后聘请了一批国内知名教授、学者到学校任教和工作。

需要指出的是,新桂系的四大建设是蒋桂矛盾的产物,是反蒋建设运动,而不是以振兴广西推动社会进步为目的建设运动。但也要看到在四大建设中,其采取的务实态度,扎扎实实地从基础建设做起,其中的一些措施是有利于社会进步的,起到了一些积极作用。然而,从效果上看,主要是增强了新桂系的实力,巩固了其统治,广大人民并没有从四大建设中得到多大的实惠,相反,为开发财源,增加财政收入,新桂系在"寓禁于征"的名义下,征赌税,征鸦片税,使地方受害,百姓遭殃。总之,为狭隘小集团和少数人的利益搞建设,不为大多数人谋利益,始终不能改变贫穷落后面貌、不能造福于人民,推动社会的健康发展和人类文明的进步。

27. 红七军中出豪杰

大将张云逸。上将韦国清（东兰人，壮族）、李天佑（临桂人）。中将韦杰（东兰人，壮族）、莫文骅（南宁人）、冼恒汉（田阳人，壮族）、覃键（东兰人，壮族）。少将袁也烈、韦祖珍（东兰人，壮族）、卢绍武（武鸣人，壮族）、朱鹤云（田东人，壮族）、吴西（扶绥人，壮族）、姜茂生（凤山人）、黄惠良（平果人，壮族）、黄新友（凌云人，壮族）、覃士冕（东兰人，壮族）、覃国翰（都安，壮族）、欧致富（田阳人，壮族）等。还培养了一批高级党政干部，如雷经天（南宁人）、叶季壮、陈漫远（蒙山人）、龚饮冰、袁任远、覃应机（东兰人，壮族）、谢扶民（田东人，壮族）、黄荣（凤山，壮族）等。

28. 广西大学

1928年10月10日，经过筹备，广西省立广西大学在梧州蝴蝶山正式成立并开学，马君武博士为首任校长。当年录取理、工、农、矿四科预科一年级学生260人。后来，广西大学逐步发展为一所综合性大学。1939年，广西大学改为国立，校址从梧州迁到桂林，后从桂林迁到南宁。广西大学是广西唯一的国家"211工程"建设学校，世界一流学科建设高校，教育部和广西壮族自治区人民政府"部区合建"高校。

29. 广西国家重点文物保护单位

第一批至第六批（共42处）：

桂平市金田起义旧址；宁明花山崖壁画；容县经略台真武阁；三江程阳风雨桥；兴安县灵渠；百色市红七军司令部、龙州县红八军司令部旧址；田东右江工农民主政府旧址；钦州市刘永福三宣堂、冯子材故居建筑群；合浦县汉墓群；合浦县大士阁；桂林市甑皮岩古人类遗址；桂林市唐至清石刻；桂林市八路军办事处旧址；桂林市靖江王府及王陵；临桂、桂林李宗仁故居及官邸；邕宁区顶狮山文化遗址；三江侗族自治县岜团桥；贺州市临贺故城（汉至清）；忻城莫氏土司衙署；苍梧县李济深故居；北海市近代建筑；百色市右江区百谷和田东县高岭坡旧石器时代古遗址；柳州柳侯祠碑刻；全州燕窝楼；恭城明清古建筑；容县近代建筑；蒙山永安活动旧址；三江马胖古楼；连城要塞与友谊关（北海防城港崇左百色市的部分县市）；梧州中山纪念堂；东兰农运讲习所；河池红军标语楼；宾阳昆仑关旧址；兴安湘江战役旧址；柳州胡志明旧居；柳州白莲洞遗址、柳州鲤鱼嘴遗址；那坡感驮岩遗址；兴安秦城遗址；上林智城城址；灵川江头村和长岗村古建筑；富川马殷庙等。

第七批全国文保广西入选名单（共24处）：

柳城巨猿洞（旧石器时代），柳州市柳城县；布兵盆地洞穴遗址群（旧石器时代），百色市田东县；那赖遗址（旧石器时代），百色市田阳区；晓锦遗址（新石器时代），桂林市资源县；大浪古城遗址（汉），北海市合浦县；草鞋村遗址（汉），北海市合浦县；越州故城（南朝），钦州市浦北县；中和窑址（宋），梧州市藤县；凤腾山古墓群（清），河池市环江毛南族自治县；湘山寺塔群与石刻（宋至清），桂林市全州县；永宁州城城墙（明），桂林市永福县；大芦村古建筑群（明至清），钦州市灵山县；富川瑶族风雨桥群（明至清），贺州市富川瑶族自治县；伏波庙（清），南宁市横州市；和里三王宫（清），柳州市三江侗族自治县；惠爱桥（清），北海市合浦县；西林岑氏家族建筑群（清），百色市西林县；百寿岩石刻（宋至民国），桂林市永福县；会仙山摩崖石刻（宋至民国），河池市宜州区；梧州近代建筑群（清至民国），梧州市万秀区、蝶山区；谢鲁山庄（1920年），玉林市陆川县；越南共产党驻龙州秘密机关旧址（1926年），崇左市龙州县；柳州旧机场及城防工事群旧址（1929年），柳州市柳南区；南宁育才学校旧址（1951年），南宁市西乡塘区。

第八批全国文保广西入选名单（共15处）：

娅怀洞遗址（旧石器时代），隆安县；大岩遗址（旧石器时代至新石器时代），桂林市临桂区；父子岩遗址（新石器时代至商周），桂林市雁山区；桂林静江府城墙（南宋至明），桂林市叠彩区、秀峰区；来宾文辉塔（明），来宾市兴宾区；左江归龙斜塔（明清），崇左市江州区；贺州江氏客家围屋（清），贺州市八步区；乐湾村古建筑群（清至民国），恭城瑶族自治县；西林教案发生地（1856年），西林县；法国驻龙州领事馆旧址（1898—1949年），龙州县；武宣刘氏庄园（1911年），武宣县；武宣郭氏庄园（1924年），武宣县；梧州市中共广西早期革命活动旧址（1926—1928年），梧州市万秀区；中共广西省第一次代表大会旧址（1928年），贵港市港北区；广西省立艺术馆旧址（1944年），桂林市秀峰区。

30. 八桂名村

灵山县楹联村：即灵山县佛子镇大芦村。有九座明清时期岭南建筑风格的古宅建筑群。有明清留传下来的305副楹联及后人创作的近200副楹联。这些古楹联符合规范化的艺术要求，有较高的艺术造诣，思想内容清新健康，几乎没有糟粕。如"赤子兴邦安黎庶，丹心报国显忠良""仰天但使人无愧，作事何须世尽知""宜勤宜俭持家旺，亦读亦耕创业兴""门前绿水双环翠，户外方塘一鉴清"等。不愧为广西楹联第一村。

阳朔县渔村：兴坪镇境内。孙中山先生于1921年10月在这里住过一宿。渔村先前的名字叫渔滩洲，是孙先生把它改名为渔村的。美国总统克林顿于1998年7月曾来渔村一游。这里风光秀丽，建筑独特，民风淳朴，现已成为阳朔县重要的一个旅游点。

田东县红军村：即百谷村。第二次国内革命战争期间，百谷村86户人家几乎户户有人参加赤卫队、红七军，孕育出一批优秀将士。他们跟随老一辈革命家南征北战，先后有16位优秀儿女为中国革命事业献出生命。人们崇敬这片英雄的土地，尊称百谷村为"红军村"。在各级党委和政府的支持下，百谷村投资兴建了红军村革命陈列室、红军村大门、红军路等，村民捐款出版村史，用红军的革命精神激励后人。红军的后代继承革命前辈不屈不挠、不畏艰险的精神，利用近郊优势，种植香蕉、杧果、香米、蔬菜等，发展运输业、建筑业和服务业等第三产业，人均收入不断提高。

富川瑶族自治县秀水状元村：位于富川瑶族自治县朝东镇北，集绿水青山、古风民俗于一体。村内外古树参天、溪河澄碧，家居养假山修竹，山村饰楹联彩画。有独秀峰、象山等景。秀水村自古多出文人，从始祖唐代进士、贺州刺史毛名衷告老还乡选中此地定居，秀水就出了毛自如一位状元及26位进士，而全县仅有33人。至今村内仍存状元楼、进士堂、古门楼、古牌楼、古戏台、状元读书岩、神童墓等多处古迹，其中古戏台幽雅清净极有品位，世所罕见。

巴马长寿村：巴马长寿村主要分布在盘阳河流域的所略、甲篆、平洞、西山、巴马镇和凤凰、东山、阳春等地。百岁老人分布最密集的是甲篆平安村、百马村、平洞坡木村、西山加进村、巴马镇法福村、巴法村、龙洪村。巴马百岁老人逐年增多，主要与自然环境独特、再生资源丰富、饮食结构合理，以及地方政府采取保护措施有关。

田阳县永常村：因居住在生态环境相对恶劣的大石山区，1990年永常村人均纯收入仅229元，人均有粮不足100千克。1990年11月和1996年11月，江泽民同志两次到百色老区视察时都到过永常村,指示"要动脑筋、想办法,解决好大石山区致富这个问题"。全村干部群众受到极大鼓舞,多年来在各界的关怀和村民们的努力下,昔日贫穷的村庄大变样:茅草房变砖瓦房,通水、通电、通路、通广播电视。2001年,人均纯收入达1 180元,是1990年的5倍多。现在该村又有了新变化。

上林县不孤村:全国文明示范村。有人口500多人,平均每三人就有一个是大中专生。2002年,村里三个高中生,全被大学录取。由于其良好的教育成效,被誉为"状元村"。不孤村所取得的良好教育效果,经媒体报道后,吸引了八方宾客,其中不乏法国、日本、美国的友好人士。据统计,每年到村游览的游客有两万多人。

31. 八桂名古镇

昭平黄姚古镇:广西拥有450年历史的古镇,发祥于宋朝开宝年间,兴建于明朝万历年间,鼎盛时期在清朝乾隆年间。由于镇中黄、姚两姓是大姓,故得此镇名。历史上是桂东一大物资集散地。有八条古色古香的石板街道,300幢明清古建筑,古楹联匾额上百副。镇内有水处必有桥,有桥处必有亭,有亭处必有诗。有宝珠观、古戏台、文明阁等胜迹。抗日战争时期,广西省工委书记钱兴及何香凝、千家驹、高士其、欧阳予倩、张锡昌、莫乃群等一大批文化名人和爱国人士云集黄姚,开展抗日救亡运动,更为古镇的历史写下了光辉的一页。

灵川大圩古镇:位于桂林市东郊17千米,漓江北岸。古时起着集散桂北商贸物资的作用。"逆水行舟上桂林,落帆顺流下广州",是明诗人对大圩的评价。历史上曾拥有十多个码头,各地商家云集。仍存的青石板街,雕梁画栋的古建筑,记载着古镇悠久历史和昔日的喧闹繁华。现在这里常常被作为影视拍摄基地。

南宁扬美古镇:扬美古镇始建于宋代,约6.5平方千米,位于南宁市西部,左江下游,三面环江,形如半岛,距南宁市仅30千米。有明清古建筑群,扬美八景,清代一条街,街道古建筑门上、窗上、梁上刻着浮雕。慕义门古建筑独具一格,梁烈亚故居整修如故。还有建于清代的魁星楼。扬美四宝(豆豉、酸菜、梅菜、沙糕)美名远扬。现在以扬美为中心,左江沿岸的下楞民族文化村、壶天岛、太阳岛、三江口以及上尧永和古建筑群等串起来,形成了"大扬美旅游圈"。

平乐榕津古镇:位于平乐县城25千米,建于宋初,兴盛于明清,已有1 000多年的历史。古镇千年古榕树成群,塘泽星罗棋布。古镇内,三纵两横的街道,把全镇民居划分成六大块。主街约700米,由北向南,直通榕津河码头。街道店铺林立,生意兴隆,是重要的盐集散地。古建筑青砖黛瓦,飞檐画栋。其中,粤东会馆有很高的文化和历史价值。

阳朔兴坪古镇:三国时为吴国末帝孙皓治下的熙平县城。至今古镇仍留有大量的古迹及人文景观,如明代的腾蛟庵、孙中山及克林顿拜访过的赵氏渔村、日本友人修建的中日友好亭等。

靖西旧州古镇:旧州古名那签、顺安峒、归顺州、归顺土州,位于靖西市城南9千米,曾为归顺州州治所在地。1650年,为抵御外敌侵扰,州治北迁计峒(今靖西市城)建州城,原归顺州改为旧州。旧州主要有张天宗墓、绣球街、文昌阁等遗址,其中绣球街即旧州街,自古以来制作的绣球以做工精美图案鲜活而闻名遐迩,产品远销欧美各国,深受人们喜爱。

32. "中国气候宜居县""中国天然氧吧"和"中国避寒宜居地"

中国气候宜居县:恭城瑶族自治县。

中国天然氧吧：来宾市金秀瑶族自治县、百色市乐业县、河池市环江毛南族自治县、梧州市蒙山县、贺州市富川瑶族自治县。

中国避寒宜居地：北海市。

33. 名人笔迹留八桂

桂林市蒋翊武就义碑，正面有"开国元帅蒋翊武先生就义处"，是孙中山先生题词；凭祥市"友谊关"三字为陈毅题写；南宁市"冬泳亭"三字为董必武题写；柳州市"柳侯祠"三字为郭沫若题写；百色中国工农红军第七军军部旧址名为邓小平的手迹；右江工农民主政府旧址名是邓小平书写的；百色起义纪念馆馆名为江泽民题词；金田起义地址名为全国人大常委会副委员长周建人手迹；东兰列宁岩中的"广西农民运动讲习所旧址"为叶剑英所写。著名诗人贺敬之在丰鱼岩洞口处题字"亚洲第一洞，荔浦丰鱼岩"；现代著名书法家沈尹默题写桂林"叠彩山"山名三字；陆定一题写猫儿山有"泰山之雄，华山之险，庐山之幽，峨眉之秀"；郭沫若题写三江"程阳桥"三字。

34. 八桂之乡（部分）

巴马瑶族自治县、永福县、东兴市、昭平县、岑溪市等31个县市区为中国长寿之乡，是中国银杏之乡、灵山县是中国奶水牛之乡，中国荔枝之乡。巴马瑶族自治县是世界长寿之乡、中国香猪之乡、中国射弩之乡。东兰县是世界铜鼓之乡、板栗之乡、将军之乡、乌鸡之乡、民间铜鼓文化艺术之乡。容县、平乐是中国沙田柚之乡。永福县是中国罗汉果之乡。恭城瑶族自治县是中国月柿之乡、中国橙柑之乡。钦州是有名的陶瓷之乡。北流、桂平是中国荔枝之乡。百色、田阳、田东是中国杧果之乡。合浦是南珠之乡。浦北是中国香蕉之乡。钦南区是中国大蚝之乡。博白县是中国桂圆之乡、编织之乡、编织工艺品之都。扶绥县是中国恐龙之乡。平南县、大新县、武鸣区是龙眼之乡。金秀、德保、那坡、苍梧、宁明、防城、藤县等是八角之乡，靖西市是绣球之乡、田七之乡、中国民间艺术之乡。横州市是中国茉莉花之乡。马山县是中国黑山羊之乡。南丹是中国长角辣椒之乡。罗城仫佬族自治县是中国野生毛葡萄之乡。防城港市是中国金花茶之乡。龙州县是中国天琴艺术之乡。富川瑶族自治县是中国脐橙之乡。环江、乐业、那坡是中国兰花之乡。西林县是中国砂糖橘之乡。岑溪市是中国古典三黄鸡之乡。天峨县是中国油桐之乡、中国山鸡之乡、中国金花茶之乡。防城港市是中国白鹭之乡。浦北县是中国红椎菌之乡。田林县是中国八渡笋之乡。罗城是中国野生毛葡萄之乡。荔浦市是中国衣架之都。梧州市是中国人工宝石之都。陆川县是中国铁锅之都。金秀瑶族自治县是世界瑶族之都。岑溪市筋竹镇是砂糖橘之乡。灌阳是中国南方红豆杉之乡。凭祥市是中国红木之都。三江是中国名茶之乡。天等是中国指天椒之乡。北流市是中国百香果之乡。

35. 广西长寿之乡（截止于2020年10月）

世界长寿之乡（4个）：巴马瑶族自治县、乐业县、浦北县、上林县（全国12个，世界15个）。1991年国际自然医学会宣布，广西巴马瑶族自治县、新疆和田地区、苏联的高加索地区、厄瓜多尔的比尔卡班巴村、巴基斯坦的罕萨山谷为五大世界长寿之乡。

中国长寿之乡（31个）：巴马瑶族自治县、永福县、东兴市、昭平县、岑溪市、金秀瑶族自治县、上林县、东兰县、凌云县、扶绥县、容县、蒙山县、阳朔县、凤山县、富川瑶族自治县、天等县、大新县、恭城瑶族自治县、宜州区、大化瑶族自治县、钟山县、龙州县、

马山县、天峨县、象州县、藤县、浦北、乐业县、合浦县、八步区、平桂区。(全国84个)

世界长寿市（2个）：河池市、贺州市。其中，河池市为中国首个地级世界长寿市，贺州市为中国第一个"全域长寿市"。

36. 国家级非物质文化遗产代表性项目名录(广西)66个(共五批,截止于2020年12月)

第一批：布洛陀（田阳县）；侗族大歌（柳州市、三江侗族自治县）；那坡壮族民歌（那坡县）；桂剧（全广西）；采茶戏（博白县）；彩调（全广西）；壮剧（全广西）；壮族织锦技艺（靖西市）；侗族木构建筑营造技艺（柳州市、三江侗族自治县）；京族哈节（东兴市）；瑶族盘王节（贺州市）；壮族蚂𧊅节（河池市）；仫佬族依饭节（罗城仫佬族自治县）；毛南族肥套（环江毛南族自治县）；壮族歌圩（南宁市）；苗族系列坡会群（融水苗族自治县）；壮族铜鼓习俗（河池市）；瑶族服饰（南丹县、贺州市）；刘三姐歌谣（宜州区）。

第二批：壮族嘹歌（平果市）；瑶族长鼓舞（富川瑶族自治县）；邕剧（南宁市）；广西文场（桂林市）；钦州坭兴陶烧制技艺（钦州市）；宾阳炮龙节（宾阳县）；瑶族蝴蝶歌（富川瑶族自治县）；壮族三声部民歌（马山县）；田林瑶族铜鼓舞（田林县）。

第三批：密洛陀（都安瑶族自治县）；京族独弦琴艺术（东兴市）；壮医药线点灸疗法（广西中医校大学）；广西八音（玉林市）；瑶族黄泥鼓舞（金秀瑶族自治县）；侗戏（三江侗族自治县）；毛南族花竹帽编织技艺（环江毛南族自治县）；田阳舞狮技艺（田阳县）；藤县舞狮技艺（藤县）。

第四批：壮族百鸟衣故事（横县）；凌云壮族七十二巫调音乐（凌云县）；瑶族金锣舞（田东县）；桂林渔鼓（桂林市）；南丹勤泽格拉（南丹县）；粤剧（南宁市）；六堡茶制作技艺（苍梧县）；壮族三月三（武鸣区）；瑶族服饰（龙胜各族自治县）；壮族霜降节（天等县）；钦州跳岭头（钦州市）；资源河灯节（资源县）。

第五批（2020年12月）：

河池市：巴马祝著节，敬老习俗，仫佬族古歌，都安打扁担；

南宁市：马山会鼓，邕宁抢花炮；

柳州：螺蛳粉制作，三江多耶；

桂林：桂林米粉制作，恭城油茶；

北海：贝雕、合浦角雕；

崇左：天琴艺术、壮族侬峒节；

贵港：平南大安校水柜；

百色：靖西末伦；

来宾：金秀规约。

37. 广西入选国家级非物质文化遗产项目代表性传承人（第一批至第五批49人)

第一批传承人：杨似玉（侗族木构建筑营造技艺）

第二批传承人：吴光祖（侗族大歌）、覃奶号（女，侗族大歌）、罗景超（那坡壮族民歌）、秦彩霞（女，桂剧）、周小兰魁（桂剧）、陈声强（采茶戏-桂南采茶戏）、张琴音（女，壮剧）、傅锦华（女，彩调）、闭克坚（壮剧）、刘正城（壮族歌圩）。

第三批传承人：黄达佳（布洛陀）、温桂元（多声部民歌-壮族三声部民歌）、洪琪（女，邕剧）、李人帡（陶器烧制技艺-钦州坭兴陶烧制技艺）、罗周文（京族哈节）。

第四批传承人：谢庆良（刘三姐歌谣）、班点义（田林瑶族铜鼓舞）、盘振松（瑶族长鼓舞/黄泥鼓舞）、罗桂霞（桂剧）、覃明德（彩调传承人）、何红玉和陈秀芬（广西文场）、赵有福（瑶族盘王节）、谭三岗（毛南族肥套传承人）、梁炳光（苗族系列坡会群）。

第五批传承人（2018年公布，23人）：苏春发（京族独弦琴艺术）、邓明华（汉族，藤县狮舞）、黄明荣（瑶族，田林瑶族铜鼓舞）、黎芳才（瑶族铜鼓舞/南丹勤泽格拉）、黄道胜（瑶族，瑶族长鼓舞）、阮桂陆（瑶族，瑶族金锣舞）、冯杏元（壮族粤剧）、张树萍（女，汉族，桂剧）、周瑾（女，汉族，彩调）、杨开远（侗族，侗戏）、李蔚琛（女，汉族，桂林渔鼓）、谭素娟（女，毛南族，竹编）、李村灵（女，壮族织锦技艺）、杨求诗（侗族，侗族木构建筑营造技艺）、陆景平（汉族，钦州坭兴陶器烧制技艺）。

韦洁群（女，汉族，黑茶制作技艺/六堡茶制作技艺）

卢超元（壮族，壮族三月三）

廖熙福（壮族，壮族蚂蚜节）

谢忠厚（仫佬族，仫佬族依饭节）

韦真礼（壮族，壮族铜鼓习俗）

何金秀（女，瑶族，瑶族服饰）

潘继凤（女，瑶族，瑶族服饰）

陈基坤（汉族民间信俗-跳岭头）

38. 广西第一批列入中国传统村落名录名单（39个）

南宁市江南区江西镇扬美村，融水苗族自治县拱洞乡平卯村，融水苗族自治县四荣乡东田村，融水苗族自治县四荣乡荣地村，三江侗族自治县丹洲镇丹洲村，三江侗族自治县独峒乡高定村，三江侗族自治县林溪乡高友村，龙胜各族自治县和平乡龙脊村，灌阳县洞井瑶族乡洞井村，灌阳县水车乡官庄村，灌阳县新街乡江口村，荔浦县马岭镇永明村小青山屯，临桂区四塘乡横山村，灵川县潮田乡太平村，灵川县大圩镇熊村，灵川县定江镇路西村，灵川县灵田乡长岗岭村，灵川县灵田乡迪塘村，灵川县青狮潭镇老寨村，灵川县青狮潭镇江头村，灵川县三街镇溶流上村，平乐县沙子镇沙子村，兴安县白石乡水源头村，兴安县漠川乡榜上村，阳朔县白沙镇旧县村，阳朔县兴坪镇渔村，灵山县佛子镇大芦村，北流市民乐镇萝村，玉林市玉州区城北街道高山村，隆林各族自治县金钟山乡平流屯，那坡县城厢镇达腊屯，西林县马蚌乡浪吉村那岩屯，钟山县燕塘镇玉坡村，富川瑶族自治县朝东镇秀水村，富川瑶族自治县朝东镇福溪村，富川瑶族自治县新华乡虎马岭村，贺州市平桂管理区鹅塘镇芦岗村，钟山县回龙镇龙道村，象州县罗秀镇纳禄村。

截至2019年6月，第一批至第五批广西共有280个村屯入选中国传统村落名录。

39. 史上四大宗教在广西的简况

东汉时，道教传入广西，博白县紫阳岩的紫阳观是广西最早的宫观，今容县的都峤山洞、桂平市的白石山洞、北流市的勾漏洞分别被称为道教三十六洞天的第20洞天、21洞天、22洞天；桂平罗丛岩、临桂华岩是道教七十二个福地的两个福地。

佛教大约自汉末由海上经今柬埔寨达交趾至合浦港传入广西。晋朝时期，广西最早的佛寺是平乐县龙兴寺。留存至今的主要寺院有桂平西山洗石庵、龙华寺、柳州西来寺、灵泉寺、南宁水月庵、桂林法藏寺、能仁寺、玉林宝相寺、荔浦鹅翎寺、龙胜归仁洞、阳朔南峰寺、三江香林寺、融水寿星寺、全州湘山寺等。著名的佛塔有桂林木龙洞唐代石塔、万寿巷舍利塔、象鼻山普贤塔、穿山寿佛塔、全州湘山妙明塔、湘山和尚墓塔、盘石脚元代石塔、崇左明代土司石雕墓塔、环江葫芦石塔、贺州悬崖上的舍利塔、富川城南观音塔等。佛教石窟造像则以桂林西山的最为有名。

伊斯兰教在元朝传入广西，是随着穆斯林各民族的到来而进入的。目前，广西主要的清真寺有桂林市民族路清真寺、码坪清真寺、崇善路清真寺、南宁新华街清真寺、柳州市清真寺、百色清真寺、临桂六塘清真寺、鹿寨清真寺等。

基督教（含天主教、新教）是鸦片战争以后才开始传入广西的。目前主要有灵山坪地塘天主堂、贵港市天主堂、涠洲岛盛村天主堂、北海市天主堂、玉林市天主堂、梧州市天主堂、桂林市天主堂、南宁市明德街天主堂、荔浦市荔城镇天主堂、桂平市桂平镇天主堂、柳州市天主堂、钦州市天主堂等。主要基督教（新教）礼拜堂有梧州市基督教礼拜堂、南宁市基督教礼拜堂、柳州市基督教礼拜堂、玉林市基督教礼拜堂、桂平市基督教礼拜堂、贵港市基督教礼拜堂、百色市基督教礼拜堂、钦州市基督教礼拜堂、贺州市基督教礼拜堂等。

40. 广西国家级公园

广西国家级森林公园有金秀大瑶山国家森林公园、桂林市国家森林公园、南宁市良凤江国家森林公园、柳州市三门江国家森林公园、桂平龙潭国家森林公园、龙胜温泉国家森林公园、上思和防城十万大山国家森林公园、融水元宝山国家森林公园、资源八角寨国家森林公园、贺州市姑婆山国家森林公园、贺州市大桂山国家森林公园、乐业黄京洞天坑国家森林公园、大容山国家森林公园、藤县太平狮山国家森林公园、苍梧飞龙湖国家森林公园、北海冠头岭国家森林公园、横县九龙瀑布群国家森林公园、阳朔国家森林公园、融安红茶沟国家森林公园、贵港天平山国家森林公园、龙滩大峡谷国家森林公园、德保红叶国家森林公园、灵川长岗岭村国家森林公园23个（截至2020年11月初）。

此外，广西首家国家地质公园在资源县八角寨景区，包括八角寨国家森林公园、资江、百卉谷生态园景区，面积800平方千米，称丹霞之魂。还有乐业县天坑群、北海市涠洲岛火山、凤山县岩溶景观、鹿寨香桥公园、大化七百弄、钦州浦北五皇山、都安地下河地质公园、罗城地质公园、桂平地质公园、东兰地质公园等国家地质公园。合山市矿山公园也获得了国家矿山公园称号。

2010年10月，联合国教科文组织正式宣布广西乐业—凤山地质公园入选"世界地质公园"。乐业—凤山世界地质公园包括乐业大石围天坑国家地质公园、凤山岩溶国家地质公园的八大景区，总面积132平方千米，拥有喀斯特天坑、天窗、峰丛、峰林、坡立谷、岩溶泉、洞穴、地下洞穴长廊等世界级地质遗迹，世界特有大石围天坑群、三门海天窗群、穿龙岩大型洞穴博物馆以及凤山的世界长寿之源和养生胜地、乐业的兰花之乡和大熊猫化石等，构成乐业—凤山世界地质公园丰富多彩的旅游资源。

国家海洋公园有钦州茅尾海国家海洋公园、北海涠洲岛珊瑚礁国家级海洋公园。涠洲岛珊瑚礁国家级海洋公园位于北海市南部海域，总面积2 512.92公顷，其中重点保护区1 278.08公顷，适度利用区1 234.84公顷。涠洲岛珊瑚礁主要分布于涠洲岛北面、东面、西南面，是广西沿海的唯一珊瑚礁群，也是广西近海海洋生态系统的重要组成部分。到目前，已探明的珊瑚分属26个属科、43个种类。珊瑚礁生态系统是南海区特色生态系统，具有高生物多样性、高生产力的特点，对维护生物多样性、维持渔业资源、保护海岸线及吸引观光旅游有重要作用。

国家湿地公园有北海滨海国家湿地公园、大王滩国家湿地公园（南宁市）、百色福禄河国家湿地公园（右江区）、凌云浩坤湖国家湿地公园（伶站乡）、平果芦仙湖国家湿地公园、大新黑水河国家湿地公园（雷平镇）、龙州左江国家湿地公园（上金乡）、荔浦荔江国家湿地公园、兴宾三利湖国家湿地公园（五山乡）、靖西龙潭国家湿地公园、临桂会仙喀斯特国家湿地公园、忻城乐滩国家湿地公园、贺州合面狮国家湿地公园（信都镇）、富川龟石国家湿地公园、昭平桂江国家湿地公园、南丹拉希国家湿地公园（芒场镇拉希村）、灌阳灌江国家湿地公园、横县西津国家湿地公园、都安澄江国家湿地公园（海菜花）、梧州苍海国家湿地公园（龙圩区）、龙脊梯田国家湿地公园、东兰坡豪湖国家湿地公园（长乐镇）、合山洛灵湖国家湿地公园、全州天湖国家湿地公园 24 个（截至 2019 年年底）。

国家石漠公园有宾阳八仙岩国家石漠公园、环江国家石漠公园。

41. 国家、广西重点扶贫开发县

国家扶贫开发工作重点县（28 个）：罗城仫佬族自治县、那坡县、凌云县、东兰县、凤山县、乐业县、巴马瑶族自治县、靖西市、都安瑶族自治县、融水苗族自治县、西林县、大化瑶族自治县、金秀瑶族自治县、隆林各族自治县、三江侗族自治县、德保县、田林县、马山县、天等县、环江毛南族自治县、龙胜各族自治县、上林县、富川瑶族自治县、昭平县、忻城县、隆安县、龙州县、田东县。

自治区扶贫开发工作重点县（21 个）：河池市金城江区、蒙山县、宁明县、钟山县、武宣县、灌阳县、资源县、天峨县、田阳县（今田阳区）、博白县、苍梧县、融安县、藤县、桂平市、兴业县、百色市右江区、贺州市八步区、南宁市邕宁区、大新县、上思县、陆川县。

2020 年 12 月，广西境内所有国家级、广西重点扶贫开发县脱贫摘帽。

42. 广西壮族自治区级风景名胜区（31 处）

三江的林溪—八江风景名胜区，鹿寨的香桥岩风景名胜区，资源的八角寨—资江风景名胜区，灵川的青狮潭风景名胜区，龙胜的龙脊风景名胜区，融水的元宝山—贝江风景名胜区，武宣的八仙天池—百岩槽风景名胜区，柳州市的龙潭—都乐岩风景名胜区，金秀的大瑶山风景名胜区，贵港市的南山—东湖风景名胜区，玉林北流陆川的水月岩—龙珠湖风景名胜区，陆川的谢鲁山庄风景名胜区，北流市的勾漏洞风景名胜区，容县的都峤山—真武阁风景名胜区，藤县的太平石山风景名胜区，梧州的白云山风景名胜区，钟山的碧水岩风景名胜区，博白的宴石山风景名胜区，玉林的龙泉岩风景名胜区，贺州的浮山风景名胜区，昭平的黄姚风景名胜区，隆安的龙虎山风景名胜区，北海的南万—涠洲岛海滨风景名胜区，灵山的六峰山—三海岩风景名胜区，东兴的京岛风景名胜区，百色的澄碧湖风景名胜区，宜州的古龙河—白龙洞风景名胜区，河池的珍珠岩—金城江风景名胜区，大化的红水河—七百弄风景名胜区，防城港的江山半岛风景名胜区，南宁的青秀山风景名胜区。

43. 国防教育基地

2010 年国家国防教育办公室下发《关于命名首批国家国防教育示范基地的决定》，全国 160 个国防教育基地被命名为首批"国家国防教育示范基地"，广西百色起义纪念馆、八路军桂林办事处旧址、昆仑关战役遗址三个单位获此殊荣。

44. "一村一品"的村镇

2017 年第七批全国"一村一品"示范村镇名单（广西）：苍梧县六堡镇塘平村（六堡

茶)、灵川县海洋乡小平乐村（桃)、武宣县桐岭镇和律村（哈密瓜)、贵港市覃塘区覃塘镇龙凤村（覃塘莲藕)、南宁市良庆区南晓镇那敏村（荔枝)、全州县绍水镇（双孢蘑菇)、荔浦县修仁镇（砂糖橘)、永福县龙江乡（永福罗汉果)、柳城县东泉镇柳城华侨农场（柳城蜜橘)。

2018年第八批全国"一村一品"示范村镇名单（广西)：贺州市八步区贺街镇西南村（八步三华李)、龙胜各族自治县乐江乡地灵村（龙胜红糯)、全州县绍水镇柳甲村（福禄旺砂糖橘)、武宣县黄茆镇麻爪村（麻爪大果枇杷)、百色市右江区四塘镇六合村（杧果)、博白县菱角镇石柳村（沃柑)、武宣县东乡镇风沿村（红心蜜柚)、北流市北流镇六行村（北流荔枝）田东县林逢镇林驮村（田东香芒)。

2019年第九批全国"一村一品"示范村镇名单（广西)：桂林市兴安县溶江镇（葡萄)、桂林市全州县安和镇（香芋)、桂林市阳朔县白沙镇（金橘)、贵港市桂平市麻垌镇（麻垌荔枝)、贵港市桂平市社坡镇（腐竹)、百色市右江区龙川镇（油茶)、柳州市柳江区成团镇鲁比村（葡萄)、柳州市鹿寨县鹿寨镇石路村（鹿寨蜜橙)、柳州市柳北区沙塘镇洛沙村（食用菌)、贵港市桂平市金田镇金田村（淮山)、钦州市浦北县白石水镇良田村（番石榴)、钦州市灵山县武利镇汉塘村（电商果苗)、梧州市蒙山县蒙山镇甘棠村（砂糖橘)、河池市天峨县岜暮乡公昌村（旱藕)、河池市南丹县城关镇四山村（猕猴桃)、百色市右江区龙川镇平禄村（油茶)、百色市田东县祥周镇模范村（香蕉)。

2020年第十批全国"一村一品"示范村镇名单（广西)：南宁市武鸣区双桥镇（沃柑)、桂林市灵川县三街镇龙坪村（红薯)、桂林市荔浦市东昌镇安静村（三华李)、梧州市藤县太平镇（米饼)、北海市合浦县石湾镇东江村（豇豆)、北海市银海区侨港镇（海产品)、防城港市防城区江山镇（渔业)、钦州市灵山县武利镇（水果苗木)、钦州市浦北县北通镇那新村（有机茶)、贵港市港南区木格镇护录村（白玉蔗)、贵港市桂平市罗秀镇良石村（肉桂)、玉林市兴业县大平山镇陈村（三黄鸡)、百色市田阳区头塘镇联坡村（杧果)、贺州市平桂区羊头镇（生猪)、来宾市兴宾区凤凰镇牛角村（甘蔗)、崇左市扶绥县东门镇六头村（姑辽茶)。

45. 广西中国特色小镇

2016年广西第一批中国特色小镇（4个)：柳州市鹿寨县中渡镇、桂林市恭城瑶族自治县莲花镇、北海市铁山港区南康镇、贺州市八步区贺街镇

2017年广西第二批中国特色小镇（10个)：

1）广西河池市宜州区刘三姐镇：刘三姐镇位于宜州区东北部，总面积为352平方千米，是宜州区第四大乡（镇)，曾获得全国特色景观旅游名镇、中国老年宜居名镇、自治区文明乡镇、自治区和谐乡镇等荣誉称号。刘三姐镇种桑养蚕历史最早起源于明代嘉靖年间（约1534—1543年)，距今已有400多年的历史。历年来，刘三姐镇积极引进蚕种、种植桑树、开发桑园，推广种桑养蚕技术，实现了刘三姐镇桑蚕产业"从小到大、从单一到多元"快速发展、复合多样的产业发展格局。

2）贵港市港南区桥圩镇：桥圩镇地处广昆、三北高速交会点和贵港南部中心，距市区市中心仅29千米，曾获得全国重点镇、中国羽绒之乡、广西特色工贸名镇、广西特色农业十大强镇等称号。桥圩镇主导产业为羽绒产业。主导产业符合国家产业政策导向，桥圩镇坚持以打造"桥圩品牌"的羽绒产业为核心，通过羽绒产业、富硒农业资源驱动工业、农业

及旅游业融合发展。

3）贵港市桂平市木乐镇：桂平市木乐镇是全国重点镇、全国农村现代化小城镇建设试点镇、全区首批小城镇建设重点镇、广西休闲运动服装生产基地、广西百镇示范工程建设镇和中国休闲运动服装名镇。2013年以来，全镇连续三年工业生产总值、财政收入增幅在15%以上。木乐镇人杰地灵，交通区位优越，经济社会蓬勃发展，休闲运动服装产业独具特色，小城镇规模、城镇基础设施建设、乡村风貌改造等均达到中国特色小镇的评选标准，是西江经济带和泛北部湾经济圈一颗璀璨明珠。

4）南宁市横县校椅镇：校椅镇距离首府南宁90千米，位于首府一小时经济圈，是首府近郊区及市民朋友赏花郊游休闲的后花园。中华茉莉园坐落其中，茉莉花国家现代农业产业园依镇而建，茉莉花（茶）产量占全国的80%以上，占全世界的60%以上，目前全镇已编制《校椅镇总体规划（2010—2030）》《校椅镇望圩岭片区控规详细性控制规划》，以及22个村的详细发展规划，同时还编制有中华茉莉园4A级景区提升发展规划等，规划布局完善。

5）北海市银海区侨港镇：侨港镇是由中国政府和联合国难民署为安置越南归侨共同出资建设的中国最大的印支难民安置点，镇辖区面积2.8平方千米，常住人口18 000人，其中归侨侨眷占95%。侨港镇主导产业是海洋产业+旅游产业。近年来，为妥善解决广大归侨的生产生活及今后的发展问题，侨港镇致力于特色产业的培育和发展，成立了广西海洋集团，助力海洋产业的发展；依托自身侨乡特色，借海上丝绸之路的东风，建设东南亚异国风情的体验中心，发展旅游产业。

6）桂林市兴安县溶江镇：溶江镇以桂林三花米酒、桂林米粉等一批极具桂林传统特色的食品加工制造业为工业核心，结合葡萄、罗汉果、柑橘等丰富的农业资源，秦城遗址、灵渠航道、通航机场等文化旅游资源，致力于打造成融合"产、城、人、文"的全国特色小镇——漓江三花小镇。

7）崇左市江州区新和镇：新和镇位于崇左市江州区西北面，距崇左市区28千米。新和镇素有"甜镇"之称，甘蔗播种面积0.8万公顷，占播种总面积的77%。除了甘蔗种植业，城镇重点产业为蔗糖业和与之关联的循环产业，包括酵母生产、糖品深加工等。以甘蔗为主导产业延伸带动了其他特色产业的发展，形成特色乡村旅游文化产业，推动现代农业的发展，促进农民增收。

8）贺州市昭平县黄姚镇：黄姚镇位于昭平县的东北部，全镇总面积244平方千米，辖19个行政村（街）委会，总人口63 250人，是全县农业人口第一大（乡）镇。黄姚镇有古镇文化旅游、生态农业、商贸物流三大主导产业。黄姚古镇是广西现有的三个国家级历史文化名镇之一，属4A级景区。同时也是广西现有的十一个全国农业旅游示范点之一，黄姚古镇全力创构"向周庄看齐、与凤凰比美、跟着平遥一起高飞"的"东周庄、西凤凰、北平遥、南黄姚"的中国四大古镇新格局。

9）梧州市苍梧县六堡镇：六堡镇位于广西梧州市北部，苍梧县六堡镇是六堡茶的发源地，是中国历史名茶之乡，生产六堡茶历史长达1500多年，该镇产的六堡茶是中国五大黑茶之一，居全国黑茶类第三名，居广西茶叶类首位。该镇特色小镇规划以六堡镇经济、文化、产业、资源、自然环境等因素为基础，经专家充分论证，报上级主管部门核准后实施，做到定位准确、目标可行、规模适宜、管控有效。

10）钦州市灵山县陆屋镇：陆屋镇是灵山县中西部中心枢纽、灵山县副中心。陆屋镇交通优势明显、产业特色鲜明、文化底蕴独特、生态环境秀美。承接东部产业转移，发展机电产业小镇目标符合国家产业政策和北部湾城镇群发展战略定位，符合特色小镇培育要求，培育该镇作为国家特色小镇具有优异条件。

46. 首批"广西特色名镇名村"名单（2013年）

特色生态（农业）型名村：横县石井村、柳南区河尾屯、平乐县大塘口村、银海区新安村、北流市罗政村。

特色生态旅游名镇名村：阳朔县兴坪镇、秀峰区鲁家村、龙胜各族自治县龙脊村、东兴市竹山村。

特色文化名镇名村：昭平县黄姚镇、富川瑶族自治县秀水村、金秀瑶族自治县田村。

特色工贸名村：都安瑶族自治县大定村。

47. "广西民间艺术之乡"

河池市东兰县（铜鼓艺术）、南宁市马山县（多声部民歌）、柳州市融安县大将镇（彩调）、柳州市融安县长安镇（文场）、来宾市金秀瑶族自治县（瑶族绝技）、玉林市博白县（采茶戏）、百色市凌云县朝里乡（民间音乐）。桂林市阳朔县高田镇（雕刻工艺）被誉为"广西民间特色艺术之乡"。

48. 广西革命老区县名单

2013年，经报请自治区人民政府同意，南宁市兴宁区等84个县（市、区）被认定为革命老区县；此外，玉林市福绵区、贺州市平桂区之后也被认定为革命老区县。

南宁市：兴宁区、江南区、西乡塘区、良庆区、邕宁区、武鸣县、横县、宾阳县、上林县、隆安县、马山县。

柳州市：柳江县、柳城县、鹿寨县、融安县、融水苗族自治县。

桂林市：阳朔县、临桂县、灵川县、全州县、兴安县、灌阳县、龙胜各族自治县、资源县、平乐县、荔浦县、恭城瑶族自治县。

梧州市：蝶山区、长洲区、苍梧县、蒙山县、岑溪市。

钦州市：钦南区、钦北区、灵山县、浦北县。

防城港市：港口区、防城区、上思县。

贵港市：港北区、港南区、覃塘区、平南县、桂平市。

玉林市：陆川县、博白县、兴业县、北流市。

百色市：右江区、田阳县、田东县、平果县、德保县、靖西县、那坡县、凌云县、乐业县、田林县、隆林各族自治县、西林县。

贺州市：八步区、昭平县、钟山县、富川瑶族自治县。

河池市：金城江区、罗城仫佬族自治县、南丹县、天峨县、凤山县、东兰县、巴马瑶族自治县、都安瑶族自治县、大化瑶族自治县、宜州市。

来宾市：象州县、武宣县、金秀瑶族自治县。

崇左市：江州区、扶绥县、大新县、天等县、宁明县、龙州县、凭祥市。

49. 广西现代名人

（1）郑皆连

郑皆连，男，1941年7月15日出生，1965年毕业于重庆交通学院桥梁及隧道专业。先后担任广西交通厅副总工程师、副厅长兼总工程师、交通部技术顾问、广西科协主席等职，中国工程院院士。1968年首创了双曲拱桥无支架施工的新工艺，解决了不立拱架修建拱桥的难题；1976年，主持设计了广西第一座无支架施工的箱型拱桥，之后的十多年中，他共修建此类大桥40多座，累计长度两万延米，占广西公路大桥总数的70%左右，节省了上亿元的资金。他提出的"千斤顶斜拉扣挂连续浇注拱肋外包混凝土"等技术，为世界拱桥建设史上的首创。两次获得国家科技进步奖。1999年当选中国工程院院士。

（2）郁钧剑

郁钧剑，男，祖籍江苏南通，1956年出生于广西桂林。毕业于中国音乐学院，著名歌唱家。演唱过的歌曲作品主要有《说句心里话》《小白杨》《当兵干什么》《少林少林》《弹起我心爱的土琵琶》等，创作的歌词作品有《没有强大的祖国哪有幸福的家》《家和万事兴》《什么也不说》等。

（3）鬼子

鬼子，原名廖润柏，男，1958年出生于广西河池市罗城仫佬族自治县，著名中青年小说家。主要作品有短中篇小说《妈妈和她的衣袖》《古弄》《可能是谋杀》《替死者回忆》《遭遇深夜》《为何走开》《你猜她说了什么》《家癌》《叙述传说》《谁开的门》《走出意外》《农村弟弟》《苏通之死》《被雨淋湿的河》《学生作文》《梦里梦外》《罪犯》《伤心的黑羊》《上午打瞌睡的女孩》《艰难的行走》《瓦城上空的麦田》等；电影文学剧本有《幸福时光》（张艺谋导演）、《上午打瞌睡的女孩》（陈凯歌导演）。中篇小说《被雨淋湿的河》，2001年荣获全国第二届鲁迅文学奖，该中篇小说曾发表于《人民文学》1995年第5期，1997年的《小说选刊》《中华文学选刊》转载。还获1997年《小说选刊》优秀中篇小说奖且名列首位，获1997年"中国十佳小说"奖，首届中国纯文学当代作品排行榜中篇第三的荣誉，广西区政府第四届文艺创作铜鼓奖。《上午打瞌睡的女孩》（中篇小说），获1999年《人民文学》优秀中篇小说奖；《农村弟弟》（中篇小说）获广西区政府第三届文艺创作铜鼓奖。

（4）东西

东西，男，1966年出生于广西河池市天峨县，原名田代琳，著名中青年作家。公开发表大量的文学作品，如《目光愈拉愈长》《没有语言的生活》《痛苦比赛》《肚子的记忆》《故事的花朵与果实》《城外》《慢慢成长》《姐的一九七七》《祖先》《相貌》《救命》《你不知道她有多美》等中篇小说；《幻想村庄》《大路朝天》《雨天的粮食》《溺》《我们的感情》《我们的父亲》《好像要出事了》《关于钞票的几种用法》《把嘴角挂在耳边》《过了今年再说》《送我到仇人的身边》《私了》等短篇小说；长篇小说主要有《耳光响亮》（1995年）、《后悔录》（2005年）、《篡改的命》（2015年）。电影《天上恋人》是由其作品《没有语言的生活》小说改编而来，电视剧《放爱一条生路》是由其作品《美丽金边的衣裳》改编成的，《后悔录》则改编成44集电视连续剧《爱你一生》。作品长篇小说《耳光响亮》改编为同名电视连续剧和电影《姐姐词典》。《猜到尽头》改编为电视剧。1995年，获第三届广西青年作家独秀文学奖。中篇小说《没有语言的生活》，获《小说选刊》1996年度优秀作品奖，1997年荣获全国首届鲁迅文学奖。1998年，小说集《没有语言的生活》获广西第三届文艺创作铜鼓奖。《后悔录》获第四届华语文学传媒"2005年度小说家"奖。《篡改的命》获第六届花城文学奖·杰出作家奖。部分作品被翻译为英语、法语、俄语、韩语、越南语、德语、意大利语、希腊语、日文、泰文和柬文。

50. 2019 年广西户籍人口超过百万的县市区和部分地级市人口密度

1）桂平市 204.41 万；博白县 191.46 万；灵山县 168.32 万；北流市 154.98 万；平南县 154.75 万；横县 127.82 万；藤县 111.91 万；陆川县 111.18 万；合浦县 110.24 万；宾阳县 106.22 万。

2）广西人口密度前五位依次是玉林市（每平方千米 480.47 人）、北海市（每平方千米 479.47 人）、贵港市（每平方千米 452.83 人）、钦州市（每平方千米 324.07 人）、南宁市（每平方千米 284.21 人）。广西人口密度最低的地级市依次是百色市（每平方千米 104.63 人）、河池市（每平方千米 116.42 人）、崇左市（每平方千米 134 人）。

51. 广西标记的重要文化符号

根据广西文化符号影响力调查课题组调研结果，113 个符号被认定为广西文化符号。其中影响较大的有：桂林山水（典型的山水文化）、刘三姐（民间文化经典）、壮族"三月三"（民族传统节日）、绣球（独特民族民间工艺品）、铜鼓（古代民间工艺）、左江（花山）崖壁画（壮族先民岩画艺术）、龙胜龙脊梯田（壮瑶等民族创业壮举）、金田起义（反帝反封的大规模农民起义）、百色起义（中共在少数民族地区进行的武装斗争）、镇南关和友谊关（边关文化）、中国—东盟博览会（多国共办的展会）、南宁民歌艺术节（中外民族文化交流平台）、五菱汽车与玉柴动力（制造文化）、中华白海豚与白头叶猴（生态文化）等。

52. 广西国家特色景观旅游名镇名村（2009 年开始）

广西列入第一批全国特色景观旅游名镇名村名单（3 个）：昭平县黄姚镇、兴安县兴安镇、龙胜各族自治县和平乡龙脊村。

广西列入第二批全国特色景观旅游名镇名村名单（5 个）：阳朔县兴坪镇、三江侗族自治县林溪镇程阳八寨、恭城瑶族自治县莲花镇红岩村、鹿寨县中渡镇、藤县象棋镇道家村。

广西列入第三批全国特色景观旅游名镇名村名单（11 个）：河池市宜州市刘三姐乡、崇左市大新县硕龙镇、柳州市融水苗族自治县香粉乡雨卜村、桂林市兴安县华江瑶族乡高寨村、桂林市灌阳县新圩乡小龙村、桂林市恭城瑶族自治县平安乡社山村、梧州市岑溪市南渡镇吉太社区三江口自然村、防城港市港口区企沙镇簕山村、百色市乐业县同乐镇火卖村、来宾市武宣县东乡镇下莲塘村、来宾市金秀瑶族自治县长垌乡古占民俗旅游村。

53. 桂菜

桂菜是广西菜的简称。广西位于我国西南部，与广东、湖南、贵州、云南省相邻，与越南交界。桂菜历史源远流长，主要由桂北风味菜、桂东南风味菜、滨海风味菜、桂西少数民族风味菜等地方风味菜组成。四大地方菜色各显所长，一起构成了桂菜独特的地方饮食文化特色。因为地域连接，语言和生活习俗接近，靠近广东省的桂东南（梧州、贵港、玉林、南宁等），喜欢食用生、脆、嫩、偏甜的菜肴品种。地处北部湾的北海、钦州、防城港，则擅长以海鲜为主要原料，喜爱清淡、鲜嫩、爽滑。靠近湖南的桂东北地域，如兴安、全州、灌阳、资源等县，喜欢味重偏辣，民间曾流传有"兴全灌，没有辣椒不送饭"之说。靠近贵州的桂西南地域，如三江、融安、融水、柳州、河池等市县，口味偏爱酸辣。广西境内居住的各少数民族又利用当地土特产制作出本民族喜欢的特色风味菜。这些地方风味相互传播、传承、改造创新，发展形成了现在"桂东南鲜、嫩、甜，桂东北偏咸、鲜、辣，桂西南偏咸、酸、辣，滨海地区清淡、鲜嫩、爽滑"，也就是东甜西酸、南鲜北辣的风味格局。

54. 首批广西农业品牌("广西好嘢")目录(2018年8月)

(1)区域公用品牌(30个),如表8-1所示

表8-1 区域公用品牌

序号	品牌名称	来源城市
1	横州市茉莉花茶	南宁市
2	南宁香蕉	南宁市
3	横州市甜玉米	南宁市
4	隆安火龙果	南宁市
5	柳州螺蛳粉	柳州市
6	融安金橘	柳州市
7	三江茶	柳州市
8	永福罗汉果	桂林市
9	恭城月柿	桂林市
10	荔浦芋	桂林市
11	梧州六堡茶	梧州市
12	香山鸡嘴荔枝	北海市
13	上思香糯	防城港市
14	钦州大蚝	钦州市
15	灵山荔枝	钦州市
16	浦北黑猪	钦州市
17	平南石硖龙眼	贵港市
18	金田淮山	贵港市
19	桂平西山茶	贵港市
20	容县沙田柚	玉林市
21	陆川猪	玉林市
22	百色杧果	百色市
23	西林砂糖橘	百色市
24	凌云白毫茶	百色市
25	富川脐橙	贺州市
26	昭平茶	贺州市
27	宜州桑蚕茧	河池市
28	龙滩珍珠李	河池市
29	金秀红茶	来宾市
30	天等指天椒	崇左市

(2) 农业企业品牌（27个），如表 8-2 所示

表 8-2　农业企业品牌

序号	企业名称	来源城市
1	广西金穗农业集团有限公司	南宁市
2	广西南山白毛茶茶业有限公司	南宁市
3	南宁振企农业科技有限公司	南宁市
4	广西鸣鸣果业有限公司	南宁市
5	广西金花茶业有限公司	南宁市
6	广西桂华丝绸有限公司	南宁市
7	融水苗族自治县元宝山茶业有限公司	柳州市
8	广西螺霸王食品有限公司	柳州市
9	鹿寨县贵盛茧丝工贸有限公司	柳州市
10	桂林吉福思罗汉果有限公司	桂林市
11	梧州市天誉茶业有限公司	梧州市
12	北海市利添生物科技发展（合浦）有限公司	北海市
13	合浦果香园食品有限公司	北海市
14	北海玖嘉久食品有限公司	北海市
15	广西浦生粮油食品有限公司	钦州市
16	浦北五皇山农业科技有限公司	钦州市
17	浦北县扬丰养殖有限公司	钦州市
18	广西灵山县宇峰保健食品有限公司	钦州市
19	广西桂平市金谷农业发展有限公司	贵港市
20	广西将军峰茶业集团有限公司	贺州市
21	广西农垦国有立新农场	贺州市
22	贺州市天德星农林投资发展有限公司	贺州市
23	钟山县富强农业种植专业合作社	贺州市
24	广西贺州市正丰现代农业股份有限公司	贺州市
25	巴马原种香猪农牧实业有限公司	河池市
26	广西象州太粮米业有限公司	来宾市
27	广西龙州北部湾现代农业有限公司	崇左市

(3) 农业产品品牌（64个），如表8-3所示

表8-3 农业产品品牌

序号	企业名称	品牌名称	来源城市
1	广西金花茶业有限公司	金花牌茶叶	南宁市
2	广西金穗农业集团有限公司	"绿水江"香蕉	南宁市
3	广西桂洁农业开发有限公司	"甜弯弯"柑橘	南宁市
4	南宁振企农业科技有限公司	"红振企"火龙果	南宁市
5	广西佳年农业有限公司	"佳年"火龙果	南宁市
6	广西鸣鸣果业有限公司	"鸣鸣果园"柑橘	南宁市
7	广西金福农业有限公司	"伊蜜"火龙果	南宁市
8	广西隆安昌隆农业科技开发有限公司	雁江香米	南宁市
9	广西南山白毛茶茶业有限公司	圣种有机红茶	南宁市
10	广西南山白毛茶茶业有限公司	圣种六堡茶	南宁市
11	广西南山白毛茶茶业有限公司	南山白毛茶	南宁市
12	横县校椅现代农业果蔬专业种植合作社	"桂利农"甜玉米	南宁市
13	广西桂华丝绸有限公司	金花茶牌生丝	南宁市
14	广西桂华丝绸有限公司	金花茶双宫丝	南宁市
15	广西桂华丝绸有限公司	桂华蚕丝被	南宁市
16	融水苗族自治县水融香茶业有限公司	"苗山王"野生红茶	柳州市
17	广西融水元宝山苗润特色酒业有限公司	"贝江苗润"黑糯米黄酒	柳州市
18	融水苗族自治县国营贝江林场	"贝林"糯米柚	柳州市
19	鹿寨县欣荣果业有限责任公司	桂客蜜橘	柳州市
20	融水苗族自治县元宝山茶业有限公司	"金芦笙"茶叶	柳州市
21	融水苗族自治县元宝山茶业有限公司	"元宝山"茶叶	柳州市
22	柳州市螺状元食品有限公司	"螺状元"系列螺蛳粉	柳州市
23	柳州沪桂食品有限公司	嘻螺会螺蛳粉	柳州市
24	广西家柳食品科技有限公司	家柳螺蛳粉	柳州市
25	三江侗族自治县仙池茶业有限公司	侗美仙池三江茶油	柳州市
26	柳州市侗天湖农业生态旅游投资有限责任公司	天湖冰芽	柳州市
27	平乐宏源农业发展有限公司	"车田河"马蹄粉	桂林市
28	资源县金紫商贸有限责任公司	"杨山河"牛羊肉	桂林市
29	阳朔遇龙河生态农业发展有限责任公司	"遇龙金丹"金橘	桂林市
30	藤县友强淮山种植专业合作社	太平狮山甜蜜青枣	梧州市
31	广西梧州茂圣茶业有限公司	茂圣六堡茶	梧州市

续表

序号	企业名称	品牌名称	来源城市
32	广西壮族自治区梧州茶厂	"三鹤"六堡茶	梧州市
33	广西华虹蚕丝股份有限公司	"华虹"牌生丝	梧州市
34	广西农垦绿仙生物保健食品有限公司	绿仙牌螺旋藻	北海市
35	合浦县广良中央农民专业合作社	"您的财富"富硒海鸭蛋	北海市
36	北海玖嘉久食品有限公司	"渔播"鱼丸	北海市
37	浦北南国水果种植农民专业合作社	"浦百"百香果	钦州市
38	浦北县扬丰养殖有限公司	"浦黑大帅"黑猪	钦州市
39	灵山县龙武农场	"龙武"荔枝	钦州市
40	广西桂平市西山碧水茶园有限责任公司	"大藤峡"牌富硒西山茶	贵港市
41	广西丰浩农业科技有限公司	"金丰浩"粉蕉	玉林市
42	陆川县银湖橘红种植专业合作社	橘康牌陆川橘红	玉林市
43	广西乐业县草王山茶叶有限公司	"乐业红"红茶、绿茶	百色市
44	广西田阳县创新农业综合开发有限公司	壮新王牌杧果	百色市
45	广西靖西梁鹏食品有限公司	"靖茂"酸嘢	百色市
46	广西靖西梁鹏食品有限公司	"道百岁"野生山楂酒	百色市
47	广西昭平县故乡茶业有限公司	故乡有机茶	贺州市
48	广西昭平县天成生态农业有限公司	天成有机茶	贺州市
49	贺州市八步区开山镇东南开山白毛茶叶专业合作社	开山白毛茶	贺州市
50	钟山县富强农业种植专业合作社	雅瑶华香黑木耳	贺州市
51	贺州市潇贺古道特色产业发展有限公司	潇贺古道古树茶	贺州市
52	贺州市潇贺古道特色产业发展有限公司	潇贺古道紫芽茶	贺州市
53	贺州市昊辰农业发展有限公司	昊辰小农伯大米	贺州市
54	广西农垦国有立新农场	富江牌脐橙	贺州市
55	广西博庆食品有限公司	"石花"白砂糖	河池市
56	广西博庆食品有限公司	"远山"白砂糖	河池市
57	广西嘉联丝绸股份有限公司	"南方丝巢"蚕丝被	河池市
58	南丹县瑶家生态农业专业合作社	南丹巴平米	河池市
59	金秀瑶族自治县瑶山王茶业有限公司	"香哩歌"红茶	来宾市
60	广西金秀瑶族自治县大瑶山天然植物开发有限公司	"瑶家树"红茶	来宾市
61	忻城县力丰农业种植科技有限公司	力丰原康系列产品	来宾市
62	广西迎春丝绸有限公司	"尚尚蚕"生丝	来宾市
63	广西象州婵宇真丝绸制品有限公司	婵宇蚕丝被	来宾市
64	广西农潮果业有限公司	"农潮田心"火龙果	防城港市

55. 2019 第二批广西农业品牌("广西好嘢")目录名单(2019 年 9 月)

(1) 农业区域公用品牌名单(16 个),如表 8-4 所示

表 8-4 农业区域公用品牌名单

序号	品牌名称	来源城市
1	上林大米	南宁市
2	横州市茉莉花	南宁市
3	鲁比葡萄	柳州市
4	柳江莲藕	柳州市
5	鹿寨蜜橙	柳州市
6	全州禾花鱼	桂林市
7	钦北荔枝	钦州市
8	灵山凉粉	钦州市
9	覃塘毛尖茶	贵港市
10	东津细米	贵港市
11	麻垌荔枝	贵港市
12	北流荔枝	玉林市
13	百色番茄	百色市
14	罗城毛葡萄	河池市
15	环江香猪	河池市
16	七百弄鸡	河池市

(2) 农业企业品牌名单(20 个),如表 8-5 所示

表 8-5 农业企业品牌名单

序号	企业名称	来源城市
1	广西农垦永新畜牧集团有限公司	南宁市
2	广西立盛茧丝绸有限公司	南宁市
3	广西桂洁农业开发有限公司	南宁市
4	广西金福农业有限公司	南宁市
5	广西南宁桂柑果业科技发展有限公司	南宁市
6	广西古岭龙投资集团有限公司	柳州市
7	柳州市侗天湖农业生态旅游投资有限责任公司	柳州市
8	三江侗族自治县仙池茶业有限公司	柳州市
9	广西农垦源头农场有限公司	桂林市
10	灵川县金晨菌业有限公司	桂林市
11	桂林恭城丰华园食品有限公司	桂林市

续表

序号	企业名称	来源城市
12	广西梧州双钱实业有限公司	梧州市
13	广西国茗金花茶科技有限公司	防城港市
14	广西绿苑米业有限公司	玉林市
15	广西玉林市鑫坚种养有限公司	玉林市
16	昭平县象棋山茶叶有限公司	贺州市
17	广西中天领御酒业有限公司	河池市
18	广西农垦糖业集团达华制糖有限公司	河池市
19	广西巴马印象生活体验产业有限公司	河池市
20	广西宜州市宏基茧丝有限公司	河池市

(3) 农业产品品牌名单（42个），如表8-6所示。

表8-6 农业产品品牌名单

序号	企业名称	品牌名称	来源城市
1	广西南宁桂柑果业科技发展有限公司	"桂柑"牌沃柑	南宁市
2	广西力拓米业集团有限公司	"力拓正稻"牌富硒大米	南宁市
3	广西农垦茶业集团有限公司	"大明山"牌茶叶	南宁市
4	广西农垦永新畜牧集团有限公司	"永新源"牌猪肉产品	南宁市
5	广西农垦永新畜牧集团有限公司	"永新源"牌生猪	南宁市
6	广西弄峰山铁皮石斛科技股份有限公司	"弄峰山"牌铁皮石斛	南宁市
7	广西汇生牧业发展有限公司	"桂西牛"牌牛肉	南宁市
8	广西农垦明阳农场有限公司	"沃之王向阳红"牌沃柑	南宁市
9	广西农垦糖业集团柳兴制糖有限公司	"柳兴"牌白砂糖、赤砂糖	柳州市
10	融水苗族自治县水融香茶业有限公司	"水融香"牌有机绿茶	柳州市
11	广西柳州绿达实业有限责任公司	"绿旺达"牌柑橘	柳州市
12	三江侗族自治县仙池茶业有限公司	"侗美仙池"牌茶叶	柳州市
13	广西螺霸王食品有限公司	"螺霸王"牌螺蛳粉、螺蛳鸭脚煲	柳州市
14	融安县金色桔韵金橘专业合作社	"桔乡里"牌金橘	柳州市
15	融水苗族自治县金边鲤生态农业有限责任公司	"大苗山金边"牌禾花鲤	柳州市
16	广西桂林鹏宇兄弟柑桔产业开发有限责任公司	"恭禧橙"牌脐橙	桂林市
17	广西梧州双钱实业有限公司	"双钱"牌龟苓膏	梧州市
18	梧州中茶茶业有限公司	"中茶"牌窖藏六堡茶	梧州市
19	合浦佳永金花茶开发有限公司	"君王春"牌金花茶	北海市
20	广西金海盈食品有限公司	"汇海盈"牌系列海产品	北海市

续表

序号	企业名称	品牌名称	来源城市
21	广西南珠宫投资控股集团有限公司	"南珠宫"牌珍珠产品	北海市
22	广西浦生粮油食品有限公司	"浦生红衣"牌花生油	钦州市
23	浦北五皇山农业科技有限公司	"石祖禅茶"	钦州市
24	广西灵山县宇峰保健食品有限公司	"宇峰"牌黑凉粉	钦州市
25	广西东兴山峰石斛有限公司	"不老峰"牌铁皮石斛	防城港市
26	防城港市海鑫鑫水产科技有限公司	"珍珠湾"牌石斑鱼	防城港市
27	防城港市金树金花茶有限公司	"臻金树"牌金花茶	防城港市
28	陆川县君丰现代农业有限公司	"陆橘红"牌橘红系列产品	玉林市
29	陆川县金田源农业开发有限公司	"洞心源味"牌大米	玉林市
30	广西陆宝食品有限公司	"陆宝"牌陆川猪系列产品	玉林市
31	广西农垦阳圩农场有限公司	"十万大山"牌杧果	百色市
32	广西西林京桂古道茶业有限公司	"古道玉芽"茶	百色市
33	广西西林京桂古道茶业有限公司	"古道红"茶	百色市
34	广西西林九龙山茶业有限公司	"足龙茶"	百色市
35	广西将军峰茶业集团有限公司	"将军峰"牌有机红茶、绿茶、白茶	贺州市
36	广西巴马印象生活体验产业有限公司	"道心园"牌山茶油	河池市
37	河池市六龙茶业有限责任公司	"六龙茶"	河池市
38	广西中科群源农林科技有限公司	"溪谷源记"富硒大米	河池市
39	广西然泉农业科技有限公司	"昭瑞黑猪"	河池市
40	广西来宾湘桂糖业有限责任公司	"晶龙"牌白砂糖	来宾市
41	广西农垦糖业集团红河制糖有限公司	"荷花"牌白砂糖	来宾市
42	广西山水弄岗生态农业科技有限公司	"山水弄岗"牌沃柑	崇左市

56. 第三批广西农业品牌("广西好嘢")目录名单(2020年10月)

(1)农业区域公用品牌(17个),如表8-7所示

表8-7 农业区域公用品牌

序号	品牌名称	所属地域
1	广西六堡茶	广西区
2	南宁火龙果	南宁市
3	武鸣沃柑	南宁市
4	横州大头菜	南宁市
5	融水田鲤	柳州市
6	桂林砂糖橘	桂林市

续表

序号	品牌名称	所属地域
7	阳朔金橘	桂林市
8	兴安葡萄	桂林市
9	资源红提	桂林市
10	桂林葡萄	桂林市
11	梧州砂糖橘	梧州市
12	合浦南珠	北海市
13	灵山绿茶	钦州市
14	防城金花茶	防城港市
15	红姑娘红薯	防城港市
16	桂平黄沙鳖	贵港市
17	百色红茶	百色市

（2）农业企业品牌（32个），如表8-8所示

表8-8　农业企业品牌

序号	企业名称	所属地域
1	广西龙穗农业有限公司	南宁市
2	广西佳年农业有限公司	南宁市
3	横县长海茶厂	南宁市
4	广西三门江生态茶油有限责任公司	柳州市
5	柳州市笑缘林业股份有限公司	柳州市
6	广西禾美生态农业股份有限公司	柳州市
7	广西螺状元食品科技股份有限公司	柳州市
8	柳州市乐哈哈食品科技有限公司	柳州市
9	桂林大野领御生物科技有限公司	桂林市
10	桂林绿苑米业有限公司	桂林市
11	桂林金土地粮油食品有限公司	桂林市
12	桂林三养胶麦生态食疗产业有限责任公司	桂林市
13	桂林莱茵生物科技股份有限公司	桂林市
14	兴安县鑫鑫水果种植专业合作社	桂林市
15	资源县长宏农业开发有限公司	桂林市
16	资源县金紫商贸有限责任公司	桂林市
17	广西宇远农业发展有限公司	梧州市
18	广西梧州茂圣茶业有限公司	梧州市

续表

序号	企业名称	所属地域
19	北海市万景海产有限公司	北海市
20	防城港市上思县思甜土特产贸易有限公司	防城港市
21	广西仙珠食品有限公司	贵港市
22	广西红心食品有限公司	贵港市
23	博白县三桦石柳生态农业开发有限公司	玉林市
24	兴业县聚丰种养专业合作社	玉林市
25	凌云县宏鑫茶业有限公司	百色市
26	广西浪伏茶业股份有限公司	百色市
27	广西嘉宝食品集团有限公司	贺州市
28	广西钟山县有机农夫农产品销售有限公司	贺州市
29	广西天峨金桂元食品有限公司	河池市
30	环江伍香源食品有限责任公司	河池市
31	广西糖业集团黔江制糖有限公司	来宾市
32	广西来宾小平阳湘桂制糖有限公司	来宾市

（3）农业产品品牌（37个），如表8-9所示

表8-9 农业产品品牌

序号	企业名称	品牌名称	所属地域
1	广西佳农农业有限公司	"佳年"红心火龙果	南宁市
2	广西龙穗农业有限公司	"龙穗"火龙果	南宁市
3	广西南宁宾阳县聚丰米业有限公司	"帝之享"大米	南宁市
4	广西上林县杰乐菌业有限公司	"杰乐菌"干香菇	南宁市
5	横县长海茶厂	"香茹怡茉"茉莉花茶	南宁市
6	广西金穗农业集团有限公司	"金纳纳"火龙果	南宁市
7	广西绿星农业科技有限公司	"绿荣星"杏鲍菇	柳州市
8	柳州龙骧农业有限公司	"桔兰泉"柑橘	柳州市
9	融水苗族自治县水源生态农业有限公司	"水源捌壹柒"茶叶	柳州市
10	广西融安蚂蚁农业	"大桔已定"金橘	柳州市
11	桂林莱茵生物科技股份有限公司	"神果物语"冻干罗汉果	桂林市
12	桂林大野领御生物科技有限公司	"大野领御"灵芝	桂林市
13	桂林兆丰农业投资发展有限公司	"山水谷"大米	桂林市
14	桂林吉福思罗汉果有限公司	"吉福思"罗汉果	桂林市
15	恭城栗木毛家寨金燕子果蔬专业合作社	"瑶山金燕子"蜜橘	桂林市

续表

序号	企业名称	品牌名称	所属地域
16	资源县长宏农业开发有限公司	"桔福人"沃柑	桂林市
17	广西桂林鹏宇兄弟柑桔产业开发有限责任公司	"鹏宇兄弟"W.默科特	桂林市
18	恭城润林甜柿专业合作社	"兰洞"甜柿	桂林市
19	桂林全州鑫计米业有限公司	"七彩人生"富硒米	桂林市
20	桂林平乐县阳发茶叶有限公司	"漓江阳发"石崖茶	桂林市
21	广西宇远农业发展有限公司	"仟嘉绿园"沃柑	梧州市
22	苍梧六堡茶业有限公司	"苍松"六堡茶	梧州市
23	梧州市天誉茶业有限公司	"熹誉"六堡茶	梧州市
24	合浦县安农农业发展有限公司	"千村乐"黑米	北海市
25	广西新澳农业科技有限公司	"仙果悠悠"红心火龙果	钦州市
26	广西福珍食品有限公司	"福珍"大米	防城港市
27	广西糖业集团昌菱制糖有限公司	"昌菱"白砂糖	防城港市
28	防城港市上思县思甜土特产贸易有限公司	"思甜源野"大米	防城港市
29	广西桂平市国营金田林场	"西山正庄"绿茶	贵港市
30	广西鸿光农牧有限公司	"鸿光"肉鸡	玉林市
31	广西容县金纱帽茶业有限公司	"金纱帽"有机茶	玉林市
32	广西浪伏茶业股份有限公司	"浪伏"茶叶	百色市
33	贺州市天洲茶业有限公司	"平桂土瑶老茶"茶叶	贺州市
34	钟山县昱成水果种植专业合作社	"昱成"钟山贡柑	贺州市
35	广西嘉宝食品集团有限公司	"嘉宝"果蔬罐头	贺州市
36	广西钟山县有机农夫农产品销售有限公司	"有机农夫"红薯	贺州市
37	广西木论天然食品有限公司	"木论思泉"饮用水	河池市

57. 广西11个品牌入选中国农业品牌目录2019农产品区域公用品牌

百色杧果、南宁香蕉、平南石硖龙眼、融安金橘、灵山荔枝、富川脐橙、阳朔金橘、荔浦芋、钦州大蚝、横县茉莉花茶、永福罗汉果。

58. 广西27个国家农业产业强镇（3批次）

2018年农业产业强镇是上林县白圩镇、阳朔县白沙镇、崇左市江州区新和镇、南丹县芒场镇、昭平县走马镇、南宁市良庆区大塘镇、苍梧县六堡镇、田东县林逢镇、永福县苏桥镇、三江侗族自治县八江镇。

2019年农业产业强镇是兴安县高尚镇、东兴市江平镇、万秀区城东镇、西林县那劳镇、容县自良镇、宾阳县古辣镇、宜州区德胜镇、龙州县下冻镇、港南区木格镇、融水苗族自治县香粉乡。

2020年农业产业强镇是象州县石龙镇、玉林市北流市民乐镇、大化瑶族自治县北景镇、蒙山县文圩镇、百色市靖西市禄峒镇、南宁市西乡塘区坛洛镇、贺州市八步区铺门镇。

59. 广西12个特色产品纳入中欧地理标志保护协定

横县茉莉花茶、百色杧果、桂平西山茶等广西特色产品成为首批双方互认地理标志产品，于2020年3月1日正式生效。第二批被纳入互认清单的广西地理标志产品包括桂林罗汉果、覃塘毛尖茶、宜州桑蚕茧、六堡茶、凌云白毫茶、姑辽茶、北海生蚝、博白桂圆、融安金橘等，于协定生效后（2020年3月1日）4年内完成相关保护程序。

60. 全国生态文化村（47个）

全国生态文化村创建活动由中国生态文化协会组织，每年开展一次。从2009—2021年，广西已有47个乡村荣获"全国生态文化村"称号。这些乡村是生态环境良好、生态文化繁荣、生态产业兴旺、人与自然和谐、示范作用突出的典范。广西"全国生态文化村"如表8-10所示。

表8-10 广西"全国生态文化村"

年份	生态文化村名称
2009年	恭城瑶族自治县莲花镇红岩村
2010年	凌云县泗城镇陇雅村
2011年	藤县象棋镇道家村、浦北县北通镇清湖村、兴宾区凤凰镇龙岩村委长福村
2012年	北流市民乐镇罗政村、田阳区百育镇九合村、象州县中坪镇河村
2014年	防城港港口区光坡镇红沙村、南丹县里湖乡王尚村、玉州区城北街道高山村、大新县恩城乡维新村、武宣县东乡镇下莲塘村
2015年	兴宾区良塘乡北合村、三江丹洲镇丹洲村、富川朝东镇秀水村、蒙山县新圩镇古定村、桂平市西山镇前进村
2016年	灵川县九屋镇江头村、西乡塘区石埠街道忠良村、灵山县佛子镇大芦村、武宣县东乡镇合群村、防城港港口区企沙镇簕山古渔村
2017年	富川瑶族自治县朝东镇福溪村、桂林市灵川县海洋乡大桐木湾村、桂林市茶洞乡花岭村委褚村、贵港市港南区湛江镇平江村、贵港市覃塘区蒙公乡新岭村、南宁市横县六景镇利垌村
2018年	桂林市灵川县海洋乡大塘边村、桂林市荔浦市马岭镇永明村、贺州市钟山县公安镇大田村、贵港市平南县镇隆镇富藏村、钦州市浦北县小江街道平马村委、梧州市长洲区长洲镇泗洲村
2019年	桂林市灌阳县新街镇江口村、桂林市平乐县张家镇榕津村、桂林市灵川县三街镇溶流村委上溶流村、梧州市藤县天平镇新马村、柳州市三江侗族自治县八江镇布央村、南宁市马山县古零镇乔老村
2021年	桂林市灵川县三街镇龙坪村、富川瑶族自治县葛坡镇深坡村、玉林市福绵区福绵镇十丈村、梧州市长洲区倒水镇富万村、贵港市平南县大鹏镇高坪村、桂林市灌阳县文市镇月岭村

61. 2020 年广西企业 30 强名单，如表 8-11 所示

表 8-11　2020 年广西企业 30 强名单

名次	企业名称	2019 年营业收入/万元
1	广西投资集团有限公司	18 003 288
2	广西建工集团有限责任公司	11 301 827
3	广西柳州钢铁集团有限公司	10 136 167
4	上汽通用五菱汽车股份有限公司	8 572 655
5	广西北部湾国际港务集团有限公司	7 068 778
6	广西电网有限责任公司	6 929 532
7	广西交通投资集团有限公司	4 803 763
8	广西北部湾投资集团有限公司	4 616 343
9	广西壮族自治区农村信用社联合社	4 204 546
10	南宁富桂精密工业有限公司	4 195 882
11	中国烟草总公司广西壮族自治区公司	4 111 891
12	广西玉柴机器集团有限公司	4 098 772
13	广西盛隆冶金有限公司	3 603 360
14	沐甜科技股份有限公司	2 583 843
15	广西中烟工业有限责任公司	2 402 395
16	广西物资集团有限责任公司	2 350 030
17	广西柳工集团有限公司	2 253 284
18	广西汽车集团有限公司	2 135 309
19	东风柳州汽车有限公司	2 134 470
20	广西金川有色金属有限公司	1 998 404
21	桂林力源粮油食品集团有限公司	1 984 531
22	广西农村投资集团有限公司	1 964 000
23	广西贵港钢铁集团有限公司	1 893 454
24	中国移动通信集团广西有限公司	1 872 318
25	十一冶建设集团有限责任公司	1 636 890
26	桂林银行股份有限公司	1 604 880
27	广西壮族自治区机电设备有限责任公司	1 593 234
28	广西南丹南方金属有限公司	1 568 581
29	广西柳州医药股份有限公司	1 485 682
30	广西农垦集团有限责任公司	1 317 440

62. 2020 年广西制造业企业 20 强，如表 8-12 所示

表 8-12　2020 年广西制造业企业 20 强

名次	企业名称	2019 年营业收入/万元
1	广西柳州钢铁集团有限公司	10 136 167
2	上汽通用五菱汽车股份有限公司	8 572 655
3	南宁富桂精密工业有限公司	4 195 882
4	广西玉柴机器集团有限公司	4 098 772
5	广西盛隆冶金有限公司	3 603 360
6	广西正润发展集团有限公司	3 064 428
7	广西北部湾新材料有限公司	2 541 121
8	广西中烟工业有限责任公司	2 402 395
9	广西柳工集团有限公司	2 253 284
10	广西汽车集团有限公司	2 135 309
11	东风柳州汽车有限公司	2 134 470
12	广西金川有色金属有限公司	1 998 404
13	桂林力源粮油食品集团有限公司	1 984 531
14	广西贵港钢铁集团有限公司	1 893 454
15	广西南丹南方金属有限公司	1 568 581
16	广西农垦集团有限责任公司	1 317 440
17	广西洋浦南华糖业集团股份有限公司	1 110 253
18	广西信发铝电有限公司	1 006 872
19	广西平铝集团有限公司	836 535
20	广西渤海农业发展有限公司	834 000

63. 国家级、区级少数民族特色村寨

中国少数民族特色村寨：民居特色突出、产业支撑有力、民族文化浓郁、人居环境优美、民族关系和谐的少数民族特色村寨，在保护少数民族传统民居、弘扬少数民族优秀文化、培育当地特色优势产业、开展民族风情旅游、改善群众生产生活条件、增加群众收入、巩固民族团结等方面取得了显著成效。

第一批中国少数民族特色村寨名单（广西 58 个，2014 年）：南宁市兴宁区三塘镇路东村留肖坡，桂林市全州县东山瑶族乡清水村委清水村，桂林市兴安县华江瑶族乡千祥村军田头屯、瓦窑面屯，桂林市灌阳县洞井瑶族乡洞井村洞井自然村，桂林市资源县两水苗族乡社水村，桂林市荔浦县蒲芦瑶族乡福文村纳兑屯，桂林市龙胜各族自治县乐江乡宝赠侗寨，桂林市龙胜各族自治县泗水乡周家村白面瑶寨，桂林市龙胜各族自治县和平乡龙脊古壮寨，桂林市龙胜各族自治县和平乡金竹壮寨，桂林市龙胜各族自治县和平乡平安壮寨，桂林市龙胜各族自治县和平乡黄洛瑶寨，桂林市龙胜各族自治县乐江乡地灵侗寨，桂林市龙胜各族自治

县平等乡广南侗寨、桂林市龙胜各族自治县平等乡平等侗寨、桂林市龙胜各族自治县三门镇同烈瑶寨、桂林市龙胜各族自治县伟江乡布弄苗寨、桂林市恭城瑶族自治县莲花镇红岩村、柳州市柳城县古砦仫佬族乡滩头屯、柳州市融安县雅瑶乡章口村、柳州市三江侗族自治县林溪乡高秀村、柳州市三江侗族自治县林溪乡高友村、柳州市三江侗族自治县林溪乡冠洞村冠小屯、柳州市三江侗族自治县林溪乡马鞍屯、柳州市三江侗族自治县独峒乡高定村、柳州市三江侗族自治县独峒乡岜团村、柳州市三江侗族自治县独峒乡林略村、柳州市三江侗族自治县独峒乡唐朝村、柳州市三江侗族自治县独峒乡八协村座龙屯、柳州市三江侗族自治县八江乡布央村、柳州市三江侗族自治县丹洲镇丹洲村、柳州市三江侗族自治县良口乡和里村欧阳屯、柳州市融水苗族自治县安陲乡吉曼村吉曼屯、柳州市融水苗族自治县杆洞乡杆洞村杆洞屯、柳州市融水苗族自治县四荣乡东田村小东江屯、柳州市融水苗族自治县四荣乡荣地村、柳州市融水苗族自治县香粉乡雨卜村卜令屯、柳州市融水苗族自治县香粉乡中坪村雨梅屯、柳州市融水苗族自治县安太乡林洞村、柳州市融水苗族自治县大浪乡大新村红邓屯、柳州市融水苗族自治县大浪乡高培村上寨屯、柳州市融水苗族自治县拱洞乡龙培村、梧州市蒙山县长坪瑶族乡平峒瑶寨、防城港市防城区那良镇高林村、崇左市凭祥市夏石镇新鸣村板小屯、崇左市大新县堪圩乡明仕村弄朋屯、崇左市宁明县城中镇珠连村攀龙屯、百色市右江区平圩民族新村、百色市德保县城关镇西读村大朔屯、百色市靖西县新靖镇旧州街、百色市西林县马蚌乡浪吉村那岩古木寨、河池市南丹县里湖瑶族乡怀里屯、河池市南丹县里湖瑶族乡王尚屯、河池市南丹县里湖瑶族乡八雅村巴哈屯、河池市罗城仫佬族自治县东门镇中石村石围屯、河池市环江毛南族自治县下南乡中南村南昌屯、来宾市金秀瑶族自治县金秀镇金田村美村屯、贺州市昭平县黄姚镇黄姚街黄姚屯。

第二批中国少数民族特色村寨名单（广西38个，2017年）：南宁市马山县古零镇乔老村小都百屯、南宁市上林县大丰镇云里村内里庄、南宁市上林县乔贤镇恭睦村内黄旦庄、南宁市上林县巷贤镇古民庄、南宁市上林县镇圩瑶族乡排红村排岜庄、柳州市融安县长安镇安宁村大袍屯、柳州市融水苗族自治县融水镇长赖屯、柳州市融水苗族自治县四荣乡荣塘村、柳州市三江侗族自治县林溪镇冠洞村冠大屯、柳州市三江侗族自治县林溪镇平岩村平寨屯、桂林市雁山区潜经村、桂林市灵川县九屋镇东源村委老寨村、桂林市永福县罗锦镇崇山村、桂林市恭城瑶族自治县西岭镇杨溪村、梧州市蒙山县夏宜瑶族乡夏宜村、防城港市东兴市江平镇巫头村、钦州市钦北区大寺镇那桑村委会那桑村、贵港市覃塘区蒙公乡新岭村新归屯、贵港市覃塘区覃塘镇姚山村群山屯、百色市靖西市安德镇安德街、百色市田阳县那满镇露美村、百色市德保县足荣镇那亮村那雷屯、百色市凌云县伶站乡浩坤屯、百色市凌云县下甲镇弄福村弄福屯、贺州市富川瑶族自治县朝东镇福溪村、贺州市富川瑶族自治县葛坡镇深坡村、贺州市富川瑶族自治县新华乡虎马岭村、河池市南丹县罗富镇塘丁村塘香屯、河池市天峨县三堡乡三堡村、河池市东兰县三弄瑶族乡弄宁原生态瑶族铜鼓民俗村、河池市罗城仫佬族自治县小长安镇龙腾村大勒洞屯、河池市环江毛南族自治县思恩镇陈双村、来宾市金秀瑶族自治县金秀镇六段村、来宾市金秀瑶族自治县六巷乡古陈村、来宾市金秀瑶族自治县六巷乡门头村、来宾市金秀瑶族自治县桐木镇龙腾村、崇左市江州区驮卢镇莲塘村花梨屯、崇左市大新县恩城乡维新村新胜屯。

第三批中国少数民族特色村寨名单（广西40个，2020年）：南宁市青秀区南阳镇施厚村古岳坡、南宁市邕宁区新江镇新江社区那蒙坡、南宁市武鸣区双桥镇八桥村大伍屯、南宁市隆安县那桐镇定江村定典屯、南宁市马山县古零镇羊山村三甲屯、南宁市马山县古寨瑶族乡本立村古朗屯、南宁市马山县古寨瑶族乡本立村古奔屯、南宁市上林县巷贤镇高贤社区高磨庄、南宁市横县校椅镇青桐村委磘僧村、柳州市柳江区三都镇三都村边山屯、柳州市鹿寨县拉沟乡大坪村古报屯、柳州市鹿寨县拉沟乡木龙村五家屯、柳州市鹿寨县平山镇青山村堡底屯、柳州市融水苗族自治县安陲乡乌吉村乌吉屯、柳州市融水苗族自治县安太乡小桑村、柳州市融水苗族自治县安太乡培秀村、柳州市融水苗族自治县红水乡良双村、柳州市融水苗族自治县杆洞乡高培村、柳州市融水苗族自治县良寨乡大里村、桂林市资源县两水苗族乡塘洞村李洞寨、桂林市龙胜各族自治县平等镇昌背侗寨、桂林市龙胜各族自治县平等镇蒙洞村、桂林市龙胜各族自治县乐江乡西腰村、桂林市龙胜各族自治县马堤乡芙蓉村、桂林市龙胜各族自治县伟江乡洋湾村、桂林市恭城瑶族自治县观音乡狮塘村委蕉山村、贵港市港北区港城街道龙井村、贵港市覃塘区覃塘街道龙凤村平田屯、百色市德保县城关镇那温村那温屯、百色市凌云县泗城镇金保村、百色市田林县定安镇定安村、河池市南丹县里湖瑶族乡千户瑶寨、来宾市象州县罗秀镇礼教村委纳禄屯、来宾市象州县妙皇乡盘古村委古朴屯、来宾市金秀瑶族自治县六巷乡六巷屯、崇左市扶绥县岜盆乡弄洞村姑辽屯、崇左市宁明县城中镇耀达村濑江屯、崇左市龙州县上金乡卷逢村白雪屯、崇左市龙州县上金乡中山村旧街屯、崇左市大新县桃城镇万礼村侬沙屯。

首批广西少数民族特色村寨（2020年）：崇左市宁明县爱店镇堪爱村板堪屯、崇左市大新县宝圩乡板价村板价屯、崇左市凭祥市上石镇练江村练屯、来宾市武宣县东乡镇武兰村、百色市乐业县新化镇谐里村百逢屯、百色市靖西市龙邦镇护龙村排干屯、桂林市恭城瑶族自治县莲花镇门等村矮寨屯、桂林市龙胜各族自治县乐江乡同乐村、柳州市融水苗族自治县洞头镇甲朵村、柳州市融水苗族自治县香粉乡中坪村毛坪屯。

64. 八桂乡镇趣名

八桂瑶族乡（田林）、八角乡（龙州）、三只羊乡（都安）、马皮乡（桂平）、马头镇（武鸣、平果）、羊头镇（钟山）、葡萄镇（阳朔）、莲花镇（恭城）、杨梅镇（容县）、黄金镇（罗城）、奇石乡（港北）、温泉镇（陆川）、石头镇（容县）、沙子乡（融安、平乐）、象棋镇（藤县）、水车乡（灌阳）、凤凰乡（巴马、灌阳、兴宾）、金鸡乡（武宣）、龙虎乡（恭城）、观音乡（恭城）、中华镇（宾阳）、国安瑶族乡（平南）、江山乡（防城港）、洛阳乡（兴业）、长安镇（融安）、小长安镇（罗城）、刘三姐乡（宜州）、康熙岭镇（钦南）、黄姚镇（昭平）、陶邓乡（兴宾）、大同乡（东兰）、公正乡（上思）、平等乡（龙胜）、仁义镇（八步）、中庸乡（临桂）、兼爱乡（罗城）、仁厚镇（玉州）、敬德镇（德保）、安德镇（靖西）、进德镇（柳江）、同德乡（靖西）、同心镇（藤县）、和平乡（龙胜）、和睦镇（融水）、友谊镇（凭祥）、百寿镇（永福）、永福镇（永福）、兴安镇（兴安）、都安乡（德保）、永安乡（永福）、平安乡（恭城）、同安镇（平乐）、永乐乡（右江区、融水）、百乐乡（田林）、同乐镇（乐业）、同乐苗族乡（三江）、常乐镇（合浦）、民乐镇（北流）、思旺镇（平南）、百旺乡（都安）、福旺镇（浦北）、和吉镇（兴宾）、富禄苗族乡（三江）、海洋乡（灵川）、草坪回族乡（雁山区）、金钟山乡（西林）、十万山瑶族乡（防城港）、星岛湖乡（合浦）、三弄瑶族乡（东兰）、七百弄乡（大化）、湘漓镇（兴安）、白云乡（融水）、黎明乡（平果）、三五乡（兴宾）、十里乡（容县）、三里镇（覃塘）、卖酒乡（兴业）、大年乡（融水）、大发瑶族乡（平乐）、拉沟乡（鹿寨）。

65. 首批广西"桂字号"区域公用品牌名单（2020年公布）

南宁市：横县茉莉花、武鸣沃柑。
贺州市：富川脐橙。
柳州市：柳州螺蛳粉、融安金橘。
桂林市：桂林罗汉果、桂林米粉。
玉林市：容县沙田柚、北流百香果。
百色市：百色杧果。
河池市：河池茧丝绸。
梧州市：梧州六堡茶。
钦州市：灵山荔枝、钦州大蚝、钦州坭兴陶。
贵港市：贵港富硒米。
北海市：北海南珠。
防城港市：防城金花茶。
来宾市：忻城糯玉米。
崇左市：龙州桄榔粉。

参考文献

[1] 钟文典. 广西通史 [M]. 南宁：广西人民出版社，1999.
[2] 张声震. 壮族通史 [M]. 北京：民族出版社，1997.
[3] 《广西壮族自治区概况》编写组. 广西壮族自治区概况 [M]. 北京：民族出版社，2008.
[4] 莫杰. 广西风物志 [M]. 南宁：广西人民出版社，1984.
[5] 刘军，陆冰梅. 风物广西 [M]. 桂林：广西师范大学出版社，2009.
[6] 广西特产风味指南 [M]. 南宁：广西人民出版社，1985.
[7] 覃乃昌. 广西世居民族 [M]. 南宁：广西民族出版社，2004.
[8] 民族区域自治法新论 [M]. 北京：民族出版社，2002.
[9] 中国共产党关于民族问题的基本观点和政策 [M]. 北京：民族出版社，2001.
[10] 莫家仁，陆群和. 广西少数民族 [M]. 南宁：广西人民出版社，1996.
[11] 姚舜安. 广西民族大全 [M]. 南宁：广西人民出版社，1991.
[12] 肖永孜. 中国西部概览——广西 [M]. 南宁：广西民族出版社，2000.
[13] 莫济杰，陈福霖. 新桂系史 [M]. 南宁：广西人民出版社，1991.
[14] 李宗仁，唐德刚. 李宗仁回忆录 [M]. 南宁：广西人民出版社，1980.
[15] 黄现璠. 壮族通史 [M]. 南宁：广西民族出版社，1988.
[16] 广西历史文化简明读本编写组. 广西历史文化简明读本 [M]. 南宁：广西人民出版社，2013.
[17] 谢光远. 远古回眸——广西史前考古探秘 [M]. 南宁：广西科学技术出版社，2014.
[18] 钟文典，刘硕良. 中国地域文化通览（广西卷）[M]. 北京：中华书局，2013.
[19] 陆卫. 桂筑华章——广西历史建筑遗存 [M]. 南宁：广西科学技术出版社，2014.
[20] 韩潮初. 合浦汉代文物谈 [M]. 桂林：广西师范大学出版社，2011.
[21] 蒋廷瑜，彭书琳. 历史的足迹——广西历史时期考古手记 [M]. 南宁：广西人民出版社，2006.
[22] 覃乃昌. 广西的民族乡 [M]. 南宁：广西民族出版社，2003.
[23] 蒋廷瑜. 千年传响——铜鼓铿锵震四方 [M]. 南宁：广西人民出版社，2009.
[24] 郭学军. 风情广西 [M]. 桂林：广西师范大学出版社，2009.
[25] 《广西乡土历史》编写组. 广西乡土历史 [M]. 南宁：广西教育出版社，1992.
[26] 中共广西壮族自治区委员会宣传部. 广西读本 [M]. 桂林：广西师范大学出版

社，2009.
[27] 周永光. 广西——我们的家园 [M]. 济南：山东画报出版社，1998.
[28] 广西壮族自治区民族委员会. 壮族 [M]. 北京：人民出版社，1988.
[29] 王建平. 广西之旅 [M]. 广州：广东旅游出版社，1999.
[30] 古小松. 中国—东盟知识读本 [M]. 桂林：广西师范大学出版社，2004.
[31] 庚新顺. 八桂将军风云录 [M]. 南宁：广西人民出版社，2001.
[32] 广西左江岩画 [M]. 北京：文物出版社，1988.
[33] 韦苏文. 广西民间文学 [M]. 南宁：广西人民出版社，1996.
[34] 潘茨宣，梁宇广. 中华文明史上的广西人 [M]. 桂林：广西师范大学出版社，2008.
[35] 郑超雄. 广西工艺文化 [M]. 南宁：广西人民出版社，1996.
[36] 汪涵昌. 环境保护常识 [M]. 上海：上海交通大学出版社，1996.
[37] 苏韶芬. 八桂边寨的民俗与旅游 [M]. 北京：旅游出版社，1996.
[38] 杨基常. 爱我广西（青年版）[M]. 南宁：广西人民出版社，1994.
[39] 高光明. 桂林山水甲天下 [M]. 北京：北京华艺出版社，1988.
[40] 广西壮族自治区地方志编纂委员会. 广西年鉴2017 [M]. 南宁：广西年鉴社，2018.
[41] 广西壮族自治区地方志编纂委员会. 广西年鉴2018 [M]. 南宁：广西年鉴社，2019.
[42] 广西壮族自治区地方志编纂委员会. 广西年鉴2019 [M]. 南宁：广西年鉴社，2020.